実践 保育学

Elements and Practice
Care and Education for Early Childhood

監　修　帆足　英一

編　集　諏訪　きぬ
　　　　吉田　弘道
　　　　帆足　暁子
　　　　大橋　愛子
　　　　西　　智子

日本小児医事出版社

監修のことば

聖徳大学客員教授／世田谷子どもクリニック院長)

帆足　英一

　約40年前には、「実習育児学（千羽喜代子他）」がこの日本小児医事出版社から出版され、乳児院や保育所の実習バイブルとして長らく愛用されてきました。
　その後、保育環境が大きく変わり、改めて保育所・幼稚園における実習生のテキストとして、本書の前身である「実習保育学」が13年前に編集され、保育を目指す実習生の教科書として、実習生のみならず保育現場で実習指導にあたる保育者（保育士・幼稚園教諭など）にも役立つテキストとして活用されてきました。
　この度、この「実習保育学」の精神を伝承しつつ「実践保育学」として、実習生のみならず、保育園・幼稚園で保育に携わっておられる保育士や幼稚園教諭の保育実践書として改編させていただきました。
　この13年間に、例えば平成20年には保育所保育指針改訂並びにその解説書が施行されています。また、幼保一元化への歩みも進展し、3歳児以降の認定こども園のみならず、3歳未満児をも対象とする幼稚園・保育園連携型認定こども園も平成27年に発足することになっています。このような保育環境の変化を受けて、保育を通して子どもの健やかで豊かな育ちをいかに支えていくか、子どもに寄り添い、悲しみや喜びを分かちあえる保育者をめざして歩んでいける実践書として役立つことができればこの上もない喜びです。
　以下に本書の特徴を紹介しましょう。
　Ⅰ．「保育の実践現場に立つとき」では、多様な専門職やボランティア等が出入りする開かれた保育所、そしてそこでの実習やボランティアとして保育現場に参加することの意味、幼稚園や保育所、認定こども園などの特徴や役割、そして子育て支援は子育ち支援の役割をも果すという意味について考えていきます。
　Ⅱ．「保育の実際」は、0歳児から5歳児までの年齢ごとの保育並びに異年齢児保育について、子どもの姿と保育者の役割、そして子どもを観る視点を明らかにしています。また、子どもへの関わりのポイントをエピソードとして挿入しつつ、保育者はもとより実習生も理解を深めていかれる内容として構成しています。保育現場でいかなる保育をすればよいのか、それは同時に現場サイドに立った実習指導のポイントともなるものです。

Ⅲ．「赤ちゃんの基本的なケア」においては、保育者や、実習生が初めて接する赤ちゃんへの保育をどうすればよいか、そのノウハウが「抱っこ・おんぶ」「授乳」「おむつ交換」など基本的な10項目について丁寧に記述されています。乳児保育が一般化され、どの保育園でも取り組む課題となっていることを反映して、乳児保育への理解を一層深めることのできる内容に配慮しました。

　Ⅳ．「配慮を要する子どもの保育」では、虐待をはじめ、注意欠陥多動性障害や広汎性発達障害、アタッチメント障害等の処遇が困難となりがちな子どもたちへの対応等、理解を深めます。また、多様な保育形態、例えば長時間保育や病児・病後児保育等についてもその実際と保育への留意点についても学びます。

　Ⅴ．「乳幼児の健康と病気・事故予防」では、まず、保育者の専門性として「保育看護の専門性」について考え、看護師がいない場合にどのようにその課題を達成していくかも含めて考えていきます。その上で、発育や発達への基本的な知識、個別的な関わりを大切にし、愛着関係を育むことがなぜ大切なのか、人格形成に大きく影響する子どもの心の育ちへの理解を深めます。また乳幼児の栄養・食事について理解し、健康状態の見方も学びます。一方、各種の感染症への理解と予防対策、発熱、嘔吐、下痢などのありふれた症状からみた病気への理解、対応を深めます。乳幼児の事故、ヒヤリハット等の実態やリスクマネジメント、そして、けが等への応急手当や人工呼吸や心臓マッサージ等の手技を学びます。

　このように、保育園と幼稚園とが統合されつつある今日、保育士や幼稚園教諭にとって、そして実習生にとっても具体的で役立つ内容で構成されております。本書が、心豊かな子ども達を育むことのできる「保育者」の生き生きとした育ちをも支援することができれば幸いと願っています。

平成26年3月

目 次
contents

序文

Ⅰ 保育の実践現場に立つとき

Ⅱ 保育の実際

Ⅲ 赤ちゃんの基本的ケア

Ⅳ 配慮を要する子どもの保育

Ⅴ 乳幼児の健康と病気・事故予防

索引

著者紹介

目次

序　文 i
目　次 iii

I　保育の実践現場に立つとき　　1

1. 保育の実践現場で保育に出会う　3

門戸を開く保育実践現場 4
　（1）多様な人が出入りする保育実践現場 4
　（2）部外者を受け入れるメリット・デメリット 5
ボランティアや実習生として実践現場に立つとき 5
　（1）素直に保育実践の場に身を置いてみる 5
　（2）自分を求めてくれる"もの"との出会い 6
　（3）心のきずなが結ばれるとき 6

2. 保育施設の特徴とその役割　9

子ども・子育て支援法による新しい保育制度 9
　（1）認定こども園と幼保連携型認定こども園 10
幼保連携型認定こども園の特徴とその役割 11
　（1）学校教育・保育を一体的に提供する 11
　（2）適当な環境を与えて心身の発達を助長する 11
　（3）家庭における養育支援の充実を図る 12
幼稚園の特徴とその役割 13
保育所の特徴とその役割 13
幼稚園と保育所の共通点と相違点 14
　（1）幼稚園と保育所の共通点 14
　（2）幼稚園と保育所の相違点 14
その他の保育施設の特徴とその役割 14

3. 広がる子育て支援と保護者の役割　17

法的に規定された保護者への保育・教育支援 17
　（1）多様化する子育て支援 17
　（2）少子化対策としての子育て支援 22
欠かせないワークライフバランスの施策の推進 22

4. 家庭・保護者を支援するということ　24

子育ての基本は家庭にある 24
　（1）児童の権利に関する条約と養育責任 24

　　　　　（2）親が養育責任を果たせなくなるとき …………………………… 25
　家庭・保護者を支援する重さ ……………………………………………… 28
　　　　　（1）支えを求める保護者たち ……………………………………… 28

5. 子育て支援は子育ち支援　　　　　　　　　　　　　　　　　　　30
　大人は子どもの行動モデル ………………………………………………… 30
　　　　　（1）大事にされたい子どもたち …………………………………… 30
　　　　　（2）乳幼児期に培われる自己肯定感・自己有能感 ……………… 31
　　　　　（3）不可欠なアタッチメント（愛着）の対象 …………………… 33
　互いに心を結び合いサポートし合う ……………………………………… 33
　　　　　（1）増加する3歳未満児保育 ……………………………………… 33
　　　　　（2）大切な保育アイデンティティの形成 ………………………… 35
　　　　　（3）保育の工夫 ……………………………………………………… 36

Ⅱ　保育の実際　　　　　　　　　　　　　　　　　　　　　　　　39

0歳児クラス　　　　　　　　　　　　　　　　　　　　　　　　　41
●0歳児ってどんな子ども（0歳児の特徴と子どもの姿）………………… 42
　　　　0歳児の子どもの姿と保育者の役割 …………………………………… 43
●デイリープログラム ………………………………………………………… 44
●0歳児と一緒に遊ぼう ……………………………………………………… 46
　部屋の中で ……………………………………………………………………… 46
　保育者の働きかけ ……………………………………………………………… 47
　外遊びの中で …………………………………………………………………… 48
　好きな遊び ……………………………………………………………………… 48
　保育者の働きかけ ……………………………………………………………… 49

●一緒に生活してみよう ………… 50　　●0歳児クラスの環境 ………… 54
　食事 ……………………………… 50　　　保育室 ………………………… 54
　排泄 ……………………………… 50　　　保育室の遊びのコーナー …… 55
　清潔 ……………………………… 51　　　　遊具、玩具 ………………… 55
　着脱 ……………………………… 52　　　　絵本 ………………………… 55
　睡眠 ……………………………… 53　　　ワンポイント・アドバイス … 55
　保護者とともに ………………… 53
●0歳児をより深く理解するために　　心理発達 ………………………… 56
　　　　　　　　　　　　　　　　　　保育 ……………………………… 57
●0歳児クラスの事故と安全　　事故の特徴・安全への配慮 …………… 58

1歳児クラス　　　　　　　　　　　　　　　　　　　　　　　　　59
●1歳児ってどんな子ども（1歳児の特徴と子どもの姿）………………… 60
　　　　1歳児の子どもの姿と保育者の役割 …………………………………… 61

- ●デイリープログラム ……………………………………… 62
- ●1歳児と一緒に遊ぼう …………………………………… 64
  - 部屋の中で ……………………………………………… 64
  - 保育者の働きかけ ……………………………………… 65
  - 外遊びの中で …………………………………………… 66
  - 保育者の働きかけ ……………………………………… 67
- ●一緒に生活してみよう ………… 68　●1歳児クラスの環境 …………… 72
  - 食事 ………………………… 68　　保育室 …………………… 72
  - 排泄 ………………………… 69　　保育室の遊びのコーナー … 73
  - 睡眠 ………………………… 70
  - 着脱・清潔 ………………… 71
- ●1歳児をより深く理解するために　心理発達 ……………………………… 74
  　　　　　　　　　　　　　　　　　保育 …………………………………… 75
- ●1歳児クラスの事故と安全　事故の特徴・安全への配慮 ………………… 76

2歳児クラス　　　　　　　　　　　　　　　　　　　　　　　　77

- ●2歳児ってどんな子ども（2歳児の特徴と子どもの姿）………………… 78
  - 2歳児の子どもの姿と保育者の役割 …………………………………… 79
- ●デイリープログラム ……………………………………… 80
- ●2歳児と一緒に遊ぼう …………………………………… 82
  - 部屋の中で ……………………………………………… 82
  - 保育者の働きかけ ……………………………………… 83
  - 外遊びの中で …………………………………………… 84
  - 保育者の働きかけ ……………………………………… 85
- ●一緒に生活してみよう ………… 86　●2歳児クラスの環境 …………… 90
  - 食事 ………………………… 86　　保育室 …………………… 90
  - 排泄 ………………………… 87　　保育室の遊びのコーナー … 91
  - 清潔 ………………………… 87　　　ごっこ遊び …………… 91
  - 着脱 ………………………… 88　　　絵本 …………………… 91
  - 睡眠 ………………………… 89　　　遊具、玩具 …………… 91
- ●2歳児をより深く理解するために　心理発達 ……………………………… 92
  　　　　　　　　　　　　　　　　　保育 …………………………………… 93
- ●2歳児クラスの事故と安全　事故の特徴・安全への配慮 ………………… 94

3歳児クラス　　　　　　　　　　　　　　　　　　　　　　　　95

- ●3歳児ってどんな子ども（3歳児の特徴と子どもの姿）………………… 96
  - 3歳児の子どもの姿と保育者の役割 …………………………………… 97
- ●デイリープログラム ……………………………………… 98
- ●3歳児と一緒に遊ぼう …………………………………… 100
  - 部屋の中で ……………………………………………… 100

- 保育者の働きかけ …………………………………………… 101
- 外遊びの中で ………………………………………………… 102
- 保育者の働きかけ …………………………………………… 103

● 一緒に生活してみよう ……………… 104
- 食事 ……………………………………… 104
- 排泄 ……………………………………… 105
- 着脱 ……………………………………… 106
- 清潔 ……………………………………… 106
- 睡眠 ……………………………………… 107

● 3歳児クラスの環境 ………………… 108
- 保育室 …………………………………… 108
- 遊具、玩具 ……………………………… 109
- 絵本 ……………………………………… 109
- 園庭 ……………………………………… 109

● 3歳児をより深く理解するために　心理発達 …………………………… 110
　　　　　　　　　　　　　　　　　保育 ……………………………………… 111

● 3歳児クラスの事故と安全　事故の特徴・安全への配慮 ……………… 112

4歳児クラス　113

● 4歳児ってどんな子ども（4歳児の特徴と子どもの姿）……………………… 114
　　　　4歳児の子どもの姿と保育者の役割 ………………………………… 115

● デイリープログラム ……………………………………………………………… 116

● 4歳児と一緒に遊ぼう …………………………………………………………… 118
- 部屋の中で …………………………………………………………………… 118
- 保育者の働きかけ …………………………………………………………… 119
- 外遊びの中で ………………………………………………………………… 120
- 保育者の働きかけ …………………………………………………………… 121

● 一緒に生活してみよう ……………… 122
- 食事 ……………………………………… 122
- 排泄 ……………………………………… 123
- 清潔 ……………………………………… 123
- 着脱 ……………………………………… 124
- 睡眠 ……………………………………… 125

● 4歳児クラスの環境 ………………… 126
- 保育室 …………………………………… 126
- 保育室の遊びのコーナー ……………… 127
- 遊具、玩具 ……………………………… 127
- 絵本 ……………………………………… 127
- 園庭 ……………………………………… 127

● 4歳児をより深く理解するために　心理発達 …………………………… 128
　　　　　　　　　　　　　　　　　保育 ……………………………………… 129

● 4歳児クラスの事故と安全　事故の特徴・安全への配慮 ……………… 130

5歳児クラス　131

● 5歳児ってどんな子ども（5歳児の特徴と子どもの姿）……………………… 132
　　　　5歳児の子どもの姿と保育者の役割 ………………………………… 133

● デイリープログラム ……………………………………………………………… 134

● 5歳児と一緒に遊ぼう …………………………………………………………… 136
- 自然とふれあいの中で ……………………………………………………… 136
- 保育者の働きかけ …………………………………………………………… 137
- 外遊びの中で ………………………………………………………………… 138

　　　　保育者の働きかけ ································ 139
　●一緒に生活してみよう ············ 140
　　食事　～食育～ ························ 140
　　着脱・持ち物の始末 ················ 140
　　排泄・清潔 ······························ 141
　　睡眠 ·· 142
　●5歳児をより深く理解するために
　●5歳児クラスの事故と安全

　●就学に向けて ············ 143
　●5歳児クラスの環境 ···· 144
　　保育室 ························ 144
　　　遊具、玩具 ·············· 144
　　園庭 ··························· 145
　心理発達 ························· 146
　保育 ······························· 147
事故の特徴・安全への配慮と安全教育 ········ 148

異年齢児クラス（縦割り保育）　149

　●異年齢児保育の中の子どもってどんな子ども（異年齢児クラスの特徴と子どもの姿）······ 150
　　　　異年齢児保育の中の子どもの姿と保育者の役割 ··················· 151
　●デイリープログラム ·· 152
　●異年齢児と一緒に遊ぼう ··· 154
　　部屋の中で ··· 154
　　保育者の働きかけ ······································· 155
　　外遊びの中で ··· 156
　　保育者の働きかけ ······································· 157
　●一緒に生活してみよう ······ 158
　　食事 ································ 158
　　排泄 ································ 158
　　清潔 ································ 160
　　睡眠 ································ 160
　　着脱 ································ 161
　●異年齢児をより深く理解するために

　●異年齢児クラスの環境 ········ 162
　　保育室 ······························ 162
　　保育室の遊びのコーナー ···· 163
　　　絵本 ······························ 163
　　　遊具、玩具 ···················· 163

　心理発達 ························ 164
　保育 ······························· 165
　●異年齢児クラスの事故と安全　事故の特徴・安全への配慮 ··················· 166

Ⅲ　赤ちゃんの基本的ケア　167

1. 泣く・笑う　168

こころのケア ··· 168
「泣く」「笑う」への対応 ································ 168
　　①泣き・ぐずり、そしてなだめる ················· 168
　　②笑い合う ··· 169
トピックス ·· 170
　　①笑いの少ない赤ちゃん ···························· 170
　　②泣いてばかりいる赤ちゃん ····················· 170

2. 抱っこ・おんぶ　171

- こころのケア……171
- 抱っこ・おんぶの方法……171
  - ①抱き方……171
  - ②おぶい方……171
- トピックス……172
  - ①抱っこを嫌がる赤ちゃん……172
  - ②シェイキング・ベビー……172

3. 眠り　173

- こころのケア……173
- 眠りのケア……174
- トピックス……175
  - ①うつぶせ寝……175
  - ②夜泣き……175

4. 授乳　176

- こころのケア……176
- 授乳の方法
  - ①授乳の仕方……176
  - ②調乳……177
  - ③排気の仕方……178
- トピックス……178
  - ①冷凍母乳……178
  - ②ミルクを吐く……178

5. 離乳食　179

- こころのケア……179
- 離乳食の与え方……179
- トピックス……180
  - ①取り分け皿（手づかみ皿）の活用……180
  - ②眠くなったときには？……180
  - ③嫌がったときには？……180

6. おむつ交換　181

- こころのケア……181
- おむつのあて方……181
- トピックス……183
  - ①紙おむつと布おむつ……183
  - ②おむつかぶれ……183

7. 沐浴　184

- こころのケア……184
- 沐浴の方法
  - ①沐浴の準備……184
  - ②沐浴の手順……184

③浴槽の中で石けんを使う沐浴法 ··· 185
④沐浴での留意点 ··· 185
トピックス ··· 186
①沐浴は落ちつくことがコツ！ ··· 186
②赤ちゃんの気持ち良さをみつけよう ··· 186
③沐浴できない時はどうするの？ ··· 186

8. 衣類の着脱　　　　　　　　　　　　　　　　　　　　　　187

こころのケア ··· 187
着脱の方法 ··· 188
　①衣類の着脱が必要なとき……188　②着脱時の配慮…………………188
トピックス ··· 188
　①衣服の条件………………………188　②靴の選択規準…………………189

9. 赤ちゃんマッサージ　　　　　　　　　　　　　　　　　　190

こころのケア ··· 190
マッサージの方法
　①マッサージの準備……………190　③マッサージの留意点…………192
　②マッサージの方法……………190
トピックス ··· 192
　①タッチケア……………………192　②赤ちゃん体操…………………192

10. 外気浴　　　　　　　　　　　　　　　　　　　　　　　193

こころのケア ··· 193
外気浴の方法 ··· 193
トピックス ··· 194
　①日光浴……………………………194　②紫外線…………………………194

Ⅳ　配慮を要する子どもの保育　　　　　　　　　　195

1. 低出生体重児で生まれた子どもの保育　　　　　　　197

こんなに小さかった子どもが保育園へ ··· 197
　（1）さくらちゃんのこと ··· 197
　（2）早産児、低出生体重児とは ··· 197
修正月齢 ··· 198
発育・発達の特徴 ·· 199
　（1）身体発育にみられる特徴 ··· 199
　（2）精神運動発達にみられる特徴 ·· 199
早期の療育支援 ··· 200
　（1）母親の心理 ·· 200

　　　　(2) 育児支援の実際 …………………………………………………… 200
　　　　(3) 保育園にいる低出生体重児 ………………………………………… 201

2. 障害児の保育　202

障害児保育はどこで行われているか ……………………………………… 202
　　　　(1) 分離保育をしている専門機関 ……………………………………… 203
　　　　(2) 交流保育を実施している専門機関 ………………………………… 203
　　　　(3) 統合保育（インクルーシブ保育）をしている専門機関 ………… 203

インクルーシブ保育の意義と方法 ………………………………………… 204
　　　　(1) 障害児にとっての意義 ……………………………………………… 204
　　　　(2) 周りの人々にとっての意義 ………………………………………… 204

インクルーシブ保育の内容と配慮点 ……………………………………… 205
　　　　(1) 障害に配慮した保育環境を保障すること ………………………… 205
　　　　(2) それぞれに適した活動への取り組み方を保障すること ………… 205
　　　　(3) 子ども同士の育ちあいを尊重すること …………………………… 206
　　　　(4) 保育者間で連携し担当者を支えていくこと ……………………… 206

専門機関との連携 …………………………………………………………… 207
　　　　(1) 医療・保健機関との連携 …………………………………………… 207
　　　　(2) 地域の相談機関との連携 …………………………………………… 207
　　　　(3) 教育機関との連携 …………………………………………………… 207

3. 長時間保育　209

長時間保育の必要性と長時間保育制度 …………………………………… 209
　　　　(1) 長時間保育の必要性 ………………………………………………… 209
　　　　(2) 長時間保育の制度 …………………………………………………… 209

長時間保育の特徴 …………………………………………………………… 210
　　　　(1) 起きている間の半分以上が保育園での生活 ……………………… 210
　　　　(2) 安定しない保育集団の中で受ける保育活動 ……………………… 211
　　　　(3) 外が暗い時間を保育者と過ごす生活 ……………………………… 211
　　　　(4) 1日2食を保育園で食べる生活 …………………………………… 212
　　　　(5) 不安定な睡眠になりやすい生活 …………………………………… 212

長時間保育の課題 …………………………………………………………… 213
　　　　(1) 24時間の生活リズムを踏まえた保育活動 ………………………… 213
　　　　(2) 心に寄り添う保育活動 ……………………………………………… 213
　　　　(3) 生活の連続性を意識した保育活動 ………………………………… 213

4. 病児・病後児保育　215

　　　　(1) 病児・病後保育の歴史 ……………………………………………… 215
　　　　(2) 国の本格的な事業へ ………………………………………………… 215
　　　　(3) 平成12年度の大幅な要綱改訂以降の動向 ………………………… 216
　　　　(4) 保育所型病後児保育室とは ………………………………………… 217

(5) 保育所型病後児保育の対象児とは……………………………218
　　　(6) 病児保育に対する理解を………………………………………218

5. 虐待された子どもの保育　　221
　　　(1) 子ども虐待の現状………………………………………………221
　　　(2) 子ども虐待とは…………………………………………………222
　　　(3) 保育園・幼稚園における初期対応……………………………222
　　　(4) 虐待された子どもの支援………………………………………225
　　　(5) 虐待する保護者の支援…………………………………………225

6. 心配な子どもの行動への理解　　227
　　　(1) 注意欠陥多動性障害（Attention Deficit-Hyperactivity Disorders; ADHD）…227
　　　(2) 自閉性障害（自閉症）・広汎性発達障害・アスペルガー症候群……228
　　　(3) アタッチメント障害……………………………………………230

V　乳幼児の健康と病気・事故予防　　233

1. 保育看護の専門性を育む　　235
　　　(1) 保育看護の専門性とは…………………………………………235
　　　(2) 保育士と看護師の役割…………………………………………236
　　　(3) 看護師が配置されていない保育所での対応…………………237
　　　(4) 「病初期保育」と「保育看護」の専門性……………………237

2. 乳幼児の身体発育の見かた　　240
　　発育の特徴………………………………………………………………240
　　　(1) 発育期の分類……………………………………………………240
　　　(2) 発育の特徴………………………………………………………240
　　身体計測法………………………………………………………………242
　　　(1) 身長　…………………243　　(3) 頭囲　…………………244
　　　(2) 体重　…………………243　　(4) 胸囲　…………………244
　　身体発育をどう評価するか……………………………………………244
　　　(1) 身体発育パーセンタイル曲線とは……………………………244
　　　(2) パーセンタイル曲線での評価法………………………………245

3. 乳幼児の発達の見かた　　248
　　発達の方向性・順序性…………………………………………………248
　　発達における相互作用…………………………………………………248
　　発達を見ていくときの順序……………………………………………250
　　　(1) まずは運動発達から……………………………………………250
　　　(2) 次に言葉の発達について………………………………………250

（3）発達を支える親子関係の見かた……………………………251
　　　（4）社会性の発達の見かた……………………………………255
　　　（5）食事場面での発達の見かた………………………………257
　　　（6）遊びの発達の見かた………………………………………258
　　発達の見かたを事例から学ぶ………………………………………260

4．乳幼児の栄養・食事　　265

　母乳栄養と人工栄養……………………………………………………265
　　　（1）母乳栄養……………………………………………………265
　　　（2）人工栄養……………………………………………………267
　離乳食……………………………………………………………………268
　　　（1）離乳の定義　……………268　　（5）離乳の完了　………………270
　　　（2）離乳の必要性　…………268　　（6）離乳食の進め方の目安 …270
　　　（3）離乳の開始　……………269　　（7）離乳食作りの留意点　……273
　　　（4）離乳の進行　……………270
　幼児の食事………………………………………………………………274
　　　（1）幼児期の心身の特徴と食生活の関係……………………274
　　　（2）幼児食の調理上の留意点…………………………………274
　　　（3）間食（おやつ）について…………………………………277
　　　（4）食事摂取、食行動の諸問題………………………………278
　食物アレルギー…………………………………………………………279
　　　（1）食物アレルギーの基礎知識………………………………279
　　　（2）食物アレルギーの治療の基本……………………………281
　　　（3）乳児期の食物アレルギー対応……………………………281
　　　（4）保育所給食における食物アレルギー対応………………282
　下痢や嘔吐などの体調不良の際の食事………………………………282
　　　（1）下痢のとき…………………………………………………282
　　　（2）嘔吐のあるとき……………………………………………283

5．乳幼児の健康状態の見かた　　285

　健康状態の観察法………………………………………………………285
　　　（1）体　温　……………285　　（4）尿と便　………………289
　　　（2）呼　吸　……………286　　（5）睡　眠　………………290
　　　（3）せきと鼻水　………288　　（6）皮　膚　………………291
　健康観察と記録…………………………………………………………291
　　　（1）受託時の健康観察　………291　　（3）健康観察の記録　………292
　　　（2）保育中の健康観察　………292

6．感染症を予防するために　　296

　感染症とは………………………………………………………………296

子どものかかりやすい感染症 …………………………………297
 （1）麻しん（はしか）………………………………………298
 （2）インフルエンザ …………………………………………299
 （3）風しん（三日はしか）…………………………………300
 （4）水痘（水ぼうそう）……………………………………300
 （5）流行性耳下腺炎（おたふくかぜ、ムンプス）………300
 （6）結核 ………………………………………………………301
 （7）咽頭結膜熱（プール熱）………………………………301
 （8）流行性角結膜炎（はやり目）…………………………301
 （9）百日咳 ……………………………………………………302
 （10）腸管出血性大腸菌感染症（O157、O26、O111等）………302
 （11）ノロウイルス胃腸炎 …………………………………303
 （12）RSウイルス感染症 ……………………………………303
消毒法 ……………………………………………………………304
登園基準の考え方 ………………………………………………305
予防接種の意義と種類 …………………………………………306

7．乳幼児の病気と対応　　308

嘱託医による診察の介助 ………………………………………308
 （1）診察の際に用意するもの ………………………………308
 （2）診察の介助の仕方 ………………………………………308
ありふれた症状への対応 ………………………………………310
 （1）発　熱 …………………310 （4）脱水症状 ………………315
 （2）下　痢 …………………311 （5）けいれん ………………316
 （3）嘔　吐 …………………313 （6）咳と呼吸困難 …………318
アトピー性皮膚炎とスキンケア ………………………………319
 （1）アトピー性皮膚炎とは…………………………………319
 （2）アトピー性皮膚炎の子どものスキンケア……………320
保育園における与薬 ……………………………………………321
 （1）保育士等による与薬の法的解釈………………………321
 （2）保育士などが保育園などで与薬する際の留意点……322

8．乳幼児の事故と予防対策・応急手当て　　326

乳幼児に起こりやすい事故 ……………………………………326
 （1）乳幼児に起こりやすい事故 ……………………………326
事故予防と安全対策 ……………………………………………328
 （1）保育所保育指針にみる事故予防・安全対策…………328
 （2）事故予防に関するハインリッヒの法則………………328
 （3）保育団体によるインターネットによるヒヤリハット報告システム…329
 （4）リスクマネジメント活動のステップ…………………330

　　　　（5）ヒヤリハット報告システムからみた保育所におけるインシデントの実態 … 331
　　　　（6）年齢・発達の特徴からみた事故の特徴 …………………………………… 333
　　　　（7）環境整備と安全教育 ………………………………………………………… 333
　乳幼児突然死症候群（SIDS） ……………………………………………………… 334
　　　　（1）SIDSの発生要因と予防対策 ……………………………………………… 335
　事故発生時の応急手当て …………………………………………………………… 337
　　　　（1）けがの応急手当て …………………………………………………………… 337
　　　　（2）創傷（きず）：＜切傷、擦り傷、刺し傷＞ ……………………………… 338
　　　　（3）打　撲 ………………………………………………………………………… 338
　　　　（4）圧　迫（指はさみなど）…………………………………………………… 339
　　　　（5）ねんざ・肘内障・脱臼・骨折 ……………………………………………… 339
　　　　（6）やけど（熱傷・火傷）……………………………………………………… 341
　　　　（7）化学物質などの誤飲 ………………………………………………………… 343
　　　　（8）異物の誤飲（窒息）………………………………………………………… 344
　　　　（9）出　血 ………………………………………………………………………… 345
　　　　（10）歯の損傷 ……………………………………………………………………… 347
　　　　（11）目や耳の異物 ………………………………………………………………… 347
　　　　（12）日射病（熱中症）…………………………………………………………… 348
　　　　（13）蜂に刺される ………………………………………………………………… 348
　　　　（14）ヘビに噛まれる ……………………………………………………………… 349
　　　　（15）溺　水 ………………………………………………………………………… 349
　包帯法 ………………………………………………………………………………… 349
　　　　（1）包帯の目的 …………………………………………………………………… 350
　　　　（2）包帯の材料と種類 …………………………………………………………… 350
　人工呼吸と心臓マッサージ（CPR）……………………………………………… 352
　　　　（1）救急時の基本 ………………………………………………………………… 352
　　　　（2）救急蘇生の「ABC」 ……………………………………………………… 353
　　　　（3）気道の確保（Air way）…………………………………………………… 353
　　　　（4）呼吸の有無の確認 …………………………………………………………… 353
　　　　（5）人工呼吸（Breathing）…………………………………………………… 354
　　　　（6）心臓マッサージ（Circulation）………………………………………… 354
　　　　（7）AED（自動式体外除細動器）の使用 …………………………………… 355
　救急医薬品・衛生材料 ……………………………………………………………… 356

　索　引 ………………………………………………………………………………… 359
　著者紹介 ……………………………………………………………………………… 365

学生からの質問

Q 1	保護者とはどのようにコミュニケーションをとったらよいのですか？	29
Q 2	子どものどのようなところに気をつけて実習したらよいのですか？	29
Q 3	子どもがけんかをしているとき、必ず仲直りさせなければならないのですか？	37
Q 4	「片付け」と言っているのに全く片づけようとしない子どもがいます。そんなときどうしたらいいのですか？	37
Q 5	子どもの添い寝をしていて眠くなったら寝てもよいのでしょうか？	175
Q 6	寝かせようとしても寝なかったら？	175
Q 7	自分で着替えたがってもできないときは、手伝ってもいい？	189
Q 8	子どもに「やって！」と言われたときには着替えを手伝ってもいいの？	189
Q 9	赤ちゃん言葉を使ってもよい？	194
Q10	人みしりの子どもとにはどう対応したらよい？	194
Q11	4歳児クラスに、脳性麻痺で下半身が動けない子どもがいるそうです。どうしたらよいのでしょうか？	208
Q12	多動で自閉症の5歳児に、障害担当の先生がついているそうです。私は全然かかわらなくてよいのでしょうか？	208
Q13	ずっと長い時間保育園にいるのをかわいそうだと思ってはいけないの？	214
Q14	子どもの名前が覚えられないのですが？	214
Q15	子どもの名前を呼び捨てにしてもよい？	214
Q16	未熟児で生まれた子どもがクラスにいるそうです。他の子どもと同じようにかかわってもよいでしょうか？	220
Q17	あまり「抱っこ」をしてはいけないの？	220
Q18	子どもが「絵を描いて」と言ってきたら、描いてもいいの？	220
Q19	クラスの保育者によって、言っていることが違ったら、どちらの保育者の言うとおりにしたらいいの？	220
Q20	何人もの子どもが一度に「遊ぼう」と言ってきたときにはどうしたらいい？	295
Q21	子どもが悪いことをしていたら叱ってもよい？	295
Q22	「順番ね」と言っても子どもがわかってくれないときはどうしたらよい？	307
Q23	もし、実習中に風邪をひいたら、休んだほうがいいですか？	307
Q24	「ごめんね」と謝っているのに許そうとしない子どもがいたら？	325
Q25	「入れて」と言っても入れてあげない子どもにはどうしたらよい？	325

I 保育の実践現場に立つとき

1 保育の実践現場で保育に出会う
2 保育施設の特徴とその役割
3 広がる子育て支援と保護者の役割
4 家庭・保護者を支援するということ
5 子育て支援は子育ち支援

1. 保育の実践現場で保育に出会う

　さあ　子ども達の輪のなかへ
　素直なこころで入っていってみよう

　ちょっと戸惑っているあなたを
　子ども達は　臆することなく
　取り巻いてくれるだろう

　保育者になる日を夢みたときから
　子ども達のために
　何かしたいと思ってきた

　なにしにきたの？ってきかれたら
　あなたといっぱい遊びにきたのよ！
　と、瞳をかがやかせて答えよう

なにが出てくるかな

門戸を開く保育実践現場

　幼稚園・保育所・認定こども園などの保育実践の場は、多くの人々にその場を開いています。将来、母親や父親になるであろう中学生や高校生に、また保育を学び保育実習に出る保育学生にも、そして余力を活かして保育サポートをしたいと思っている人々にも…。

　なぜ、そのように若者から中高年者までを受け入れるのでしょうか。今日の社会状況と関連して、その理由を考えてみましょう。

（1）多様な人が出入りする保育実践現場

　その第1の理由は、青少年に子どもの世話をしようとする"親性"や幼な子を労わろうとする"養護性"を培っていく必要性があるからです。少子化が進んだ今日では、兄、姉として幼い弟妹の面倒をみたり、近所の年下の子たちと触れ合って遊ぶ体験ができにくい状況が出現しています。幼な子の愛らしさや思い通りにはならない大変さを体感するためには、幼い子ども達と触れ合う場が不可欠です。保育所や幼稚園、子育て広場などでは、幼な子との触れ合いを体験してもらうために、小学生・中学生・高校生が遊びに来ることを歓迎しています（「乳幼児と中高生のふれあい事業」実施）。

　第2の理由は、幼稚園や保育所などは、将来保育者を志す保育学生に、実習を通して学ぶ場を提供する役割を担っているからです。保育士資格をとる保育学生には、保育所と児童福祉施設での実習が、幼稚園教諭免許状を取得する保育学生には幼稚園実習が必修単位として課せられています。やがて認定こども園には、両方の資格と免許を有する「保育教諭」が創立されます。毎年、大勢の保育学生が実習に訪れ、保育者たちの指導を仰いでいます。

　第3には、子育て支援策の一環として、あちらこちらで保育サポーター養成が行われています。家庭保育、ベビーシッター、子育てひろば、学童指導員など、無資格であっても乳幼児や学童の傍らにいてくれる多様な人々を必要とする社会が到来しているからです。

　以上の理由から、必要とされればさまざまな年齢階層の人たちに門戸を開いて受け入れ、保育の実際を体験できる場を提供しています。

(2) 部外者を受け入れるメリット・デメリット

　このような各種各層の人々を受け入れることによって、保育の場は外に向かって開かれたものとなります。保育者は、単に幼な子の保育だけに止まらず、さまざまな人々を受け入れ、保育体験の場を提供し、子どもへの理解や保育への理解を図ることによって、保育者としての社会的力量を磨くというメリットがあります。

　また子ども達も中学生や高校生を、身近な頼もしいお兄さん・お姉さんととらえ、楽しく交わる体験やゆったりとした優しさに触れる機会をもつことが出来ます。

　しかし一度に大勢の部外者を受け入れると、保育の日常性が失われて、子どもたちは落ち着きがなくなり、通常の保育が出来なくなるなど、思わぬデメリットを負うことになります。

ボランティアや実習生として実践現場に立つとき

　幼稚園も保育所も子育てひろばも、全般的に、低年齢の子どもが増加しています。また一時保育の広がりもあり、助けの手がいくらあっても十分過ぎることはありません。そのためボランティアなどでお手伝いをしてくれる人たちを"歓迎するムード"があるのも事実です。

(1) 素直に保育実践の場に身を置いてみる

　幼い子どもにかかわることに戸惑い、苦手意識をもつ人は決して少なくありません。保育を志す学生さんの中にも、なんと言って話しかけたらよいか分からない、子どもの前で咄嗟に言葉が出てこない、どう遊んだらよいかわからない…と、硬くなってしまう人も結構いるものです。

　普段、接していない者には、接して慣れていくほか、手段はありません。深呼吸をして肩の力を抜き、素直に保育実践の場に身を置いてみましょう。あなたに対して、「おやっ？」とした表情を見せる子ども、距離を置いて遠巻きに見つめる子どももいます。そこでめげないで、楽しそうな表情で子どもたちを見守っていると、ひとり、ふたりと、近寄って来てくれる子どもが出てきます。あなたに興味・関心を向け始めた子どもたちです。その子たち

に低い姿勢をとって話しかけてみましょう。「ボールコロコロしようか？」「上手にポーンできたね！」などと、その子が傍に来る前にしていたことを話題にすると、その子と交わる手がかりがつかめます。

（2） 自分を求めてくれる"もの"との出会い

　一人でボールを転がしていた子どもの相手をして、転がってきたボールを転がして返す、ときにはポーンと投げ返してみる、あらぬ方向に転がったボールを追いかけ合う…などしているうちに、その子と打ち溶け合って、その子が遊びの相手を求めてくるようになるでしょう。

　保育実践の場に身を置いて、まずは子どもから自分が求められる存在になれたら、あなたは保育の世界の虜になるでしょう。子どもから"信頼のまなざし"を向けてもらうことほど、うれしいことはないのです。

（3） 心のきずなが結ばれるとき

　保育学生にとって、保育実習は結構きついことが多いようです。保育実践現場の諸条件は、最近、とみにハードになってきているため、ボランティアや実習生を懇切丁寧に見ていくゆとりがないのが実情です。

①ゆとりがなくなりつつある保育実践現場

　保育実践現場にゆとりがなくなってきている理由を挙げてみましょう。それを心得ておくだけでも、保育実践現場に入っていく心構えや姿勢が変わって来るのではないかと思います。

- 待機児童解消のため、定員を超えて乳幼児を受け入れている園では、保育環境が過密となり、落ち着きが失われがちになっていること。
- 非正規職員が増加している職場が多く、正規職員と非正規職員の仕事配分などをめぐって、職員間の連携が難しい職場が少なくないこと。
- とくに若い職員が正規で、年上の職員が非正規の場合には、クラス運営などで、ギクシャクしているところも少なくないこと。
- 職員の労働条件が厳しい、職員間のチームワークや人間関係が良くない…などの理由で、職員の入れ替わりが激しい園では、経験の十分でない職員に保育が委ねられて、保育の質が担保されていない園も少なくないこと。

1．保育の実践現場で保育に出会う

あなたがこのような園に出会ったとしましょう。外部から来たものを懇切丁寧に受け入れ、指導する体制が整っていないため、そこに出向いた実習生などは、放置された形となり、辛い目に合うこともしばしばあります。「こんなにも荒々しい保育の現場で、私のように未熟な実習生は、どこで身を置いたらいいのだろう…」と実習の感想を記した保育学生もあります。

②忙しい保育実践現場での身の処し方

身の置き場がなくて困っていたとき、「こっちに来て」と差し出された子どもの手のぬくもりに救われたというケースや「一味違う保育者の姿に"憧れモデル"を見つけて励んだ」という実習生もあります。そうしたそれぞれの"心の寄る辺"さがしとともに、そこで少しでも役に立つ人であろうとする心構えも大切です。特に手が必要となる着脱や食事の場面などでは、保育者から指示された手順をよく呑み込み、必要とされる行動を的確にするように心がけます"頼りになる"人として当てにされるようになると、自然に身の置き場が出来て行きます。そして積極的にかかわっていけるようになるでしょう。

③ 心のきずなが結ばれるとき

心惹かれる子どもに着目してみていると、その子の気持ちが伝わってきて、さりげなく寄り添っていけるようになります。その子と心が通い合い、心が結ばれた！と思える瞬間が訪れます。事例1はその一例です。

また一人の子どもに心を砕いていると、その子に心をかけてくれている子どもたちの存在に気付くときもあります。事例2は自閉傾向のあるTくんとかかわっている時に見えてきたNちゃんの姿を記したものです。

事例1

私を待っていてくれるRちゃん

3歳児クラスのRちゃんは、朝の遊びに入れないで、ポツンとひとり保育室の片隅で立っていました。ままごとをしている3～4人の子どもが「食べて」と言ってきたので、Rちゃんの手を取って、テーブルまでご馳走を食べに行きました。Rちゃんは私のしぐさを真似て、ご馳走を食べ、その後、一緒にブランコへ行きました。その日からRちゃんは毎朝、私が行くのを待っていてくれるようになりました。しばらくの間でもRちゃんの"心の拠り所"になれたら…と思います。

I 保育の実践現場に立つとき

> **事例2**
>
> ### NちゃんのTくんへのサポート
>
> 　4歳児クラスすみれ組は新任の担任の先生です。そこに難しいお子さんが3人ほどいました。先生は毎日てんてこ舞で、クラスがいつもざわついています。自閉症傾向のあるTくんは奇声を発しながらふらついていることが多い子です。
>
> 　Tくんが落ち着く曲があることに気づき、その曲を口ずさむことで、彼との関係を築く試みを始めました。そんな試行錯誤の中で、Tくんを気にかけてくれているNちゃんの存在に気づきました。NちゃんはTくんがふらふらと列から離れそうになると、すかさず袖を掴み、引っぱって列に戻します。Tくんが座らないときは足を触り、地面を叩いて座らせます。行進の練習の際は、Tくんの両手を自分の肩や脇腹にあて、歩いていきます。そして行進が終わると手で振りほどきます。二人の間にはほとんど言葉はありませんでした。NちゃんはTくんの行動を観察し、意味を理解しているように見えました。

ほら　つかまえた！

2. 保育施設の特徴とその役割

　ここでは、みなさんが保育実践現場として出会う代表的な施設を取り上げ、その特徴と役割についてみておくことにしましょう。ここでとくに注意してほしいのは、子ども・子育て新システム関連3法とそれに基づいて変わる保育実践現場の動向です。

子ども・子育て支援法による新しい保育制度

　2012（平成24）年8月に成立した子ども・子育て新システム関連3法とは、以下の法律を指します。これらの法律による新保育制度は2015（平成27）年4月から施行されます。
　①子ども・子育て支援法
　②認定こども園法の改定（就学前の子どもに関する教育、保育等の総合的な提供の推進に関する法律の一部を改正する法律）＝これを改正認定こども園法と呼ぶ。
　③関係法律の関係整備法（子ども・子育て支援法及び就学前の子どもに関する教育、保育等の総合的な提供の推進に関する法律の一部を改正する法律の施行に伴う関係法律の整備等に関する法律）を指す。
　これら3法の趣旨は「すべての子どもの良質な成育環境を保障し、子ども・子育て家庭を社会全体で支援することを目的として、子ども・子育て支援関連の制度、財源を一元化して新しい仕組みを構築し、質の高い学校教育・保育の一体的な提供、保育の量的拡充、家庭における養育支援の充実を図る」とされています。ここでは、従来からある幼稚園・保育所を残しながら、幼稚園と保育所を統合した一体的な保育施設＝認定こども園を中心に整備する方向が示されています（図1）。

I 保育の実践現場に立つとき

図1

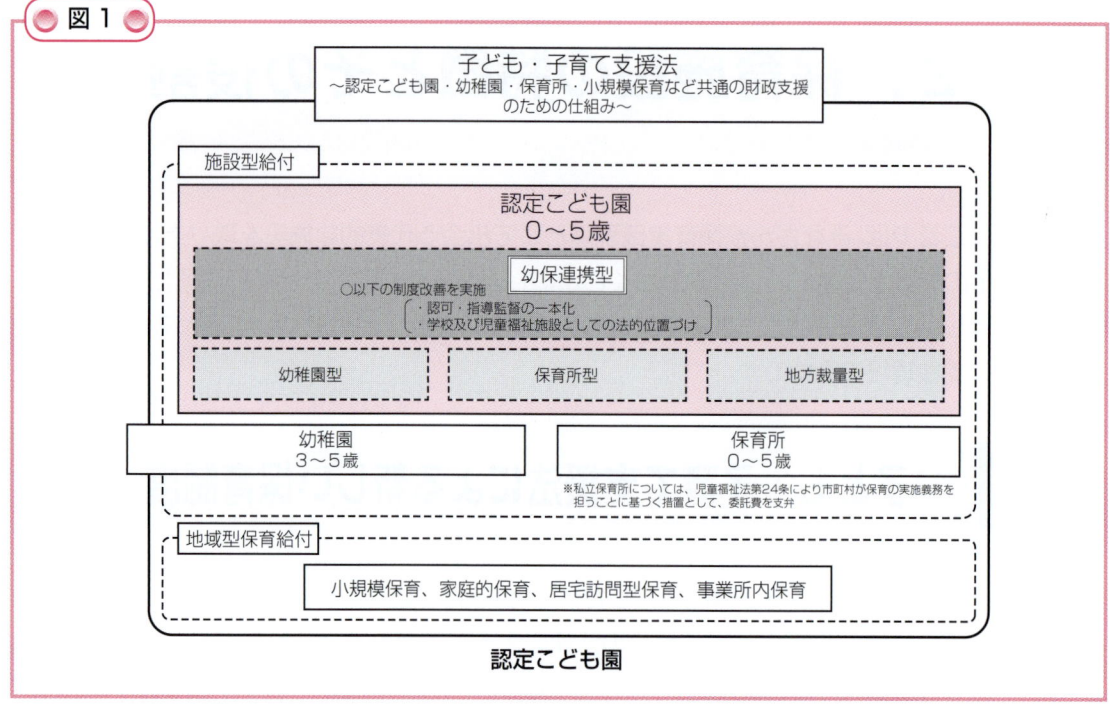

（1） 認定こども園と幼保連携型認定こども園

「就学前の子どもに関する教育、保育等の総合的な提供の推進に関する法律」（2006（平成18）年10月成立）によってつくられた認定こども園は、2012年4月現在、911か所にのぼり、その類型は①幼保連携型（486件）、②幼稚園型（273件）、③保育所型（122件）、④地方裁量型（30件）の4つに分けられていました。

今回、新たに提唱されたのは、類型①の認可幼稚園と認可保育所が連携して運営する幼保連携型認定こども園を、改正認定こども園法によって学校及び児童福祉施設として単一に認可し、指導監督も地方公共団体の長に一本化するというものです。

就学前の子どもたちに「教育と保育を総合的に提供する」という理念は同じでありながら、他の②～③の認定こども園は、今までどおり文部科学省と厚生労働省の管轄の下に二分されたまま残されます（図2）。

これからの保育施設は、幼保連携型認定こども園、認定こども園、幼稚園、保育所、小規模保育所、家庭保育室と、ますます複雑多岐になることが予想されます。

2．保育施設の特徴とその役割

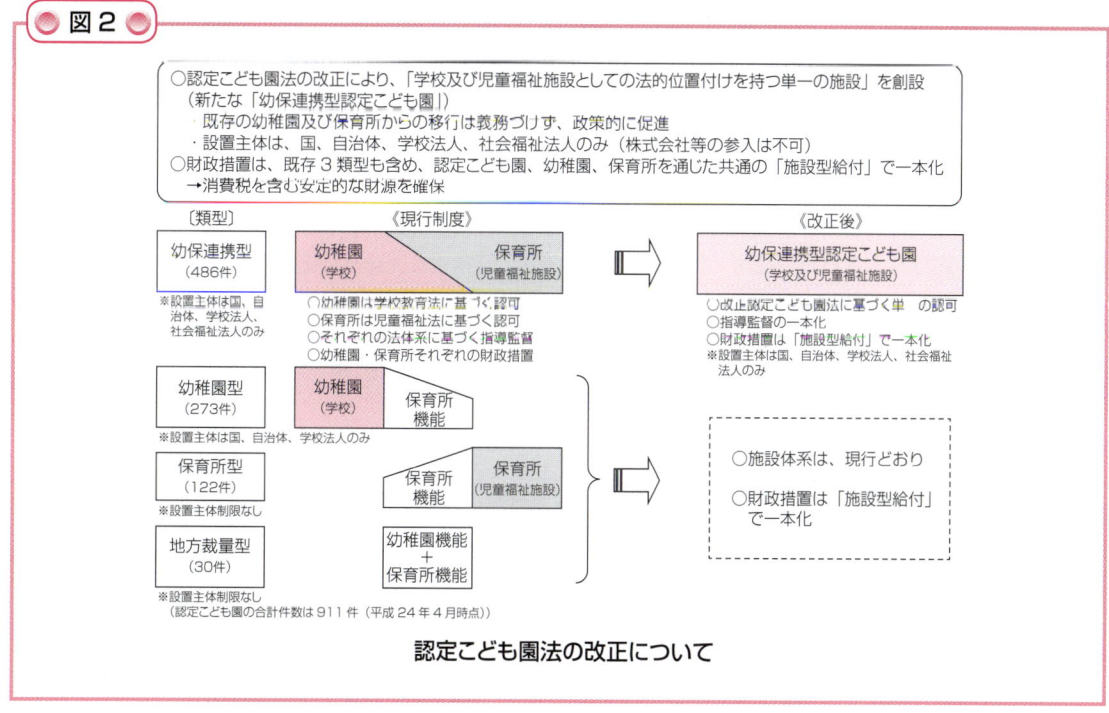

図2 認定こども園法の改正について

幼保連携型認定こども園の特徴とその役割

（1） 学校教育・保育を一体的に提供する

　幼保連携型認定こども園の目的は「義務教育及びその後の教育の基礎を培うものとしての満3歳以上の子どもに対する教育並びに保育を必要とする子どもに対する保育を一体的に行い、これらの子どもの健やかな成長が図られるよう適当な環境を与えて、その心身の発達を助長するとともに、保護者に対する子育ての支援を行うこと」（改正認定こども園法第2条7）です。幼保連携型認定こども園とその他の認定こども園の法制度的特徴を示したものが表1です。幼稚園や保育所の特徴を理解する際にも手がかりになります。

（2） 適当な環境を与えて心身の発達を助長する

　「保育に欠ける乳幼児は保育所に」「保育に欠けない幼児は幼稚園に」と家庭の状況によって分断されていた満3歳以上の幼児に、学校教育と保育を一

表1

幼保連携型認定こども園とその他の認定こども園との比較

項　目	幼保連携型認定こども園	その他の認定こども園
根拠法	認定こども園法	幼稚園部分：学校教育法 保育所部分：児童福祉法 認定こども園：認定こども園法
目　的	学校及び児童福祉施設として、学校教育と保育を行う（認可・指導監督の一本化）	認可・指導監督の一本化はしないが、学校と児童福祉施設の機能を有する
保育内容	幼保連携型認定こども園保育要領（仮称）の策定	幼稚園部分：幼稚園教育要領 保育所部分：保育所保育指針
入園資格	満3歳以上の幼児（保育認定幼児を含む）及び保育を必要とする満3歳未満児	幼稚園部分：満2歳から5歳 保育所部分：乳児から5歳 認定こども園：保育に欠ける子も欠けない子も受け入れる
職　員	園長・保育教諭（保育教諭は幼稚園教諭免許状と保育士資格の併有）調理員等	幼稚園部分：園長・幼稚園教諭等 保育所部分：保育士・調理員等
保育時間	学校教育の標準時間及び保育の長時間	4時間利用にも11時間利用にも対応
基　準	幼保連携型認定こども園の設備及び運営に関する基準（給食設備が必要）	幼稚園部分：学校教育法 保育所部分：児童福祉施設最低基準
設置者	国・地方公共団体・学校法人・社会福祉法人	幼稚園：国・地方公共団体・学校法人 保育所：設置主体制限なし
管　轄	内閣府（文部科学省・厚生労働省） 地方公共団体の長（設置認可・指導監督等）	幼稚園：文部科学省（学校教育） 保育所：厚生労働省（保育）
財政措置	施設型給付	施設型給付で一本化

体的に提供し、保育の質を高めることを意図しています。そのために保育の人的・物的環境を整え、幼児が安心して自ら活動し、友だちと共同的遊びを展開し、その心身の発達を図ることを目的としています。

(3) 家庭における養育支援の充実を図る

　満3歳以上児の受け入れを義務づけ、標準的な教育時間の学校教育を提供すると共に、保育を必要とする子どもには、学校教育に加え、保護者の就労時間に応じて保育を提供することによって、家庭における養育支援の充実を図ることも目標にしています。

幼稚園の特徴とその役割

　学校教育法第3章には幼稚園の規定があります。第22条には「幼稚園は、義務教育及びその後の教育の基礎を培うものとして、幼児を保育し、幼児の健やかな成長のために適当な環境を与えて、その心身の発達を助長することを目的とする」と幼稚園の目的を謳っています。幼稚園教育が小学校・中学校と続く9年間の義務教育のみならずその後の教育の基礎を培うものとして、きわめて重視されています。幼保連携型認定こども園も「適当な環境を与えて心身の発達を助長する」としていますが、この幼稚園の目的をそこに援用しているのです。

保育所の特徴とその役割

　児童福祉法は、児童の福祉を包括的に規定した法律です。保育所の目的は「保育所は、日日保護者の委託を受けて、保育に欠けるその乳児又は幼児を保育することを目的とする施設とする」と謳われています（第39条）。「保育に欠ける」とは、保護者が児童を保育することができず、同居の親族も保育できない場合を指し、そのような状態にある子どもだけが保育所に入ることができます。子どもの保育ができない状態とは、保護者が①昼間常態として働いている、②妊娠中・産後間もない、③病気やけがまたは精神・身体に障害がある、④同居の親族を常時介護している、⑤災害復旧にあたっている、⑥は①から⑤に類する状態とされています。
　保育所保育指針は第1章総則において、保育所は「保育に欠ける子どもの保育を行い、その健全な心身の発達を図ることを目的とする児童福祉施設」であるとしています。にもかかわらず保育所が「子どものためではなく、保護者のためにある」といわれるのは、この入所条件があるからです。

幼稚園と保育所の共通点と相違点

(1) 幼稚園と保育所の共通点

　幼稚園は学校教育法に規定された学校教育機関であり、保育所は児童福祉法に規定された児童福祉施設と、法的には目的も役割も異なるものとされています。しかし共に幼稚園教諭や保育士の適切な保育を受けることによって、乳幼児の心身の発達が助長されること、乳幼児が自己発揮してその自主性・主体性を育てるために環境の構成に留意すべきこと、教師や保育士の乳幼児へのかかわりが大切であることは共通しています。

　幼稚園の教師の役割として期待されているのは、「幼児の精神的拠り所」「憧れを形成するモデル」「幼児との共同作業者・共鳴者」「幼児の理解者」としての役割です。他方保育所では「保育士の姿勢とかかわりの視点」が2000年実施の保育所保育指針から挿入され、6か月未満児の保育では「特定の保育士の愛情深いかかわり」や「特定の保育士が愛情をこめて応答的にかかわることの大切さ」が強調されています。

(2) 幼稚園と保育所の相違点

　先ほど述べたように、幼稚園は学校教育機関、保育所は児童福祉施設であり、その設置目的や役割は異なるものとされています。しかしそこにいる乳幼児の一日の生活を守り、心身の発達を図る役割を共に担っています。ここでは法制度的な相違点を上げておきましょう（表2）。

その他の保育施設の特徴とその役割

　児童福祉法は、児童福祉の理念を「すべて国民は、児童が心身ともに健やかに生まれ、且つ、育成されるよう努めなければならない」「すべて児童は、ひとしくその生活を保障され、愛護されなければならない」と謳っています。乳児から18歳未満の児童を守るため、保育所を含め以下ような児童福祉施設が置かれています（最終改正：2012年6月14日法律第44号）。法改定に

表2 幼稚園と保育所の相違

事項	幼稚園	保育所
法律	学校教育法	児童福祉法
管轄	文部科学省	厚生労働省
目的	幼児を保育し、幼児の健やかな成長のために適当な環境を与えて、その心身の発達を助長する（学校教育法第22条）	日日保護者の委託を受けて、保育に欠けるその乳児又は幼児を保育する（児童福祉法第39条）
入園資格	満3歳から、小学校就学の始期に達するまでの幼児（同法第26条）。2000年度より満3歳を迎えた翌月より入園できる制度＝満3歳児就園も実施されている。	乳児から小学校就学の始期に達するまでの幼児（産休明け保育とは、産後休暇が明ける生後9週目からの乳児を受け入れる保育を指す）
職員	幼稚園には、園長、教頭及び教諭を置かなければならない（同法第27条）	保育所には、保育士、嘱託医及び調理員を置かなければならない（児童福祉施設の設備及び運営に関する基準第33条）
免許・資格	幼稚園教諭免許状	保育士
保育定数	一学級の幼児数は、35人以下を原則とする（幼稚園設置基準）	乳児おおむね3人につき1人以上、満1歳以上満3歳に満たない幼児おおむね6人につき1人以上、満3歳以上満4歳に満たない幼児おおむね20人につき1人以上、満4歳以上の幼児おおむね30人につき1人以上。（同上基準第33条）
保育時間	教育時間は1日4時間を標準とする（幼稚園教育要領）。 幼稚園の預かり保育事業：文部科学省が1997年度から私立幼稚園に対して「預かり保育推進事業」を開始（私学助成で措置）、2002年度からは公立幼稚園に対しても地方交付税が措置された。	一日につき8時間を原則とし、その地方における乳幼児の保護者の労働時間その他家庭の状況等を考慮して、保育所の長がこれを定める（同上基準第34条）。現在では11時間開所が保育所運営費が対象とする保育時間とされている。
保育内容	幼稚園教育要領	保育所保育指針

より従来児童福祉施設14種類といわれてきたもの分類が大きく変化し、助産施設・乳児院・母子生活支援施設・保育所・児童厚生施設・児童養護施設・障害児入所施設（福祉型及び医療型）・児童発達支援センター（福祉型及び医療型）・情緒障害児短期治療施設・児童自立支援施設・児童家庭支援センターとなっています。

　表3は、主な児童福祉施設の目的と役割をまとめたものです。

● 表3

主な児童福祉施設の目的と役割

児童福祉施設	目的と役割
乳児院	乳児を入院させて、これを養育し、あわせて退院した者について相談その他の援助を行うことを目的とする
児童養護施設	保護者のない児童、虐待されている児童その他環境上養護を要する児童を入所させて、これを養護し、退所した者に対する相談その他の自立のための援助を行うことを目的とする
障害児入所施設	障害児を入所させて、支援を行うことを目的とする ＊福祉型障害児入所施設：保護、日常生活の指導及び独立自活に必要な知識技能の付与 ＊医療型障害児入所施設：保護、日常生活の指導、独立自活に必要な知識技能の付与及び治療
児童発達支援センター	障害児を日々保護者の下から通わせて、支援を提供することを目的とする施設とする。（上記入所施設の目的に加えて、集団生活への適応のための訓練及び治療が加えられている）
児童自立支援施設	不良行為をなし、又はなすおそれのある児童及び家庭環境その他の環境上の理由により生活指導等を要する児童を入所又は保護者の下から通わせて、必要な指導を行い、その自立を支援し、あわせて退所した者について相談その他の援助を行うことを目的とする

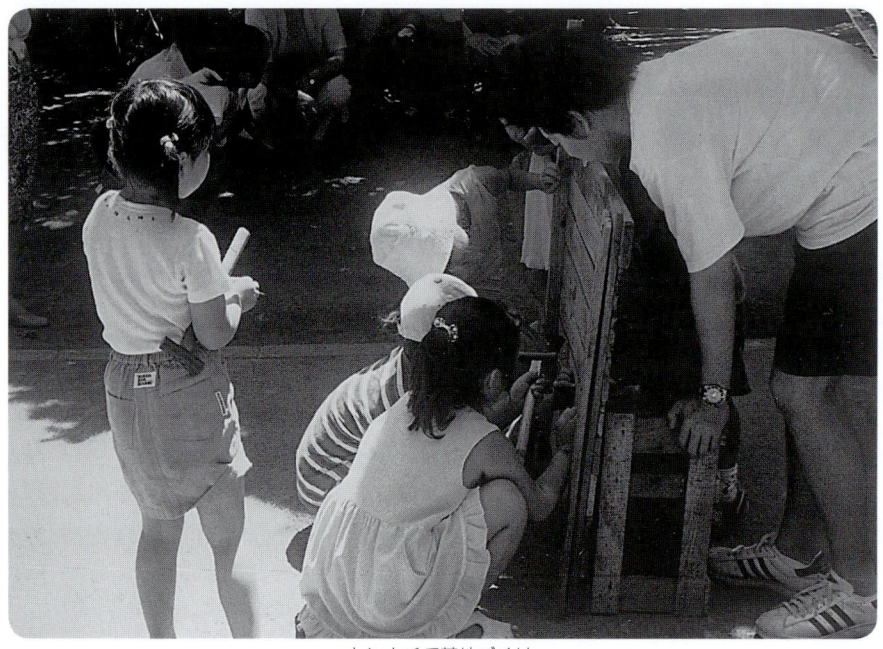

トンカチで基地づくり

3. 広がる子育て支援と保護者の役割

法的に規定された保護者への保育・教育支援

「子どもが可愛いから保育の仕事がしたい」「子どもと遊んだり世話したりしながら、子どもの心身を豊かに育てたい」と願っているあなた。その願いは全うなのですが、それだけでは保育の責任を果たすことにならない…ということをご存知でしょうか？

保育士の業務について規定した児童福祉法第18条の4では「保育士とは、第18条18第1項の登録を受け、保育士の名称を用いて、専門的知識及び技術をもつて、児童の保育及び児童の保護者に対する保育に関する指導を行うことを業とする者をいう」とし、保育士に、子どもの保育だけでなく、子どもの保護者に対する保育指導を求めています。また学校教育法でも「幼稚園においては、第22条に規定する目的を実現するための教育を行うほか、幼児期の教育に関する各般の問題につき、保護者及び地域住民その他の関係者からの相談に応じ、必要な情報の提供及び助言を行うなど、家庭及び地域における幼児期の教育の支援に努めるものとする」（第24条）とあって、保護者及び地域住民の教育支援の役割が幼稚園にも課せられています。

図1は、子育て支援策の経緯を示したものですが、ここ20余年にわたってその施策が連綿と継続され強化されてきたことが分かります。

(1) 多様化する子育て支援

① 福祉サイドからの子育て支援

児童福祉法には、市町村が子育て支援事業の体制整備に努めるよう規定されています（第21条の8）。第21条の9では、放課後児童健全育成事業、子育て短期支援事業、乳児家庭全戸訪問事業、養育支援訪問事業、地域子育て支援拠点事業、一時預かり事業、子育て支援事業（保護者の児童の養育を支援する事業、保護者からの相談に応じ、必要な情報の提供や助言を行う事

I 保育の実践現場に立つとき

図1

概　要		
1990(平成2年)	〈1.57ショック〉	
1994(平成6年)12月	4大臣(文・厚・労・建)合意 エンゼルプラン	＋ 3大臣(大・厚・自)合意 緊急保育対策等5か年事業 (1995(平成7)年度～1999(平成11)年度)
1999(平成11年)12月	少子化対策推進関係閣僚会議決定 少子化対策推進基本方針	
1999(平成11年)12月	新エンゼルプラン	6大臣(大・文・厚・労・建・自)合意 (2000(平成12)年度～04(平成16)年度)
2001(平成13年)7月 2002(平成14年)9月	2001.7.6閣議決定 仕事と子育ての両立支援等の方針 (待機児童ゼロ作戦等)	厚生労働省まとめ 少子化対策プラスワン
2003(平成15年)7月	2003.9.1施行 少子化社会対策基本法	平15.7.16から段階施行 次世代育成支援対策推進法
2004(平成16年)6月	2004.6.4閣議決定 少子化社会対策大綱	
2004(平成16年)12月 2005(平成17年)4月	2004.12.24少子化社会対策会議決定 子ども・子育て応援プラン (2005(平成17)年度～09(平成21)年度)	地方公共団体、企業等における行動計画の策定・実施
2006(平成18年)6月	2006.6.20少子化社会対策会議決定 新しい少子化対策について	
2007(平成19年)12月	2007.12.27少子化社会対策会議決定 「子どもと家族を応援する日本」重点戦略	仕事と生活の調和(ワーク・ライフ・バランス)憲章 仕事と生活の調和推進のための行動指針
2008(平成20年)2月	「新待機児童ゼロ作戦」について	
2010(平成22年)1月	2010.1.29閣議決定 子ども・子育てビジョン	2010.1.29少子化社会対策会議決定 子ども・子育て新システム検討会議
2010(平成22年)11月	待機児童解消「先取り」プロジェクト	2010.6.29少子化社会対策会議決定 子ども・子育て新システムの基本制度案要綱

子育て支援対策の経緯

（平成23年版『厚生労働白書』）

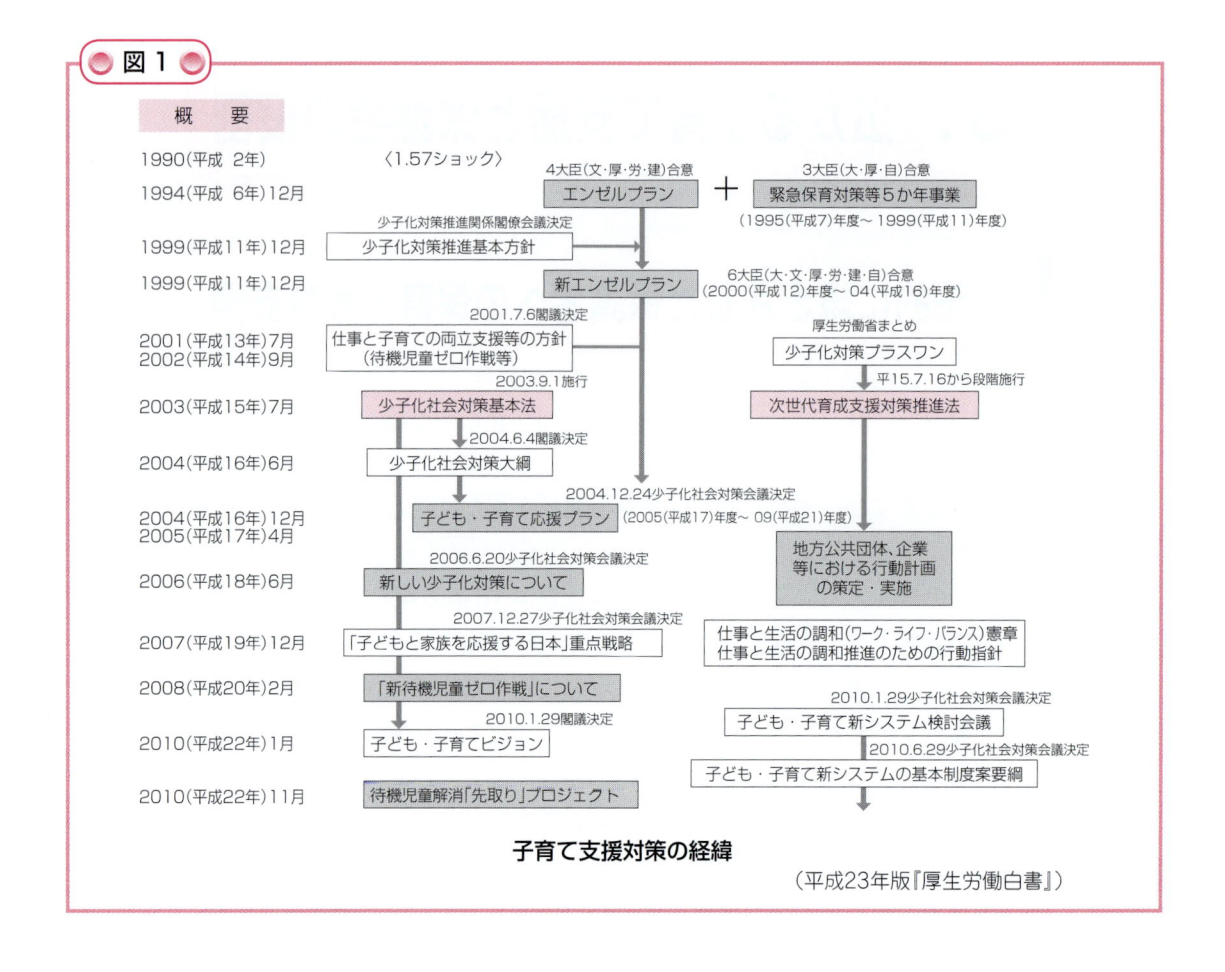

業）が着実に実施されるよう、市町村が必要な措置を実施するよう求めています。
　このような子育て支援福祉サービス（表1）は、実に幅広いものです。障害児入所施設や児童発達支援センターは障害をもった子どもと保護者の支援を、児童養護施設は寄る辺のない子どもたちの生活と発達支援を、児童自立支援施設は非行児童の生活指導と自立支援をして、保護者の養育責任を社会的に補完しています。

　中でも子育て支援の中心的役割を担っているのが、今なお増加し続けている保育所です。2万3千余の認可保育所の他にも、無認可の施設が多数存在しています。保護者の就労や疾病で「保育に欠ける」乳幼児への保育を実施する他に、保護者の就労形態に合わせた多種多様な保育事業を展開（表2）して、保護者の生活・就労と子育てとの両立を図る役割を果たしています。

3．広がる子育て支援と保護者の役割

表1

各種子育て支援事業の取組の現状

○各種子育て支援サービスは、必ずしも身近な地域に行き渡っている状況とはいえない。

事業名		事業内容	実績	地域における箇所数
訪問支援	乳児家庭全戸訪問事業	生後4か月までの乳児のいるすべての家庭を訪問し、子育て支援に関する情報提供や養育環境等の把握を行うもの。	1,561市区町村 (雇用均等・児童家庭局総務課調（平成22年7月1日現在）)	実施市区町村の割合 89.2%
	養育支援訪問事業地域子育て	養育支援が必要な家庭に対して、訪問による育児・家事の援助や技術指導等を行うもの。	1,041市区町村 (雇用均等・児童家庭局総務課調（平成22年7月1日現在）)	実施市区町村の割合 59.5%
親や子の集う場	地域子育て支援拠点事業	地域において子育て親子の交流の促進、子育て等に関する相談・援助等を行うもの。	5,199か所 (平成21年度交付決定ベース)	1小学校区当たり 0.24か所
	児童館事業	児童に対する遊びを通じた集団的・個別的指導、放課後児童の育成・指導、母親クラブ等の地域組織活動の育成、年長児童の育成・指導、子育て家庭への相談等。	4,360か所 (公営2,757か所、民営1,603か所) (平成21年10月現在)	1小学校区当たり 0.20か所
預かり	一時預かり(一時保育)事業	保護者の疾病、育児等に伴う心理的・肉体的負担の解消等による緊急・一時的な保育サービスを提供するもの。	6,460か所 (平成21年度交付決定ベース)	1小学校区当たり 0.29か所
子育て短期支援事業	短期入所生活援助(ショートステイ)事業	保護者が、疾病・疲労など身体上・精神上・環境上の理由により児童の養育が困難となった場合等に、児童養護施設など保護を適切に行うことができる施設において養育・保護を行う（原則として7日以内）。	637か所 (平成21年度交付決定ベース)	1市区町村当たり 0.35か所
	夜間養護等(トワイライトステイ)事業	保護者が、仕事その他の理由により、平日の夜間又は休日に不在となり児童の養育が困難となった場合等の緊急の場合に、児童養護施設など保護を適切に行うことができる施設において児童を預かるもの。宿泊可。	330か所 (平成21年度交付決定ベース)	1市区町村当たり 0.18か所
相互援助	ファミリー・サポート・センター事業	児童の預かり等の援助を受けることを希望する者（利用会員）と、援助を行うことを希望する者（提供会員）との相互援助活動に関する連絡・調整を実施するもの。	599か所 (平成21年度交付決定ベース)	1市区町村当たり 0.33か所

注：市区町村の総数は1,800（平成21年4月1日現在 ※訪問支援の2事業については、調査時点の各都道府県ごとの市区町村数による）。
注：小学校区としての国公立小学校数は22,048（文部科学省「平成21年度学校基本調査（確定値）」）。

（平成23年版『厚生労働白書』）

保育所に入れない"待機児童"問題は、保育施設が子育て中の親にとって必要不可欠なものであることを雄弁に物語っています。

② 幼児教育サイドからの子育て支援

次に子育て支援を幼稚園が担う幼児教育サイドから見てみましょう。これまでの幼児教育の振興と次世代育成支援改革の流れ（図2）を見ると、文部科学省としても、子どもの育つ家庭への支援を強め、幼稚園における保護者の教育支援や預かり保育を実施しています（図3）。教育時間外に子どもを預かる預かり保育実施園は81.4％（公立59.7％、私立94.2％）で、実施理由で多いのは「保護者の就労」88.5％（公立76.1％、私立97.3％）、「保護者の他の子どもの学校行事」84.6％（公立73.6％、私立92.4％）、「保護者の近親者の介護等」75.2％（公立74.4％、私立75.7％）となっています。「保護者の育児からのリフレッシュ」は53.6％（公立34.6％、私立67.1％）に

Ⅰ 保育の実践現場に立つとき

○表2○

多様な保育の取組の現状

事業名	事業内容	実　績	地域における箇所数
認可保育所	日中就労等している保護者に代わって、保育に欠ける乳幼児を保育する施設（原則として、開所時間11時間、保育時間8時間、開所日数約300日）	保育所数：23,068箇所 利用児童数：208万人 （平成22年4月1日現在）	・1小学校区当たり1.05か所
延長保育事業	11時間の開所時間を超えて保育を行う事業	15,901箇所 （平成21年度交付決定ベース）	・認可保育所の69.4%
休日保育事業	日曜・祝日等の保育を行う事業 （※年間を通じて開所する保育所が実施）	978箇所 （平成21年度交付決定ベース）	・認可保育所の4.3% ・1市区町村当たり0.54か所
夜間保育事業	22時頃までの夜間保育を行う事業 （※開所時間は概ね11時間）	77か所 （平成21年度交付決定ベース）	・認可保育所の0.34% ・1市区町村当たり0.04か所
特定保育事業	週2～3日程度又は午前か午後のみ、必要に応じて柔軟に保育を行う事業	1,269か所 （H21年度交付決定ベース）	・認可保育所の5.5% ・1市区町村当たり0.71か所
病児・病後児保育事業	《病児対応型》病院・保育所等の付設の専用スペースで、看護師等が地域の病児を一時的に預かる事業 《病後児対応型》病院・保育所等の付設の専用スペースで、地域の病後児を一時的に預かる事業 《体調不良児型》保育所において、体調不良となった児童を一時的に預かる事業	1,250箇所 （H21年度交付決定ベース）	・認可保育所利用児童1,632人当たり1か所 ・1市区町村当たり0.69か所
家庭的保育事業	保育に欠ける乳幼児について、保育士又は研修により市町村長が認めた家庭的保育者の居宅等において、保育所と連携しながら、少数の主に3歳未満児を保育するもの	家庭的保育者数：223人 利用児童数：828人 （H21年度交付決定ベース）	・1市区町村当たり家庭的保育者0.12人

注：市区町村の総数は1,800（平成21年4月1日現在）。小学校区としての国公立小学校数は22,048（文部科学省「平成21年度学校基本調査（確定値）」。

（平成23年版『厚生労働白書』）

止まっています。預かり保育の終了時間も保護者の就労に合わせて午後5時～6時42.3％（公立25.5％、私立48.5％）、午後6時～7時22.6％（公立9.4％、私立27.5％）と、幼稚園が保育所の延長保育時間に該当する時間帯まで保育を実施している状況が広がって来ています。

また2006年10月から始まった認定こども園制度は、幼稚園と保育所の機能を合わせもつことによって、子どもの発達支援（子育ち）と保護者支援（子育て）を一体的に保障するために構想されたものでした。しかし今回の子ども・子育て新システムでは、幼保連携型認定こども園のみが認定こども園法の下に置かれ、管轄が内閣府になるなど、問題を積み残したものとなっています。

③　地域における子育て支援

幼稚園や保育所が子育て中の保護者に「施設や機能を開放」して、遊びの場を提供したり、子育ての悩み相談に応じたり、離乳食の進め方や遊び方を助言したりする取り組みはすでにありふれたものとなってきました。次世代育成の一環として、保育の場に小学生・中学生・高校生を招いて、子どもと触れあう場を提供する取り組みも、ごく当たり前の活動となって来ています。

このほかに厚生労働省が力を入れてきたのが地域子育てセンター事業やつ

3．広がる子育て支援と保護者の役割

● 図2 ●

	平成16～17年度	平成18～20年度			平成21年度
幼児教育の振興	○中央教育審議会答申 （平成17年1月） ・幼児教育は、保育所等で行われる教育も含む幼児が生活するすべての場において行われる教育 ・家庭・地域社会・幼稚園等施設の三者による総合的な幼児教育の推進 ・発達や学びの連続性を踏まえた幼児教育の充実（幼小の連携・接続）	○教育基本法の改正 （平成18年12月） ・「幼児期の教育」は、生涯における人格形成の基礎を培う重要なものであることを新たに規定（保育所等における教育を含む） ・幼稚園から大学までの体系的・組織的教育の確保	○学校教育法の改正 （平成19年6月） ・子どもが最初に入学する学校として、幼稚園を最初に規定 ・幼稚園は義務教育及びその後の教育の基礎を培うものであることを明確化 ・家庭及び地域の幼児教育支援に関する規定を新設	○幼稚園教育要領の改訂 （平成20年3月） ・幼稚園と小学校教育との連携・接続 ・家庭、地域との連続性、連携・支援（保育所保育指針も幼稚園教育要領と整合性を図り、改訂）	○子ども・子育てビジョン （平成22年1月） ・保育所の待機児童を一刻も早く解消するため、既存の社会資源を最大限に有効活用することなどにより、サービスを拡充するとともに、すべての子どもがどこに生まれても質の確保された幼児教育や保育が受けられるよう、幼児教育、保育の総合的な提供（幼保一体化）を含めて、子どもや子育て家庭の視点に立った制度改革を進めます。
次世代育成支援改革	○中央教育審議会幼児教育部会と社会保障審議会児童部会の合同の検討会議 （平成16年12月） ・幼児教育の観点と次世代育成支援の観点から検討 ・親の就労事情等にかかわらず、幼児教育・保育の機会を提供することが基本 ・加えて、子育て家庭への相談、助言、支援や、親子の交流の場を提供することが重要	○認定こども園制度の創設 （平成18年10月） ・親の就労にかかわらず、すべての子どもに質の高い幼児教育、保育、子育て支援を総合的に提供		○認定こども園制度の在り方に関する検討会（平成21年3月） ・財政支援の充実及び二重行政の解消 ・保育制度改革の方向性を踏まえ、今後、具体的な制度的検討を推進 ・法施行後5年を経過した場合に検討を行う旨が規定されているが、保育制度改革に係る検討にあわせて必要な見直しを実施	○子ども・子育て新システムの基本制度案要綱 （平成22年6月） ・幼稚園・保育所・認定こども園の垣根を取り払い新たな指針に基づき、幼児教育と保育をともに提供するこども園（仮称）に一体化。 ・こども園（仮称）については、「幼保一体給付（仮称）」の対象。 ・幼稚園教育要領と保育所保育指針を統合し、新たな指針（こども指針（仮称））を創設。 ・資格の共通化を始めとした機能の一体化を推進。 ・多様な事業主体の参入。
		○社会保障審議会少子化対策特別部会の設置 （平成19年12月～） ○第1次報告 （平成21年2月） ・保育制度改革 ・すべての子育て家庭に対する支援 ・情報公表・評価の仕組み ・財源・費用負担		○これまでの議論の整理 （平成21年12月） ・育児休業～保育～放課後対策への切れ目ないサービス保障 ・すべての子育て家庭への支援 ・利用者（子ども）中心 ・潜在需要の顕在化及び量的拡大 ・多様な利用者ニーズへの対応 ・地域の実情に応じたサービス提供 ・安定的・経済的に費用確保	

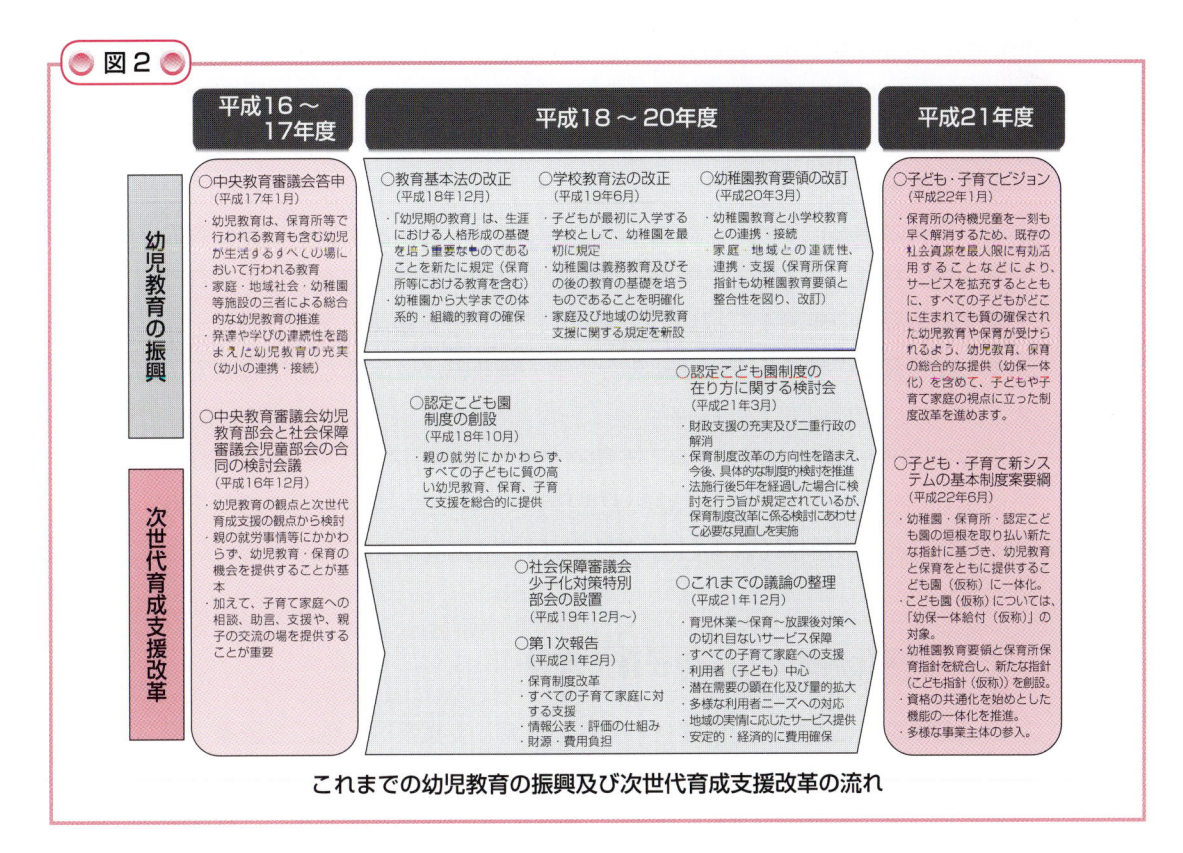

これまでの幼児教育の振興及び次世代育成支援改革の流れ

● 図3 ●

預かり保育を実施している幼稚園は全体の81.4%であった。
（公立：59.7%、私立：94.2%）

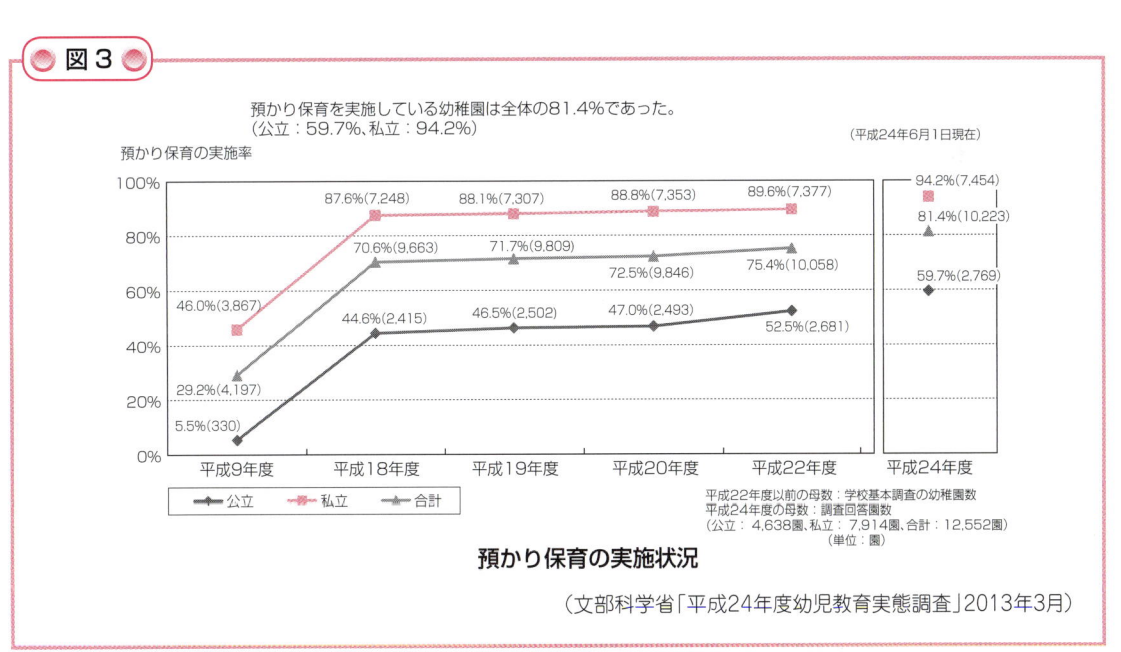

（平成24年6月1日現在）

預かり保育の実施率

	平成9年度	平成18年度	平成19年度	平成20年度	平成22年度	平成24年度
私立	46.0%(3,867)	87.6%(7,248)	88.1%(7,307)	88.8%(7,353)	89.6%(7,377)	94.2%(7,454)
合計	29.2%(4,197)	70.6%(9,663)	71.7%(9,809)	72.5%(9,846)	75.4%(10,058)	81.4%(10,223)
公立	5.5%(330)	44.6%(2,415)	46.5%(2,502)	47.0%(2,493)	52.5%(2,681)	59.7%(2,769)

平成22年度以前の母数：学校基本調査の幼稚園数
平成24年度の母数：調査回答園数
（公立：4,638園、私立：7,914園、合計：12,552園）
（単位：園）

預かり保育の実施状況

（文部科学省「平成24年度幼児教育実態調査」2013年3月）

I 保育の実践現場に立つとき

どいのひろば事業です。2007（平成19）年度からは「地域の子育て支援機能の充実を図り、子育ての不安感等を緩和し、子どもの健やかな育ちを促進することを目的として行う地域子育て支援拠点事業」（地域子育て支援拠点事業実施要綱）となり、ひろば型・センター型・児童館型に類型化されています。事業内容としては　①乳幼児等の遊びと育ちの場およびその養育者の交流の場の提供、②子育てに関する相談および関係機関との連携、③子育てに関する情報の収集および提供、④子育てに関する支援活動を行う者同士の連携、⑤子育てに関する支援活動を行う者の育成および支援が上げられています。

　平成24年度の実施か所（子育て支援交付金交付ベース）は5,968か所（ひろば型2,226・センター型3,032・児童館型400）で、中学校区に最低1カ所1万か所という目標にはまだまだ及ばないのが実情です。

（2）少子化対策としての子育て支援

　ここ四半世紀にわたって展開されてきた子育て支援策は、他にも医療・保健をめぐる子育て支援、子ども・子育て新システムでようやく明確にされた学童保育対策、放課後の学童の居場所づくり…等々多種多様です。これら諸施策は、わが国の少子化に歯止めをかけ、女性が安心して子どもを生み、親たちが安心して子育てし、仕事も出来る「子育てと仕事の両立支援」ともなるものでした。しかし合計特殊出生率（女性の出産の可能な年齢を15歳から49歳までと規定し、一人の女性が一生に産む子どもの数の平均を求めたもの）の推移からは、2005年の1.26から微増しているものの、少子化の傾向は続いています（図4）。人口の減少を食い止める人口置換水準は2.08と言われていますが、その数値には遠く及ばないのが現状です。

欠かせないワークライフバランスの施策の推進

　子育てと仕事の両立支援策として、産業界・経済界が共に推進してきたワークライフバランスの施策があります。育児・介護休業制度、短時間勤務・フレックスタイム、看護休暇…と制度は整えられてきましたが、男性の育児休業の取得率は低く、「子育ては女性の役割」という男女役割分業観が支配的な職場が圧倒的多数を占めています。女性も男性も楽しく子育てができ、

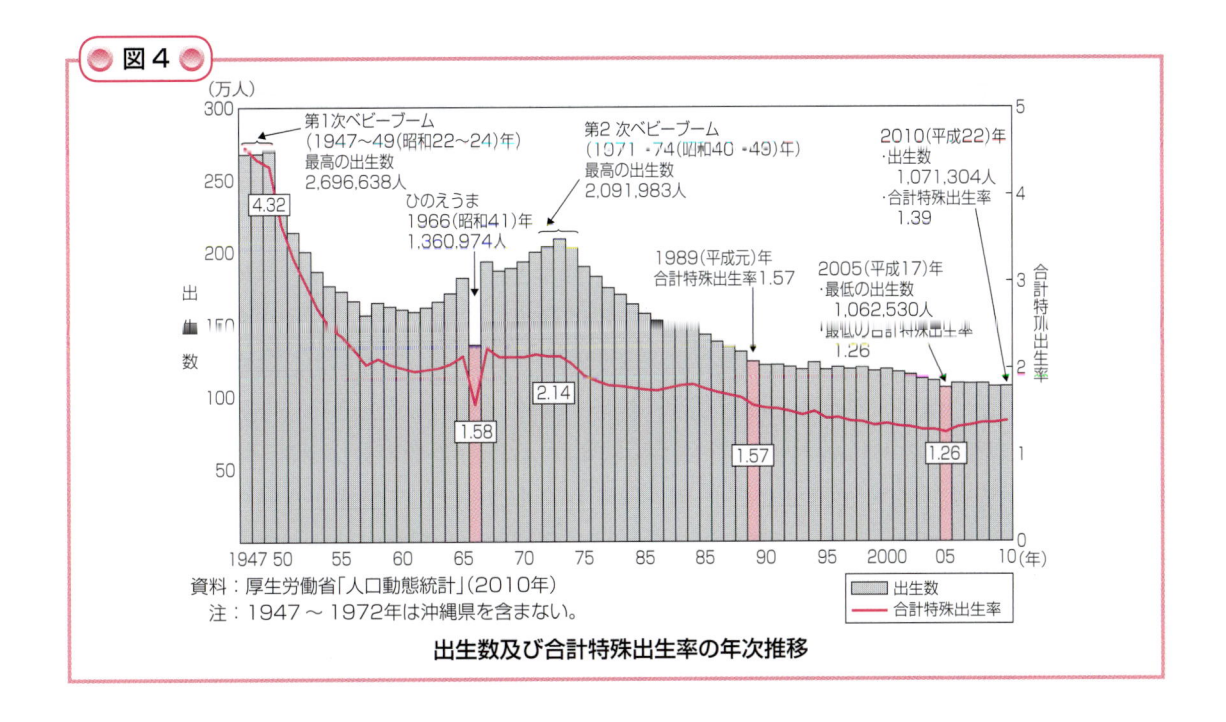

3．広がる子育て支援と保護者の役割

図4

出生数及び合計特殊出生率の年次推移

資料：厚生労働省「人口動態統計」(2010年)
注：1947～1972年は沖縄県を含まない。

グラフ内注記：
- 第1次ベビーブーム（1947～49(昭和22～24)年）最高の出生数 2,696,638人
- ひのえうま 1966(昭和41)年 1,360,974人
- 第2次ベビーブーム（1971・74(昭和46・49)年）最高の出生数 2,091,983人
- 1989(平成元)年 合計特殊出生率1.57
- 2005(平成17)年 ・最低の出生数 1,062,530人 ・最低の合計特殊出生率 1.26
- 2010(平成22)年 ・出生数 1,071,304人 ・合計特殊出生率 1.39

思いっきり仕事が出来る状況を作り出すことが、今後の子育て支援支援の課題と言えるでしょう。

育休取得率下がる！

育休取得率、男女とも2年ぶり減少　雇用情勢悪化で鈍化

厚生労働省が4日発表した2012年度の雇用均等基本調査で、育児休業をとった男性の割合は過去最高だった前年度を0.74ポイント下回る1.89％だった。在職しながら育休をとった女性も83.6％で前年度より4.2ポイント低く、男女とも2年ぶりの減少になった。厚労省は東日本大震災後の雇用情勢の悪化が取得をためらわせた要因とみている。

昨年10月、全国5,862事業所に質問を郵送し、7割が回答した。10年10月からの1年間で、本人か配偶者が出産した人の、調査時点での状況を尋ねた。女性の取得率には、出産前に退職した人は含まれていない。（朝日新聞デジタル2013年7月5日）

保育サービスの全体像
http://www.mhlw.go.jp/shingi/2009/02/dl/s0224-9d_0046.pdf#search='%E4%BF%9D%E8%82%B2%E6%89%80+%EF%BC%91%EF%BC%91%E6%99%82%E9%96%93%E9%96%8B%E6%89%80'

I 保育の実践現場に立つとき

4. 家庭・保護者を支援するということ

　法的に子育て支援施策が定められ、それが福祉・保育サービスとして位置づけられるにつれて、保育をする側から吹き出してきたのが「保護者支援はどこまでか？」という疑問です。子育てひろばのスタッフからは、スタッフを"便利使い"する親の問題がよく語られます。子どもがおもらしをしてしまったとき、おしゃべりしていた親は悪びれることなくスタッフに「拭いておいてください」と言っただけ。赤ちゃんがミルクを吐いてしまったとき、「あら大変。お願いしまぁーす」とその辺りに飛び散った汚れの始末をスタッフに任せきりにした等々。些細なことなのですが、スタッフの中に何か割り切れないざらざらした気分を立ち上がらせる母親たちの態度。

　人手不足の進む保育の現場で、「私たちだってゆっくりしたいのに、親のリフレッシュだなんて…」という保育者の本音も漏れ聞こえます。子どもには無上の思いをかける保育者であっても、保育者と保護者、園と家庭の関係には、むつかしい問題があるようです。

子育ての基本は家庭にある

　児童福祉法第1条の2「すべて児童は、ひとしくその生活を保障され、愛護されなければならない」という条文に続いて、第2条には「国及び地方公共団体は、児童の保護者とともに、児童を心身ともに健やかに育成する責任を負う」とする児童福祉を保障する原理が謳われています。子どもを愛護し、その生活を保障し、心身ともに健やかに育てる責任は、児童の保護者と国・地方公共団体にあると規定しています。

（1） 児童の権利に関する条約と養育責任

　また18歳までの児童の権利を謳った国際条約（1989年11月20日国連総会で採択され1990年9月2日に発効したが、わが国では1994年5月22日に発効）児童の権利に関する条約（子どもの権利条約ともいう）にも、類

4．家庭・保護者を支援するということ

似した規定を見ることができます。第18条の1は、「児童の養育及び発達について父母が共同の責任を有するという原則」について謳い、父母又は場合により法定保護者が「児童の養育及び発達についての第一義的な責任を有する」ことを明らかにしています。第2項では「締約国は、この条約に定める権利を保障し及び促進するため、父母及び法定保護者が児童の養育についての責任を遂行するに当たりこれらの者に対して適当な援助を与えるものとし、また、児童の養護のための施設、設備及び役務の提供の発展を確保する」として、養育責任を果たせない父母への援助、児童養護のための施設設備・役務の提供の必要性を説いています。

（2） 親が養育責任を果たせなくなるとき

大災害に見舞われ、家族を失ってみて、家族の絆の大切さを実感する…という現代社会の断面を、2011年3月11日の東日本大震災・福島原発災害が鋭く照射しました。現代社会の中には、親たちが本来有する養育する権利やその責任を果たせなくする要因が多々あるのも事実です。

① 孤立無援の子育て―地域の結びつきがない―

地域社会の結びつきが希薄となり、地域から孤立して子育てする家庭は増加する一方です。「転勤してこの街に住んで知り合いもなく、子どもが幼稚園に入ってママ友が出来るまで、子どもとふたりで家に引きこもっていました」と涙を浮かべて語ってくれた子育て講座の母親たち。何かあってもどこに寄る辺を求めたらよいか、戸惑ってしまうのが現実です。孤立した子育てから母親たちを救うのに、子育てひろば、保育所、幼稚園が果たす役割は大なるものがあります。

| 子育てひろば学習会 | 母と子のねがい | ひろばでお弁当 |

I 保育の実践現場に立つとき

② 母親任せの子育て―"育メン"パパはまだ少数派―

　母親の育児の孤独感を深めているもう一つの理由に、夫が育児の共同責任を「妻は子育て」「夫は仕事」という性別役割分業で果たそうとする傾向をあげることができます。わが国にはなぜかこの性別役割分業観が根深くはびこっていて、共働きの家庭でさえ、夫の家事育児時間は少なく、妻が仕事も家事も育児もこなしているのが現状です（図1）。厚生労働省雇用均等・児童家庭局の委託事業として実施されているイクメンプロジェクトは「育てる男が、家族を変える。社会が動く」としていますが、イクメン指標とされる「育児休業給付初回受給者」は2011（平成23）年度、女性220,767人、男性4,067人と男性は女性の1/5以下に過ぎず、「イクメンプロジェクト登録者数」も2011（平成23）年度合わせてイクメン宣言1,437人、イクメンサポーター個人349人、サポーター団体455に止まっています。

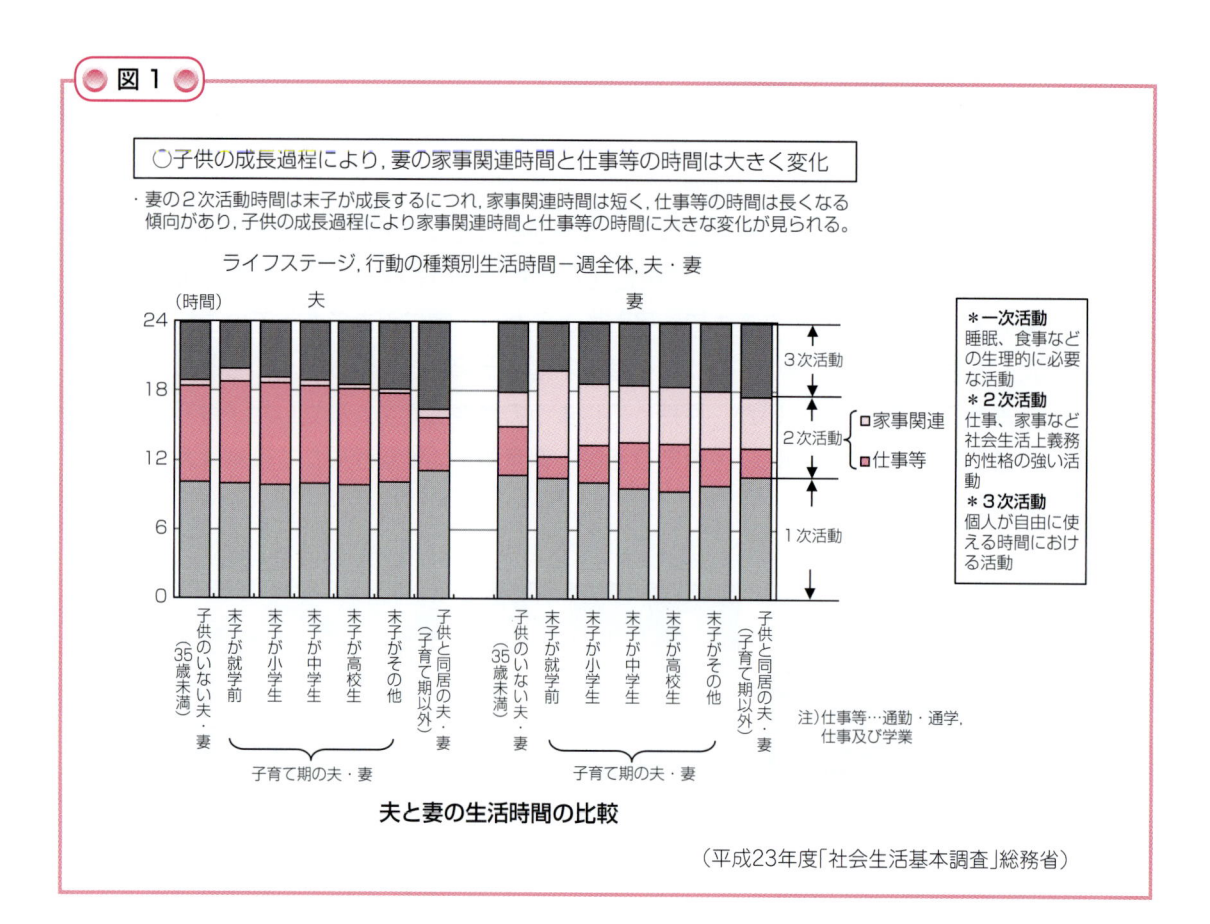

図1

○子供の成長過程により、妻の家事関連時間と仕事等の時間は大きく変化

・妻の2次活動時間は末子が成長するにつれ、家事関連時間は短く、仕事等の時間は長くなる傾向があり、子供の成長過程により家事関連時間と仕事等の時間に大きな変化が見られる。

ライフステージ，行動の種類別生活時間－週全体，夫・妻

＊一次活動
睡眠、食事などの生理的に必要な活動

＊2次活動
仕事、家事など社会生活上義務的性格の強い活動

＊3次活動
個人が自由に使える時間における活動

注）仕事等…通勤・通学、仕事及び学業

夫と妻の生活時間の比較

（平成23年度「社会生活基本調査」総務省）

4．家庭・保護者を支援するということ

③　家庭を押し潰す経済的貧困―非正規労働者4割という現実―

そして働く人の4割が非正規労働者という厳しい社会的状況が、経済的貧困や親たちのストレスを生じさせ、全般的に子どもの健やかに生育する基盤が浸食されていると言えます。

先般、生まれた子ども4人を捨て去っていた夫婦が逮捕されましたが、生んだ子を育てられない母親に向けての"赤ちゃんポスト"、可愛がっているはずの子どもをふいに虐待してしまう親の増加など、子どものもつ「父母によって養育される権利」が守られない状況が広がっています（図2）。児童虐待防止のために、親の「子どもを育てる権利と義務」を制限する民法上の「親権制度」の見直しも行われています。

このような社会的現実を直視するところから、子どものために社会的に用意された種々の児童福祉施設、幼児教育施設の役割、そこにおいて子どもたちの養育や保育に当たる大人たちのあり方に思いを馳せる必要があるように思います。

図2

○全国の児童相談所での児童虐待に関する相談対応件数は、児童虐待防止法施行前の平成11年度に比べ、平成23年度は5.2倍に増加。

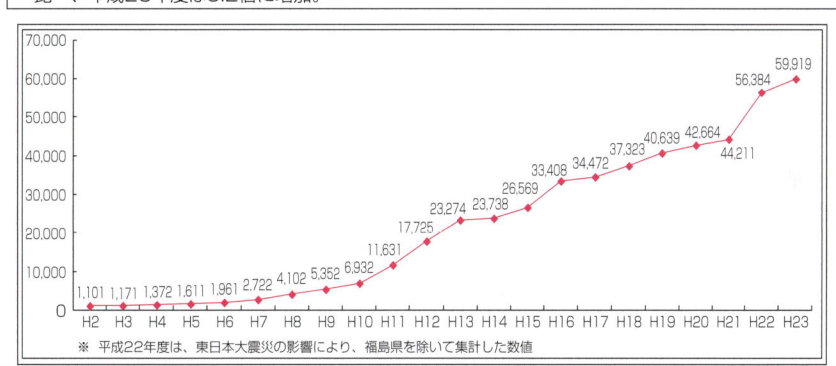

年度	H2	H3	H4	H5	H6	H7	H8	H9	H10	H11	H12	H13	H14	H15	H16	H17	H18	H19	H20	H21	H22	H23
件数	1,101	1,171	1,372	1,611	1,961	2,722	4,102	5,352	6,932	11,631	17,725	23,274	23,738	26,569	33,408	34,472	37,323	40,639	42,664	44,211	56,384	59,919

※ 平成22年度は、東日本大震災の影響により、福島県を除いて集計した数値

○児童虐待によって子どもが死亡した件数は、高い水準で推移。

	第1次報告 (H15.7.1～H15.12.31)			第2次報告 (H16.1.1～H16.12.31)			第3次報告 (H17.1.1～H17.12.31)			第4次報告 (H18.1.1～H18.12.31)			第5次報告 (H19.1.1～H20.3.31)			第6次報告 (H20.4.1～H21.3.31)			第7次報告 (H21.4.1～H22.3.31)			第8次報告 (H22.4.1～H23.3.31)		
	虐待死	心中	計	虐待死	心中	計	虐待死	心中	計	虐待死	心中	計	虐待死	心中	計	虐待死	心中	計	虐待死	心中	計	虐待死	心中	計
例数	24	−	24	48	5	53	51	19	70	52	48	100	73	42	115	64	43	107	47	30	77	45	37	82
人数	25	−	25	50	8	58	56	30	86	61	65	126	78	64	142	67	61	128	49	39	88	51	47	98

※ 第1次報告から第8次報告までの「子ども虐待による死亡事例等の検証結果等について」より

児童虐待相談の対応件数及び虐待による死亡事例件数の推移

家庭・保護者を支援する重さ

(1) 支えを求める保護者たち

　子育て相談といえば、育児にかかわる子どもについての相談と思いがちですが、最近は、その内容が「子どものことよりも母親自身のこと」に移行し、「自分の思いを聞いて欲しがる母親」の問題が園や保育者の悩みとなっています。「まず母親の思いを受け止め、気持ちを引き立てなければ、子どものことは何も言えない」と言い切る保育者もいるほどです。

① メンタルヘルスに気がかりな保護者への対応

　中には精神疾患をもつ保護者もいます。「保育園を利用するメンタルヘルスが気がかりな保護者に関する調査研究報告書」(東京都社会福祉協議会 2009年)によれば、「メンタルヘルスが気がかりな保護者がいる」とした園は都下公私立保育園の86.3％、924園、その園で最も気がかりな保護者の入園要件は①精神疾患：466人、50.4％、②就労だがメンタルヘルスが気がかり：306人、33.1％、③就労で入園しその後精神疾患に：130人、14.1％、④無回答22人、2.4％となっています。

　メンタルヘルスが気がかりな保護者は「園へ苦情を言う」「何でも人のせいにしたがる」「思い込みが激しく被害妄想的である」「心配性で職員を質問攻めにする」など"対人的コミュニケーションの取りづらさ"、「子どもへの理解・関心が低い」「子どもの発達の正確な認識が低い」「話していることに一貫性がない」など"育児意識の低さ"、「不安定で落ち込みやすい」「自分で子どもを連れて登園できないことがある」など"精神的な状態の不安定さ"があると、調査はその臨床像を描き出しています。

　このような保護者に対応する保育者は、「心身の疲労」や「保育に対する個人的達成感の減退」を感じ、うつやバーンアウト（燃え尽き）に追い込まれることもあります。直接対応する保育者だけでなく、「職員が日常の保育においても委縮するようになった」、「"卒園まであと〇年"と思い、園で耐えている」など、職員も園も相当な精神的負担を負うことになります。

　このような保護者を、直接かかわる保育者任せにしないで、園長・主任・担任など「園内で連携」をとり、「専門的機関」につないだり、「家族と協力」

4．家庭・保護者を支援するということ

したりして、子どもや職員に影響が及ばないように配慮している園もあります。モンスターピアレント的な保護者に対するノウハウや態勢を積み上げた園では、保育者に"あるゆとり"が生まれ、一般的な保護者対応が楽にできるようになったというメリットも生まれています。

② 少子化時代の保護者への対応

誰も「子どもをもって親になる」わけですから、初産の親は子育ての新参者です。未知の生物と対面して、オロオロするのは当たり前。子育て経験者のフォローがあって、初めて安心して子育てに向かうことが出来ます。子育てひろばや保育所・幼稚園に出向いてくる前の親を対象に、「乳児家庭全戸訪問事業（こんにちは赤ちゃん事業）」「養育支援訪問事業」、民間でも「ホームスタート」など訪問型家庭支援が始まっています。親体験を蓄積できない少子化時代となり、地域で柔軟に機能する家庭支援体制が求められています。

学生からの質問① 保護者とはどのようにコミュニケーションをとったらよいのですか？

クラスによっても在籍している子どもの環境によっても異なってきます。担任の先生に直接きいてみるとよいでしょう。

学生からの質問② 子どものどのようなところに気をつけて実習したらよいのですか？

実習生としてまず心がけなければならないことは、子どもの安全を守ること。その上で、子どもの言葉？子どもの表情？子ども同士のやりとり？など何が知りたいのか、何かひとつテーマを決めて見ていくとよいでしょう。

5．子育て支援は子育ち支援

　保育所保育指針第6章保護者に対する支援には、保護者に対する支援の基本が押さえてあります。何のために苦労しながら保護者支援をするのか。それは「保護者とともに、子どもの成長の喜びを共有する」ためであり、「一人一人の保護者の状況を踏まえ、子どもと保護者の安定した関係に配慮して、保護者の養育力の向上に資するよう」にするためです。
　保育者と保護者とがしっかりタグを組んで、乳幼児期の子どもの生活と発達をしっかり支えることこそ、子育て支援の本命なのです。

大人は子どもの行動モデル

　子育ての営みは伝承されていきます。幼い子どもたちの遊びの中には、大人の子育てのあり方が確実に表れます。ある幼稚園での5歳児クラスのおうちごっこの光景です。役決めで人気のあるのはお母さん役、次いでお父さん、おにいさん・お姉さん役まではすんなり決まったのですが、赤ちゃんのなり手はなく、何人かの子どもがなりたがったのはペットでした。色とりどりのリボンを首に巻くと、「ワンワン」「キャンキャン」と床を這いまわります。「なぜペットがいいの？」釈然としない光景でした。

（1）　大事にされたい子どもたち

　何人かの幼稚園・保育所の先生にお願いして、子どもたちのごっこ遊びを観察して、ペットになりたがる子どもたちに「なぜペットがいいの？」と聞いてもらうことにしました。子どもたちの回答は実に明快でした。「だってさ、可愛がってもらえるもの！」「悪さしても怒られいし…」「やりたいこと出来るでしょ！」「好きなものをもらえるしさ」「寝転がっていても注意されないでしょ！？」「いうことをきいてもらえるもの！」。
- あなたたちは、無条件に可愛がってもらえてないのかしら？
- 悪さや好きなことが思うように出来ないのね？

- 「お行儀よく」とか「こちらの方がためになる」って、親の言うことばかり聞かされているのかしらね？
- 寝そべってボーっとしている暇はないのかな？
 ここから垣間見える子どもたちの本心やねがいはなんでしょうか？
  ○ 思いっきり好きなことをやってみたい　　➡　自己発揮・自己充実
  ○ 懸命にしている自分を見ていてほしい　　➡　承認・励まし・共感
  ○ ありのままの自分を認め愛してほしい　　➡　甘え・一体感・安心

　幸せそうに見える子どもたちの心の中にぽっかり"空洞"ができているような感じがします。その空洞を埋めるのは、その子を「そのままでいい」と認め受け入れ、掛け値なしに愛情を注ぐ大人の存在です。

（2）乳幼児期に培われる自己肯定感・自己有能感

　「国際競争に負けないように…」との経済界の後押しもあって、教育界には再び「ゆとり」より「学力」、「国語力」より「英語力」が重視される風潮が強くなっています。少子化時代の親たちは、このような風潮に敏感で、わが子のために「学力」を！「英語力」を！と躍起になっています。子どもへの親の要求水準は高まり、何か出来るようになるのがいい子と評価する親も少なくありません。学校も家庭も評価・評価では、子どもたちは"素地"を培い発揮する場を見つけることは困難です。

　日本の子どもたちは自己肯定感（自分の存在そのものへの自信）が低いと言われます。大人たちの過干渉の網の目に取り巻かれた生育環境に起因しているのかもしれません。「自分はダメな人間である」と思う傾向は日本の中学生では56.0％と、アメリカの中学生14.2％に比してきわめて高くなっており、将来への不安も強く、全般的に自信の無さが垣間見られます（図1）。

① 生理的に早産する人間の赤ちゃん

　スイスの生物学者アドルフ・ポルトマン（1897～1982）は『人間はどこまで動物か—新しい人間像のために』で、人間と動物を比較研究した成果を基に、人間の独自性、その特殊な存在様式を明らかにしています。子育てに必要な子ども理解に欠かせないのが「生理的早産説」です。

　霊長類の妊娠期間はチンパンジーが230日、オランウータンが275日、人間が266日と大差はないのに、出生する赤ちゃんの状態は大きく異なります。猿の赤ちゃんは、生まれたときから各器官が発達しており、運動能力

I 保育の実践現場に立つとき

も備わっているのに、人間の赤ちゃんは反射的に乳を吸う、不快なことがあれば泣くことぐらいしかできず、実に「無能力で無防備な状態」で誕生します。それを生理的早産と呼びますが、高等哺乳動物の中で人間だけが、なぜそのような状態で生れるのでしょうか。

② 手間暇かかる子育ての意味

自分では乳房にさえ辿りつけない赤ちゃんは、授乳・睡眠・排泄・清潔等々の生命保持に関する営みのすべてを周囲のものに委ね、手厚く養護されなければ生きていけない無防備な状態で存在しています。母親や家族に見守られ、世話されることを前提に誕生してくると言ってもいいでしょう。

しかしワンタッチで事の済む現代では、子育てほど手がかかり、自分の意のままにならないものはないと感じるのは当然でしょう。多くの女性が出産をためらい、母親になった女性が多大のストレスを抱え込むのも仕方のないことです。

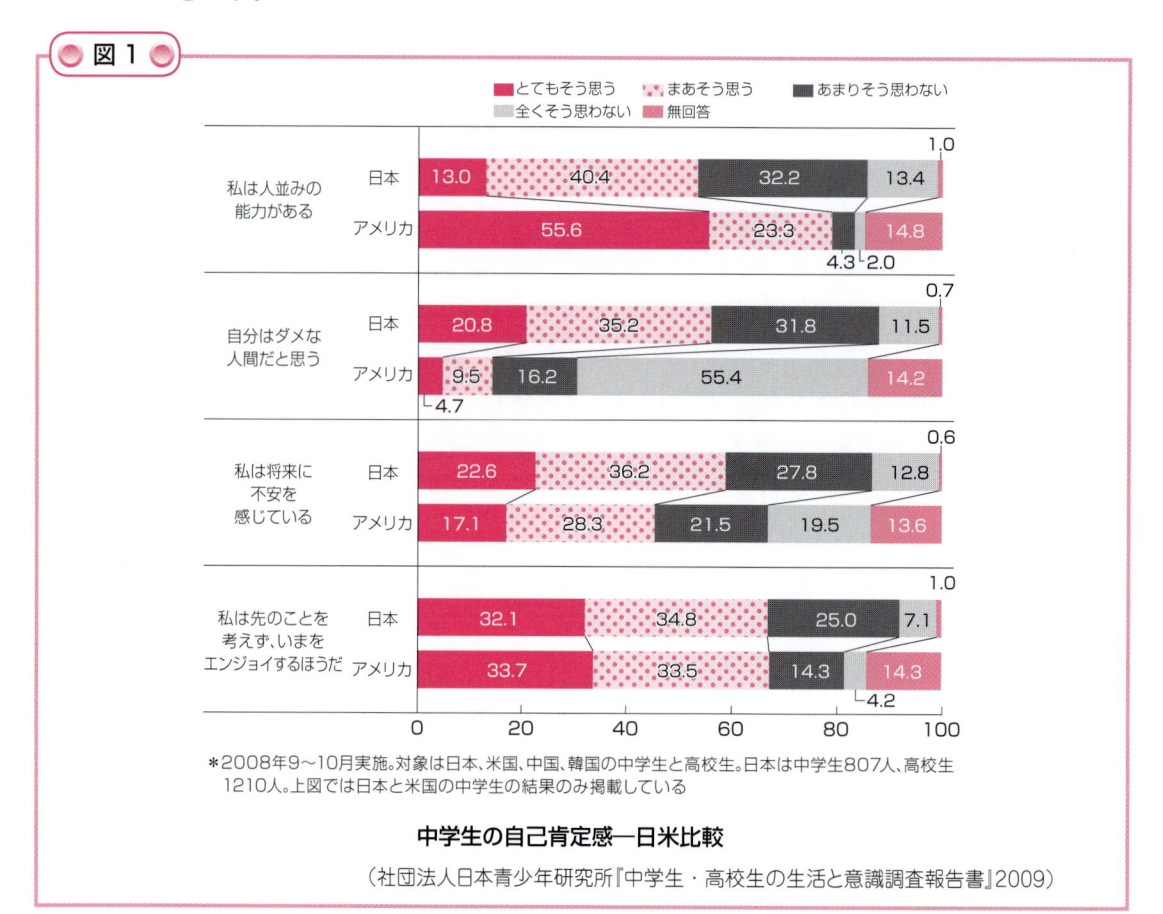

図1

凡例：とてもそう思う／まあそう思う／あまりそう思わない／全くそう思わない／無回答

私は人並みの能力がある
- 日本：13.0／40.4／32.2／13.4／1.0
- アメリカ：55.6／23.3／4.3／14.8／2.0

自分はダメな人間だと思う
- 日本：20.8／35.2／31.8／11.5／0.7
- アメリカ：9.5／16.2／55.4／14.2／4.7

私は将来に不安を感じている
- 日本：22.6／36.2／27.8／12.8／0.6
- アメリカ：17.1／28.3／21.5／19.5／13.6

私は先のことを考えず、いまをエンジョイするほうだ
- 日本：32.1／34.8／25.0／7.1／1.0
- アメリカ：33.7／33.5／14.3／14.3／4.2

＊2008年9〜10月実施。対象は日本、米国、中国、韓国の中学生と高校生。日本は中学生807人、高校生1210人。上図では日本と米国の中学生の結果のみ掲載している

中学生の自己肯定感―日米比較

（社団法人日本青少年研究所『中学生・高校生の生活と意識調査報告書』2009）

一方、喜びをもって家族に迎え入れられた赤ちゃんは、子宮外の刺激に満ちた文化的社会的な環境の中で生育し、多種多様な生活文化に囲まれ、周囲の者たちの言葉やしぐさや表情、行為に触れて育ちます。二足歩行ができるようになるまでに、人の表情や音声・しぐさを模倣し、その意味を理解し、自分も同じようにやってみようと意欲し、意味ある身振り手振りが出来るようになり、初語を発し、周囲にあるものの道具的意味や使い方を覚え、ものごとを洞察する能力をも獲得していきます。

（3）不可欠なアタッチメント（愛着）の対象

　「離乳」「二足歩行」「思考」「言葉」「手で道具を使う」等々という人間としての基礎的な力は、乳児期の育児行為の中で、優しく温かく育くんでくれる人とのかかわりを通して培われます。子どもは認識力が増すにつれて、人の音声や表情、匂い、感触等で自分の好む人を選り分け、その人が世話してくれることを待ち望み、甘えたりすねたりわがままを通しながら、その人の意を理解しその意図にも沿おうとするようになります。生後5～6か月ごろの人見知りを経て、10か月前後になると特定の人（多くの場合は母親）の後追いをし、その人がいないと不安定になったり泣き出したりします。それがアタッチメント（愛着）行動であり、その人に愛着形成をした証しです。
　その人の下で安心感を得る、その人をモデリングしながら行動する、その人を安全基地として探索に出かけるなど、アタッチメント（愛着）が形成されると、子どもの行動はよりダイナミックなものとなっていきます。自分の意志で目新しい世界を探索する活動は、子どもの自立心や自律性を育くむのに欠かせません。その人が見守ってくれているという安心感、困ったときに戻れるという安全基地の存在が、分離不安を超えて、子どものチャレンジする意欲を高めます（図2）。

互いに心を結び合いサポートし合う

（1）増加する3歳未満児保育

　特定の人へのアタッチメントの形成によって、その人との別れが子どもに強い分離不安を引き起こします。図3の分離不安曲線を見ると、1歳前後か

ら2歳半ばにかけて分離不安が強まることが分かります。待機児童の多くは分離不安の強い3歳未満児に集中しており、2010年1月に閣議決定された子ども・子育てビジョンでは、2015年までに3歳未満児を102万人にまで増やすことを計画しています（表1）。

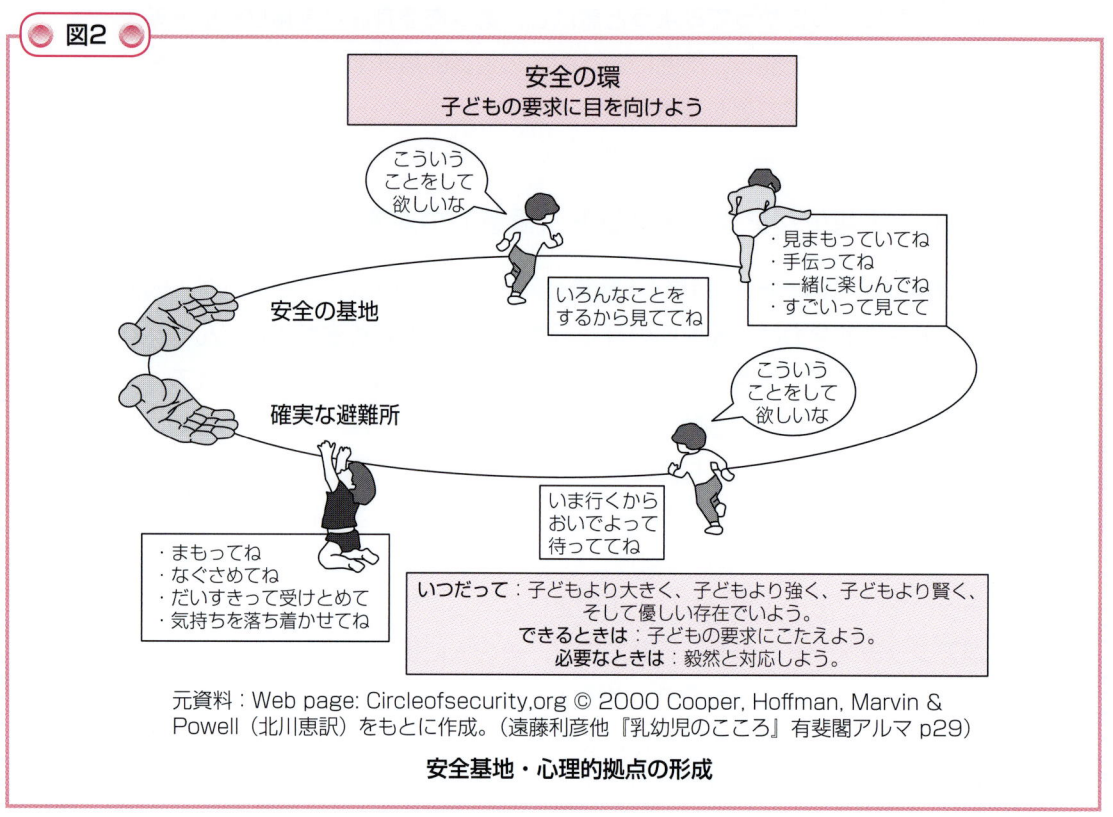

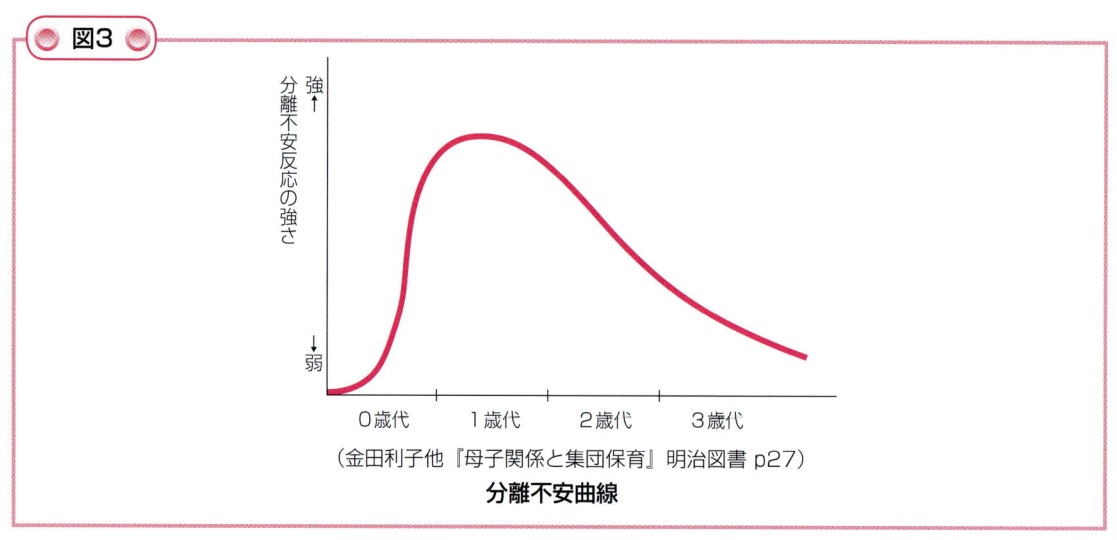

図2

安全の環
子どもの要求に目を向けよう

こういうことをして欲しいな

・見まもっていてね
・手伝ってね
・一緒に楽しんでね
・すごいって見てて

安全の基地

いろんなことをするから見ててね

確実な避難所

こういうことをして欲しいな

いま行くからおいでよって待っててね

・まもってね
・なぐさめてね
・だいすきって受けとめて
・気持ちを落ち着かせてね

いつだって：子どもより大きく、子どもより強く、子どもより賢く、そして優しい存在でいよう。
できるときは：子どもの要求にこたえよう。
必要なときは：毅然と対応しよう。

元資料：Web page: Circleofsecurity,org © 2000 Cooper, Hoffman, Marvin & Powell（北川恵訳）をもとに作成。（遠藤利彦他『乳幼児のこころ』有斐閣アルマ p29）

安全基地・心理的拠点の形成

図3

強↑
分離不安反応の強さ
↓弱

0歳代　1歳代　2歳代　3歳代

（金田利子他『母子関係と集団保育』明治図書 p27）

分離不安曲線

5．子育て支援は子育ち支援

● 表1 ●

子ども・子育てビジョンの数値目標の進捗状況

項　目	子ども・子育てビジョン策定時点（平成20年度）※もしくは当時の直近のデータ	現　状（平成23年度）※もしくは直近のデータ	目　標（平成26年度）
新生児集中治療管理室（NICU）病床数（出生1万人当たり）	21.2床	— 21.2床（H20年）	25～30床
不妊専門相談センター	55都道府県市	↗ 60都道府県市（H23年度）	全都道府県　指定都市・中核市
平日昼間の保育サービス（注1）			
認可保育所等	215万人（H21年度見込み）	↗ 220万人（実績）（H23.4.1（認可保育所定員数））	241万人（注2）
（3歳未満児）	（75万人）	（77万人）（実績）（H23.4.1（認可保育所利用児童数））	（102万人）
家庭的保育（内数）	0.3万人（H21年度見込み）	↗ 0.4万人（H22年度交付決定ベース）	1.9万人（注2）
延長等の保育サービス（注1）			
延長保育等	79万人（H21年度見込み）	— 79万人（H21年度）	96万人
夜間保育（内数）	77か所	→ 77か所（H23.4.1）	280か所
トワイライトステイ（内数）	304か所	↗ 339か所（H22年度交付決定ベース）	410か所
その他の保育サービス（注1）			
休日保育	7万人（H21年度見込み）	7万人（H21年度）	12万人
病児・病後児保育	延べ31万人	↗ 延べ39万人（H22年度交付決定ベース）	延べ200万人※体調不良児対応型は、すべての保育所において取組を推進
認定こども園	358か所（H21.4）	↗ 911か所（H24.4.1）	2,000か所以上（H24年度）（注3）
放課後子どもプラン			「放課後子どもプラン」などの取組が、全国の小学校区で実施されるよう促す（H24年度）
放課後児童クラブ（注1）	81万人（H21.5）	↗ 83.3万人（H23.5現在）	111万人（注4）
放課後子ども教室	8,719か所（H21.4）	↗ 9,733か所（H23.4）	「放課後子どもプラン」などの取組が、全国の小学校区で実施されるよう促す（H24年度）

（注1）市町村のニーズ調査の集計結果を基に設定しており、新たな次世代育成支援のための包括的・一元的な制度の構築を視野に入れた数値目標である。
（注2）平成29年度に44％に達する3歳未満児に関する潜在的な保育需要を満たすため、女性の就業率の上昇を勘案し、平成26年度までに35％の保育サービス提供割合（3歳未満）を目指し、潜在需要を含めた待機児童解消を図るものである。
（注3）新たな次世代育成支援のための包括的・一元的な制度の構築を視野に入れる必要がある。
（注4）平成29年度に40％（小学1～3年サービス提供割合）に達する潜在需要に対し、平成26年度までに32％のサービス提供割合を目指すものである。
　↗は子ども・子育てビジョン策定時点（平成22年1月29日）から直近のデータが上昇しているもの。
（注5）→は子ども・子育てビジョン策定時点（平成22年1月29日）から上昇、下降が見られないもの。
　　　 —は子ども・子育てビジョン策定時点（平成22年1月29日）と同じデータを使用しているもの。

（2）大切な保育アイデンティティの形成

　保育の場は次第に低年齢児化しており、子どもの保育にも多くの手を要する時代になりました。困難な問題を抱える親子を引き受ける保育の場では、人手不足・正規と非正規職員の軋轢・保育制度の改変への対応等々で落ち着きを失いがちです。0歳から長期間長時間を園で過ごす子どもたちに落ち着いた居心地のよい保育を提供する保育条件が整備されていない現状があります。園の管理運営に当たるリーダーは、このような厳しい条件の中だからこそ、どのような保育をするか、その園の保育アイデンティティの形成を図り、よい保育のイメージや職員の役割について共通理解を図る必要があります。

　その際不可欠なのは、0歳から就学までの一貫性のある保育課程を保育の基軸に置くこと、保育に当たっては子どもたち一人ひとりが園の中で心の拠り所をもつことが出来るようにすること（大好きな先生・大好きな場所・大

好きな遊び・大好きな友だち等々)、楽しげに園に通う子どもの姿を通して保護者が園に信頼感を抱けるようにすることです。

　このような園にするために職員が気心を合わせ、保育に勤しむことが出来たら、保育者たちスタッフもやり甲斐を感じ、保育の仕事の楽しさを実感できるのではないでしょうか。こうした園に数多くの小中高校生や保育ボランティアの方々が出会い、子どもの健気な姿に感動し、保育の素晴らしさを体得できることが、少子化時代の子育て支援の課題であり、園の社会的役割なのだと思います。

(3) 保育の工夫

　職員がはつらつと保育している姿は、園に温かな雰囲気を醸し出します。大人たちが落ち着いて子どもたちに温かなまなざしを注ぐとき、子どもたちもまたはつらつと園生活を展開していくことが出来ます。子どもも大人たちも心を結び合い、お互いにさりげないサポートが出来るために、保育の中でもあれこれ工夫してみるとよいでしょう。

①園長・所長のリーダーシップを基に職場の運営体制を明確にし、職員相互の感情の調整をする（図4参照）。

②クラスのリーダーを中心に、保育者が一人ひとりの子どもの心の拠り所になれるように保育体制を工夫する：保育所保育指針でも「愛情豊かで思慮深い大人による保護や世話などを通して、大人と子どもとの相互の関わりが十分に行われることが重要である」と強調しているように、かかわりを深める一つの方法として担当制（グループ担当制・育児担当制・緩やかな担当制などいろいろな呼び名が使われている）を取り入れるのも一案です。

③保育環境を子どもに開かれたものとする。

　遊具を大人が管理しその日の遊びを大人が決めるのではなく、遊具や遊び場を子どもに開き、子どもが選んでいける保育環境とすることが大切です。遊びに没頭するとき、子どもは自己充実でき、主体性を培うことができます。好きな遊びを通して、気の合う友だちや仲間もできていきます。

④子ども同士の憧れモデルが出来るよう、異年齢交流の場を作り、子ども同士がピアサポートできるようにする。

⑤保護者にも保育の場を開き、保護者同士がピアサポートできるようにする：日常的に保護者が保育参加できるようにし、おしゃべりなどを通して保護者同士がお互いにサポートできる場を作る（ティコーナーの設置等）。

5．子育て支援は子育ち支援

図4　必要となる対人関係の調整

- 頑張る私
- スタッフ全員力を合わせて
- 園長のリーダーシップ
- リーダー会議
- クラスのまとまり（新卒保育者・クラスリーダー・8年目の保育者・3年目の保育者）

学生からの質問③　子どもがけんかをしているとき、必ず仲直りさせなければならないのですか？

けんかは自分以外の人の気持ちに気づくチャンスになりますから、子どもが育つ上で大切な体験です。おとなが一方的に「仲直り」させるのではなく、子ども達が自ら「仲直り」したくなる気持ちになるのを待ちたいものです。

学生からの質問④　「片づけ」と言っているのに全く片づけようとしない子どもがいます。そんなときどうしたらいいのですか？

子どもに要求するだけでなく、一緒に片づけながら、「今、なぜ片づける必要があるか」を話します。また子どもが「今、なぜ片づけたくないか」、その気持ちを理解しようとすることも大切です。子どもは押しつけを嫌います。

Ⅱ
保育の実際

0歳児クラス

1歳児クラス

2歳児クラス

3歳児クラス

4歳児クラス

5歳児クラス

異年齢児クラス

1 ０歳児クラス

ほーらボールころころ
はいはいで上手に追いかける
いっぱい話しかけられ、あやしてもらい
とびきりのいいお顔

　０歳児は産休明けの２か月から、首がすわり、寝返りをうつようになり、つかまり立ちから歩行へと次々に発達する姿を見せてくれます。睡眠の時間、食事もミルクから離乳食になるなど、月齢による個人差が一番大きな時期です。一人ひとりの生活リズムを保障しながら気持ちや欲求に、保育者が丁寧に応えていくことで、保育者との信頼関係が育ちます。その中で、特定の大好きな保育者ができて、その保育者に出会うと満面の笑顔を見せてくれるようになります。

Ⅱ　保育の実際

―0歳児ってどんな子ども―
0歳児の特徴と子どもの姿

①おとなとのかかわりを求める

空腹のとき、おむつがぬれて不快なときや眠いときには泣いて知らせます。生理的欲求が満たされると満足して眠ったり微笑んだりします。

②心身の成長が著しい

首が座り寝返りができ、腹ばいの姿勢で首を起こすようになります。ついで、はいはいで移動し、やがてつかまり立ちから伝い歩きができ、歩行完成となります。心理的成長もめざましく、表情も豊かになってきます。

③一人ひとりの個人差がある

睡眠時間や排泄の間隔、ミルクの量や離乳食の食べ具合にも大きな個人差があります。

④身近な人に愛着をもつ

親や保育者に抱っこされたり、あやしてもらうことを喜び、見知らぬ人に出会うと泣いたり・怖がったりします。

⑤探索心をもつ

ガラガラを握って振ったり、なめたりして確かめます。引き出しを引っぱったり、小さな物をつまんでみたり、穴に落としたり、探求心が旺盛です。

⑥五感が育っていく

生まれたときから備わっている視覚・聴覚・嗅覚・味覚・皮膚感覚は、周囲のものとの接触によって、しだいに育っていきます。

0歳児の子どもの姿と保育者の役割

①要求やサインをしっかりと見てかかわる

　保育者は0歳児の日頃の様子をよく見て、泣いていれば、空腹なのか眠いのかおむつがぬれているのかを判断して、その要求にこまめに応えるようにします。

②発達段階を的確にとらえて、必要な援助をしていく

　0歳児は月齢によって、運動能力や心理的発達が違います。その子どもの発達段階をとらえて、今必要な援助や配慮は何かを確認しながら保育をします。毎月の身体測定や成長の様子を継続して記録し、園医や看護師と連携を密にし、情報交換を行います。

③一人ひとりの生活リズムに合わせて保育する

　連絡帳や早番の保育者からの申し送りで、前日の様子や起床時間・朝食の摂取量などを把握します。個々の生活リズムに合わせて、食事や睡眠時間を工夫していきます。

④安定して過ごせるよう常に特定の保育者が担当する

　0歳児は、特定の保育者との応答的なかかわりを求めています。また、保育者間でよく話しあい、同じようなかかわり方をすることが大切です。

⑤探索行動が広がるような環境設定をする

　引き出して遊べるような玩具や穴に物を入れて遊べるような玩具は、探索欲求をみたします。ミルクの空缶やぬれティッシュの空き容器を利用して作れます。また、なめても安全な材質に配慮し、誤飲しないような大きさの玩具かどうかチェックしましょう。消毒して清潔を保つことや、コンセントの穴にカバーをするなどの危険防止も大切です。

⑥五感をはぐくむ保育環境をつくる

　音楽や歌、きれいな色彩の装飾や玩具、ぬくもりのある木製の椅子やベット、外の風と光の入る窓やベランダなど、0歳児によい刺激となるような保育空間を整えます。

Ⅱ 保育の実際

デイリープログラム

7：30	早朝保育
	♥保育室の環境整備と換気
	♥早番の保育者が子どもを受け入れる

8：30	順次登園
	♥登園した子どもを視診し、健康状態を把握（顔色・機嫌・皮膚の状態など）
	♥保護者と連絡事項を確認する
	（前日の様子・睡眠時間・朝食の摂取量など）
	おむつ交換
	♥言葉かけをしながらおむつを交換し、皮膚の状態を見たり、マッサージをする

おむつ替えてさっぱりしたね

9：20	おやつ
	♥蒸しタオルで手やおでこ、口のまわりを拭く。
	♥果物やビスケット・牛乳（ミルク）など月齢に応じた間食を供する

9：30	遊び・睡眠
	♥室内遊び・散歩・外遊びなど月齢や発達に即した遊びをする。体調や天候には十分配慮する
	中には睡眠をとる0歳児もいる

みんなといっしょにおやつ

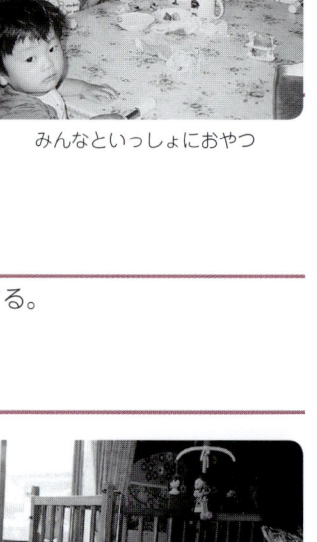

10：50	着替え・沐浴・おむつ交換
	♥外遊びの後など、水分補給をし、着替えや沐浴をする。
	♥汗を拭いたり、ぬるま湯で手を洗う

11：00	食事
	♥授乳や離乳食の進行は、発達や食べ具合を見ながらすすめる

11：30	着替え・おむつ交換・睡眠
	♥食後の清拭をし、服を着替えてからベットやふとんに寝かせ、安心して眠れるように子守歌を歌ったり体をトントンしたりして個々にかかわる
	♥睡眠中変わった様子がないか見る

お口を大きく開けてパクッ

0歳児クラス

14：00	目覚め・おむつ交換・沐浴（夏）

♥目が覚めたばかりのまどろみやひとり遊びを大切にしながら、声をかける
♥夏場は検温をしてから沐浴をする

14：30　水分補給・おやつ（ミルク・離乳食）

♥睡眠や沐浴後十分に水分を補給する。月齢によっては、2回目の離乳食やミルクを与える

15：00　遊び・おむつ交換

♥保育者と絵本を見たり、室内遊びを楽しむ

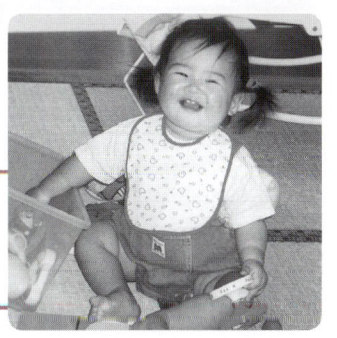

目覚めのあとのひとり遊び

16：00　降園準備・降園（順次）

♥保護者に一日の様子を伝える（健康状態・食事・遊びの様子など）
♥着替えたものや連絡帳を渡す

17：00　遅番保育（延長保育　18：30～）

♥遅番保育者に申し送りをする
♥保育者と一緒に過ごしながらお迎えを待つ

～延長保育児・補食～

19：30　全員降園

ママだよ～

ベビーカーとトコトコ歩きでお散歩

Ⅱ 保育の実際

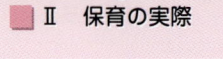

0歳児と一緒に遊ぼう

～部屋の中で～

> **エピソード**
>
> ### 「アーウー」お話上手ね
>
> 　2か月のみかちゃんは、この頃首がすわってきて、抱っこされて外の景色を見ます。
> 　風に新緑の葉が揺れる様子をじーっと見ています。「葉っぱ揺れてるね」と言うと、口をすぼめて「アーウー」と喃語を発し始めました。「お話上手ね」と言うと、さらにそれに応えるかのように、盛んに声を出しています。

> **エピソード**
>
> ### はいはい　できるよ
>
> 　5か月のちーちゃんは腹ばいの姿勢でしっかり首をもたげています。その前にボールを置くと、手を伸ばして触ろうとしますが後ずさりしてしまいます。
> 　はいはいで自分の好きな所に移動できるようになった9か月のゆうくんは、鈴が入って音が出る玩具が大好きです。それを見つけると、はいはいして触りにきます。手で触れると音が出るのが楽しいようで、何回も触りにきます。

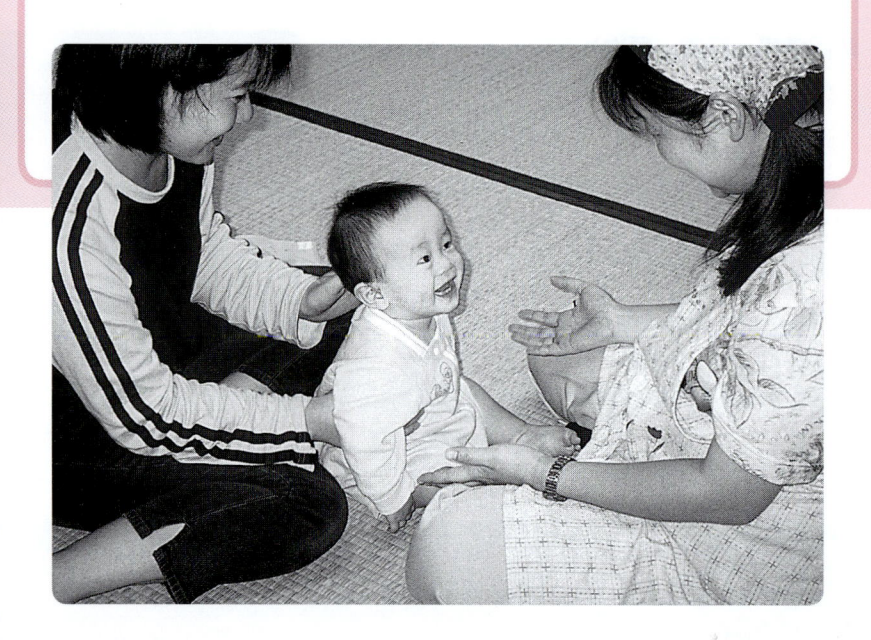

0歳児クラス

保育者の働きかけ

遊びの環境を整える

　2か月から4か月の頃は、眠っているときと目覚めているときのくり返しの生活リズムです。目が覚めているときは、天井に揺れるモビールを見たり、ベットサイドのオルゴールメリーを目で追います。ちょうど視野に入るような場所に揺れる玩具をつけたり、天井装飾を作ります。

　また、顔をのぞきこんで笑いかけたり、やさしく語りかけます。物を握れるようになる4か月の頃に、軽くて持ちやすいガラガラを用意し、ふって音を出すなど、相手をすることが大切です。また、抱っこで窓から外の景色を見せたり、他の子どもの遊ぶ様子を見せたりします。

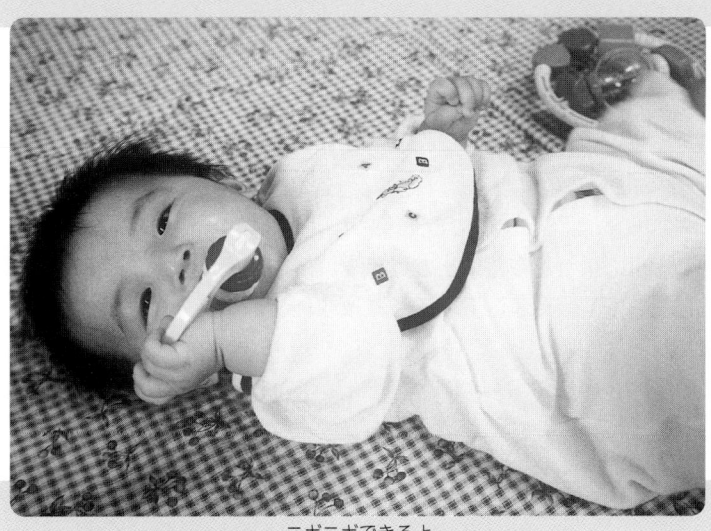

ニギニギできるよ

関心があるものを見つける

　何に関心があるのか、子どものまなざしを追ってみましょう。揺れる木々の葉っぱだったり、鈴の入った玩具や動く物、ころがるボールなどさまざまなものに関心を示します。

　腹ばいができるようになったら、手が届きそうなところに玩具を置いたり、つかまり立ちする頃には、立つ位置に引っ張る玩具を置いたりして、探索意欲を高めるようにしていきます。

Ⅱ 保育の実際

～部屋の中で～

エピソード

お気に入りは「とっとのめ」

　午前のおやつの前に、保育者が「ちょっちちょっちあわわ・かいぐりかいぐりとっとのめ」とわらべ歌遊びをすると、歌が大好きな12か月のゆみちゃんは、一緒に身体をゆすりながら動作を真似します。特に、口に手を当てる「あわわ」のところと、手の平を指でさわる「とっとのめ」がお気に入りで、ひとり遊びをしているときもその動作をくり返し楽しんでいます。

エピソード

小さい物もつまめるよ

　最近指先が器用になって、はめることや穴に入れることができるようになった11か月のまゆちゃんは、保育者が牛乳パックに穴を空けてだ円形のナンバープレートを入れるオモチャが大のお気に入りです。今日も小さいプレートを手でつまんでは穴から箱に入れる動作を繰り返しています。

～外遊びの中で～

エピソード

犬も猫も「ワンワン」

　乳母車に乗って散歩に出かけます。途中で犬に出会うと「アーアー」と指差して、保育者に教えてくれます。13か月のけんちゃんは「ワンワン」と言ってにこにこ嬉しそうです。次に猫を見かけてもやはり「ワンワン」といって、見つけたうれしさを全身で伝えてくれます。みんな犬や猫が大好きです。

～好きな遊び～

エピソード

ボールさん いない いない！？

　11か月のあきちゃんは、手に持った小さなゴムボールをポンと保育者の方へころがしました。ボールを受け取った保育者は「あきちゃん上手ね。はい、どうぞ」ところがして返します。ボールを手にしたあきちゃんは今度は歩いて保育者のところに持ってきました。「はい、ありがとう。ボールさんいないいない」と言ってボールをエプロンの中にかくしてみました。するとあきちゃんは、エプロンをめくってボールを見つけました。何回かエプロンで「いないいない」をした後、あきちゃんは自分の上着にボールをかくしました。「ボールさん、いないいないね」

保育者の働きかけ

手遊びの相手をする

　0歳児は、わらべ歌や手遊びが大好きです。「いないいないばあ」や触れて遊ぶ「一本橋こちょこちょ」など、おおいにしてあげたいものです。

安全と清潔に気をつける

　容器に入れる動作を楽しむプレート落としは何でも口に入れたりなめる0歳児が、誤飲しないよう、大きめのプレートを用意します。一日の終りには、他の玩具と同様に熱湯消毒をして、清潔にしておきます。

散歩に出て小さな発見や出会いを楽しむ

　0歳児は外に出ることで気分転換になります。きれいな花を見たり、犬や猫に出会ったり、近所の人に声をかけてもらったりと、視野が広がります。風が心地よくて途中で眠ってしまう子どももいます。一人ひとりの興味、関心をみたす散歩を楽しみます。

かくしたりひっぱったりする遊びを楽しむ

　顔や物をかくした後、見つける遊びが大好きです。ボールをかくしたり出したりをくり返して遊びます。エプロンや風呂敷き、ハンカチなどでかくしたり、ミルクの空缶に布を貼って口のところにゴムを入れて作ったボール落しも活躍します。
　逆に、引っぱり出す動作も大好きですから、ぬれティッシュの空き容器に、長い紐状にした布を入れた玩具を用意すると喜んで遊びます。

II　保育の実際

一緒に生活してみよう

食　事

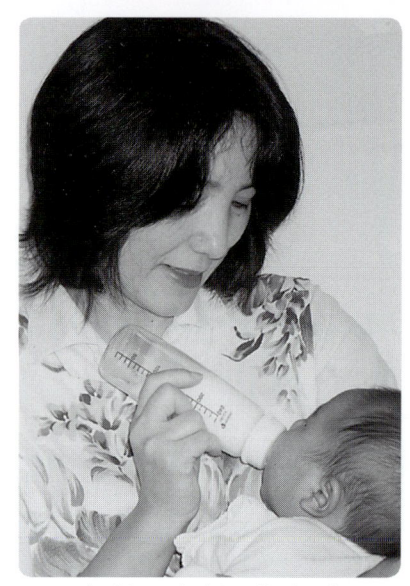

ゴックン　ゴックン　おいしいね

　授乳は、0歳児が安心して飲めるよう、ゆったりとした気持ちで抱っこして目を見つめながら飲ませましょう。哺乳量は、月齢や成長に応じて変化しますが、個人差があります。発育・発達状態・機嫌などをよく見て、家庭と連絡をとりながら哺乳量を把握します。

　離乳食を開始する時期は、首がすわって安定した5か月〜6か月頃が目安ですが、個人差があるので、様子を見て保護者と相談しながらすすめます。

　離乳食は、口腔機能の発達に合わせて離乳の開始から完了まで段階的に摂取できるようにすることを目的としています。口の動き、噛みかたや飲み込み方をよく見て無理のないようにすすめていきます。アレルギー反応の出やすい食品は、体調や皮膚の状態を見ながら、慎重に取り入れていきます。

　離乳の完了は12か月〜18か月が目安ですが、スプーンを自分で使って食べたり、容器で汁物を飲めるのも個人差があります。手づかみ食べで、楽しく食べながらも保育者が介助してすすめます。

　食事も授乳と同じく、安心と安らぎの中で食べる心地よさを味わうことのできる環境を整えていきましょう。

排　泄

　排尿の間隔も個人差がありますが、大抵は目覚めているときに排尿があるようです。排便は、食後だったり遊びのときに出たりしますが、いきんだり、臭いでわかります。おむつがぬれたり、便が出たらすぐに取り替えましょう。また、一日の流れの中でおやつや食事の前後、遊びや睡眠の前後とこまめにおむつ交換をします。おむつ交換台に子どもを寝かせたまま、離れることは

落下事故につながるので決してしてはいけません。おむつを交換台のすぐそばに置き、取りやすくしておく、排便の介助後に消毒をまめにすることは基本的なことです。

　おむつ交換は不快を取り除くだけでなく、言葉をかけたり、身体をさすったりしながら、スキンシップのひとときとして愛情深くかかわっていきましょう。

> **エピソード**
>
> ### じっとしていられるかな
>
> 　最近、つかまり立ちをさかんにするようになった10か月のゆりちゃん。おむつ交換のときに仰向けにすると、すぐに寝返りをうって立とうとします。音の出る玩具やぬいぐるみを持たせて気をそらしたり、交換台の上の天井には淡い色の和紙で作った花を糸で吊るしました。風に揺れてまわる花に目をとめて、ゆりちゃんはおとなしく仰向けになっています。「ゆりちゃん、おむつ替えようね」とやさしく声をかけながらお尻を支えて持ち上げ、手早くおむつ交換をしました。「さっぱりしたね」と言いながら、腿のところを手のひらでマッサージすることも、大切な日課のひとつです。

清　潔

　0歳児は、小さな体なのに、新陳代謝が旺盛なのでたくさん汗をかきます。そのため、あせもができやすく、ひどくなって感染すると、とびひになることもあります。

　汗をかいていたら、ガーゼや蒸しタオルで拭いてあげたり、夏は沐浴で汗を流します。0歳児の皮膚は敏感でデリケートなので、むやみに石けんは使わずぬるま湯で洗ってあげるだけで十分です。

　シャワーの音におびえたりする子どももいるので、湯船にぬるま湯をためた中で洗い、お湯は一人ひとり取り替えます。

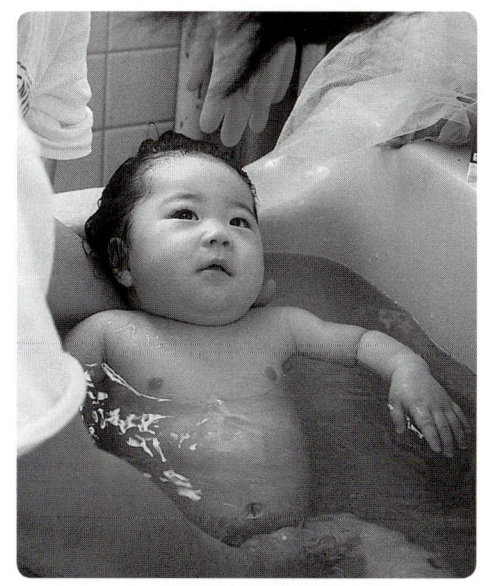

あー　いい気持ち

Ⅱ 保育の実際

着　脱

　2か月から6か月頃までは、腕や足の屈伸が弱いので、着物式の肌着や前が全部開くベビー服を用います。

　はいはいする頃は、上着と股上の深いズボンか、お腹のでない動きやすい服がよいようです。生地は汗を吸収しやすい木綿などで、伸縮性のあるものを選びます。デザインを優先してデニムの生地で出来ているベビー服もありますが、動きにくく硬いのでふさわしくありません。

　0歳児はまだ関節がしっかりしておらず脱臼しやすいので、上着を脱がせるときは腕を引っぱるのでなく、ひじをもって脱がせます。着せる時も袖口からおとなの手を入れて、ひじを持ち上に引っぱるようにして手を出します。

　戸外へ出るときに使う上着や、衣服調節しやすいベスト・帽子などを用意してもらいます。最近では、おしゃれな服を着て登園してくる子どもも多いのですが、普段は活動しやすい衣類にするように保護者に伝え、理解を求めることも大切です。

> **エピソード**
>
> ### おめかししてはみたけれど
>
> 　腹ばいの姿勢から少し前方に移動できるようになった6か月のひなちゃん。今日はおめかしして、ワンピースにタイツをはいてきました。
>
> 　朝の登園のとき、お母さんは「出産のお祝いで頂いた服なんですよ。ひなちゃんどんどん大きくなっているから、早く着せないとちっちゃくなっちゃうと思って」と言って仕事場に出かけていきました。
>
> 　ワンピースを着たひなちゃんは、赤ちゃんといった感じでなく、お姉さんぽく見えます。けれども、いつものようにはいはいしようとすると、ワンピースがたくし上がってしまい思うように動けません。ワンピースは降園のときに着せることにして、上着とズボンに着替えさせると、ひなちゃんは上手に前へ前へとはいはいをはじめました。

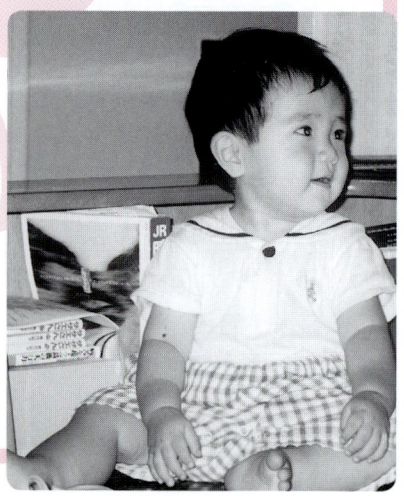

おすわりが上手でしょ

0歳児クラス

睡 眠

　6か月までの0歳児は、眠りと目覚めのくり返しの時期です。6か月以降の0歳児も午前に眠ったり、一人ひとりの睡眠のリズムがあります。前日の就寝の時間や夜泣き、朝いつもより早く目覚めたことなどが日中の睡眠に影響します。保護者からの伝言や連絡帳を参考に対応します。

　眠くなると、不機嫌になり泣いて訴えてきます。また動きが鈍くなったり手足が暖かくなるので、音楽をかけたり、子守り歌を歌って静かな雰囲気で眠れるようにします。保育者は眠るまでそばについてそーっと体を触って安心させます。

　睡眠中の様子をよく見て、変化がないかチェックします。特に月齢の低い2か月から6か月の乳児は、SIDS（乳幼児突然死症候群）となることもあるので注意して見守りましょう。

　室温や換気にも気を配ります。

スースー　スヤスヤ

保護者とともに

　保育園に入園した0歳児を持つお母さんは、第一子なら特に何もかもが初めての経験です。日々成長する姿に喜びを感じる反面、いろいろ不安になったりします。親になりたての新米お母さんなのですから、解らなくて当たり前と受けとめ、保育者は子育てのパートナーになるように心がけます。お母さんも育っていけるように、困っていることや悩んでいることを聞いて、一緒に考えていきます。

　若い保育者も、担当している0歳児一人ひとりの可愛さや園での様子を細かく伝えていくうちに、お母さんとの信頼関係ができてきます。複数の0歳児を見ていること、1～2歳児の育ちも見通せることは、若い保育者の大きな強みです。

　お母さんは産休明けで職場復帰して、仕事と育児の両立に不慣れな状況にあります。また、子どもは母体免疫がなくなって発熱や感染性の病気にかかりやすくなる時期を迎えます。そのときの焦燥感や不安感は大変なものです。そのようなお母さんの心理状態を理解して、心に寄り添っていけるように努めます。

■ Ⅱ 保育の実際

0歳児クラスの環境

　0歳児クラスは、授乳や睡眠時間も異なり、運動能力や遊びも違うさまざまな月齢の子どもが同居します。そのため安定して眠れる場所・授乳や食事をする場所・おむつ交換や着替えをする場所・木浴室・調乳室・遊びのコーナーと分かれている環境が望ましいのです。

保育室

　眠るベットやふとんの場所と遊ぶ場所が近いと、どうしても眠りの妨げとなってしまうので別室か離れている場所にします。

　また、授乳や食事をするところと、哺乳ビンを消毒する殺菌庫や調乳室は、近い所にします。おむつ交換台のそばに、着替えの服やおむつの入った棚やロッカーがあると便利ですし、動きもスムーズです。汚れたおむつを入れておくところや汚物を流せる水洗も必要です。

　はいはいや歩き始めの頃は、畳やカーペットだと滑らなくて安全です。

保育室の遊びのコーナー

遊具、玩具

① 目で追うオルゴールメリーやモビール
② 握ってなめたり、振って遊ぶガラガラ
③ 起き上がりこぼし・ぬいぐるみ・ボール
④ 引っぱったり動かして遊ぶ玩具
⑤ 柔らかい材質の積み木・重ねコップ
⑥ 押す・ひねる・まわすなど手を使って遊ぶボード

月齢や発達に即した遊具や玩具を用意します。ベビージムや室内用の低いたいこ橋・滑り台など、体を使って遊べる遊具も、室内空間を考慮して設置します。

モシモシ　あーちゃんですか？

絵本

0歳児でも、保育者に絵本を読んでもらうことを喜びます。ひざに抱っこして読んだり、おやつの後、テーブルについているときに読んでみると、じーっと見ています。にこにこ笑う子どももいれば指さす子どももいます。0歳児向けの絵本がありますが、動物の出てくる絵本・果物やパンなどの食べ物の出てくる本が好きなようです。食べる真似をしたり、動物を指さして「ワンワン」という子どももいます。

ワンポイント・アドバイス

■ 座る姿勢ができるようになっても、まだ不安定で後ろに倒れたり、前に倒れたりします。危なくないように周りにふとんやクッションを置きます。つかまり立ちの頃は、何でもつかまるので、要注意です。食卓机にテーブルクロスを敷いていると、垂れ下がったクロスをつかんで立とうとして、上にある物が落ちてくることがあります。けがややけどにつながるので、テーブルクロスは避けたほうがよいでしょう。

■ 小さな物でも指先でつまみ何でも口に入れてしまう0歳児クラスの子どもたちですから、小さなボタンやクリップ・ホッチキスの芯が落ちていないか細心の注意が必要です。また、絵本をかじってしまい、紙が口に入っていることもあるので、口をモゴモゴ動かしていたら要注意です。

心理発達 ## アタッチメント

心と心のつながり：アタッチメント

　人は大切に思う人と心のつながりを作り、その人との関係を大切にしながら生きています。元気なときには、自分の能力を活かして動いていますが、疲れたときには、その頼れる人のそばで、疲れた心と体を休めたいものです。また、不安なことや悲しいことがあったときにも、その人に助けられて不安を鎮め、悲しい心を癒したいものです。このような大切な人との心と心のつながりをアタッチメントといいます。

アタッチメントの役割

　アタッチメントは、子どもが発達する過程で重要な役割を担っています。一番の役割は不安を鎮めることです。アタッチメントを作っている相手につかまったり、抱きついたりして、子どもは不安を鎮めようとします。もしもそういう人がいないと、子どもは不安に対してひとりで対処しなければなりません。それはとても大変なことです。二つ目の役割は、不安が鎮まったら、安心できるアタッチメントを基盤にして、離れて活動していけることです。安心できるアタッチメントを作っている子どもは、離れて活動することと、不安を鎮めるために親のところに戻ってくることの両方をすることができるのです。アタッチメントの役割としてはこの二つが特に重要なのですが、アタッチメントの役割は他にもたくさんあります。余裕のある「わたし」を育てること、主張する自我と協調して我慢する自我を育てること、自分の気持ちや行動をモニターする能力を育てることなどです。

アタッチメントの形成

　アタッチメントは0歳から3、4歳にかけて作られますが、0歳児の間に子どもと親との間でその本質が作られます。標準的には、6、7か月の頃から2、3歳の間にアタッチメントが作られます。子どもが親に心を寄せていて、親を目で追ったり、親がいなくなると泣いたり、親以外の人では泣き止まないのに、親が抱くとすぐに泣き止むといった行動によって、子どもが親にアタッチメントを形成していることが理解されます。

安心できるアタッチメントを育てるには

　安心できるアタッチメントを作るのに大切な大人の関わり方として、特に0歳の間に次のような相手をするのがよいとされています。①親や保育者がよく抱っこしてあげること、とくに泣いているときに抱っこしてなだめてあげること、②子どもが泣いたり笑ったりしたときに、ニコニコしたり話しかけたりして情緒的に対応すること、③抱いて欲しい、遊んで欲しいなど子どもがして欲しいことを理解して、その気持ちを満たしてあげること、④子どもが泣いたり声をかけてきたりしたら、できるだけ早く、タイミングをずらさずに相手をすること、です。

（吉田弘道）

子どもとの信頼関係を育む保育　　保育

産休明け保育って大丈夫なの？！

　乳児保育とは、厳密にいうと満1歳にならない子どもを受け入れて保育することを指します。労働法規との関連からすると、もっとも早い受け入れは産後休暇終了直後からの保育で、「産後休暇明け保育」（省略して産休明け保育といいます）です。現在、労働基準法は産後8週間の産後休暇を保障していますから、その直後に職場復帰する母親にとっては、生後57日目の乳児を保育してもらうことが必要となります。

　首も座らない、人の区別も十分じゃないわが子を他人に預けることについては、現在もなおその是否を問う声は皆無ではありません。「そんなに小さい子を預けて大丈夫？」「かわいそうではないの？」など、保育者をめざす学生さんの中にも、そのような思いを抱いている人も決して少なくないはずです。

3歳児神話に合理的根拠はない？！

　しかし厚生労働省は「子どもは3歳までは、常時家庭において母親の手で育てないと、子どものその後の成長に悪影響を及ぼす」という3歳児神話には、「少なくとも合理的な根拠は認められない」、「母親が育児に専念することは歴史的に見て普遍的なものでもないし、たいていの育児は父親（男性）によっても遂行可能である」（旧・厚生省『平成10年版厚生白書』ぎょうせい 1998 p.84）と述べて、男女共同参画社会づくりに備えて、保育園での乳児保育の普及に乗り出しています。男女共同参画社会を実現するためには、男女共に「職業生活と家庭生活の両立」を図る必要があるからです。

基本的な信頼関係の形成を重視

　その際、重要なことは、乳児期に不可欠な「アタッチメント」「基本的な信頼感」の形成を保育の場でどう考えるかです。2000年に実施された「保育所保育指針」の「6か月未満児の保育の内容」を記した第3章では、「保育者の姿勢と関わりの視点」として次の2点を強調しています。その一つは「子どもの心身の機能の未熟性を理解し、家庭との連携を密にしながら、保健・安全に十分配慮し、個人差に応じて欲求を満たし、次第に睡眠と覚醒のリズムを整え、健康な生活リズムを作っていく」ようにすること、二つには「特定の保育者の愛情深い関わりが、基本的な信頼関係の形成に重要であることを認識して、担当制を取り入れるなど職員の協力体制を工夫して保育する」ことです。

　乳児期は、発達差が大きいため、個々の子どもの状況を適切に把握し、的確に対応していく必要があります。そのため保育者と子どもとの関係を継続的なものにしようとする試みがこの担当制です。実際には、特定の保育者を特定の子どもの担当者として位置づけ、その担当者が食事や排泄・睡眠などの「生活」活動をできるだけ担うようにします。子どもが安心できる保育を通して、子どもはその保育者にアタッチメントを形成し、信頼関係を培っていきます。

（諏訪きぬ）

■ Ⅱ 保育の実際

0歳児クラスの事故と安全

事故の特徴

　乳児期前半の事故の多くは、窒息に関連する事故であり、乳児期後半は転倒による事故が多くなります。乳児期前半は、自分の身体を自由に動かすこともできない状態ですし、後半は、つかまり立ちから不安定な歩行となるためです。

> **エピソード**
> ### ビニール袋が顔に張りつく
> 　保育室の連絡帳を入れておく台の上にビニール袋が置いてありました。開けてあった窓からの風で、その袋が寝ている生後3か月のしゅうくんの顔の上に飛びました。保育者がビニール袋に気づき、急いではずしました。
> **（保育者の配慮）**
> 　特に月齢の小さい子どもの周囲には、窒息につながる危険な物がないかを常に点検する必要があります。クラスの保育者で話しあい、危険な環境をチェックすることが大切です。

> **エピソード**
> ### つかまり立ちをしていて転倒
> 　生後10か月のことちゃんは、玩具棚の仕切につかまって立っていました。棚の玩具を取ろうとして、バランスを崩してそのまま後ろに倒れました。
> **（保育者の配慮）**
> 　バランスが不安定なので、転倒しても危険がないように、マットやクッションを用意したり、危険な物を片づけたりします。

安全への配慮

　ミルクを飲ませた後の排気確認や乳幼児突然死症候群への配慮、ベッド柵を必ず戻したり家具を安定して設置するなど子どもの安全に最大の注意を払います。子どもの発達を理解した上で子どもの動きをよく見ながら、危険を一つひとつ取り除いていく姿勢が大切です。

（帆足暁子）

2　1歳児クラス

「イヤ！」「ジブンデ！」をいっぱい言うけど
気持ちわかってくれる先生「シュキ（スキ）」
お友だちと「オンナジオンナジ」も楽しいの

　自分の足で行きたい所に移動でき、自分の手でいろいろなことができるようになり始めた子どもは、室内でも屋外でも精力的に探索活動をします。まだ危険なことはわかりませんから、目が離せません。自分なりのやり方や思いももち始めますが、それをうまく伝えられません。その気持ちを汲み取って言語化してくれるおとなの存在が、安定した生活を支えます。親しみの感情をもった大好きな保育者を媒介にして、他の子どもとの友だち関係も育ち始めます。

II 保育の実際

―1歳児ってどんな子ども―
1歳児の特徴と子どもの姿

①「自分」の思いをもち始める
自分の思いがあっても、なかなかそのとおりにはできなくて、じれたり、泣いたり、よく感情を爆発させます。

②道具が使えるようになる
手首や指先の機能が発達し、道具を使った動作ができるようになってきます。食事もスプーンやフォークを使っての食事に移行していきます。

③片言の言葉で共感しあう
「ワンワンイタネ」「オハナキレイネ」と数少ない言葉を使って、思いを伝えあうことが始まります。

④「オンナジ」を楽しむ
同じことをしては、顔を見合わせて楽しむ共鳴動作がみられます。友だちへの関心が強まり、同じ場所に集まるようになるので、トラブルも多発します。

⑤好き・嫌いをはっきり出す
好き・嫌いがはっきりしてきて、いったん「イヤ」というとなかなか気持ちは変わりません。強いこだわりを見せることもあります。

1歳児の子どもの姿と保育者の役割

①「子どもの思い」を上手に受けとめる

　自分の思いを持ち始めてもまだそれは自己中心的なものですから、周囲の状況やおとなの思いと相容れないことが多く、思いが通らず泣くこともしばしばです。そのようなとき「こうしたかったのね。できなくて悲しかったね」と共感することで子どもの気持ちは慰められます。また生活手順を一定にしておくと、子どもが次の活動を予測して自分から手を洗い食卓についたり、椅子運びを手伝ったりします。子ども自身の思いとまわりの状況が合う生活の仕組みをつくることで、1歳児は精神的な安定感を得ることができます。

②十分な探索活動の中で「いろいろな物」と出会わせる

　自分の思うように歩けるようになった喜びで、あちらこちらと移動し、目に飛び込んできたものすべてに興味を持ち、さまざまなことを試します。探索行動で足腰は鍛えられ、手や指の動きも巧みになっていきます。室内には、子ども自身の発想でさまざまに変化させられるような素材を用意します。屋外では子どもの発見や興味を尊重しつつ、危険防止に気を配ります。

③実感と言葉が結びつく経験をたくさんさせる

　片言でおとなと会話が成立するようになる頃には、「おいしいね」などのひと声でままごと遊びが始まります。転んだときに「痛かったね」と声をかけられたり、ミミズを手のひらに乗せ「チュメタイ」とのつぶやきに共感してもらったりしている中で、実感と結びついて理解できる言葉が増えていきます。一緒に楽しい体験をしている散歩のときなどに、実体験と言葉がしっかり結びついた会話をたくさん交わしたいものです。

④模倣しあい、心を通わせあう

　同じ動作を交互にしては、楽しそうに顔を見合わせて笑う、また誰かが何か楽しそうなことを始めると、いつのまにか、子ども達が群れてきて、同じことを始める……こんな姿がみられます。自分と大好きなおとな以外に、気にかかる存在がでてきているのです。それだけに「あの子の車が欲しい！」と実力行使にでたり、噛みついたりのトラブルも多発します。保育者は、双方が嫌な体験にならないように、思いを取りつぐ役割をします。

⑤「こだわり」に丁寧につきあう

　ひとりではできないのに「ジブンデ！」とおとなの手を振り払う。「だれもきちゃだめ！」と場所や玩具を独り占めする。「はじめに果物が食べたい！」と主張して「ご飯から」といわれるとひっくり返って怒る。全身で「自分の思いのままに、自分のきまりで生きたい」と主張します。その主張を受けとめながら、「駄目なことは駄目」ときちんと伝える必要があります。

Ⅱ 保育の実際

デイリープログラム

7：30　早朝保育
- 保育室の環境整備
- 登園した子どもを視診し、健康状態を把握する

8：30　順次登園・遊び
- 保護者と連絡事項を確認する
- 早番の保育者から連絡事項を確認する
- 子ども達が一箇所に集まらないよう玩具を何箇所かに分けて用意する

おむつ交換
- 早く登園した子どもから、遊びの切れ目を見ておむつ交換、トイレに誘う

これ　おいしいよ

9：00　おやつ
- 遊びに集中している子どもは、これが終わったら食べに行こうねと声をかける
- 片づけを担当する保育者と遊びを担当する保育者に分かれ、おやつの終わった子から遊びに誘う

9：30　外遊び・探索活動（砂・泥・水遊び・散歩など）
- 危険のないよう配慮する
- 砂や泥・水の感触を楽しむ

散歩
- 初期は同じ場所にくり返し散歩する。歩いていく場所、散歩車で行くところなど組み合わせる

10：20　着替え・おむつ交換
- 汚れた手足を清潔にして入室する

11：30　食事
- いつも決まった場所で、決まった保育者と小グループで食事をする
- 食後の汚れた手足や顔をきれいにする
- 「いただきます」「ごちそうさま」のあいさつをする

う～ん　どうしよう

12：10　着替え・おむつ交換・睡眠
- おむつ交換やトイレに誘う
- 衣服をパジャマに着替える
- 絵本を読んでもらったりして、静かに遊ぶ
- 保育者にトントンされたり子守唄やお話を聞きながら眠る

1歳児クラス

14：30	目覚め

♥目覚めた子どもから順に洋服に着替える
♥おむつがぬれていない子どもはトイレに誘う
　まだ寝ている子どももいるので、あまり音のしない遊びを用意しておく

15：00　おやつ（順次）

♥早く起きた子どもから順におやつを食べる
♥使ったタオルやエプロンを自分でカゴに入れる

室内遊び

♥それぞれが室内の好きな玩具を見つけて遊ぶ
♥玩具類は子ども自身が選択できるようにいつも同じ場所に置いておく
♥様子をみながらおむつ交換をする

降園準備

♥着替えや連絡帳をしまう

16：00　降園（順次）

♥一日の様子を保護者に伝える（健康状態、食事、遊びの様子など）

17：00　遅番保育（延長保育　18：30〜）

♥遅番保育者に申し送りをする
♥保育者や年上の子ども達と一緒に遊びながらお迎えを待つ

〜延長保育児・補食〜

19：30　全員降園

え〜とね、おうち

さあ　おかえりしよう

どんなごちそうできるかな

■ Ⅱ 保育の実際

1歳児と一緒に遊ぼう

〜部屋の中で〜

エピソード

やさしくトントン

　エプロンをしたちあき母さんが、うさぎの人形の上にハンカチのふとんをかけてやさしくトントンしています。それをみていたけいたくんは、ちあきちゃんの赤ちゃんを一緒にトントンしはじめました。「だめ！」ちあき母さんは手を払いのけますが、けいたくんはお構いなしに赤ちゃんの上におおいかぶさりトントン。ちあきちゃんの顔は今にも泣きださんばかりです。素早くふとんに人形を寝かせて「あらあら、けいた母さん、赤ちゃんがミルクちょうだいって泣いていますよ。早く帰ってきてください」と声をかけました。けいたくんが、新しい赤ちゃんに気持ちを移したので、ちあきちゃんにも笑顔が戻りました。二人は顔を見あわせては、自分の赤ちゃんをトントンして楽しんでいます。いつのまにかまわりには"お母さん"がたくさん。赤ちゃんにご飯をあげる"お母さん"や自分でお腹に風呂敷をかけて寝て赤ちゃんになったつもりの子どもなど、お人形さんの棚の前は大にぎわいでした。

エピソード

ゆうちゃんの！みきちゃんの！

　みきちゃんが、箱にブロックを入れて、押して遊んでいました。「ゆうちゃんも」といってゆうちゃんも箱にブロックを入れて、自分の箱を押しています。今度は「み〜きちゃんの」とみきちゃんが真似て押しました。こんな単純なことをくり返しながら、顔を見あわせてとても楽しそうに笑いあっています。そのうちにみきちゃんが箱の中のブロックをひとつポンと床の上に出しました。ゆうちゃんも真似して出します。だんだん調子に乗ってきて、ポンポンと勢いよく投げ始めました。保育者が「ゴミ収集車がきました。ゴミはこの中に入れてください」と他の箱をそばに持っていき落ちているブロックを集め始めると、二人ともすっかり清掃員気分で、自分たちの投げたものを拾い集めてくれました。最後には、空っぽになった箱の中に二人はすっぽりと入って、「おふろなの」と顔を見合わせながら楽しんでいました。

保育者の働きかけ

一人ひとりのイメージを大切にする

　自分の思いがはっきりしてくるにつれて、遊びの世界でもお手玉をごちそうにみたてたり、お母さんになったつもりなどのイメージを持ちはじめます。保育者が一人ひとりのイメージに応じて、共感した言葉のやり取りをすることがとても大事です。まわりにいる子ども達も、それを自分の中に取り込んでいき、「共有するイメージの世界」をたくさん持つことができるのです。そして、何人かが一緒に遊ぶ「ごちそう作り」や「バスごっこ」「ウーカンカンの消防車ごっこ」などに発展していきます。

　また、それぞれの思いの違いや、玩具の取りあいなどでトラブルが多発する時期でもあります。子どもが満足し、充実感が持てるように、玩具の量・落ちついて遊べる場などを工夫しましょう。そして、保育者は子どもの思いのぶつかりあいを交通整理する役割を担います。

いたずらを「楽しい遊び」と受けとめる

　お互いに関心をもった子ども同士が、同じ動作をして楽しむ姿をよく見かけます。さらにいろいろなものを試す探索の時期でもあります。時にはそれがとんでもないいたずらや、やっては困ることを一緒に楽しむことにもなります。その度に「だめよ」「いけません」「やめなさい」といって止めていては、1歳児は一日中禁止語のシャワーを浴びることになります。遊びの場面での「やめてほしい行動」などは、なるべく子どもの発見した遊びの中にある「気持ち」をくみ取って、共感していくことが大切です。子どもは「やって良いこと悪いこと」の境目を理解して、おとなが止める必要のない「楽しい遊び」ができるようになります。

■ Ⅱ　保育の実際

～外遊びの中で～

> エピソード
>
> ### プリンくだちゃい
>
> 　はるちゃんは砂場の道具が入ったかごをそばに置いて、プリンカップだけを取り出しては一つずつ砂場の縁に並べ始めました。最初はふせて並べていたのですが、途中から砂を入れては細い小枝でかき回しています。ふせてあったのもひっくり返して砂を入れました。そばにあったカップ全部をその状態にして、はるちゃんは初めて周りに目をやりました。園庭の落ち葉掃きをしながらずっと様子を見守っていた保育者が「はるちゃんお買い物に行ってもいいですか？」と聞くと、うれしそうに「ウン」。葉っぱを持って「くださいな」と2人だけの買い物ごっこが始まりました。大きな声の「くださいな」に気がついた何人かの子どもも「（いらっ）ちゃいませ」「くだちゃい」の仲間入り。葉っぱのお金でのやりとりがしばらく続きます。

> エピソード
>
> ### 手をつなげば大丈夫
>
> 　「歩こう歩こう私は元気～！」保育者が歌う声にあわせて「（ある）こう～」と歌いながら先頭集団がどんどん進んでいく中、「風が吹いているのが嫌」だけど散歩には行きたいそうちゃんが、だっこされながら最後尾をいきます。「あっそうちゃん、あそこになにかいるよ」「とりしゃん」などと興味を引く会話をしているうちに、下に降りて保育者と手をつないで歩き出しました。公園に着くと芝の山で山登りに挑戦です。四つん這いの子、手もつかずに上手にバランスをとって登る子、ひとりで登るのをためらって下で止まってしまう子どももいます。保育者が「ここまで、ここまで大丈夫」と先に行って待ち、そこまでこれたらまたちょっと先で励まします。とうとう登り切った時の表情はみんな晴れ晴れとしています。そうちゃんも保育者と手をつないで、最後まで登ることができました。

1歳児クラス

保育者の働きかけ

一緒に遊ぶ楽しさを知らせる

　ひとりでいるときの子どもが、どんな状態でそこにいるのかを保育者は見きわめる必要があります。機能操作的な遊びに集中している場合には、その遊びに没頭できるようにします。外遊びは、他クラスの子どもたちもたくさん遊んでいるので、おとなの細かい配慮が必要となりますが、遊びきると子どもは満足して次の遊びへ移っていきます。イメージをもってひとり黙々と遊んでいる子どもも、おとなの働きかけひとつでもっと遊びを深めたり広げたりできる場合もあります。「ひとりで好きなことをするのは楽しい」を十分に保障しつつ、イメージを他の子どもにつないでいくことで「友だちと一緒に遊ぶのも楽しいね」と感じられるようになります。

役割分担をはっきりさせて、子どもの安全に気を配る

　保育園の外は、子どもも保育者も予測していない、さまざまなことに出会う場所です。大きな犬に出会ったり、商店街のおばちゃんに声をかけられたり……保育園の中では体験できないようなことを楽しむことができます。その反面、自分の予測外のことに出会って不安になる場合もあります。「あの木立が怖い」とか「風が吹くのが嫌」とおとなが思いもかけないようなことに不安感や拒否感を抱く場合もあります。散歩先で泣くことが多い場合などは、その原因を丁寧に探ってみることも必要です。また探索を楽しむ時期ですので、付き添っている保育者の役割分担は、安全を守る上でも欠かせません。先頭を歩く人、最後尾で子どもの動きを確認しながらまとめていく人、こだわりを持って動き出した子どもにつきあう人など担当をはっきりさせて、室内とはまた違った活動を十分に体験できるように配慮します。

一緒に生活してみよう

食事

■ **おなかがすいて食卓に向かう**

1歳児クラスになると、好き嫌いもかなりはっきりとしてきます。それに加えて何でも自分で決めたい時期ですから、「これだけは食べさせたい」というおとなの思いが強いと、食事場面ではさまざまな拒否の姿を示します。食事中に眠ったふりをする、いやなものは下に落とす汁物をわざとこぼすなど、幼いながらに精一杯の演技でその場を逃れようとするのです。子どもの中にこんな姿が見られたときには、どこか無理させているところがないかどうかを、見直す必要があります。おなかが空いた状態で食卓に向かえるように、子どもの24時間の生活リズムにあわせて食事時間をずらしたりします。個人の食事の量や好みにあわせた盛りつけにすると、見違えるほど意欲的に食べるようになります。

■ **咀嚼の力を身につける**

奥歯がまだ生えていない子どもが、月齢で機械的に幼児食に移行したりすると、うまく噛めないままに頬の内側に溜めていたり、舌の上に乗せて吸って食べたりします。食事時間が30分以上かかるようなときには、食事形態に無理がないかどうかを見直し、野菜の刻みを細かくするなどの手だてをする必要があります。この時期に身につけた咀嚼の癖は、その後に直そうとしても直りにくいので、日々の食事介助を丁寧にして、このような癖がつくことを防ぐのも保育者の役割です。調理担当者と相談して、前歯で噛み切り奥歯でしっかり噛むなどの、咀嚼の力をつける素材を入れた食事を用意します。

■ **「じぶんでやりたい」意欲を支える**

スプーンやフォークを使っての食事ができるようになってきますが、まだまだ技術は未熟です。気持ちはあっても面倒くさくなって、結果として手づかみ……という姿が見られます。また食事に使用する椅子やテーブルが身体

にあっていないときは、食事に集中できずふらふら立ち歩いたりする姿もみられます。縁が立ち上がっている食器（食べようとしている物とスプーンを縁に当てるとすくいやすい）や背もたれがきちんと背中を支えている椅子（深すぎる場合には背当てで調節）、足の踵がしっかりと床についている（椅子が高いときには足台を用意）などの細かい配慮が必要です。「自分でやりたい意欲」を支えながら、「スプーン使って自分で食べる」ようにしていきます。

> **エピソード**
>
> **ともちゃんも あ〜ん！**
>
> 今日のメニューは野菜入りうどん・フライ・野菜の胡麻和え。ともちゃんは野菜を上手に避けてうどんとフライだけを食べています。胡麻和えは手つかずのまま。「野菜も食べようよ」「いや」と野菜嫌いのともちゃん「よっちゃん　胡麻和えおいしい？先生にも食べさせて　あ〜ん」「わぁ！おいしい。ともちゃんにも食べさせてあげて」よっちゃんに勧められてともちゃんの口は大きく開きました。そしてしっかりと野菜を食べたのでした。

排　泄

■子ども自身の感覚を大事にする

　子ども達は、模倣したい対象に日々身近に接しながら暮らしています。排泄についても、他の子どもの様子に気づく場面をさりげなく作るだけで、「トイレでおしっこをしたい」「パンツになりたい」などの気持ちを持ちます。気持ちを上手に受けとめ「排泄の自立」に向けていけば、子どもが無理強いされていると感じるようなことはないでしょう。おむつをはずしてパンツに移行するタイミングは

❶トイレに誘導すれば「シィー」といきんで出せる
❷「オシッコ」と感じてからある程度の時間がまんすることができる
❸誘導しての成功率が高くなる

　この３点です。心と体の育ちを見計らってタイミングよく働きかけることが大切です。

　寒い時期にはこの条件がそろうのを待ちますが、気候のよい時期には❸ができていなくても思い切ってはずしてしまいます。パンツをはいていて排尿

したときに、足元にできた水溜りや足を伝わる感覚などを体験した子どもは、「排尿」を強烈に感じ、自分の尿意をコントロールし始めます。子ども自身の感覚を大事にしながら、パンツへの移行を行います。天候や体調によっても排尿間隔は大きく左右されますので、うまくいったりいかなかったり行きつ戻りつしますが、おとなの「読み」で上手にトイレに行くことを促したり、子どもに「膀胱に尿がたまっている感覚を覚えさせる」などをくり返しているうちに「ちっこでる」が言えるようになります。

　また、家庭との連携もとても大切です。歩けるようになった1歳児にとって、身軽に動けることの嬉しさや、「おむつをかえられるときに感じる拘束感」から開放されることの大切さなどを丁寧に伝えて、子どもの条件が整ったときにタイミングよく開始できるように、普段から話しあっておくことが大切です。

エピソード

チッコ出たね

　3月生まれのしゅんちゃんは、月齢の高い子どもがトイレでおしっこできるのが羨ましくてたまりません。今日も他の子どもが便器に座ると、じっと見ています。「トイレに行く？」と聞いてみると、満面の笑みで「ウン」。「シー出るかな」「シーはなかなか出ないね」「ほらお腹に力入れて！」。座ること10分。チョロッと出たオシッコの音を聞いて、不思議そうに便器をのぞき込むしゅんちゃん「チッコ出たね」と声がけするとニコッとしました。もうすぐおむつも外せるね、しゅんちゃん。

睡　眠

■気持ちよく午睡する

　子ども達は午前中に身体を使ってたくさん遊び、お腹いっぱい食事をすると、カーテンを引いたちょっと暗い部屋で横になり、そのまま静かに眠りに入っていきます。これが生理的にもごく自然な流れですが、時には頑として眠ることを拒む子どももいます。ふとんに横になることを拒否して、上まぶたと下まぶたがつきそうになっても必死に眠気と戦ったり、動き回ったりします。そんな場合は無理に寝かせず、抱っこしてゆらゆら体をゆすったり、小さな声でお話をしたり子守唄をうたうなど、1対1でかかわりながら、子どもの眠れない原因を探ります。「かまって欲しかった」「体が疲れていない」「もっと遊んでいたい」など、理由にあわせて対処し、気持ちをリラックス

して眠れるようにします。数日間、丁寧にかかわってもらって一定の時間に眠れるようになると、それが体のリズムになっていきます。

午睡のときに、指吸いやタオルをしゃぶるなどの癖をもっている子どもたくさんいます。禁止する必要はありませんが、わらべうたを歌ってあげたり呼吸にあわせて軽くトントンする等の別の方法で、安心して入眠が出来るように手助けすることも大切です。

> **エピソード**
>
> 「トントンして！」
>
> あきちゃんは体半分眠りに入っているのに、目を必死に開けてふとんの上に起き上がります。さっきから何度もそれをくり返しています。「寝たくなかったら向こうで遊ぶ？」と聞くと頷いてついてきました。「私眠いの、トントンして」と横になると、あきちゃんは、トントンしてくれます。そのうち添い寝の形でトントンしていると、あきちゃんはいつのまにか眠ってしまいました。きっと、午前中かかわりが少なかったのね！？

着脱・清潔

■自分でできる範囲を広げていく

「パンツを自分で脱ぐこと」は、成長してみれば何気ない生活動作に過ぎないことですが、1歳児にとっては、なんとも誇らしいことなのです。「今までおとなにやってもらっていたことが自分でやれるようになった。そのことを大好きな先生も一緒に喜んでくれた」ということがだんだん増えていくと「遊んでいる途中に自分でパンツを脱いでトイレに行く」姿も多くみられるようになります。まだ自分でできない難しい衣類の着脱などは、袖をおとなが持って、腕は子どもが自分で抜き取るなどの工夫をして、子どもが自分でできる範囲を広げていきます。ティッシュペーパーとごみ箱は手の届くところに置く、着替えを自分で取れるようにするなど、子どものやりたい気持ちをかなえるような環境をつくる工夫も必要です。着替えなどは、コーナーを設けて自分の納得のいくまで取り組むことができるようにします。

■ II　保育の実際

1歳児クラスの環境

　1歳児クラスは、身体的精神的発達の個人差が大きいクラスです。自分の思いをさまざまな方法で主張しますが、言葉で伝えることは十分にはできません。思ったように周囲が動かなかったり、拒否されたりすると、「だだコネ」をしたり、他の子どもに噛みついたり引っかいたり、いっけん乱暴に見える行動をします。その特徴をふまえた環境づくりが大切です。

保育室

■ 子ども自身が見通しを持って動ける生活の場にする

　外に出る・入室する・食事・睡眠など、毎日の生活の節目になる活動の仕方や手順を一定にすると、おとなの動きを見て、子どもは自分で次の活動を予測し、自ら手を洗って食事の場に行ったりします。食・寝・遊の場がはっきり分かれていると、なおのこと次の行動が見えやすく、受け身ではない生活が作りやすくなります。おとながバタバタ立ち回らないように援助に必要なもの（たとえば食事の場面ではお替わり用の食べもの・台拭き・床を拭くものなど）は手近に準備します。またおとなの立ち居振舞いのすべてを子どもは吸収していくので、保育者は「生活モデルだ」ということを自覚することが大切です。

保育室の遊びのコーナー

■ **育ちにあわせて遊びの場を作り変える**

　静かな指先遊びが好きな子どももいれば、動き回ることの好きな子どももいます。1つの遊びにまとめようとすると、必ずそれに興味を示さない子どもがでてきます。室内にいくつかのコーナーをつくって選べるようにします。遊びを邪魔しあわないように、簡単な仕切りをしますが、子どもの成長にあわせて替えられるように、玩具棚や衝立などを使います。

■ **各コーナーの玩具は収納を大切に**

　遊びの種類別に玩具をまとめたコーナー（ままごと・人形などのコーナー、ブロック・積み木・小さな自動車などのコーナー、絵本・描画・パズルなどのコーナー、階段と滑り台の高台コーナーなど）を作り、自分の好きなものを選んで遊びが始められるようにします。片づけは1対1対応で収納ケースにしまうことを習慣化します。色別や形別の遊び感覚で片づけられるよう工夫すると、子どもの色や形への興味を育てると同時に、物を丁寧に扱うことも伝えられます。また魅力的な玩具は人数分揃えておく、子どもがさまざまに工夫して使えるようなものをたくさん用意する、初期はぶつかっても痛くないような素材のものを用意するなど、不必要なトラブルを避ける配慮が必要です。遊びの様子を見ながら出し入れする玩具も、手近なところに用意しておきます。

■ **室内にも動的なコーナーを**

　カーテンのあるもぐりこみ場所や、体を使って遊べる高台など、1歳児の好奇心や冒険心を満足できる室内環境を工夫することも大切です。

■ **外遊びの場**

　砂場の消毒や園庭の危険個所チェックなどをきちんと行い、安心して遊びや探索活動ができるようにしておきます。専用の場がないときには、簡単な仕切りなどを工夫して、年上の子ども達の大きな動きから分離します。

Ⅱ 保育の実際
1歳児をより深く理解するために

心理発達

自我の芽生え

自己主張の多さ、自我の芽生え

　1歳児クラスの子どもを見ていると、0歳児のときと比べて自己主張が強いことに気がつきます。食べ物の好き嫌いを言う、保育者や母親が行こうとする方向と反対の方向に行きたがる、他の子どもの持っているおもちゃを欲しがって取り上げる、保育者や親に、子どもの言う通りに行動することを要求し、これに応じないと怒って泣く、などいろいろです。そのために、クラスの中で子ども同士のいざこざが多くなります。また保育者は、子どもの成長を感じてはいても、いらいらさせられることもあります。このような子どもの自己主張は、自我の芽生えを反映しています。自我の芽生えというのは、自分が母親や他の人とは違う人格を持っているという意識の芽生えです。したがって、人とは違う考えや好みを持っていることを周りの人に示したくなります。また、自分のものを持ちたいという所有欲も強くなるのです。

どうしてこの時期に

　では、どうしてこの時期に自我の芽生えが起こってくるのでしょうか。この時期は、アタッチメントが形成され、親との情緒的な関係が形成されている時期です。このアタッチメントの形成の後、今度は、この関係の安定性を確かめながら、親とは別の体と心を持っていることを意識する動きが起こってくるのです。したがって、親から離れてもどってくる、親から逃げて追いかけさせる、物陰に隠れて親に探させる、親の考えと違うことをして親の反応を見る、抱っこをいやがってみたりする一方で抱っこをしつこく求めるという行動が見られるのです。

　この時期に自我の芽生えが起こるのは、これだけではありません。0歳の間は、自分のことを体の感覚を通して意識していました。これを「感覚的自己」といいます。しかし1歳半になるころには、自分が太郎ちゃんであるという自分の名前と、鏡に映っている自分の顔が理解されるようになります。これを「認知的自己」といいますが、この時期に、こういう体と、こういう名前と、こういう顔をしている全体的な自分（「全体的自己」）という意識が強くなるのです。このように自分のことが意識されると、子どもはどうしても自己主張したくなりますし、自分のものが欲しくなるのです。

どのように対応するか

　自己主張は自分を認めて欲しいという気持ちのあらわれですから、できるだけ認めてあげた方がいいのです。しかし、応じることが出来ないこともあります。また他の子どもが困ることもあります。そのようなときには、「それはこういう理由でできない」「そうしたい気持ちはわかるがそれは今してはいけない」と話してあげることが必要です。つまり、このように、気持ちを認めつつ枠を示してあげることにより、子どもは人と自分の違い、自分の想いがいつも通るわけではないということがわかるようになります。

（吉田弘道）

分離不安に備える保育

乳児期において人とかかわる力は着実に発達し、親が育児休業期間を終えて職場復帰する頃になると、子どもの中には特定の人への愛着（アタッチメント）がしっかり形成されます。母親が今までの「専業主婦」スタイルを変えて、職業生活に備えて慌ただしさを見せはじめると、子どもはその変化を敏感に察知して不安定になったりします。突然、見知らぬ保育園や他人に預けられようものなら、子どもの分離不安は一挙に高まり、ぐずぐずいって親につきまとう、食欲が減退する、睡眠が浅くなる、発熱する等々の症状を見せることもしばしばです。

子どもを不安にしない親子同時通園

したがって満1歳児を受け入れる「育児休業」明け保育に当たっては、子どもが示す強い「分離不安」に対する対策が重要になってきます。最近、いくつかの園で試みられている方法の一つが、育児休業期間を活用した「ならし保育」（＝親子同時通園）です。親に時間的にも心理的にもゆとりがある育児休業の間を利用して、親子一緒に園にきてもらうというものです。親子一緒に新しい保育室になれ、興味ある遊具やおもちゃで遊び、新しいおとな（保育者）や子ども達に出会います。後ろ盾になってくれる母親や父親と一緒ですから、子どもは不安を感じることなく、好奇心いっぱいにさまざまな体験をしていきます。子どもはとにかく「目新しいもの」「新奇なもの」に興味惹かれる存在ですから、2～3日もすると、園は、子どもにとって刺激に満ち、魅力あふれる生活の場となっていきます。

親にも保育者にもメリットがある

親子同時通園は、子どもの分離不安を取り除くだけでなく、親にも保育者にもメリットのある保育方法の一つです。その理由を2点だけ、あげてみましょう。

1．親と保育者が親密になり、信頼しあうことができる
　　親が1週間に1回とか、3日に1回とか定期的に子どもを連れて園にやってきて、何時間かをともに過ごします。その間に保育者は親に対して園生活に必要な情報を提供できます。また、親も知りたい情報を得ることができ、入園前にお互いに親密になることができます。親が安心できるおとなは子どもにとっても安心できる存在となります。
2．お互いの保育の仕方を理解することができる
　　親は保育室の中で、園庭で、散歩先で保育者が子どもにどう接し、どのような保育を展開するか、つぶさにみることができます。保育者もまた、親が子どもにどう接し、どのようなかかわりをするかを知ることができます。子どもが無理なく園生活に馴染んでいくために必要な「家庭と園との保育の接続」が、この場を通して可能となります。

（諏訪きぬ）

Ⅱ 保育の実際

1歳児クラスの事故と安全

事故の特徴

　行動範囲が広がるにつれて、事故の内容もさまざまになってきます。段差や玩具につまずいて転倒したり、他の子どもに抱きつかれたり、玩具の取りあいなどでの転倒事故が増えてきます。また、保育者や子ども同士で手を引っ張って肘内障（肘が抜ける）を起こすこともあります。0歳児とは異なり、事故はトイレやベランダ、園庭や公園などでも起きてきます。

> **エピソード**
> **保育者が着替えを手伝って肘内障を起こす**
> 　嫌がってなかなか着替えたがらないかいくんの着替えを手伝っていた保育者が、手を引っ張って、肘がぬけてしまいました。
> **（保育者の配慮）**
> 　子どもの肘は抜けやすいこと、それが習慣になることを理解し、嫌がった時に強制的に力で思い通りにしようとしないこと。また、子ども同士で手をつないで逆に走り出した時にも肘が抜けることがあるので注意が必要です。

> **エピソード**
> **重い物を持って歩いていて段差につまずき転倒**
> 　すずちゃんは、お気に入りの絵本を3冊かかえて、嬉しそうに保育室から廊下に出ようとして、ドアの段差につまずいて転んでしまいました。
> **（保育者の配慮）**
> 　まだ歩行が不安定な年齢なので、たくさんの物を持って歩いている場合には保育者がきちんと見ている必要があります。声をかけたり、転んだ時に危険なものがないか、転びやすい場所のチェックなど、日頃の確認も大切です。

安全への配慮

　行動範囲が広がるとともに好奇心が旺盛になって、何にでも興味をもつ時期でもあります。保育者は、ぶらんこやすべり台などの危険な場所に子どもが一人で遊んでいないかなど、子どもの位置の把握が必要です。また、鼻や口に物を入れていないか、歯ブラシをくわえたまま遊んでいないかなど細かい配慮が大切な時期です。

　　　　　　　　　　　　　　　　　　　　　　　　　　　　　（帆足暁子）

3　2歳児クラス

**自分でやりたい！　でもうまくいかない
ほら、こんなことも出来るよ！
これボクの！　でもかしてあげる…**

　2歳になると急に大きく幼児っぽくなったように感じます。運動機能や言葉も発達して、自分でできる身の回りのことも増えてきます。何でも自分でやってみようとしますが、なかなかうまくいかず、じれたりかんしゃくを起こしたり、かたくなに自己主張をするなど、扱いにくい姿を見せます。反面、おとなに依存し、甘えを受けとめてほしいというサインも送ってきます。

　好奇心も強くなり、さまざまなことに興味を持って真似をしたり、知ろうとします。友だちとイメージを共有して、みたて・つもり遊びやごっこ遊びを楽しめるようになってきます。

Ⅱ 保育の実際

2歳児ってどんな子ども
―2歳児の特徴と子どもの姿―

①いろいろなことができて楽しい

歩く・走る・跳ぶなど基本的な運動や指先の機能が発達してきて、全身が滑らかに動くようになってきます。1歳児のときに比べ、行動範囲がぐんと広がってきます。

②何でも自分でやりたがる

おとなの手を借りずに、一度は自分でやってみないと気がすみません。自分の意志がはっきりしてきて、こだわりもでてきます。

③感情の揺れが大きい

気分にむらがあり、だだをこねたり、かんしゃくを起こしたり、ときには赤ちゃんに戻って、何でもやってもらいたがります。

④何でもまねをしたがる

2歳児は、模倣の天才。おとなのまねをして"お手伝い"をしたり、友だちや年上の子どもと同じようにしたがります。

⑤友だちと一緒が楽しい！

けんかも多いけれど、機嫌よく一緒に遊ぶことが多くなってきます。友だちと一緒にいる楽しさがわかってくるのです。
物語の主人公になったつもりになり「ごっこの世界」が始まります。

⑥言葉をどんどん覚える

自分の要求や欲求、体験したことなどをかなり適切な言葉で表します。「これなあに？」と、質問が多くなってきます。

2歳児の子どもの姿と保育者の役割

① "自分でやろう" という子どもの思いを認めて励ます

　　運動機能や指先の機能が発達してきて、なめらかに動くようになります。それに伴い、食事・衣服の着脱などを自分でやりたがり、やれることも増えてきます。自分でやりたいという子どもの気持ちを尊重し、一生懸命な姿を見守って励まします。靴やズボンをはくことなど、自分でできたときに子どもは「みて！」と誇らしげです。褒めるだけでなく、一緒に喜びあい、嬉しい気持ちを共感します。

　　身の回りのことに限らず、危険でない限り、やりたいことはのびのびと楽しめるようにし、意欲と自信が持てるようにしていくことが大切です。

② 一人ひとりの "甘えたい気持ち" をしっかり受けとめる

　　ごねたり、じれたりといったような自分本位の行動に、保育者もついムキになり振り回されがちです。自分の忍耐力を試されているような気分にもなりますが、感情的に対処せず、気長に待つなどゆとりのある対応を心がけます。また、眠いときや機嫌の悪いときは「やってー」と甘え、抱っこしてほしがったりするので、しっかり応えていきます。

③ 子どもの行動モデルとして適切な行動をする

　　おとなのやっていることは、何でもまねをしたいのです。保育者の行動そのものが子どもの憧れになっているときもあります。言葉づかいはもちろんのこと、行動にも気を配り、ゆったりと落ちついて優しく、子どもの目の高さでつき合います。

④ 遊びが続くように、子どもの仲立ちになる

　　一人あそびがまだ多いのですが、2,3人で一緒に遊ぶことも増えてきます。遊びはまだまだ平行遊びが多いのですが一緒にいることが楽しい時期に入ってきています。しかし、言葉で気持ちを上手に伝えられないため、トラブルは多く、遊びが中断してしまいがちです。保育者が仲立ちになり、お互いの思いを言葉にして伝えるなどして、遊びが続くようにします。一緒に遊ぶ中で、「かして」「いれて」といったやりとりの方法や、順番に使うことを伝えていきます。

⑤ 子どものイメージを受けとめる

　　子どものイメージの世界を大切にして、ときには物語のオオカミ、ときには赤ちゃんになりきるなど、一緒に遊びを展開して楽しみます。また、同じ遊びの中にいても、自分のイメージと違うと納得できず、トラブルになってしまうこともあります。保育者はそれぞれのイメージを大切に受けとめます。

⑥ 子どもの言葉に耳を傾け、話す楽しさを伝える

　　子どもが話しかけて来たときはしっかり向き合って聞き、言葉で表しきれない時には、「○○○したいのね」「○○○のことを言いたかったのよね」と優しく正しい言葉に置き換え表現します。「これなあに？」という質問にも丁寧に応えたいものです。

Ⅱ　保育の実際

デイリープログラム

7：00	早朝保育（順次登園）

- ♥「おはよう」と親と子に声をかけ、子どもの気持ちをしっかりと受けとめる
- ♥登園した子どもを視診し、健康状態を把握する（顔色・機嫌・皮膚状態等）
- ♥保護者と連絡事項を確認する（前日の状態、健康状態、担任への伝言、迎えの確認等々）
- ♥個々の興味、発達に応じた遊びを用意する

お父さんと朝のおわかれ

8：30　登園・遊び
- ♥早朝保育からクラス担任に伝言事項確認
- ♥一人ひとりの子どもの状態を把握し、登園してくる子を受け入れながらそれぞれが好きな遊びができる環境を整え、落ちついて遊べるよう配慮する

排泄：随時
- ♥各個人の尿意を尊重しつつ、生活の節目で誘いかけて促す

ピチャピチャいい気持ち

9：30　おやつ（水分補給）
- ♥月齢、季節などによって食べる場所・環境を工夫する
- ♥登園時間の早い子どもが多い時にはおやつの時間そのものを早めるなど考慮する

10：00　遊び　（室内遊び：外遊び：散歩など）
- ♥子どもの発達、興味に応じた遊びの環境を設定し、自発的に十分楽しめるように配慮する
- ♥季節、天候、子どもの状態を考慮して指導計画に基づきながらも柔軟に展開する
- ♥子どもの興味関心を受けとめながら、時には子どもの代弁をしたり、トラブルの仲介をして、安心して遊びを楽しめるようにする

もうひとつ　つもうかなー

片づけ
- ♥遊びの延長として片づけに誘い、一緒に片づける遊具は所定の場所に置き、子どものわかりやすい表示をするなど環境を工夫する
- ♥遊びで汚れた衣類は着替えるようにする

手洗い
- ♥手を添えて洗い方や拭き方を知らせる

11：30　食事
- ♥少人数（5、6人）一テーブルで落ち着いた環境

じぶんで洗えるよ！

2歳児クラス

- ♥を作り食べられるようにする
- ♥保育者も一緒に食べながら楽しい雰囲気を作り、子どもの様子（食欲・偏食・姿勢・スプーンの持ち方など）に応じて言葉をかけ援助する
- ♥食事後の歯磨き（うがい）、食器の片づけなどを保育者と一緒に行う

12:00　静かな遊び　着替え、排泄等
- ♥食事が終わった子どもから穏やかな時間が過ごせるように、絵本など静かな遊びを用意しておく
- ♥食事で汚れた衣類は着替える（午睡用パジャマなど）。見守りながら、できないところを援助する。着替えを手伝いながらスキンシップをはかり、全身の観察をする

12:30　午睡
- ♥室温換気に気を配り、気持ちよく入眠できるようにする。一人ひとりに十分かかわりを持ち、安心して入眠できるようにする（穏やかな調べ、子守唄、素話など）
- ♥午睡中変わった様子はないか観察する

14:30　目覚め
- ♥目覚めた子どもから声をかけトイレに誘う。パジャマに着替えた場合等、着替えを促す
- ♥健康状態を確認する

15:00　おやつ
- ♥一緒におやつの準備をする（やりたい子どものみ）
- ♥ゆったりした気分で食べられるように気を配り、言葉をかける

遊び
- ♥おやつ後、友だちと一緒に遊びを楽しむ
- ♥疲れが出てくる時間なので、一人ひとりの状態に目を配り、少人数が落ち着いて遊べるように配慮する。午前中の遊びの内容や子どもの状態に合わせて、園庭の遊びなどの外遊びも取り入れる

16:30　降園準備　順次降園
- ♥連絡帳や持ち物の支度等、子どもと一緒に行う
- ♥お迎えを待つまでの間、落ちついて遊べるように環境の設定を工夫する。トラブルも多くなる時間帯なので子どもの心の状態に気を配る
- ♥一日の保育園での様子（健康の状態、遊びの様子など）を迎えに来た保護者に伝える

17:30　遅番保育・延長保育
- ♥遅番、延長番保育者に申し送りをする
- ♥時間帯によって異年齢集団の中で一緒に遊びながらお迎えを待つ
- ～延長保育・補食もしくは給食～

20:00　全員降園

ヒコーキにのって、しゅっぱーつ！

おかあさん　まってたよ！

Ⅱ 保育の実際

2歳児と一緒に遊ぼう

~部屋の中で~

> **エピソード**
>
> ### せんせいにも作ってあげる
>
> 　あきこちゃんはさっきから小さなペグを紐に通して首飾り作りに熱中しています。オレンジ色が気に入ったようで、たくさんの色の中から同じ色だけを見つけては、根気よく通しています。もう少しで首飾りができあがるというのにどうしてもオレンジ色がみつかりません。
> 　近くで見守っていた幸子先生は、あきこちゃんの気持ちがくじけそうになったのを見て、一緒になって探し始めました。たくさんのペグの中からやっとみつけだしたときには、「あったー！」と思わず先生も叫んでしまうほど二人とも夢中になっていました。早速、紐に通して完成させたあきこちゃんの顔は嬉しさでいっぱいです。「みて！」と自分の首にかけて得意そうにしていましたが、すぐに「せんせいにも作ってあげる！」とあきこちゃんはふたつ目の首飾りを作りはじめました。

> **エピソード**
>
> ### いちろうの！
>
> 　電車が大好きないちろうくんは先ほどから夢中になって木製のレールをつないでいます。やっと長くつなげたと満足して、列車を走らせようとすると、さっきまで側にあったはずの連結した列車がひとつもありません。ふと見るとはじめくんが長く長く列車を何台もつなげて床に寝ころび「がたんごとん、がたんごとん」と言いながら走らせて遊んでいるではありませんか。それをみたいちろうくんはとっさに「いちろうの！」と走っていって取り上げてしまいました。

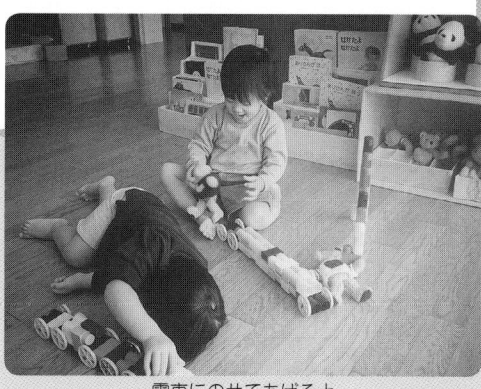

電車にのせてあげるよ

保育者の働きかけ

じっくり遊べるように配慮する

　次から次へと探索活動が盛んだった1歳の頃と比べて、2歳児は、ひとつの遊具で集中して遊べるようになってきています。

　子どもがじっくり遊んでいるときには、必要以上に声をかけず、遊びのなりゆきを見守り、本当に手助けの必要なときだけ手を貸します。

　手指の操作が発達していく時期なので、個々に落ちついて遊べる遊具を豊富に用意しておくことも必要です。

　長い時間集団の中で過ごす子ども達にとって、他の子どもからじゃまをされない空間を確保することも大切です。保育者のちょっとした配慮で、無用なトラブルを未然に防げることが多々あります。

お互いの気持ちの橋渡し役になる

　自己主張の強くなってきたこの時期、けんかは遊びのあらゆる場面でみられます。トラブルになるとひっかいたりかみついたりをとっさにやってしまうこともまだあります。保育者は、子どもの行動に必ず理由があることを理解して、両方の言い分をしっかり聞きます。「さきちゃん、ほんとは一緒にやりたかったんだよね」といったように言葉では表せない気持ちを代弁します。そのうえで、双方にお互いの気持ちを伝え、悔しい気持ちに共感しながら、仲立ちになって遊びが続くようにしていきます。

　徐々に相手の気持ち（相手も欲しがっている、痛いから泣いているなど）もわかるようにしていきます。また、危険な行為にはきちんとした態度で接し、やってはいけないことはくり返し伝えていくことが大切です。

II 保育の実際

～外遊びの中で～

> **エピソード**
>
> ### トントンいれて！
>
> 　子ども達は絵本を読んでもらうのが大好きです。みんなのお気に入りは、「3びきの子ぶた」です。おとなが通るたびに「オオカミがきた！」と叫んで追いかけてもらうのを心待ちにしているこの頃です。
> 　園庭で落ち葉を集めてごっこ遊びをしているときも「トントントン、いれて」とりょうくんが言い出すとたかしくんが「オオカミはだめ！」とすかさず返事します。保育者が「トントントン～」とこわい声で言うなり「わー！オオカミだーにげろ！」とすっかり子ぶたの兄弟になりきって、落ち葉の山に潜り込みました。オオカミ役の保育者も大奮闘。園庭狭しと子ども達を追いかけます。最後は子ども達が落ち葉攻撃でオオカミをやっつけて大満足です。

> **エピソード**
>
> ### 宝もの　みーつけた
>
> 　今日は、クラスの子ども達が半数に分かれ、小グループで散歩にでかけました。広場でドングリを見つけたしょうたくんは「ママにおみやげ！」とたくさん拾い、大事そうにポケットにしまっています。出かけるとき「ゆみちゃんとじゃなきゃ手をつながない！」とあんなにごねていたひろしくんも小枝を見つけ、剣のように持ってヒーローになったつもりで満足そうです。
> 　木の根っこに空いている穴を覗（のぞ）いて「先生！光ってる」と中にたまった小さな水たまりに驚いている子どももいます。帰り道、持ってきたビニール袋は、木の実、小石、小枝、雑草でいっぱいです。

> **エピソード**
>
> ### ゆっくりいっしょに降りようね
>
> 　しんいちくんは、体を使って遊ぶのが大好きです。鉄棒に縄跳びを結びつけてもらい、ブランコのように乗ることもできるようになり「見てみて！」と保育者に披露してくれるこの頃です。今日もジャングルジムに1人で登りだしました。一つひとつ登っているときは良かったのですが、あまりにも高いところまで登っているのに気がつき急に怖くなり、動けなくなってしまいました。
> 　それに気づいた保育者は、「今すぐ行くね」と穏やかに声をかけ、すぐにしんいちくんの所まで登っていきました。「ゆっくりいっしょに降りようね」と、慎重に降りました。しんいちくんを抱き上げ、「よかったね」と声をかけると、しんいちくんにやっと笑顔が戻ってきました。

2歳児クラス

保育者の働きかけ

ごっこ遊びに仲間入りする

　2～3人でイメージを共有し、みたてつもり遊びを楽しめるようになってきます。保育者もすっぽりとその中に入り、言葉をやりとりしながら、子どものイメージをふくらませていきます。また、同じ場にいても違うイメージでかかわってもらいたがっている子どももいます。その子どもなりの思いもしっかり受けとめて、遊びを発展させるのも保育者の役割です。

　たっぷり遊んだ後は、"ダメダメ・いやいや"時期の子ども達も不思議なくらい素直に、保育者の言葉を受け入れてくれるものです。

ここわたしのうち

道々の発見も大切にしながら散歩する

　この時期の散歩は、小グループで目的地までゆっくり時間をかけ、道々の雑草や小動物、近所の人達とのふれあいなども大切にしながら出かけます。何でも拾っておみやげにしたがるときでもあるので、ビニール袋などを必ず持って行くと重宝です。携帯電話を持っていくと、非常時の連絡にも役立ちます。

　月齢の低い子どもは小さな木の実、小石など口にしてみたり、耳や鼻に入れてしまうこともあるので、安全面での気配りも怠らないようにしましょう。

安全に気をつける

　2歳児は全身を使っての運動遊びが大好きです。三輪車もハンドル操作を楽しめるようになり、園庭の固定遊具も、何でもチャレンジしたい時期です。保育者も一緒に遊びながら、正しい遊具の扱い方を実際やって見せ、友だちと順番に使うことなども伝えていきます。しかし危険を判断する力はまだ不十分です。

無理強いはしないように

　砂場での泥遊び、水遊びは感触を楽しみながらみたて遊びも楽しめるとても良い素材です。また感触を楽しみながら、開放感に浸ることもできます。しかし全身泥だらけになったり、水しぶきをあげての遊びに慣れるまでには個人差があります。決して無理強いはせず、少しずつ楽しめるように進めていきます。

■ Ⅱ　保育の実際

一緒に生活してみよう

食　事

おいしいよ

　食事は、スプーン・フォークを使ってこぼしながらも一人で食べられるようになってくる時期です。

　自己主張の強くなってきた子ども達は、座る位置についてもこだわり、気のあう友だちの隣で食べたいなど、ときにはトラブルになることもあります。食事の始まりから終わりまで落ちついて食べられるように少人数のグループで座り、担当の保育者も中に入って援助するとよいでしょう。

　食事は、その日の気分や、盛りつけにも左右されます。ゆっくり噛むことや、いろいろな種類を口にしてみたくなるような言葉かけを心がけ、その子どもの気持ちを受け入れながら、嫌いな物も少しずつ食べられるように進めていきます。

エピソード

苦手なブロッコリーをパクリ！

　けんいちくんは、この頃何をするのもただしくんと一緒です。食事の時もただしくんの隣に並んで座らないと納得しない毎日です。今日のメニューは、けんいちくんの苦手なブロッコリーのサラダです。ただしくんがブロッコリーを食べているのをみた保育者は、すかさず「ブロッコリーおいしいわねー」と話しかけながら保育者自身もおいしそうに一口食べました。それを横で見ていたけんいちくん。遅れてはいけないとばかりに思わずブロッコリーを同じように一口パクリ。「すごい！けんいちくん。ブロッコリー食べられたじゃないー」と喜んだのは保育者です。ほめられて気を良くしたけんいちくんは、いつもは残しがちな給食ですが、最後まできれいに食べることができました。もちろん、保育者は、食事を盛りつけるときに、少食のけんいちくんに合わせて量を調節しておいたのです。

咀嚼の下手な子ども、途中で遊び出す子ども、少食の子ども、時間のかかる子どもなど、個人差も大きいので無理のないように子どもの特徴を把握して進めていきます。

排　泄

　トイレット・トレーニングが完了してくる時期ですが、遊びに夢中になっていると間に合わなかったり、誘われるのを嫌がりもらしてしまったりというように、行きつ戻りつするのが普通です。

　こんなところにもこだわりや自己主張が顔を覗かせます。明らかにもれそうなのにもかかわらず、「出ない！」といって嫌がるときには、無理強いはせず「出たくなったら教えてね」と声をかけて様子をみます。もらしてしまったときも、恥ずかしい思いや情けない思いをしなくていいように、叱ったり小言を言うのは禁物です。

　散歩・食事・昼寝の前など、生活の節目には、トイレに誘うようにします。トイレには必ず保育者が付き添い、紙の切り方、拭き方、水を流すこと、手洗いなど丁寧にやって見せます。

　ほぼ自立してきたら失敗があっても、子どもが行きたいときに行くように見守り、排泄後は、きちんとできたか必ず確認します。

清　潔

　食事や、排泄後に手を洗うことがわかってくる時期です。保育者が一人ずつ石けんの使い方、水の流し方、タオルでの拭き方など手本を示します。手洗いが水遊びになってしまわないように、注意を払うことが大切です。

　鼻汁を拭くこと、食後のぶくぶくうがいや口のまわりをきれいにすることなど、自分から清潔にすることができるように、子どもの背の高さに合わせて鏡を取りつけたり、ゴミ箱やティッシュを取りやすくするなどの工夫も必要です。

せっけんつけてあらいましょ

■ Ⅱ　保育の実際

着　脱

ひとりではけるよ

　簡単な衣服は自分で脱ぎ着ができるようになってきます。靴を自分ではいたり、パンツを自分ではいたり、パジャマを脱いだりといったように、着脱に関心を持ち徐々に自分でできることが増えてきます。

　「じぶんでー！」と何でも自分でやらないと納得しない反面、うまくいかずイライラとじれたり、ときにはできるところもおとなに甘えて、「できないー！」とやってほしがったりもします。

　自分でしようとしているときは、脱ぎ着のできるところは時間がかかってもゆっくりと見守り、やってほしいときにはいつでも手助けをします。

　また、お気に入りの服をいつも着たがり、汚れていても着替えようとせず、保育者を手こずらせてしまうことがあります。このようなこだわりもこの時期の特徴です。子どもが自分自身の気持ちを表現することは育ち行く過程では大切なことです。その気持

> **エピソード**
>
> ### ほら、ボタンできたよ。みて！
>
> 　ゆうこちゃんは、お人形の大きなボタンを一つはめるたびに、「みて！」と保育者に見せにきては、ボタンはめに自信をつけてきたこの頃です。
>
> 　お昼寝前のひととき、ゆうこちゃんは、パジャマのボタンをはめようとさっきから大奮闘しています。しかし、お人形のと違ってボタンは小さく持ちにくいし、ボタン穴もたくさんあって、どれひとつとしてうまくいきません。顔は真剣そのものです。
>
> 　どこで助け船を出そうかと、あき子先生はずっと様子を伺っていました。今にも泣き出しそうな表情をとらえて「ゆうこちゃん、ボタンできるようになったんだよね。先生もいっしょにやっていい？」と声をかけました。わずかにうなずいたゆうこちゃんに、「ゆうこちゃんはこっち（上）がいい？　それとも一番下のこっちがいい？」とたずねると、さっきよりずっと元気に「こっち（下）！」と指さし、答えが返ってきました。
>
> 　4つあるボタンのうち、2つをはめることができたゆうこちゃんの顔はうれしさでいっぱいです。

ちを受けとめてゆったりと構え、「こっちの服と、この服とどっちがいい？」というように、子どもが自分で選べるような言葉がけをし、自分で選べたことに満足感が持てるようにすることも効果的です。

　脱いだものをたたむことやボタンをかけること、裏返しをなおすことにも関心を持ち始めます。子どもの興味に応じて、前後・裏表などを知らせながら、一緒にたたみ、見守ったりしながら、自分でしようとする気持ちを育て、できたときには一緒に喜びあいましょう。

睡眠

　睡眠は、ほぼ一定時間眠れるようになってきますが、個々の子どものその日の状態によって変わってきます。無理強いしないようにし、気持ちよく眠れるようにします。

　昼寝の前にはあまり興奮させないようにし、お話をしたり、絵本を読んだりして布団に入り、静かな音楽を聴きながら自然に眠れるような雰囲気を作ります。

　おしゃべりが楽しくなってなかなか寝つかなかったり、好きな人形や絵本などを布団の中に入れたがったりする子どももいます。子どものその日の状態にあわせて対応し、安心して眠れるようにしていきます。

　午睡室には必ず保育者が入り、午睡中、子どもに変わったことがないかどうかしっかり観察することが大切です。

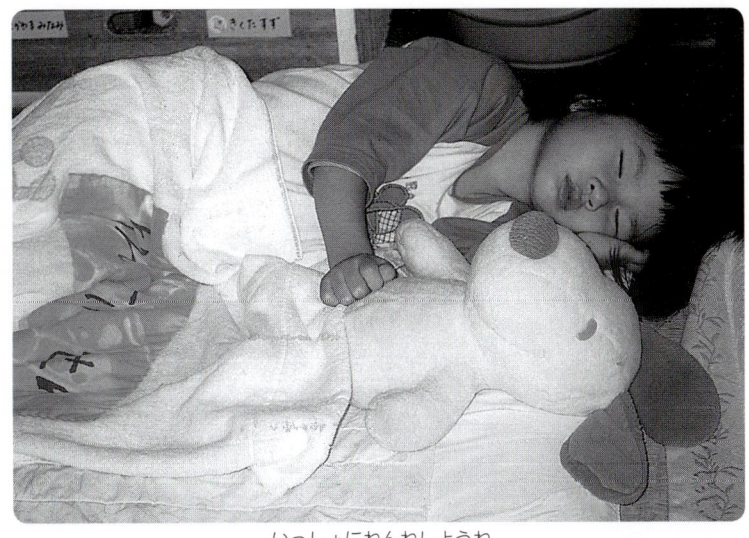

いっしょにねんねしようね

Ⅱ 保育の実際

2歳児クラスの環境

　2歳児クラスになると、クラス集団としても1歳児クラスより人数が多くなっているのが普通ですが、まだまだ月齢差・個人差が大きい時期です。長時間保育の中で生活する子どもたちにとって、一番に考えなくてはいけないのは、一人ひとりが落ちついて生活できる空間を創り出すことです。

保育室

　生活の場としての保育室は、食事をするところ、遊ぶところ、お昼寝をするところが別々に確保するように工夫します。

　食事のコーナーは、数人でテーブルを囲んで落ちついて食事ができ、ペースの違う子どもが最後まで気が散らずに食事ができるように、他からの刺激が少ない場所がよいでしょう。手洗い、うがい（歯磨き）、食器の片づけなど、子どもがやりやすい高さや位置を考えます。

　また、季節の花を飾ったり、軽やかな音楽を流すなど、さまざまな工夫をして、心地よい環境を作ります。

　お昼寝のコーナーは、静かで明るすぎず、気持ちよく眠りに誘われるような環境を心がけます。室温や換気には特に気をつけるとともに、午睡中の子どもの様子を観察できる明るさが必要です。暗すぎると、無用な不安感を子どもに与えてしまうときもあるので気をつけましょう。

保育室の遊びのコーナー

● ごっこ遊び ●

さまざまなみたて遊びが盛んになる時期ですから、ごっこ遊びのコーナーには、いすやテーブル、お人形・ふとんや生活用品の他、イメージを共有しやすい衣装（ロングスカートやマント・エプロンなど）を用意しておくと"みたて"や"つもり"遊びを十分楽しむことができます。押入の下の段を利用したりして、友だち同士でじっくり遊べる空間をつくります。

● 絵　本 ●

くり返しのある簡単な物語を楽しむようになります。おとなには煩わしく感じられるくり返しが魅力なのです。月齢の高い子どもは、簡単な筋を追って物語を理解できるようになります。乗り物、動物などいろいろな種類のもの「三びきのやぎのがらがらどん」「大きなかぶ」「てぶくろ」などを選んで読むと良いでしょう。

絵本のコーナー

● 遊具、玩具 ●

みたてて遊べる、粘土（小麦粉粘土）・積み木・ブロックの他、長時間保育園で過ごす子ども達が個々にじっくり遊べるような、絵カード・カルタ・紐通し・パズル・ペグ差し・型はめなど、指を使う遊具を用意しておくと良いでしょう。造形遊びとしてのクレヨン・はさみ・のりなども、保育者と一緒に基本的な扱い方を身につけて楽しむことができます。

全身を使って遊ぶことも大好きです。三輪車、ボール、フープなどの他、リズミカルな曲を用意しておきます。また知的な好奇心が旺盛になってくる時期です。子どもの多様な欲求が満たせるように、さまざまな素材に触れられるようにしましょう。すべての遊具や玩具は、子ども達が取り出しやすく片づけやすいよう置き場を工夫し、子どもにわかりやすい絵などで表示します。

心理発達　　　感情発達

感情の発達

　保育活動の中で、子どもの感情発達を助けることは、大切な課題です。感情の発達とは、①なかった感情が芽生えてきて、感情の種類が増えること、②自分が今どんな気持ちでいるのかがわかること、③相手に自分の気持ちを伝えることができること、④相手の気持ちを理解して共感できるようになること、⑤気持ちが高ぶってもすぐに行動に出さずに、興奮をコントロールできるようになることです。発達心理学の領域では、この20年の間に感情発達に関する研究が進み、たくさんの知見が集まってきています。これらの知見を保育の現場に役立てることを考えてみたいと思います。

気持ちを理解する

　乳児は泣いたり、笑ったりして自分の気持ちを表していますが、子ども自身は、自分の気持ちを「怒っている」、「嬉しい」、「悲しい」とわかっていないのではないかと考えられています。特にさびしい、悲しい、羨ましいというような微妙な感情ほどわかりにくいかもしれません。そのような子どもが、お母さんやお父さんと一緒に過ごしながら、さまざまなやり取りをしている間に、少しずつ自分の気持ちに気づくようになるのです。例えば、子どもが泣いたり怒ったり、黙りこんだりしたときに、子どもの気持ちを感じて関心を示し、さらに子どもの気持ちが起こった経過も理解して、「これこれこういうことでさびしいね」、「こういうことで怒っているのね」、「こんなことがあって楽しかったわね」とたくさん話しかけてもらえている子どもほど、自分の気持ちを理解する能力と、人の気持ちを理解する能力がよく発達することがわかっています。

感情をコントロールする

　また、このように相手をされている子どもは、親との間に安定した情緒的つながりを形成しているために、気持ちも穏やかで、感情をコントロールする能力も高いことが知られています。

　この他に、親の感情表現が豊かで、表情や態度、言葉で気持ちを表現することが多く、しかし、感情の嵐に巻き込まれて子どもに接することが少ないと、子どもの気持ちの表現は豊かになり、かつ感情をコントロールする力も強くなります。

保育の現場

　これらの研究は、親子について行われたものですが、毎日子どもと接している保育者にも通じることです。子どもの気持ちに関心をもって接し、気持ちに言葉を添えるようなつもりで、「あなたはこんな気持ちなんだね」と伝え、同時に、保育者自身も自分の気持ちをわかりやすく子どもに見せることができるとよいでしょう。とかく保育の場では、相手をたたいてしまった子どもに、「あの子が泣いているよ、痛いからやめようね」と相手のことと、道徳的なことをいうことが多いのですが、これだけでなく、「こんな気持ちがしたからたたいてしまったのね」と、たたいた子どもの「気持ちの理解」を助けるような対応も心がけたいものです。特に親との情緒的な関係が不安定で、また自分の気持ちがまだよくわからない子どもには、このような相手の仕方が有効です。

（吉田弘道）

ごね・こだわりとつきあう保育　　—保育

　0歳・1歳時代に保育者に十分受け入れられ、保育者との間に信頼関係ができている子どもたちは、安心して「自我」を出し始めます。

子どもがごねるのは甘いから？

　一見「わがまま」「言うことをきかない」と否定的に受けとめられがちな2歳児のごねやこだわり。それらがどのような形で表わされるかは、多くの場合、おとなと子どもとの相互関係の中で決まるといってよいでしょう。何でも言うことを聞いてくれる祖母にはチョコレートをおねだりするのに、「虫歯になるから…」ときびしい態度をとる母親には手控える…というように。

　「自分で靴をはこうとしていたのに手を出した！」「あの三輪車でなければイヤ！」「まみちゃんと手をつないで散歩にいきたい！」「ここのポチをもっとみていたい！」「この野菜は絶対食べたくない！」…とその都度その都度ふき出す子どものごねやこだわり。おとなはつい面倒くさくなって、「また」と思いがちですが、そのごねやこだわりにしっかり向かいあってみると、その子なりの欲求や願いが痛いほど伝わってきます。子どもはその小さな体いっぱいに、自分の存在をかけて、その思いを訴えているからです。

「補助自我」的役割をとってみる

　2歳児クラスは多くの場合、複数の担任による保育です。保育者が何人かいることは、子どものごねやこだわりとつきあう場合に便利です。例えば担当制をとっているクラスで三輪車の取りあいが起きたとしましょう。「絶対そのものでなくてはイヤ」と泣いて訴える子どもに、「同じ三輪車よ！」と別なものをもってきてくれた保育者に対して、担当の保育者が「あの三輪車がいいのよねぇ！？」とその子の思いや意図を代弁したり支えたりできます。いわゆる「補助自我」的役割です。「これでなく、あれがいいのだ」という自分の思いをわかってもらえたことで、取りあえずその子の気分は安らぎます。

　この「補助自我」的役割を担当保育者が上手に用いれば、自分の思いに共感してくれるおとなが身近に存在することを子ども達は実感できるでしょう。子ども達は、その担当保育者を頼りにして活動し、ときには甘えときにはごねつつ、やがてその保育者の思いを受けとめ期待に応えようとしはじめます。このような保育者と子どもの間に結ばれる「信頼感」や「心の絆」は、受容性の高い保育を展開する上で必要不可欠なものです。聞き分けなくやりたいことにこだわり続ける2歳児は、「もう大変で…」と担任たちを嘆かせますが、3歳を迎えた子どもが増える秋頃からは、クラスの雰囲気はぐっと落ちついてきます。

　「もってるのとっちゃいけないんだよ」と片っ端から欲しいものをとっていくこうたくんをたしなめているのは4月生まれのさやかちゃんです。「じゅんばん　じゅんばん」といって先頭に割り込みをはかっていたたけしくんも「手をあらうときはじゅんばんだよね」と神妙に並べるようになってきました。「もうじきごはんだって」とテーブルを用意し始めた担任の動きを察知して、一緒にままごとをしていたみかこちゃんに片づけをうながしたのは5月生まれのまおちゃんです。自分の周りが見えだした子ども達は、徐々に友だち探しに心を傾けていきます。

（諏訪きぬ）

■ Ⅱ　保育の実際

2歳児クラスの事故と安全

事故の特徴

　運動機能が発達し行動範囲も広がりますが、機能は未熟です。禁止されることはある程度やめようとしますが、やりたい気持ちが強かったり、危険を判断する力はまだまだです。また、年上の子どもの行動を模倣しようとして、思わぬ行動をすることもあります。衝動的な行動も多く、転落事故や異物誤飲、三輪車の衝突など戸外での事故が増えます。

> **エピソード**
> ### すべり台からの転落事故
> 　すべり台の上にいるしょうたくんを、後から登ってきたかずおくんが「はやく！」と押し、しょうたくんがすべり台の上から落ち、頭を打ちました。
> **(保育者の配慮)**
> 　固定遊具など危険が予測できる場合には必ず保育者がついて、子どもに注意を促したり、万一の場合に子どもを助けられる位置にいることが大切です。

> **エピソード**
> ### 人形の取りあいで突き飛ばされる
> 　遊んでいた人形を取られたあやちゃんは、のんちゃんの髪を引っ張り、突き飛ばしました。倒れたのんちゃんは幸いにも頭をぶつけずにすみました。
> **(保育者の配慮)**
> 　けんかをしている子どもの近くに移動し、物を遠ざけたり、いつでもとめられる距離にいるようにします。

安全への配慮

　保育者は子どもの安全を守る責任があります。衝動的な行動を前提とした上で、安全への配慮を行います。すべり台の上での押しあいや、玩具を持ってすべると危険なことも知らせていきます。また、ブランコの前後を通らないように言葉をかけたり、ロッカーや机の上に登ったり飛び下りたりしないように気をつけます。また、2歳児の発達的特徴をよく理解して、「なんでもやってみたい気持ち」や「真似をしたい気持ち」をも尊重しながら、危険なことは、子どもにわかるように伝えていくことが大切です。

（帆足暁子）

4 3歳児クラス

**「みてて、みてて」「ねっ、できたでしょ！」
けんかもするけど友だちと遊ぶの大好き！**

　3歳になると、反抗期に伴う不安定さはなくなり、言葉での伝えあいがかなりできるようになるため落ちついてきます。

　食事や排泄など身の回りのことが、おとなの手助けを待たなくてもひと通りできることで自信がつき、独立心も旺盛になります。

　おとなといるよりも、友だちといる方が楽しくなってきます。気のあう仲間もでき、誘いあって遊ぶようになりますが、かかわり方がまだまだ一方的なためぶつかることも多く、大声で泣いたり手を出したりするようなけんかも度々起こります。

　身近な社会で起きていることに関心を持ち、想像したり期待したりする気持ちが高まり、日常の会話やごっこ遊びの中に反映されるようになります。

Ⅱ 保育の実際

―3歳児ってどんな子ども―
3歳児の特徴と子どもの姿

①基本的な運動機能が身につく
走る、跳ぶ、にぎるなどの機能が発達し、いろいろな運動遊びをするようになります。箸やハサミなどの使い方も上達します。

②身の回りのことができる
食事や排泄、簡単な衣服の着脱などが自分でできるようになり、独立心が強まります。

③言葉が著しく発達する
話を聞いておおよそのことは理解できるようになり、会話を楽しむようになります。

よーい どん！

④友だちを求める
友だちと一緒に遊ぶことを喜び、ぶつかりあいをくり返しながらも遊びが長続きするようになります。

⑤ごっこ遊びが盛んになる
身の回りで起きるさまざまなことを取り入れて、ごっこ遊びを楽しみます。言葉での表現力が増し、友だちとイメージを共有できるようになります。

⑥きまりを守ろうとする
生活や遊びに必要なきまりや約束を理解し、守ろうとします。ルール違反をする友だちに対しては、注意もします。

3歳児の子どもの姿と保育者の役割

①一緒に遊びながら、安全な方法を知らせる

　保育者も一緒に体を使って遊び、楽しさを伝えます。固定遊具などでは自分なりの楽しみ方をする子どもも出てきますが、すぐにとめるのではなく、何をしようとしているのかを見極め、手を貸したり、安全な方法を知らせたりします。危険なことは、きちんと理由を説明しやめさせることが必要です。箸やハサミも、保育者が見守る中で落ちついて使えるようにします。

②ときには"甘えたい"気持ちを理解し、受けとめる

　おとなの手助けなしにできることは、おおいに認めたいものです。でも、時には甘えたかったり、気分がのらなかったりすることもあることを理解し、子どもがやって欲しがるときは喜んで応じます。また、できるからといって子ども任せにするのではなく、そっと手助けすることも大切なことです。

③子どものおしゃべりに、ゆったりと受け応えする

　子どもが話したい内容を汲み取り、言葉が伝わる心地よさや、話す楽しさを感じ取れるようにします。おとな同士が気持ちの良い挨拶を交わしたり、正しい言葉で話をすることは、子どもの言葉の世界を豊かにします。

④"友だちといると楽しい"という体験を大切にしていく

　子ども同士が十分にかかわって遊べるような時間と空間を用意することに心がけます。簡単な集団遊びをみんなでワイワイいいながら楽しむことも、友だちとのつながりを深めることになります。うまく遊びに入れない子どもには、保育者が仲立ちになって、少しずつ楽しさを伝えていきます。

⑤"イメージの世界"で遊ぶ楽しさを広げていく

　いろいろなやりとりをしながら、子どもが自分たちの世界を作り上げていく過程を見守ります。子どものイメージを大事にして一緒に遊びます。また、想像力がかき立てられるような"絵本"や"お話"を読むこと、共有できる経験を積むことや、それらしい雰囲気づくりも大切です。

⑥みんなが気持ちよく生活するためにルールがあることを知らせる

　集団の場では守ってもらいたいきまりや約束があります。それらがなぜ必要か、子どもが納得できるように説明することが大切です。

■ II 保育の実際

デイリープログラム

7:15	早朝保育

- ♥子どもと元気に挨拶を交わし、一日の期待がふくらむような言葉をかける

8:30	順次登園

- ♥早番の保育者から連絡事項を確認
- ♥視診をしながら、保護者からの連絡事項を聞き子どもを受け入れる
- ♥カバンや連絡帳を所定の場所に置くなど、朝のしたくを見守る
- ♥天候や子どもの体調を考慮しながら、室内、園庭で遊ぶ

9:30	遊び（室内遊び・外遊び・散歩・行事など）

- ♥季節や子どもの発達を考慮しながら幅の広い活動を取り入れる
- ♥地域の公園などの施設を利用して子どもの世界を広げていく

11:30	片づけ・食事準備

- ♥子どもの様子や遊びの展開を見ながら片づけに誘う
- ♥うがい、手洗いなど確認し、気持ちよく食卓につけるようにする
- ♥"お手伝い"をしたがる子どもには、できることをお願いする

11:45	食事

- ♥子どもの様子が見えるようにテーブルを並べ、楽しい雰囲気の中で食べる
- ♥保育者も一緒に食べながら、苦手なものも少しずつすすめてみたり、箸の使い方やマナーを知らせていく
- ♥食べ終わった子どもはコーナーなどで静かに遊べるようにする

お兄さん達とお散歩に行ってきまーす

看護師より手洗い指導を受けています

調理士が誕生食を作ってくれました
「4さいになったよ」

年長さんに憧れ、なわとびに挑戦！

3歳児クラス

12：15	午睡準備	

- 自分で着替えようとする気持ちを励まし、様子をみて援助する
- 絵本や紙芝居を見て、落ちついてふとんに入れるようにする
- 一応トイレに誘ってみる

12：45　午睡
- 側にいて見守り安心して入眠できるようにする
- 体調の悪い子どもには特に注意しながら、寝ている様子を観察する

食育集会の後で…
「ほうれん草はどこかな〜」

14：30　目覚め
- 目覚めの悪い子どももいるので、気持ちよく起きられるように時間を見計らって声をかける
- 着替えの援助をしながら、おやつの準備をする

15：00　おやつ
- 楽しい会話をしながら、落ち着いて食べられるようにする

16：00　降園準備・降園（順次）
- タオルや連絡帳をカバンにしまい、室内や園庭で遊ぶ

17：00　遅番保育（延長保育　18：30〜）
- 遅番・延長番保育者に、一日の様子や保護者への伝達事項などを申し送りする
- 大きい子どもや小さい子どもと一緒に遊んだり、おやつを食べたりしながら保護者のお迎えを待つ

〜延長保育児・補食〜

19：15　全員降園

高いところにも登れるようになったよ

Ⅱ　保育の実際

3歳児と一緒に遊ぼう

～部屋の中で～

> **エピソード**
>
> ### けんちゃんだけふざけてる？
>
> 　保護者を招く発表会の練習の時、発達がゆっくりなけんちゃんはいつも押入れの下にもぐってしまいます。それを見てあやちゃんが「頭ごっちんしちゃうよ」と言うとみんなも「かっこ悪いよ」と言います。そこで「そうだね。でもどうしてけんちゃんはみんなと一緒に前に出ないのかな〜」と聞くと「おもちゃで遊びたいから」「歌いたくないから」と答えます。「けんちゃんは押入れの下に入っているけどみんなが歌っているのをじっと見ているんだよ。そして、時々みんなと一緒に歌っているんだよ」と話すと何人もの子がハッとしたのでした。するとゆみちゃんが「小さな声で？」と聞くので「そうだよ」と、話はここまでにして練習を続けました。

仲良くクッキング

元気に体操

> **エピソード**
>
> ### バロンが来た！
>
> 　ある日、りすぐみに届いたバロンからの手紙。「りすぐみの大事なおもちゃをかくしたからみんなで探せ！」と。保育者が創作した謎の人物ですが、子ども達ははりきって探し始める子もいれば「こわい」という子に「ぼくが守ってあげる」と頼もしい言葉も聞こえてきます。遠足の時には「勇気のリボンをかくしたのでみんなで探せ！」という手紙に「あっちの方でバロンのにおいがする」と枝を持って探し始めたり、公園の鳩に「バロン知らない？」と聞いたり子ども達は想像力をふくらませます。「あったー！」と見事勇気のリボンを見つけた時はみんなで大喜びでした。

3歳児クラス

保育者の働きかけ

一人ひとりの気持ちをくみとる

　障害を持つ子どもは、食事も好きなものだけ食べて席を立ったり、絵本を読んでいても理解できないので、部屋を出て行ってしまうこともあります。周りの子どもは「けんちゃんて赤ちゃん？」と聞いてきたこともありました。そういう時は、すぐに答えを出すのではなく、子ども達と一緒に考えてみることで、子ども達も3歳児なりに一生懸命考えてくれます。その時は、周りの子ども達の気持ちもちゃんとくみとります。そして"あなた達のことも大切にしているよ"とメッセージを送り続けることで、大きくなるにつれ仲間として受け入れるようになります。

どうして泣いちゃったんだろうね

子どものイメージをふくらませ保護者とも共有

　子ども達にイメージをふくらませ、友だちと共有しながら遊びを展開していけたらと始めた創作の謎の人物。この遊びで注意したのは、子どもを怖がらせるのではなく、期待したり想像しながら友だちと楽しんでいけることでした。そして保護者も一緒に共有できるようバロンが登場した時は、子どもの言葉や様子をお便りにしてその日に発行しました。第1号では、この遊びの目的もお便りに添えました。そのことで親子の会話が自然とはずみ、次の日の連絡帳にたくさんの感想が寄せられ、保育者と保護者もまた共感できるものもたくさんありました。

リュックを背負って初の図書館へ

II 保育の実際

~外遊びの中で~

> **エピソード**
> ### かくれんぼしよう！
>
> 「かくれんぼしよう」とかずくんの提案にそうくん達がやって来ます。"鬼はどうする？"の話をする間もなく、かずくんが「ぼくが鬼やるね、いーち、にー、さーん…」と、どんどん展開していく様子にとまどいつつも、嬉しそうにかくれるそうくん達でしたが、見つけても鬼を変わらず「みーつけた！ハイ、いーち、にー…」と三回も続けて鬼になってしまうかずくんに「かずくんばかりずるい！ぼくも鬼やりたい！」とそうくんが泣きだしました。あまりの大泣きにかくれんぼは中断してしまったので、保育者が「そうくんどうしてこんなに泣いちゃったんだろうね」とつぶやくと「悲しい気持ちだと思う」とかずくん。「そうくんも鬼やりたかったんだね」というと困った顔をしながらもしばしの沈黙があったのですが、また「いーち、にー…」と笑顔で数えるかずくん。すると、そうくんも「かくれよう！」と元気に走っていくのでした。

> **エピソード**
> ### 「こうやって、やったんだよねー」
>
> 遠足で土手すべりをしてきました。初めて土手の上に立つと「怖そう」と言っていたものの、ダンボールでいざ滑り出すと「たのしいー！」と滑っては土手を登りまた滑るのを繰り返し楽しんでいました。土手滑りが終わると「先生このダンボール持って帰っていいの？」と聞くまさしくん。「いいよ」というと嬉しそうに歩き出しました。次の日、まさしくんはダンボールを抱えて登園。「先生早くお外で遊びたい！」とはりきっています。庭に出ると早速ダンボールにまたがり、平らな庭をズリズリと足で蹴って前に進んでいます。それを見た他の子ども達が「ダンボール欲しい」と大騒ぎになりました。そして、みんなで平らな庭をズリズリと前に進みながら「こうやって、やったんだよねー」とお互い顔を見合わせて楽しんでいました。

> **エピソード**
> ### あこがれの年長さんみたいでしょ!?
>
> 年長児を真似て、泥を丸め、白い砂をかけたり、布で磨いたりしているれいこちゃん。長い時間をかけて作っただんごを、年長児と同じように日なたに並べて満足気です。1歳児が手を伸ばすと、壊されると思うらしく「だめっ！」と恐い顔で注意をしています。園庭の真ん中では、先日の運動会の年長児クラスのダンスを踊る女の子たちの姿があります。年長児と同じように手に大きなポンポンを持ち、曲の途中で入るかけ声もぴったりと合って得意満面の表情です。黙々と縄跳びの練習をするゆうこちゃん。バトンを使い汗だくになってリレーをする子ども達。今日はみんなが年長児のようです。

保育者の働きかけ

子どもの行動を予測しながら気持ちを表現させる

　3歳児は、思ったこと感じたことを、泣いたり怒ったり思いきり表現します。時には、上手く言葉で表現できず相手の子どもを叩いてしまうこともあります。保育者は、泣き出したそうくんが叩きに行くのではと思い、すぐにそばに行きそっとそうくんを抱き寄せました。そしてここで"かずくんがいけないよね"と仲裁に入るのではなく、そうくんの思いを代弁してかずくんになげかけています。そのことで、そうくんも自分のことをわかってくれたと気持ちを切り替えることができました。もし、そうくんが怒る前に保育者が、かずくんに何かを言ってしまったらこのやり取りはありませんでした。まずは、子どもの行動を予測しながらも、気持ちを表現させることも大切です。

子ども主体のあそびを見守る

　3歳児は、自分で好きな遊びを見つけ、平行して遊びながらも"友だちが何か楽しそうなことをしている"と思うと真似をしたくなります。「これであそびたい」と登園してきたまさしくんに、保育者は昨日の遠足がとても楽しかったのだと感じていました。しかし、庭に出た時保育者は、まさしくんにも他の子ども達にもあえて言葉はかけていません。「これであそびたい」という子どもの気持ちと「わたしもやりたい」という他の子ども達の気持ちにこたえただけでした。子ども主体の遊びを見守ることで、子ども同士の共感も生まれ、そばにいた保育者は、きっとワクワクして子ども達と共感していたと思います。

刺激しあい、いたわりあう関係を大切に

　年長児の行動は憧れの対象で、真似をしたい身近な目標です。また、ヨチヨチ歩きの赤ちゃんを見て可愛いと感じたり、世話をする姿も保育園ならではの光景です。子どもは幅広い年齢の友だちとかかわる中で、優しくされることの心地よさや、弱いものをいたわる大切さを感じ取っていきます。保育者は他のクラスの担任との連携を深め、大きい子どもと一緒にご飯を食べたり、小さい子どもと手をつないで散歩に行ったりする機会を大切にし、子どもが自発的に異年齢の子どもと遊ぶことができるよう見守っていきます。近隣のお年寄りとの交流なども積極的に取り入れていくとよいでしょう。

■ Ⅱ 保育の実際

一緒に生活してみよう

食 事

先生見ててー

　始めから終わりまでひとりで食べられるようになりますが、おしゃべりに夢中で進まなかったり、行儀が悪かったりということも多くなります。また、味や食品の好みがはっきりしてくるため、メニューによっては食べたがらないものも出てきます。言葉の理解が進む年齢なので、栄養のことなどをわかりやすく話すのもいいでしょう。子どもと一緒にトマトやキュウリを育てると、食事が身近に感じられるようになり楽しいものです。伝統行事にからんだ献立も、毎日の給食に変化をもたらし、食事に対する関心を高めます。箸を器用に使う子どもも出てきますが、指先の発達には個人差があるので、まずは使いたがる子どもから進め、疲れたらスプーンやフォークに切り替えるようにします。

エピソード

「先生見ててー！」

　「先生見ててー」と、まだぎこちない持ち方ですが箸を使ってご飯を食べるれいなちゃん。箸を使い始める時は、スプーン・フォークが箸のように３本指で使えるようになった子どもから、保護者とも話し合い家庭と共に進めていきます。箸の指導は、食べる意欲を損なわないようスプーン・フォークと併用して、無理をさせないことも大切にしています。

　食べ物と体の関係にも少しずつ興味を持ち始めた頃、食育集会に参加しました。食育レンジャーの元気になる食べ物、病気をしない食べ物、力になる食べ物の話を聞いた後、今度は「先生見ててー」と野菜が嫌いなあいちゃんがピーマンをぱくりと食べて見せてくれました。

遊びの充実と食事は切り離せない関係にあります。生き生きした活動で気分が解放されると、食事もおいしくなります。保育者も一緒に食べながら、楽しい雰囲気の中で少しずつマナーなども伝えていくようにします。

排泄

尿意や便意を感じてトイレに行き、排泄するようになります。間隔も長くなりますが、遊びを中断するのを嫌がったり、寒い時期などはトイレに行くのを面倒がったりして、もらしてしまうこともよくあります。そのようなことをくり返しながら、自然に見通しが持てるようになるので、"だからトイレに行くようにいったでしょう"とか"失敗しないように"と声をかけ過ぎるのはやめましょう。

後半は、大便後の始末を保育者が手を添えて練習するようにします。まだまだおねしょをする子どもも多く、洗濯やシーツ替えなどで頻繁に保護者に負担がかかると"おむつをして欲しい"と言いだすこともあります。しかし、友だちの言動を気にする子どももいるので、保護者とよく話しあい、良い方策をとるようにします。

エピソード

おしっこでないもん！

保育者が「○○公園に行くんだけど、ちょっと遠いからトイレに行ってから出かけようね」と声をかけました。ほかの子ども達は嬉しそうにトイレに行き、帽子を被って準備をしていますが、たつおくんは「おしっこでないもん！」と言ってサッサと外に出て行きました。保育者がもう一度聞くと「大丈夫！」ということだったので出発したのですが、10分程歩いたところで「やっぱりおしっこしたい・・・」と言い出しました。さあ大変です。

「ちょっと待って、図書館まで我慢してね」と言い、先頭の保育者に合図をして歩調を速めます。図書館に着いておしっこをすませたたつおくんに「間に合って良かったね」と声をかけるとホッとした表情をしていました。

着脱

「うーん」

　時間はかかりますが、おとなの手を借りなくても簡単な着脱はできるようになり、畳んだり、汚れた物を所定の場所に片づけたりすることも自分でしようとするようになります。模様やマークで判断して"後ろ前"や"裏表"を間違わずに着ることも、少しずつできるようになります。

　しかし、友だちとふざけたりはしゃいだりしていてなかなか着替えなかったり、いつもはできることでも保育者の手をかけさせたがることもよくあります。友だち同士で手伝ったり、手助けするなど、楽しい気分や甘えたい気持ちを受けとめ、ゆったりと対応するようにします。

清　潔

　手洗い、うがいなどは、自分からするようになり、鼻汁や衣類の汚れにも気がつくようになります。保育者は神経質にならず、子どものやり方を見守り、まだ十分できないところは手助けします。外遊びの後は、浅めのタライに水（ぬるま湯）を入れ、手足を洗うようにするなど、子どもができる方法を考えます。

　「歯磨きの大切さ」や「ばい菌から身を守る方法」などを看護師に簡単に伝えてもらうのも、子どもの知識欲を刺激する楽しい方法のひとつです。

きれいに洗えたよ

3歳児クラス

睡　眠

　3歳児クラスになると、ホールなどで大勢で寝る体制になるため、始めは昼寝を嫌がる子どもも出てきます。遊びが楽しくて寝たがらない子どももいます。保育者は子どもの不安な気持ちを理解し、傍について体をさすったり、お話を楽しみにふとんに入ることができるようにするなど、昼寝が嫌な時間にならないように工夫をします。

　一方、保育時間や帰宅してからの過ごし方など、一人ひとりの状況が違うので、一定の時間ぐっすり眠れるよう環境を整えたり、ある程度横になって体を休めた後は、絵本を見て静かに過ごすなど、柔軟な対応をしていくことも大切です。

　午睡中も子どもの様子には十分に気を配るようにしましょう。

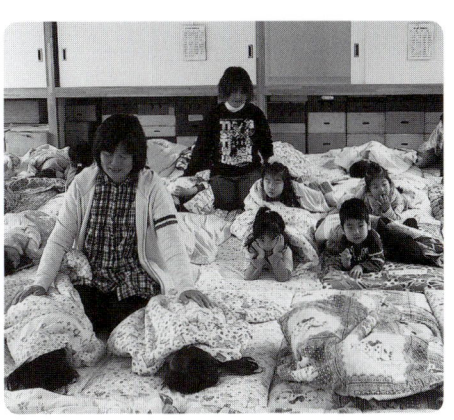

ゆっくり体を休めてね

エピソード

だんご虫のポーズ

　「訓練、地震です」という放送を聴いて、保育者のところに集まりだんご虫のポーズをする子ども達。東日本大震災を経験してから、避難の仕方や子ども達と、お・か・し・も（おさない・かけない・しゃべらない・もどらない）の約束も再確認しました。いつ園外に避難するかもしれないので、今まで午睡時に使用していたパジャマもやめて、食後はきれいな洋服に着替えて寝ることにしました。パジャマの良さである、"気持ちを切り替える"については寝る前に静かに絵本を見る、"ボタンの経験"については、遊びの中で経験させよう等と職員の中で確認し合いました。

　地域によって避難の仕方は異なりますが、大災害に備えて日ごろの訓練や職員同士の確認は大切です。

だんご虫のポーズ

■ Ⅱ　保育の実際

3歳児クラスの環境

　3歳児の環境は、友だちとイメージを共有して遊べるようにすると同時に、一人ひとりがじっくりと自分の好きな遊びができるように工夫します。身の回りのことを自分でできるようになるので、持ち物をわかりやすいように整理しておくことと、トイレや水道が保育者からよく見通せるようにすることが大切です。

保育室

　生活と遊びの場所が同じ場合には、例えば食事が終わった子どもが静かに遊べるように、コーナーなどを使い、めりはりをつけます。部屋に取り付けてある鏡を利用した"美容院"や、押し入れの下段を使っての"お家"も、狭い部屋が有効に使え、子どもにも大人気です。遊具は子どもが自由に取り出せて、片づけしやすいように、シールや箱を使って分類します。保育室が1階の場合は、砂を持ち込むことが多いので清掃にも気を配ります。窓を開け放って風を通したり、季節の花を飾ったりして、気持ちよく生活できるようにしましょう。飼育物も子どもの大切な友だちです。

ままごとコーナー

3歳児クラス

● 遊具、玩具 ●

　ごっこ遊びが毎日くり返されます。ままごとコーナーは常設し、台所用品や人形、エプロンや袋物などは、整理しやすいようにしきりの多い棚を使うと便利です。また、ひとりで落ちついて遊ぶことができるように、粘土やブロック、パズルなども揃えます。完成したものを飾って置けるような場所があると、保護者にも楽しんでもらえます。紙、ペン、糊などは自由に取り出せるようにし、ハサミは保育者が見守る中で使うようにします。箱積み木や車輪がつく大型ブロックは、友だちとの遊びをダイナミックなものにするので、危険のないように注意しながら十分に使用できるように配慮します。

パズル楽しいね

● 絵　本 ●

　言葉の発達が著しく、イメージをふくらませてお話を楽しむようになります。むかし話や「カラスのパンやさん」「ぐりとぐら」のような筋立てのある内容を好み、リクエストするようになります。それらの本は、いつでも手に取って楽しめるようにします。また、乗り物や昆虫の図鑑を好む子どもも出てきて、数人でのぞき込む姿も見られるようになります。大きなクラスの本を利用できるようにしたり、異年齢で共有できる図書コーナーなどを作るのもいいでしょう。

園　庭

　三輪車やスクーター、ボールやポックリなどは、子どもの手で出せる場所に置きます。砂場にはシャベルや容器の他に、テーブルや椅子があると遊びも広がります。水を持ち込んですぐに"どろんこ遊び"を始める年齢です。小まめに掘り起こして日光に当てるなど、衛生管理を怠らないようにします。花壇やプランターで花や野菜を育てると、カタツムリやテントウ虫などが来て、子どもに小さな自然を提供することになります。自由に摘んで遊べる草花があると、ごっこ遊びがいっそう楽しいものになります。友だちと一緒にいろいろな探索をする時期です。非常階段やプールなど、危険な場所には十分注意するようにしましょう。

土手すべりこうやってやったんだよねー

虫いるかなー

心理発達　「わたし」であることの誇らしさ

「わたし」であることに余裕

　1歳児、2歳児クラスの子どもが自己主張をがむしゃらにしなければならなかったのと比べ、3歳児クラスの子どもは、自分を主張するにしても、どこかしら余裕がみられます。例えば、自分のものを持っていれば、人のものまで欲しがらなくてもよくなります。「ぼくのものはあそこにちゃんとしまってあるからいい」とでもいうような落ちつきが見られます。

　前に1歳児クラスで述べた「全体的自己」が安定し、「全体的自己感」とでもいうような自己感覚がよりしっかりと出来あがっているように見えます。この自己感を支えるものもたくさんあります。例えば、自分が大切にしているものがたくさんあり、それらのものが置いてある場所が確保されているという安心感、ここに居れば落ちつけるという居場所などが、「わたし」であることの余裕を支えているのでしょう。

どうしてこの時期に

　安定した自己感に加えて、この時期の「わたし」である余裕を支える心の発達に、次のようなことがあります。専門用語では「分離―個体化の発達」といいます。これは、「子どもの心の中に、自分は、母親など他の人とは別個の人格をもっているひとりの人間である、という認識が発達すること」をいいます。3、4歳以降にこの発達が成し遂げられるといわれています。

　これが発達する前提として、子どもの心の中に、元気でやさしい母親像が作られ、維持されます。それによって、母親がいつも一緒にいなくても、この心の中の母親像を持ちながら安定を保つことができます。同じように、心の中に自分の像も作られ、保たれることになります。いうなれば、自分を客観視できる目が育ち、その目で見た自分を持っているといえます。できるならば、心の中の母親像も自己像も、安定している、落ちついている、人に好かれると思えるものであるのがベストです。このような心の中の像をもち、ひとりの人間であると自覚でき、これを周りの人から認められているときに、子どもは落ちついていることができるのです。

どのように対応するか

　この年齢の子ども達の特徴として、他愛のない嘘をつくことがあります。お菓子を食べても「食べていない」と言ったり、歯を磨いていないのに「磨いた」と言ったりします。また、おとなからみるとガラクタやつまらないものを集めてきて、大切にしまっておくこともあるでしょう。これらの行動は、「わたし」であることを確認する行動として読み取ることが出来ます。ですから、おとなは嘘をあばき過ぎないように、そっと抱えておく方がよいでしょう。集めているものも捨てないようにして、しまっておいてあげる方がよいでしょう。

　周りのおとながこのような対応をしていると、子どもは「わたし」が認められていると体験します。

（吉田弘道）

友だちとの関係を育てる保育　　保育

　自分の思いにこだわり、お気に入りの玩具をひとり占めしようとしたり、好きな遊びを延々と続けてきた子ども達も、3歳児クラスの半ばともなるとかなり落ちつきを見せてきます。いわゆる「聞き分け」ができてくるのです。食事のときには遊んでいたくてもお部屋に入る、お昼寝の前に外に行きたくても起きてからにする…というように、「時間・空間」の認知発達とも連動して、次第に一定の見通しをもって行動できるようになってきます。

特定の友だちへのこだわり
　「わたし」を育ててきた子ども達は、その「わたし」を基軸に、大勢の友だちの中から、「気のあう」友だちや「同じ遊びを好む」友だち、「あこがれ」の友だちなどを見つけだし、その友だちとなかよくなりたいと強く欲するようになります。言葉を換えれば、特定の友だちへのこだわりをもつようになるのです。

　その友だちとともにいられなければ満足できないという状況は、まさに「みんな友だち」の世界から「なかよし・こよし」の世界へと友だち関係が変容していくことを表しています。「わたし」と「他者」という「自－他関係」のなかでも、おとなとの関係づくりを離れて、仲間集団における確かな「自－他関係」づくりにいどんでいくのです。

なかよしには親切になれる
　「自己抑制」できない子どもの増加が案じられ、「心の教育」が求められています。しかし「したい（あるいはしたくない）」気持ちを抑えて「しないことにする（あるいはしようとする）」ためには、強く心を揺さぶる「感情」が必要です。それが「ゆうちゃんになら」とか「だいちゃんが言うから」という、「なかよし」が引き起こしてくれる感情です。

　自分が作りあげた大事な飛行機をあげることができるのは「大好きなゆうちゃん」だからであり、「恐ろしい水に顔をつけてみようか」とチャレンジできるのも大好きなだいちゃんが励ましてくれるからなのです。子どもが自分の人格をかけて友だちと向かいはじめるとき、心の高揚と同時に心の抑制もまた、可能になるように思われます。

なかよし探しを助ける
　「まあくんのとなりに座りたい」「やっちゃんのとなりにふとんをしいてほしい」と子どもたちは保育者にその思いを伝えてきます。人気のある子どもの場合には、何人もの子どもからひっぱりだこになって、立ち往生する姿にも出会います。子ども同士の関係を上手に調整して友だち関係を育てていくこと、「なかよし探し」を助けることは、3歳児保育の大切な課題のひとつです。

　　　　　　　　　　　　　　　　　　　　　　　　　　　　（諏訪きぬ）

Ⅱ　保育の実際

3歳児クラスの事故と安全

事故の特徴

　友だちとの遊びが楽しくなり、行動範囲も戸外へと広がり、また運動機能の発達とともに活動も活発になってきます。そのため、3歳未満児と比べて事故も増えてきます。物を取りあって叩きあい傷をつくったり、走り回って物や人と衝突・転倒という事故が多く見られます。

エピソード　水道で手を洗っていて転倒

　ゆうくんが園庭からベランダにある水道で手を洗おうとして走ってきました。そこにみゆきちゃんも走ってきました。みゆきちゃんよりゆうくんが先に手を洗おうとした時、床が水でぬれていて転んでしまいました。
(保育者の配慮)
　スピードのコントロールがまだできない年齢であることを理解して、走らずにゆっくり行動できるような言葉がけや、水道などの水まわりの場所は、気をつけて適宜拭き取るなどの配慮が必要です

エピソード　ブランコの鉄棒に頭をぶつける

　ふみちゃんが追いかけっこで逃げていました。後ろを見たらつかまりそうになったので、逃げようと前を向いた瞬間、目の前にあったブランコの鉄棒に頭をぶつけてしまいました。
(保育者の配慮)
　追いかけっこや鬼ごっこでの衝突はよく起こります。保育者は子どもの遊びの活動範囲を把握して、事故が起こりそうな場所の安全対策を講じます。

安全への配慮

　衝突事故は偶発的な要素も多いですが、保育者が子ども達の活動を把握することで、防げることもあります。また、物の取りあいをめぐる叩きあいも、子どもの行動傾向や遊びの流れを見ていることで予測がつくこともあります。この年齢は衝動的な行動がまだ多い時期ですから、保育者は子ども達の動きを視野に入れながら、大きな事故にならないように危険な物の配置を変えるなど、環境整備への配慮が必要です。　　　　　　　　　　（帆足暁子）

5　4歳児クラス

大きい山できた！
オレの方が大きいよ！
こっちの方がでっかいもん！
ねえねえ　どっちが大きいと思う！？

　友だちと遊びを共有することがとっても楽しい頃となります。少しずつ見通しをもって行動できるようになり、自信のあるものには積極的に取り組み、自信のないものには、しり込みする姿も見られるようになります。

　友だちとのかかわりの中では、思いきり自分らしく夢中になって遊ぶことで、思いがうまく通じない、意見が衝突してケンカとなることも多くなります。保育者の見守りや援助をうけて解決していく中で、身近な人の気もちがわかるようになり、仲なおりも上手になってきます。この経験が人間信頼の礎となるので保育者は見守る時間も大切にしたいものです。

■ Ⅱ　保育の実際

―4歳児ってどんな子ども―
4歳児の特徴と子どもの姿

①自意識が強くなってくる

自分と他人との区別がはっきりしてきます。見られる自分に気づいて、うまく自分を表現できない場面も見られます。

②「なぜ？」「どうして？」と質問する

質問を次から次へと投げかけてきます。情報を集め自分のかかわる世界を知ろうとする気持ちが強くなります。

④活発な行動力が出てくる

体が自分の思いどおりに動かせるようになり、行動的で冒険心が旺盛になります。

③気持ちをコントロールする

遊びや集団生活をする中で、さまざまなトラブルを経験し、自分の気持ちをコントロールする力が芽生えてきます。

⑤ときには甘えたいことも…

集団の中で自己主張したり、自分をコントロールしたり、遊びにもかなりのエネルギーが必要です。ときには、保育者をひとり占めして安らいで過ごすときを求めてきます。

4歳児の子どもの姿と保育者の役割

①子どもの心の動きを十分に理解し、共感したり励ましたりする

　目的を立てて作ったり、描いたりして行動するようになるので、結果や他の人からの言葉がけがとても気になります。また、上手、下手、できる、できないなどの評価を友だちにぶつけたりもします。思わぬひと言で傷ついて、絵を描くことを拒んだり、新しい遊びや運動に積極的に取り組むことができなくなってしまうこともあります。いつも、保育者の子どもへの対応をしっかり見ています。一人ひとりの子どもが安心して自分らしさを表現できるようにその子どもの特性をしっかりと受けとめましょう。

②子どもの気づきを大切に受けとめる

　子どもは、自分の中では考えつかない、答えのでないものごとを何とか知ろうとします。「よく気づいたね」「本当に不思議だね」と、子どもの気づきをまず受けとめましょう。答えそのものがすぐに必要な場合ばかりではありません。少し遠まわりでも一緒に考えたり調べたりする過程を大事にしましょう。

③遊びの様子をしっかり把握し、必要に応じて仲立ちする

　遊びの仲間づくりにも、子どもなりの思いがあります。仲間入りしたいという子どもが今の遊びがわかっているのか、一緒に遊んで楽しい子どもか、今は、この仲間とだけ遊びたい…などなど。このようなとき、すぐに仲立ちとなって仲間入りを手助けしてしまうのではなく、どうしたら仲間入りできるか、一緒に考え、子ども自身の力で実現できるように支えます。

④遊具や用具などの使い方に気を配る

　遊具や用具をそのままで使うのではなく、自分たちでひと工夫して使うことにおもしろさを見い出すようになります。危険なことに気づかないことも多いので、遊びの様子をよく見守っていることが大切です。

　職員間で遊びの様子を報告し合い、遊具・用具の安全点検をチェックリストなどを作り確認し合うことも必要です。

⑤甘えたい気持ちをしっかりと受けとめる

　いつも友だちの中で、元気いっぱいとはいかないものです。体調が崩れたり、気持ちが不安定で遊びだすことができないときもあります。また、じっくり友だちの遊びを見てからでないと仲間入りできないタイプの子どももいます。抱っこをしたり、手をつないだり、静かな場所を選んで絵本を見たりして、一人ひとり丁寧に受けとめ支えることも大切です。

デイリープログラム

7:30　早朝保育
- ♥視診　健康状態の把握。（特に前日まで病気欠席）与薬依頼のある時は詳しく保護者から聞く

8:30　順次登園・遊び（室内遊び・外遊び・散歩・行事など）

持ち物の片づけ
- ♥言葉がけをして、自分でやろうという気持ちにする

遊び
- ♥コーナーの遊びの様子をよく把握し、材料遊具などを遊びにあわせて入れかえる
- ♥遊びの中のトラブルは、すぐに仲介せず子ども達で解決できるよう見守り、必要に応じてきっかけ作りをする
- ♥水分補給・休息をとる

ほら　こんなのできたよ

11:30　片づけ・着替え・手伝い
- ♥遊具・用具は決まった場所に置くようにする
- ♥ときには遊びの区切りの良いところまで待つ
- ♥気がついた子ども、できる子どもがすすんで手伝えるようにする

なかよしこよし

12:00　食　事
- ♥できる準備を手伝ってもらうようにする（テーブルをふく、お茶を入れるなど）
- ♥個々の子どもの様子で食べられる量を考慮する
- ♥みんなが楽しく食事をするためのマナーを知らせていく
- ♥友だち、保育者と楽しく食事をする
- ♥片づけ、歯みがきをする

グループで食事

4歳児クラス

- 13：00 　午睡準備
  - ♥パジャマに着替え、ふとんで静かに絵本を楽しむ
  - ♥部屋の明るさや換気、湿度に気をつける
  - ♥読み聞かせ、子守歌など身近な保育者の声に包まれて入眠できるようにする

- 15：00 　目覚め
  - ♥部屋を明るくし、起こす。
  - ♥おねしょの失敗など目立たないように片づける
  - ♥着替えの手助けをする

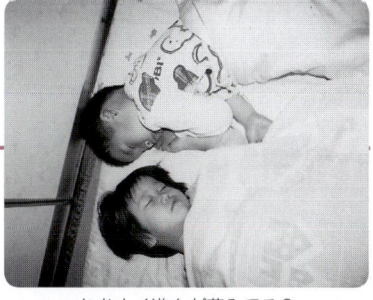

なかよく遊んだ夢みてる？

- 15：30 　おやつ
  - ♥その日の話、明日の予定など話しながら楽しくおやつを食べる

- 16：00 　降園
  - ♥自分の持ち物のしたくをする
  - ♥連絡帳や口頭でその日の様子を保護者に伝える

ちゃんとたたもうね

- 17：00 　遅番保育（延長保育　18：30～）
  - ♥遅番・延長番保育者に申し送りをする
  - ♥遅くまで保育を受ける子どもが寂しくならないよう、声かけをしたりし一緒に遊ぶ
  - ♥各担任からの伝言などを保護者に伝える
  - 〜延長保育児・補食・水分補給〜

- 19：30 　全員降園

紙芝居のあとはお片づけ

■ Ⅱ　保育の実際

4歳児と一緒に遊ぼう

~部屋の中で~

> エピソード
> ### 「いれて！」「いいよ、でもバブちゃんになってね」
> 　あきちゃん、まきちゃんは乳児クラスからの入園でとっても仲良しです。何をするにも一緒に……。ままごとも大好きです。ふたりが役わりも決めてままごと遊びをはじめると、「いれて！」とくにちゃんが入ってきました。「いいよ、でもバブちゃん（赤ちゃん）になってね」とふたり。次にゆみちゃんが「いれて」とくると「いいよ、でもワンちゃんになってね」とふたり。「えー、お母さんがいい」「じゃいれてあげない」「いれてくれないって……」泣き顔のゆみちゃんです。

　　　　　　　　　　　バブちゃん　ネンネ　ネンネ

> エピソード
> ### 「わっすごい！」「ぼくにも作って」
> 　年中児クラスになってから入園してきたゆうとくん。初めての集団の中でとまどっています。自分が欲しい物は誰が使っていても取ってしまう。一緒に遊びたいけれどかかわり方がわからないので、遊びの邪魔をしてしまいます。しだいに「また、ゆうとくんがいじわるした～！」の声が多くなってきました。ある日粘土あそびをしていると、「わっゆうとくんすごい！」「ぼくにも作って！」ゆうとくんの手から次々に粘土の動物達が生まれてきます。楽しそうに話しながら嬉しいひとときとなりました。子ども達は、仲間のステキなところを素直に受け入れる力が育っています。

4歳児クラス

保育者の働きかけ

じっくり遊ぶのにつきあう

　4歳児は、友だちと役割り分担したり、話し合ったり、共通の思いで遊ぶことが楽しくなってきます。けれども、まだまだそのかかわり方は、上手ではありません。お互いの思いを十分伝えあえず、ケンカになったり、いじわるされたと泣いてみたりと、トラブルも絶えません。でも、安易に保育者が解決案をだしてしまうと、子ども達の心は成長しません。入れてもらえない子どもの気持ちに気づかせたり、すぐにあきらめてしまう子どもにどうしたらいいのかなと考えさせたりすることが大切です。

うまく　描けるかな

お互いの気持ちの橋渡し役になる

　集団の中で生活することで、子ども達は人とかかわる力を身につけていきます。家庭の中で自分の思いがすべてとおっていたゆうとくんにとって、楽しく遊んだり生活するルールにすぐには馴染めませんでした。保育者もトラブルになり困っていると声をかけ、約束を伝えたり、ゆうとくんの不安な気持ちを受け入れすごしていました。子ども達は、本当に素直な心で「すごいなー！」と相手の良いところを認めることができる様になっています。ゆうとくんも仲間としてうけいれられたことで、ぐんと心が成長するきっかけとなりました。

■ Ⅱ　保育の実際

～外遊びの中で～

エピソード
このさらこ 使っていいよ

　陽だまりが暖かくなる頃から、ダイナミックなどろんこや水遊びが始まるまでの季節、園庭のあちこちにしゃがみこんでの、泥だんご作りが盛んになります。さすがに年長児は、水加減や丸める手つきもよく、ツルツル・ピカピカのおだんごができてます。「いいなー」と見ている4歳児クラスのかつやくん。そのとき「これあげるよ！」とさらこを渡してくれた年長のまさしくん。「それじゃどろどろすぎるよ」「このさらこ（サラサラ乾いた砂）使っていいよ」と教えてくれました。「あっうまくなったね」とほめられかつやくんもうれしそうです。異年齢が自然にかかわる姿は、ほほえましいものです。

おだんご　いくつ　だきたかな

エピソード
ほら、ここでごろんしてみて

　園庭の大きないちょうの木は、四季折々の姿で子ども達を見守っています。真夏の暑い日、汗いっぱいになってせっせとござを敷きつめるゆきちゃん、よしくん、けんちゃん。何が始まるのかな？と見ていると、三人でごろんと横になって、じーっとしています。しばらくして、「ねェー、ここすごくいいよ」と保育者を呼んでくれました。「ほら、ここで、ごろんしてみて」言われて同じように寝ころがります。すると緑の葉っぱの間からキラキラと陽の光がこぼれ、木陰は涼しくていい気持ち。子ども達の発見したすごくいいひとときでした。

保育者の働きかけ

子ども達の力を信じて見守る

　子ども達は、自分のまわりの人々と自主的にかかわり、トラブルになったとき、どうすればよいのかと考えたり、遊びを共有する中で、友だちの気持ちに気づいたり、小さい子どもへのいたわりの気持ちが芽生えたりしていくものです。保育者は、子ども達が本来もっている力の成長を信じ、支え見守ることを大切にし、自分がすべきことは何か、一歩引いたところで考えることも大切です。

大きな山をつくろうね

子ども達の発見や響きに共感する

　子ども達は、身のまわりのさまざまな事柄に本当に敏感に反応し、楽しんでいます。保育者も同様なことが要求されます。きれいなものを素直にきれいと表現したり、雨の降る様子をじーっと見て楽しんだり、地面に寝ころがって、雲の流れを追いかけたり…。保育者として技術や知識を身につけることはもちろんのことですが、感性をみがくこと、子ども達の発見や驚きに共感できる気持ちを持っていることが何より大切です。自分が大好きなこと、ためしたいこと、やってみたいこと、知りたいことをいつも持ち続け、生き生きとした感性の持ち主でいたいものです。

一緒に生活してみよう

食　事

　いつも同じメンバーで同じテーブルの位置で、落ちついて食事できるコーナーを設けることが大切です。また、みんながおいしく楽しく食事するためのマナーも伝えましょう。一人ひとりの育ちや、体調により食べる量を無理のないように調節します。また、園庭で栽培したものを、子ども達の手で調理することで、嫌いなものも食べてみたり、自然の恵みへの感謝も芽生えます。クッキングの様子や給食の人気メニューをお便りで紹介することで、家庭での食事を見直すきっかけ作りとなります。

たくさん食べて　大きくなるの

エピソード

遊び食べのあきらくん

　家庭での食事では、なかなか家族そろって、ということが少ないあきらくん。メニューの内容を見ると、子どもの好きなもの単品ということが多く、食事時間も落ちついたものではなく、テレビを見ながら……。ついには、母親が口に運んでようやく食べ終えるという状態です。園での食事も同様で、前半はほとんど遊び食べ、みんなが食べ終わる頃食べ始めるか、保育者が援助して食べ終えるという状態です。

　好き嫌いも多いので、メニューによっては量を調節することも必要です。楽しく食事する中にも言葉がけをし、自分で食べようという意欲がもてるように、気長につきあっていくことが大切です。

排　泄

　ほとんどの子どもが、自分がしたいときに自主的にトイレに行けるようになってきます。けれども、遊びに夢中になるあまり、もじもじとしながらもなかなか行かないでがまんしていたり、ぎりぎりでかけこんで下着などを汚してしまうこともあります。日中の失敗は少なくっても、午睡時には、おねしょをくり返す子どももまだいます。はずかしい思いを味わうことのないように、後始末を手際よくするように配慮します。

　また、排便の後なども、きちんとふけているか確認したり、便の様子についても伝えられるように、普段から自分の体について関心をもつように話しておきます。トイレは公共の場です。後の人が気持ちよく使えるように、終わったら流す、汚してしまったときには保育者に伝える、スリッパをそろえるなどのマナーも知らせておくように心がけます。

清　潔

　外遊びなどのとき、汚れを気にしないでのびのびと過ごせるような服装、そでをまくる、どろんこ専用の衣服にかえるなどに心がけます。汚れた衣服を専用の袋に入れたり、自分で着がえに気づく子どももいますが、砂だらけでも平気で室内に戻ってくる子どももいます。また、手洗いも上手になりますが、めんどうでさっと水でぬらしてくるだけという子どももいます。手の洗い方など、気づいたらその場できちっとしたやり方を伝えることが大切です。鼻をかむことも自分でできるようになりますが、鼻炎などつまった状態の多い子どもはなかなか自分からはかまないことが多いので、様子を見て声をかけるようにします。爪が伸びている、耳あか、髪や体の汚れなど保護者が気づいてすべきことはきちんと伝え、清潔で気持ちよい生活ができるようにしましょう。

ワー　つめたーい！！

着 脱

　衣服などの着脱を順序よくしたり、そのときの気候や活動にあわせて調節できるようになってきます。脱いだ衣服をたたんだり、ボタンかけもスムースにできる子どもが多くなります。しかし、家庭でいつも着脱を手伝ってもらっているような子どもは、なかなか思うようにできません。いつもはひとりでやってしまう子どもも、ときには、「着替えさせてー！」と甘えることもあります。子どもがやってほしい、手伝ってほしいときには、いつでも手助けするように心がけます。ときには大きい子どもがさりげなく手伝ってくれることもあります。

　中には、サイズが小さくなっていたり、着替えが用意されていない子どももいます。保護者に連絡帳や口頭で伝え、子どもが困らないようにします。

はめてあげるよ

> **エピソード**
>
> ### これは自分でやってごらん
>
> 　まわりのおとながとてもこまめにめんどうを見てくれているただしくん。着替えのときにはいつも「やってー！」です。保育者が「これだけは自分でやってみようよ」と対応していると、そのうち事務所や給食室に行って、やってもらってくるようになりました。担任は、手助けしてもらうのはいいけれど、少しずつ自分でやれるところを増やしていきたいと思っていました。しかし、しばらく、様子を見ることにしました。
>
> 　ちょうどその頃、午睡後、女の子たちが年少児の着替えを手伝いに行くことを「お仕事」と称して楽しみにしていました。ある日、ただしくんも「ぼくもいってくる！」と一緒に年少組に出かけていったのです。
>
> 　様子を見ていると、とてもやさしく着替えを手伝い、「これは自分でやってごらん」と声をかけているのです。おとなに親切にされているただしくんだからこそできることなのでしょう。

睡　眠

　4歳児になると体力もついてきて、午前中の活動内容によっては疲れもなく、寝つかれなかったり、家庭での睡眠を十分とっていて、睡眠の必要がない子どももいます。しかし、園での長い集団生活の中、眠らないまでも、静かな部屋で心も体も休めるときがないと、子どもにもストレスがたまります。食後、着替えなどが終わったら、各自のふとんで静かに過ごせるよう準備しておきますが、その際、室内の明るさや、室温、換気に気をつけます。気持ちよく入眠できるように、子守歌を歌ったり、お話を読んだりするのもよいでしょう。

　このところ、小学校の学級崩壊などで、「お話を聞かない子ども」ではなく「聞けない子ども」が増えているといわれています。幼い頃からテレビやビデオ、音楽はCDから、と作られた音の中で育つことが多く、人の語りかける声が心地よく感じられないのかも知れません。眠りにつくまで大好きな人の声に包まれて過ごす、こんなことを心地良いと感じて乳幼児期を過ごしてきた子どもは、人の声によく反応します。おとなの優しい声で語りかけ、子守歌を歌って心地よく眠りにつく環境をつくっていくことは大切なことです。

Ⅱ　保育の実際

4歳児クラスの環境

　4歳児クラスになると、自分の持ち物の管理や遊具、製作に使う材料などの出し入れも自分でできるようになってきます。いつも同じ場所やコーナーが、子どもが使いやすいように整理されていることが大切です。

保育室

　遊び、食事、午睡のスペースが個々に確保できるだけの保育室の広さが望ましいのですが、そうでない場合には、保育室を時間に合わせて変えていく工夫が必要になります。次の活動へとスムーズに移行できるように、子どもの遊びの区切りをよく把握し、待っている時間がないように室内を整えます。

　食事は、少人数で落ちついてできるように、机の置き方や、スペースなども考慮して、グループ分けを考えます。お昼寝のコーナーは、室温、換気に気をつけ、明るすぎないよう落ちついて眠れるように準備します。パジャマや脱いだ衣服を一人ひとりのかごに入れる棚や着替えのスペースなども用意します。お昼寝の必要な時間は個々で違います。早く起きてしまった子どもが静かに過ごしていられる場を作っておくのもよいでしょう。

保育室の遊びのコーナー

遊具、玩具

　コーナーごとに使いやすく、落ちついて遊びに集中できるようにするため、棚で仕切ったり、フロアーマットでエリアを決めたりするとよいでしょう。

　粘土や紙工作など、作ったものをしばらく飾っておける場所があると、子どもには嬉しいものです。また、個々の製作物やお気に入りのものなどを自由に保管できる宝ものロッカーも役立ちます。

　絵の具、クレヨンなどの描画材料・素材も、描きたい時にすぐ使えるように用意しておきます。子どもの描画は、そのままその子どもの心の表現です。技術や技法にとらわれることなく描きたいものを思いきり描けるような、環境づくりに配慮します。

絵本

　まず保育者が、どのような絵本が子どもたちにとって良い絵本なのか、しっかりと見極められることが大切です。絵本の世界を楽しみましょう。くり返しの絵本や口調のおもしろいお話は、すぐに覚えて真似て遊んだりすることが楽しいです。少人数で読んであげられるときは、その子が「読んで」と選んできたものを共に楽しみながら読みます。少し長いお話もイメージを広げて聞けるようになってきます。年齢に合わせて、本の種類に合わせて（知識の絵本・詩、ことばの絵本・物語の本）とリストを作ってみると良いでしょう。

園庭

　園それぞれの立地条件もありますが、園庭には、小さくても季節を感じることのできる植物があると便利です。観賞用の花ばかりでなく、雑草コーナーなどもあると、園庭でのままごと、植物をつかっての遊びが楽しめます。野菜の栽培も、水やりや支柱を立てるときなどに参加することで、収穫の喜びが一層大きくなります。

　砂遊び、どろんこ、水遊びも大好きな遊びです。毎日、園庭の安全点検をしたり、衛生面に気をつけること、三輪車、スクーター、ボール遊びなどは、安全のためにルールを決めておくとよいでしょう。

Ⅱ 保育の実際　　4歳児をより深く理解するために

心理発達

社会的自我の発達

社会的自我

　4歳児クラスになると、子ども達には、それまでの自己主張する自我だけでなく、社会の決まりを守ったり、場所柄をわきまえて行動する「社会的自我」の発達を表す行動が見られるようになります。また子ども達は我慢すること、いわゆる「我慢する自我」や「統制する自我」の発達を期待されるようにもなります。

　このような自我の力は、安心できるアタッチメントを形成していること、大切に育てられたので「わたし」に余裕がもてるようになっていること、親や周りのおとなからのしつけが適度になされていることによって育ちます。ここで大切なことは、主張する自我が発達した後で、我慢する自我が発達することです。十分に自己主張し、それを受けいれてもらう体験をした後で、我慢することを身につけるのです。我慢する自我が先に育ってしまうと、おとなに合わせる子ども、周りに気を遣い過ぎる子どもに育ってしまうことがあります。

規範の内在化

　初めのうち、「統制する自我」は、子どもがおとなからの教えを心の中に取り入れることによって発達します。すなわちおとなから言われて決まりを守ろうとするのですが、その後は子ども自身で決まりを作って、それを守ることを始めます。例えば、子ども達だけで遊びのルールを作り、そのルールに従って遊ぶことをします。これは規範の内在化を育てます。

役割を決めて演じ続けること

　遊びの中で役割を決めて演じ続けることも、自我の発達を表しています。役割をこなし続けるということは、より成長してから仕事の場で役割を果たし続けることと関係していると考えられています。

　遊びの中で役を演じ続けることができないと、子ども社会の中では孤立してしまいます。同じように、仕事の中で決められた役割を果たすことができないと、労働の場から排除されることになります。子どもは、遊びながら、将来おとなになってから仕事をする練習をしているともいえます。

相手を思いやること

　4歳児クラスの子どもは、相手の気持ちを思いやることができるようになります。自分の気持ちを理解した上で、相手の気持ちに自分の気持ちを重ね合わせていき、相手の気持ちを理解するのが思いやりです。これも自我の発達と関係しています。思いやりを別の面から見ると、相手にコップから水を飲ませるときに、相手が飲みやすいようにコップを傾けることも思いやりです。このことから、思いやりが周りのことを考えて我慢する社会的自我と関係していることがわかるでしょう。

（吉田弘道）

自信を育てる保育 保育

　友だちとのかかわりができてくると、子ども達は、保育者からはなれて活動できるようになってきます。気のあう友だちをみつけた子どもは、送ってきた親との別れより、友だちのところへ走り寄ることに心が向かいます。持ち物の片づけもそこそこに、一緒に好きな遊びを始めます。園生活の中で子どもが安心でき、心躍らせる拠点が、おとなから友だちへと次第に変化しているのです。

できる・できないに敏感になる

　子どもの関心が友だちに向けられるようになると、その子どもと自分との共通点や相違点に気づくようになります。「ぼくはジャングルジムの3段までしか登れないけど、たくちゃんはてっぺんまで行ける」「わたしは走るのが速いけど、まりちゃんは遅い」というように、お互いの得意・不得意、できる・できないに敏感になって、互いに競い合う気持ちをもつようにもなります。そして得意なこと、上手にできることは自慢げにやって見せたり、得意がってやろうとしますが、逆に不得意なこと、上手にできないことはやって見せたがらなくなってきます。少しでもできれば嬉しくなって「せんせい、みてみて」「ね、できたでしょ！」と得意満面だった子どもが、できるかどうかがわかってきて次第に引っ込み思案になってくるのです。それだけ自尊の感情が育ってきているということもいえるでしょう。

比較屋さんに比較は禁物

　自他を比較し、自分の今をより客観的にわかり始めた子ども達にとって、おとなから比較されることは、自尊心を傷つけられることになります。おとなは、叱咤激励することによって、発憤してくれるのではないかと期待して「ほら、さとしくんのようにしっかり描いて！」とか「さやかちゃんは13回跳べたよ！」などと、ちゃんとできる子どもを引き合いに出しがちです。しかしそう言われた子どもは、その言葉の裏にあるメッセージを敏感に読みとります。「あなたはしっかり描けていない！」「あなたはたくさん跳べない！」と…。
　自尊心を守るためには、格好の悪い自分を見せないようにしなければなりません。そこで、少し前までは屈託なく振る舞っていた子どもが、「描けない」「やりたくない」と不得意なこと、上手にやれないことを避けるようになったり、「描いて！」「やって！」と人を頼るようになる子どもも出てきます。

向上できる手だてを示す

　どの子どもも人より優れていたいと、本心思っています。「ぼく一番」「わたし一番」になりたいのです。他児よりも確実に上手にできることを人前で認めるようにすると、この時期の子ども達はがぜん張り切ります。しかし、それほどでもないものを誉めそやしても納得しません。自他を比較する確かな目が育っているからです。
　自尊心を傷つけないように注意しながら、どうすれば上手にできるようになるか、その手だてを伝えるようにすると、人目のないところで懸命に努力を重ねて、飛躍的な進歩を見せる子どもも出てきたりします。それだけ旺盛な向上心をもっているのです。

（諏訪きぬ）

■ II　保育の実際

4歳児クラスの事故と安全

事故の特徴

　活動はますます豊かになり、友だちとふざけることも多くなります。その一方で、まだきちんと状況判断ができないために、友だちとのふざけあいによる思いがけない事故が起こることもあります。依然として転倒・衝突は多く見られ、転落や何かにぶつかるという事故も増えてきます。

エピソード　登り棒から転落

　登り棒がやっと登れるようになったたかしちゃん。ようやく一番上まで到達して、ほっとしたのか、下りる途中で手が緩み、落ちてしまいました。
（保育者の配慮）
　遊具を使用している場合、子どもも危険なところでは注意をし始めます。しかし、必ずしも正しく判断できているとは限りません。保育者は、事故が起こる可能性を予測しながら、子どもが使用している遊具の側について、子どもが正しく危険を判断できるような言葉かけをすることが必要です。

エピソード　手をつないで走り出し転倒

　ふたりずつ手をつないで列を作って散歩に出かけました。ふざけながら歩いていたみかちゃんとともちゃん。前の列に追いつこうとして走り出し、バランスを崩して手をつないだまま転んでしまいました。
（保育者の配慮）
　ふたりずつ手をつないでの散歩はよく見られます。しかし、意外に転倒しやすいことを保育者は理解しておくべきです。また、列が開いた時には、前方がゆっくり歩くようにするなどの配慮も大切です。

安全への配慮

　友だちとのふざけあいが多くなる年齢なので、子どもの動きに危険がないか、ふざけ過ぎて状況判断ができなくなっていないかなどの注意が必要です。
　また、遊具による事故が増えますが、危険だからと全てを制限するのではなく、正しい使い方や、危険について知らせていくことが大切です。

（帆足暁子）

6　5歳児クラス

ほらね、こんなことだってできるんだよ！
小さな子のお世話だってまかせて！
ねぇ、一緒に作ろう！
こうやったらおもしろいよね、みんなも誘おう！

　就学まであと1年。全身運動も細かな操作も一段となめらかになり、さまざまな活動ができるようになってきます。社会生活の基本的な能力が身につき、その場、その状況に応じた行動がとれるようになり、頼もしくさえ感じるようになります。
　遊びは、組織だった共同遊びが多くなり、仲間と創意工夫を重ね、役割分担したり、自分たちでルールを作って楽しむようになります。
　知的な欲求はますます増し、自然事象・文字・数などだけではなく、おとなの仕事や地域社会にも目が向くようになってきます。

Ⅱ　保育の実際

―5歳児ってどんな子ども―
5歳児の特徴と子どもの姿

①大きくなったことに誇りをもつ

人に役立つことがうれしくて、得意でないことも少しはがまんしてやろうとし、"大きくなった子" として振る舞おうとします。

②見通しをもって行動する

行動を起こす前に見通しを立て、行動の結果を思い描けるようになります。

③いろいろなことにチャレンジする

自分の欲求がどんどんふくらみ、あれもこれもやってみたいし、今までの経験から、やれる自信もついてきます。

④仲間意識が育ってくる

同じ目的に向かって役割分担し、まとまってひとつのことを成し遂げて、喜びあう姿が多くなります。

⑤競いあう気持ちが育つ

結果にこだわり、満足感も失敗感も強くもつようになります。また、友だちと比較して自分を評価するようにもなります。

⑥知識欲が増してくる

言葉は一層巧みになり、文字、数、自然事象、地域社会の出来事を意欲的に知りたがります。体験したことや、想像したことを、いろいろな形で表現しようとします。

5歳児の子どもの姿と保育者の役割

①"大きくなった"という誇りを認める

園で一番大きくなったという喜びから、小さい子どもの面倒をみたり、お手伝いをしたがります。少しくらい嫌いなことも我慢してやろうとします。できることは積極的にやる機会を作り、自信をつけていくようにしますが、あまり背伸びをさせないよう配慮します。

②子どもが自分で判断したことを尊重していく

おとなから言われたから「いけない」のではなく、今までの経験から物事の善し悪しを判断できるようになってきています。友だちに対しても批判する力が育ってきます。おとなから見て、「あれ？」と思うような行動も、子どもなりの理由があってやっていることが多いので、保育者は、子どもの判断を尊重して見守る姿勢が必要です。それが自分勝手であったり、危険だったり、相手を傷つける行動だったりするときには、毅然とした態度で禁止することも大切です。

③さまざまな経験のできる環境を整える

運動能力だけでなく、さまざまな能力が育ってきています。安全面に気を配りながら、子どもがさまざまなことに挑戦できるように、いろいろな素材を準備しておきます。

④仲間同士のかかわりに気を配る

組織だった共同遊びが長続きするようになってきます。お互いのぶつかり合いも自分たちで解決できることが増えてきますが、腕力の強い子どもや身勝手な子どもに振り回される場面も、まだまだあります。

一人ひとりが自分の思いや考えをうまく表現できているか、友だちの言うことを聞く力が育っているかなどに気を配りながら見守っていきます。

⑤一人ひとりが達成感や満足感を味わい、自信が持てるようにする

今、これをやりたいと思うと、とことんやろうとするようになり、自分の行動や成果を評価する面も育ってきます。反面、苦手意識も持つようにもなります。失敗したりできなかったときは、子どもの気持ちをしっかりと受けとめ、チャレンジする気持ちを引き出すようにすることが大切です。

⑥さまざまな体験を通して、知的好奇心を満たしていく

自然とのふれあい、地域社会での体験を通して、たくさんの"ふしぎ"に出会い、考えていけるような活動を心がけます。数、文字に対する興味も深まってきます。日常の具体的な生活や遊びの中で、いろいろな概念が身につくようにします。さまざまな表現の場も用意しておきましょう。

Ⅱ 保育の実際

デイリープログラム

7：00　早朝保育
- ♥小さな子ども達と気持ちよく遊べるよう環境を整えておく
- ♥元気に子どもと保護者と相互にあいさつを交わし、子どもを受け入れる

8：30　順次登園　遊び
- ♥早番保育者から連絡事項を確認する
- ♥視診をしながら保護者からの連絡事項を確認する
- ♥朝のしたくを見守り、確認する

当番活動など（飼育物、植物世話等）
- ♥飼育物の世話活動などでは、生き物を大切に扱い、世話をしたあとは丁寧に手を洗うことなどを伝える
- ♥保育者も一緒に行い、自然や命の大切さを伝える。当番活動は少しずつ子どもだけで出来るようにしていく

遊び
- ♥クラスのみんなが揃うまで、自発的に好きな遊びができるように環境を整え、昨日の遊びの続きや、好きな遊びがすぐできるようにコーナー等を作っておく

10：00　課題活動など（運動遊び、表現（音楽・制作・創作）活動、散歩、行事、畑の活動など
- ♥様々な経験ができるようにバランスよく保育の指導計画を立てる
- ♥子ども達が自発的に取り組み、満足するまで遊びを楽しめるようにいろいろな素材・遊具用具を提供し、環境を工夫する
- ♥ルールを確認する等を働きかけ、子ども達自身で楽しめるように配慮する

11：30　片づけ、食事の準備
- ♥片づけや食事の配膳など当番活動を取り入れるなど子ども自らが行えるよう配慮する
- ♥当番などにおいては、子ども同士が楽しみながら役割の大切さを体験できるようにする

12：00　食事
- ♥保育者も一緒に食べながら、食事の大切さやマナーが楽しく身に付くようにする

13：00　午睡、または静かな遊び
- ♥布団を敷く、小さな子どもの着替えを手伝うなどの機会を作り、異年齢の関わりを生活の中で経験できるようにする

カルタとりしよう！

なにをおねがいしようかな！？

キャップをつけてお食事当番

- ♥ 午睡をしない時も、長時間保育の子どもが体を休め、ホッとできる時間帯を作るようにする
- ♥ 食後、個々の興味に合わせて穏やかに遊べるよう、知的好奇心を伸ばすような遊び（絵本・パズル・碁・構成遊び・ビーズ等々）を用意する
- ♥ 食後落ち着いてから、地域の図書館、児童館、児童遊園などに出かけ年長組ならではの地域との接点を意識した活動も取り入れる

ふとん敷きの当番だよ

15：00　おやつ・遊び
- ♥ 午睡をしないで過ごした時も、おやつの前にいったん片付け、遊びを切り替える
- ♥ 子どもと一緒におやつを食べながら、ゆったりとした気分で過ごせるようにする

遊び
- ♥ おやつ後の遊びは午前中の活動の中で引き続き遊びたかった気持ちも尊重して計画する
- ♥ 自発的な遊びを尊重し、疲れも出る時間帯なので安全に十分気を配りながら見守る（園庭・室内共に）。一人ひとりの健康状態の把握をする
- ♥ 夕方の長時間の子ども達も多く、夕方以降は室内で過ごすことが多いので、この時間帯に一度は戸外で遊ぶなど十分体を使って遊ぶことも配慮する

これ、なんて書いてある！？

16：30　降園準備、順次降園
- ♥ 帰り支度ができているか確認の言葉をかけ、必要に応じて個々に手伝う
- ♥ 明日に期待が持てるよう帰りの会などで言葉をかける
- ♥ 保護者に一日の様子を伝える（健康面、遊びの様子等）

17：30　遅番保育・延長保育
- ♥ 遅番、延長保育の担当保育者に申し送りをする
- ♥ 小さな子ども達と一緒に落ち着いて遊べるよう気を配る

〜延長保育児・補食または夕食〜

うまく跳べたね

20：00　・全員降園

泥だんごつくろう！

Ⅱ 保育の実際

5歳児と一緒に遊ぼう

〜自然とふれあいの中で〜

> **エピソード**
>
> ### 田植えをしたよ
>
> 　5月の雨上がりの日。年長組は近くに田植えに出かけました。水の入った田んぼに入るのは、ほとんどの子どもが初めてです。泥の中に足を入れたとたん「わー、あったかい！」「なんか変な感じ？」「気持ちいいー！」と歓声があがります。近所のおじさんが、植え方を一人ひとりに丁寧に教えてくれました。子ども達の顔は真剣そのものです。田植えを終えたときのみんなの笑顔には、ほっとした安堵感と満足感があふれていました。苗を少し分けてもらい、園庭のプランターでも育ててみることにしました。

> **エピソード**
>
> ### あこがれのアヒルの世話
>
> 　畑の手入れと、アヒルのお世話は、年長クラスの子どもたちの仕事です。年長組になって3か月が経ち、クラスのほとんどの子どもが世話の仕方をおぼえ、いよいよアヒル当番のスタートです。当番バッチ、当番カードもみんなで作り、4人1組のグループ分けもできました。よういちくんは、自分の番になるのが待ち遠しくて仕方ありません。
>
> 　いよいよ当番の日。「先生が入らなくてもできるよ！」とよういちくん達が言いだし、自分たちだけでやることになりました。しかし、自分たちだけでやってみるとなんと大変なことでしょう。小屋に敷いてある新聞紙は糞だらけで、なかなか思うように包み込んで捨てることができません。餌のキャベツをやっと包丁できざんだと思ったら、アヒルが横からつついて餌入れをひっくり返してしまうし、もう泣きたい気分です。小屋を洗い上げ無事終了したのは、給食時間もせまるころでした。
>
> 　夕方、アヒルを小屋の中に入れてあげているよういちくん達、朝の時とは違い、ずい分自信ありげでした。
>
> 　翌日の朝、保育園にきて真っ先にアヒル小屋を覗いていたよういちくん。「先生見て！」と、その手にほんわり暖かい大きな卵を大事そうにのせていました。

保育者の働きかけ

感動を一緒に味わい科学する目を育てる

　自然の中での活動は、子ども達の心に印象深く残り、興味を持って探求する心を育てます。保育者自身が自然の中の小さな変化や美しさ、不思議さ、雄大さなどに気づき、感動する豊かな感性を育んでおく必要があります。田植えや稲刈りなども、食の大切さや植物の成長を知る意味で子ども達に伝えたい事柄ですが、この時期に大切なのは、それだけではありません。田植えの泥のなま暖かい感触や、横を流れる小川に足を入れたときの気持ちよさ、そこに棲む小さな生き物との出会いや、ザリガニなどを捕まえようと夢中になる体験のすべてが、小さな生きものを慈しんでいく感性の基礎となっていきます。

責任をもって行動をすることを体験する

　子ウサギやカメ、アヒルなど生き物の世話では、小動物にふれるかわいさと同時に、世話をしていく過程の中で命を育んでいく大変さ、責任の重さといったものも、この年齢なりに感じていけるようにしていきます。保育者が手伝ってしまえばすぐ出来ることも、子どもにとっては一大事です。安易な手助けで、当番活動を終わらせることのないように配慮する必要があります。

　また、自然とのふれあいの中で、たくさんの疑問もでてきます。図鑑などを用意しておいて、保育者も一緒に調べる姿勢を持ち続けたいものです。自然の中で体験したことが次の表現活動（音楽・絵画・ごっこ遊びなど）の原動力となることも多いので、その後の環境を整えておくことも大切です。

カメつかめるよ！

Ⅱ 保育の実際

～外遊びの中で～

エピソード

リレーで負けない作戦を立てよう

　運動会も近づき、年長組はリレーに夢中です。でも、ダウン症のとおるくんがいる白組が決まって大差で負けてしまいます。悔しくて、涙ぐむ子もいるほどですが、とおるくんのせいだと怒る子はいません。

　担任の保育者は、力が5分5分になるような方法を提案してみようと思い「いつも白組が負けちゃうけど、どうしたらいい？」となげかけてみました。「みんながバトン渡すの下手だからだよ」「ころぶからだよ」など、次々とでてきます。結局子ども達が出した結論は、"バトンをわたす練習をする""みんなでもっと速く走るようにがんばる"というものでした。この位のことで縮まる差ではないことを知っている保育者は気が気ではありませんが、みんなはやる気満々。でもやっぱり相変わらず白組が負け続けていました。そのうち、必ず差が半周位だと気がついたりっちゃんが、「そうだ、とおるくんが半分走って（足の速い）みきおくんが1周と半分走ったらどう？」といいだしました。それには、赤組も白組も大賛成。それでやってみると接戦になり、練習は本番さながらの盛り上がりとなりました。

エピソード

図書館で本を借りてこよう

　今日のお散歩はちょっと遠いけれど、みんなの大好きな図書館です。図書館までの道々、交番の前で「おー！みんな元気だね」と声をかけてくれたのはおまわりさん。この前の散歩のとき拾った時計をみんなで届けたら、ほめてくれました。子ども達も「こんにちは！」と挨拶を交わします。交差点を渡るとき、ふざけて前の子どもにちょっかいを出したはるおくんに「信号見てるの！」とまさこちゃんが注意しています。ベビーカーを押して向こう側から歩いてくるお母さんには、道を譲るようにします。やっと、図書館に着きました。

　みんなで図書館での約束をもう一度確認してから入ります。「私、この本借りようっと」「これおもしろかったからもう一度借りたいな」など、一冊ずつ好きな本を選び、借りることにしました。

すごいでしょ！

保育者の働きかけ

子ども達が考え出したルールを尊重して遊びを楽しむ

　この時期になると、自分なりに考えて納得がいくと約束事を守ろうという姿勢が見られるようになります。「ずるい」とか、「おかしい」なども、過去の経験に照らして判断する力もついてきます。子ども達が考え出した遊びのルールを、まずは尊重して遊んでみましょう。しかしまだ自分中心だったり、力関係で大きな声を出したり乱暴だったりする子どもの言いなりになってしまう場面も多くみられます。小さな声の代弁者になり、軌道修正して、失敗のやり直しがきくことを伝えていくのは、保育者の役割です。そのようなときもすぐに答えを出してしまうのではなく、子ども達が試行錯誤をするのを見守るゆとりと、大らかさが保育者には必要です。

　子ども達は、いろいろな障害を持った子どももクラスの中の一員として、何の違和感もなく受け入れていける柔軟さをもっています。保育者の方が既成概念に縛られてしまっていることも多くあります。個別の配慮をするのはもちろんですが、特別視や特別扱いをするのとは別です。できないところを手助けしながら、ハンディのある子どもなりの場をクラスで作っていくように心がけます。まわりの子ども達も保育者のかかわり方を見て、自然に接し方を学び、保育者以上にその子どもとのかかわりをもてるようになっていきます。

ルールを身につけていけるようにする

　社会のルールを知り、地域にはいろいろな人たちがいて、助けてくれていることに少しずつ気づくようになっていきます。児童公園や図書館、遠足にいく公共の乗り物や人の集まる場所でのマナーは、この年齢なりに理解し、身につくように働きかけます。

　交通ルールを守る、公園のものを大事にする、ゴミは持ち帰る、人の迷惑になる行為は慎む、小さい子どもや高齢者に道や席を譲るなど、保育者が日々実践していく姿を見せていくことが一番です。地域社会の人に挨拶をしたり、「ありがとう」と感謝の気持ちを素直に言葉に表すことも伝えたい事柄です。子どもは、大人の鏡です。言葉づかいなどは特に気をつけたいものです。

Ⅱ 保育の実際

一緒に生活してみよう

食　事　〜食育〜

　食事の準備から片づけまで、自主的に行えるように食事の場を設定し、食事マナーが身につくように、気を配ります。箸の持ち方や食器の持ち方、こぼしたときの始末、食事のときの話題など、うるさくならない程度に確認しながら食事を進めていきます。

　好き嫌いをなくしていくには、食物と身体の働きの関連や、食物のできるまでをわかりやすく図解して伝える、実際に調理活動をするのも効果的です。また、体調によって自分で食べられる量を調節していくことなど、食事に対する意識を高めていくことも大切です。また園庭で栽培したものを子ども達の手で調理することで嫌いなものを食べることができたり、自然の恵への感謝も芽生えます。

　季節や行事に合わせて、食事の形態や献立も工夫し、"食べること"の楽しさや、食文化そのものへの興味の芽を育てていきます。

着脱・持ち物の始末

　衣服の着脱は、順序よくできるようになってきています。子ども自らがどろんこ遊びや運動遊びのときは、目的にあった服に着替えるなど、自分の身なりをT・P・Oにあわせて整えることができるようにします。後ろのボタンをかける、ひもを結ぶなどできないところを友だち同士で手助けしあうなど、自分たちでできるようにします。

　持ち物の始末では、引き出しを個別にし、物の管理に責任を持てるようにするとともに、個人個人が尊重されるようにします。身支度や遊びの後の片づけなども、子ども達が一日の流れの中で、自分たちでできるように時間や場所の目安をわかりやすくしておきます。

　ゴミの始末についても、環境教育を取り入れ、ゴミの分別をわかりやすい表示をして、リサイクルの感覚が身につくようにします。

> **エピソード**
>
> ### このピザ焼いてください〜食育〜
>
> 　春から畑に苗を植え水やりに通い、やっと収穫したピーマン、バジル、トマト、なす、シソの野菜たち。自分たちでも何か作りたいと、栄養士さんと相談して決めた献立が夏野菜のピザです。
>
> 　今日はいよいよピザづくりの日です。エプロンと三角巾を身につけ準備のときからやる気満々。「エプロンの後ろしばって！」としゅうくんがいえば、ちょうちょ結びが得意のまさみちゃんがすかさず「やってあげる」と声をかけます。三角巾をとしくんとゆうちゃんがお互いに結びあっています。「石けんでちゃんと手洗った？」「先生に、爪切ってもらえば？」と友だちに教えている子どももいます。
>
> 　いよいよ生地づくり。栄養士さんの話を聞く態度も、小麦粉をこねるのも真剣そのものです。野菜を切るときになると、いつもお調子者のよしくんも神妙な顔。包丁を使う時は「10回切ったら次の人とかわろう」と自分たちで順番も決めて「次はみき子ちゃんの番」「切るときは、ネコの手だよ」と教えあう姿も見られます。調理師さんのところに「これ焼いてください！」とお願いにいったときには、どの子どもの顔もすがすがしさでいっぱいです。
>
> 　もちろん、焼き上がったピザを食べているときは、「おいしい！」「おかわり！」の連発です。野菜嫌いと少食の子どもの多いクラスとは思えない食欲です。「先生！こんどは、はと組（年少組）にも作ってあげよう」と言いだす子どももいます。食育の一環として春から畑の活動や栄養指導を少しずつ取り入れてきたことが子ども達の中に生きづいているようです。

ピザをつくろう

排　泄・清　潔

　この年齢になると、ほとんどの子どもは身辺自立してきています。自分の排泄の後始末だけではなく、お互いが気持ちよく使えるようにトイレのマナー（ノックをする・水を流す・汚れたら伝える・スリッパを揃えるなど）も身につけていきます。また、便の状態などから自分の健康状態に関心を持ち、状況

Ⅱ 保育の実際

をおとなに伝えるようにしていきます。今トイレに行っておく方が次の活動に差し支えないなど、見通しを持って生活できるように指導することも大切です。

　手を洗う、鼻をかむ、汚れたら着替えるなど、一通りのことは自分でできるようになってきています。面倒がったり、きちんと方法が身についていなかったりするので、保育者が折に触れて確認していくことが必要です。食中毒と手洗い、汚れと皮膚疾患の関連、手洗いうがいと風邪予防など、清潔にする意味をわかりやすく伝えて、身の回りを綺麗にすることと、健康についての関連を知らせていくことも大切です。小動物の世話をした後はしっかり、手洗いすることなど、その必要性を理解して行えるように留意します。

睡　眠

　この年齢になると体力もついてきて、午前中の活動にもよりますが、お昼寝が必要のない年齢になってきています。しかし、ほとんどの子どもが、早朝から延長保育までの長時間保育になっている現状を考えあわせると、ある一定時間身体を休め、静かな環境の中で穏やかに過ごすことが大切です。昼寝の時間を短く設定したり、他の年齢の子どもの妨げにならないように素話を聞いたり、絵本を読む時間に当てるのもひとつの方法です。

　しかし、夏の暑い時期やプールなどの水遊びの時期は、午睡時間をきちんと確保した方が健康管理上望ましいでしょう。

小学校との連携

　子どもの育ちを卒園以降の生活に繋げていくことは、保育の大事な役割です。子どもの発達の連続性を考えて、保育所と小学校が積極的に連携をしていくことが大切です。小学校を訪問するなど、さまざまな機会を利用して交流することにより、子どもは小学校での生活に見通しが持てるようになります。

　小学校に送り出すということは単に子どもを学校につなげるということだけではありません。日常の保育の中で地域との繋がりを作っておくことによって、子ども自身にも保護者にも保育の世界から地域に出ていく第一歩の足掛かりを作っておきます。保育者と小学校の先生が相互に交流を持って、それぞれの指導の内容を学びあうなど年間通し実践していく意味も大きいでしょう。

　また、保育所保育指針改正（平成20年告示）により、就学先となる小学校に子どもの育ちを支える資料「保育要録」を送付するようになりました。保育と小学校教育との基本的な相互理解や連携があってはじめて、保育要録も意味を持つものとなっていきます。

5歳児クラス

就学に向けて

　5歳児クラスも中頃になると、学校のことが子ども達の話題に上がります。入学することに期待と希望を持ち始めます。同時にこのままで大丈夫だろうかと、不安になる親の姿もみられます。親と子どもそれぞれの不安をしっかり受けとめ、自信を持って就学が迎えられるようにするのも保育者の役割です。

　就学の準備とは、小学校をイメージして何か特別な保育をするということではありません。日々の生活を充実して過ごすことができているかを見直していくことが基本となります。身体も心も十分に自己発揮して、生活や遊びに取り組むことができているか否かが重要です。"生きる力"を育む保育こそ、就学に向けて一番大切な保育でしょう。

〈就学に向けて、以下の項目を見直してみましょう。〉

1．生活リズムと身のまわりのことについて

　日常生活における身のまわりのことや持ち物の始末が自分でできているか、個別に確認します。早寝早起きのリズムを整え、昼寝なしで過ごせるようにします。何よりしっかり食べ、十分に体を使って友だちと一緒に遊ぶことが社会性のスキルを上げていく上で大切になります。遊びも生活も、積極的に自分たちで環境を整えるチャンスを作っていきたいものです。保育に使うものを前日に伝え、自分で持ち物の準備をしてくるなど忘れ物をしない習慣づくりも心がけていきます。

2．集中して物事に取り組む姿勢を育む

　好きな遊びに、夢中になって取り組むのは大切なことです。それも友だちと一緒に活動することでさまざまな発達が促されます。多面的な体験ができるように指導計画を工夫し、苦手意識を持たないように配慮していきます。クラス全体で課題活動を取り入れ、みんなで楽しく工夫して作り上げる活動や、一定時間何かに取り組む活動を準備し楽しめるようにします。それは小学校の課題を先取りすることではありません。さまざまな遊びを経験することで、創造力や思考力が伸びていくからです。

3．集団生活におけるきまりの大切さを理解する

　周囲の状況を理解して行動がとれるようにしていきます。遊び、片づけ、当番活動、課題活動といったように、一日の生活はさまざまな約束の上に成り立っており、お互いがきまりを守ることで気持ちよく楽しく生活できることを知らせていきます。その中でお互いの気持ちに気づき、ときには我慢が必要なことも体験の中で学べるようにします。

4．他の人の話を聞く態度を育む

　日常に必要な会話ができることと同時に、他の人の話をしっかり聞く力を育てることが大切です。子どもの成長の中でおとなに話を十分聴いてもらった体験の積み重ねが、子どもの聞く力の基礎となります。さらに、子どもが集団の中で集中して話を聞けるようになるためには、保育者との信頼関係が大切になります。子ども達の心の中に"○○先生が話し出すと楽しいことが始まる"といった保育者への期待感が軸になります。大人に対する信頼と期待が根底にあって初めて子どもの中にしっかりと話を聞こうという態度が培われていくのです。

　一日のうち一度は、集中して話を聞く時間をつくり、その時間を少しずつのばして、落ちついて全員が聞けるようにしていきます。みんなの前で発言したり友だちの話を聞くことを取り入れ、相互に考えて意見を言ったりすることを楽しめるようにしていきます。

5．身近な事象や文字、数などに興味関心が深まっていますか？

　日常の中で、数量・文字・標識・図形・自然などに対して興味や関心が深まるように、身近な環境を整えます。実生活の中で実際の概念を身に着けていくことが大切であり、数や計算を机上で覚えることではありません。時刻・時間・年月日、天体の動きに関心が向き、具体的な数・量の概念を身につけられるように生活を工夫します。さまざまな表示も、絵だけではなく文字も交え、文字環境を整えます。絵本、童話の読み聞かせを多く取り入れ、文字の作り出す世界の素晴らしさを身近なものとして感じられるようにします。子どもの好奇心を満たし、"知ることの楽しさ"を育むことが大切です。

Ⅱ　保育の実際

5歳児クラスの環境

保育室

　子ども達が、生活に予測や見通しが持てるように、カレンダーや時計を掛ける、温度計をつけるなどの環境を整えます。身だしなみを整えるために全身が見える鏡をつけるのも良いでしょう。遊具を整理整頓しやすくするだけでなく、飼育物置き場や世話をする道具類も、子どもが管理しやすいようにします。また、自分たちの作品が飾れるようなコーナーを設けたり、製作途中の作品をとっておく棚を作り、続けて取り組めるようしていく配慮も必要です。

遊具、玩具

　ごっこ遊びのコーナーには、本物の陶器の食器をおくとそれらしい遊び方ができます。食べ物などは、実物模型よりもみたて遊びができる木ぎれ、布などの素材が望ましく、人形も何にでもみたてられるようなものの方がイメージを共有化しやすいようです。ひも、シート、布、大型積み木などを使うことによって、大がかりなごっこ遊びが展開できます。
　積み木、パズル類は、個別に落ちついて取り組めるようにするとともに、共同で楽しめるように、大勢の子どもが参加できるだけの数が必要なときもあります。
　制作コーナーには、絵の具、糊、ボンド、テープとともに空箱やリサイク

ルトレー、ラップの芯などを用意しておき、子ども達が自由に発想して作れるように準備しておきます。ビーズや毛糸等の素材も編む・縫うなどの製作活動がすぐできるように用意しておきたいものです。

トランプ・カルタ・オセロ・碁など落ちついてできるコーナーを常設しておきます。長時間保育の子どもが落ちついて少人数で遊べる場の確保にもなり、知的好奇心を満たす遊びともなります。

絵本は、さまざまなジャンルのものを揃えておきます。昆虫の図鑑や植物図鑑など、絵や写真でわかりやすく飼育の方法など盛り込んだ本をおき、いつでも子ども達と一緒に調べられるようにしておきます。昔話や楽しい物語の絵本の他に、宇宙のことや自分たちの身体のことなど、子ども達の「なぜ？」「ふしぎ？」といった好奇心を満たすことができる本も揃えておきます。

大きいドミノをいっしょにつくろう

園　庭

補助なし自転車、巧技台、マット、ボール、縄などいろいろなものを用意しておくと、それらを持ってきては組み立てたりして、自分たちで楽しめるようになってきています。運動遊びの遊具の扱いは、危険が伴うので、必ず目の届く範囲で行ったり、約束事を決め、守るよう促します。ルール作りは子ども達の意見を尊重し、自分たちで決められるような幅やゆとりを持って見守ることが大切です。木登りや園庭の草花で遊ぶときにも、最低限のルールは保育者間で了解しておくことが必要です。砂、水などを使っての遊びも含め、のびのびとした子どもの発想を十分尊重して、遊び込めるように配慮していきます。

II 保育の実際

5歳児をより深く理解するために

心理発達　　　　　協調と自立

集団の中の自分

　5歳児クラスの子どもが4歳児クラスと違う点は、集団の中での自分を意識して行動できるということです。つまり、周りの子どもや保育者の動きを見ながら、今どのように動いたらいいのかを自分で判断できるということです。発達の順番を確認すると、まず余裕のある「わたし」ができ、次にぼくとあの子という二人の関係が見えてきて、そしてこの年齢になって、集団の中の「わたし」と「太郎くん」と「次郎くん」の関係、いうなれば「3者関係」が見えてくるということです。だから遊びが3人、4人でできるようになるのです。

　見るポイントを変えると、集団の中の自分を意識できるというのは、他の子どもの動きを予想して相手に合わせた動きができるということです。この時期からサッカーを始める子ども達が増えてきますが、自分でボールを追いながら、他の仲間の動きを見て、そして相手がボールを取れるようにパスするということができるようになるからです。また、遊びを共同でしているときに、「太郎くんがこうするから、ぼくはこうする」と協力し、それを相手にも告げて遊ぶことができます。

責任感、お当番の責任を果たす

　さあ、このように3者関係、集団の中の自分が見えてくると、自分がお当番をしないと誰かが困る、あるいは、誰かが代わりをすることになるという関連がわかるようになります。自分からそのことがわかる子どももいますが、保育者の「それをしないと、一緒にやることになっていた太郎くんが困るでしょ」という説明が理解できるようになるということです。

　このような理解ができるようになると、例えばお当番をするときの責任感も違ってきます。責任をもってお当番をやり通して、やり遂げた達成感と責任を果たして成長したように感じる子どもの姿を見ることができるのもこの時期です。

生活習慣の自立

　集団の中の自分を意識すること、責任感を感じることは、協調性が育っていることを示しています。また、自分で責任をもってやり遂げるという気持ちと達成感を味わう体験は、自立の心を育てます。

　小学校への入学を前にしている5歳児クラスは、服を着たり脱いだりすること、歯を磨くこと、顔を洗うこと、手を洗うことといった生活習慣を、おとなに頼らずできるように導いていくことが課題です。そのときに、子ども同士の協調性を刺激し、また、集団の中での責任感を果たすことの喜びを味わえる機会をうまく活かせるとよいでしょう。

（吉田弘道）

責任感を育む保育

大きくなったという誇り

　園の中で「一番大きいクラスになった！」「おにいさん・おねえさんになった！」という誇りが、5歳児クラスの子ども達の心を弾ませます。卒園していった「おにいさん・おねえさん」の姿を思い出して、なんでもちゃんとできることを見せたくなったり、小さい子どもになんとなく親切にしてあげたくなったり、お世話をしたくなったりするのです。

当番活動と係活動

　子どもは、おとなのすることを同じようにしたがります。おとながすることを少し分けてあげること、それが「お手伝いをしてもらう」ということです。先生が配っているものを一緒に配ってもらう、先生が「いただきます」といったあいさつをしているところを子どもたちにやってもらう…というように、2歳児、3歳児クラスのときから、子どもたちは「手伝い」ができることに誇りを感じてきました。

　「手伝い」は、あくまでおとなが責任を担っている仕事の一部を子どもに分与しているに過ぎませんが、「当番活動」は、その活動の担い手を子ども自身とするところが異なります。子ども達は、クラス運営に必要な仕事の一部を、自発的に責任をもって分担していくわけです。「係活動」も当番活動とよく似ていますが、「ウサギ係」「チャボ係」「庭掃除係」「本係」…というように、クラスの枠を超えて園全体の運営にかかわる仕事の一部も分担していきます。

　遊びをリードするだけでなく、実際の仕事を担えることが、5歳児クラスの子ども達の自信を深め、責任感を育てます。

やりたい気持ちを尊重する

　実際の当番活動や係活動を見ていると、いろいろなやり方があるのに気づきます。大別すると、順番に均等に当番や係を割り当てる方法と、子どもの自発的選択に委ねる方法があるようです。

　「実務能力が育つ」「責任感が育つ」とはいっても、「イヤイヤ」「しぶしぶ」することはあまり効果がありません。みんながやりたいことは均等に分けることが必要ですが、得手・不得手、好き・嫌いがついて回る飼育・栽培活動や小さい子どもの世話などは、やりたい子どもから始め、グループにして「係」としていくやり方もよいように思います。

　「係」の子ども達が自信をもってその仕事に取り組む、楽しそうにする、丁寧にすること自体が、行動モデルとなり、次の引き継ぎ手を育てます。

　このような日常的な活動の他に、運動会やお楽しみ会など園の行事の中で、5歳児クラスの子ども達がリーダー的役割を担うことも大切です。

（諏訪きぬ）

■ Ⅱ　保育の実際

5歳児クラスの事故と安全

事故の特徴

　友だちとのダイナミックな遊びが多くなります。そして、遊びに熱中するあまり周囲が見えずに衝突したり、転倒したりする事故が見られます。また、けんかやふざけ過ぎたときに、思いがけない事故も起きています。自信もついて、活動が豊かなため、園庭での事故が最も多いのが特徴です。

エピソード　椅子を揺らして転倒

　椅子に座りながら後ろに寄り掛かり、前後に椅子を揺らしていたまぁちゃんとだいちゃん。二人で揺らしているうちに競争になり、大きく揺らし過ぎたまぁちゃんは、バランスを崩して椅子ごと倒れてしまいました。
(保育者の配慮)
　子どもが椅子を揺らし始めたら危険を知らせると同時に、周囲にぶつかると危険な物があるかを確認し、排除します。また、ふざけからの競争が度を越さないように、子どもを見ていることも大切な配慮です。

エピソード　鉄棒から転落

　鉄棒で逆上がりの練習をしていたみなみちゃん。いつももう少しのところで、お尻が上がらずに落ちてしまいます。勢いをつけて地面を足で蹴り上げたところで、両手が鉄棒から離れて転落してしまいました。
(保育者の配慮)
　逆上がりは、どの子どももチャレンジする課題です。保育者は、鉄棒の使い方や逆上がりの仕方についての知識をもち、転落しても危険がないような環境整備や、子どもの側につくなどの配慮も必要です。

安全への配慮と安全教育

　ふざけ過ぎたり遊びに熱中するときは、事故への緊張感が薄くなります。保育者は子どもの活動に目を向け、ハサミや尖った物などさまざまな用具や遊具の安全な扱い方を具体的に知らせていきます。また、子どもの性格から行動が予測できるので、性格の把握も大切な安全配慮となります。道路での交通安全知識も、散歩などの機会を通して伝え、危険を判断する力をつけていきます。

（帆足暁子）

7 異年齢児クラス（縦割り保育）

みんなやさしい　おねえちゃんと　おにいちゃん
ぼくの　わたしの　妹と弟
みんな　なかよし　友だちさ

　異なった年齢の子ども達が、1日の大半を園で過ごすのですから、まわりの友だちから受ける影響はきわめて大きいものがあります。特に、3歳児の成長の度合いは大きく、見よう見まねで、他の友だちのしぐさを一生懸命見ては、あとで模倣学習をしています。くり返し失敗する姿を年上の友だちがじっとながめていて、たまりかねて手本を示しては、役にたっている自分を誇らしげに思い、自らの自信へとつなげていく姿は、縦割り保育ならではのものかもしれません。

Ⅱ 保育の実際

―異年齢児保育の中の子どもってどんな子ども―
異年齢児クラスの特徴と子どもの姿

①なぜか気になる年少児

はにかみ屋で、内気な年長児の女の子。いつももの静かなその女の子が気になって仕方がない年下の男の子がいます。だからこそいつもそっと手助けしています。

②さすが、けんかの仲裁も

物の貸し借りからけんかになった3歳児と4歳児。泣いたが勝ちとばかりに、3歳児が大きな声で泣き出しました。年長児がお互いの言い分を聞き、両成敗ということになりました。納得。

③友だちの弟もぼくらの仲間

年長の子どもが5人、進級を喜びあって肩を組んで風切って歩いています。その中に3歳児の弟も。一人前に大股で、すっかり年長気分です。

④優しいお姉ちゃんありがとう

まだ幼い年少児の男の子は、弁当包みが開けられないと困り顔。その様子をさっと見抜いて、お世話する年長児のお姉さん。とても誇らしげです。

⑤泥まんじゅうあげる

みごとな泥まんじゅうを作ってご満悦顔の年中児、そばでうらやましそうに横目で見ている年少児。「いる？」「うん」「はい」でぼくもお兄さんになれました。

⑥わたし、手伝ってあげる

午睡の時間がきました。年少児の衣類の着脱を、保育者の要領を見習いながら、親切に手伝っている年中の女の子。今まで自分が優しくしてもらっていたのを覚えているのでしょう。

異年齢児保育の中の子どもの姿と保育者の役割

①子どもは、自分がされた通り、見た通りに育ちます

　子どもは、自分の身近な人、物、社会、自然の環境の変化に、日々影響を受けながら成長し続けます。特に保育者の表情、しぐさ、言葉、まなざしなどが大きな手本となります。それと同時に、年上の友だちが見せるさまざまな行為は、あこがれの対象となったり、さらなる探求心や意欲へとつながっていきます。

②まず、年長児と保育者の信頼関係が大切です

　つい年長児を保育者の補助的役割につけてみたり、何かと言えば「年長さんでしょ」と言って、しっかり者の年長児を期待しがちです。その中で年長児が愛情不足の状態に陥ってしまうことがあります。まず年長児と保育者がしっかりとした信頼関係を築くことが大切です。

③一人ひとりの発達にあわせて援助します

　年齢の区分で子どもを理解するのではなく、一人ひとりの発達をよく観察し、その違いを認めながら、「今」という一瞬一瞬を大切に、子どもと生活をともにすることが大切です。一人ひとりの子どもの目が輝き、そのときどきの目標を持てるように援助したいものです。

④子どもはお世話してもらったことを忘れません

　子どもは困ったことが起きたとき、世話をしてもらったことを身体ではっきりと覚えています。そして、いつの日か、他の友だちにそうしてあげたいと常々思っているものです。保育者は、子どもの優しい行為を見逃すことなく、目と目を合わせてにっこり微笑んだり、声をかけることを忘れないようにしましょう。

⑤虫博士や泥まんじゅう名人を育てる工夫をします

　どこの園にも、博士や名人がいます。人に説明したり、新しく作ることで自分の腕を磨いています。保育者も一緒になって喜んだり、感嘆の声をあげたりして、その子ども達の意欲をより高めることが大切です。子どもは、認められ、賞賛をうけることで、新たなチャレンジをしていきます。

⑥保育者は、子どもの行為から学ぶことが大切です

　それはそれは、優しい表現としぐさで、年下の友だちをお世話する子ども達、自分がされたように、他の友だちにもしています。年下の面倒を見ながら、実はお母さん役、先生役になりきっているのでしょう。その姿から、あんなに優しくされたいのだなと読みとることもできます。一人ひとりに、より丁寧にかかわっていくことの大切さを、子どもの姿から教えられます。

Ⅱ　保育の実際

デイリープログラム

7：00　早朝保育
- 園庭や玄関などの水まきをしたり掃いたりしながら、子どもの登園を気持ちよく迎える
- 美しい音色、さわやかなBGMを静かに流す

8：30　順次登園
- あいさつをかわしながら、登園してくる子どもの触診や視診をし、連絡事項の確認をする。その際、保護者が急いでいるのか、ゆっくりでいいのかなどを即座に読みとり対応する
- さわやかな挨拶を心がける
- 遊具や教材の準備
- 遊びが常に発展していくよう配慮する

9：00　朝のつどい
- 気の合った友だちや年下の友だちなどと誘いあってクラスに入る
- 遊びに熱中している子どもには「お部屋で待ってるね」と声をかけたり、「楽しいお集まりよー」などと誘ってみる
- 年長児が年下の友だちに紙芝居をしたり、絵本を読んであげたり、なぞなぞをしたりして遊ぶ
- 出席しらべ
- 自分の身近な出来事を、友だちの前で話したり、聞いたりする
- 歌を歌ったり、指遊びやゲームなどをして遊ぶ
- 年下の友だちと手をつないで、散歩に行ったり、鬼ごっこやゲームを楽しむ

　　　　散　歩
- 散歩などに出かけるときは、年上の子どもが年下の子どもの手をつなぐなどして、交流を深めたり、広めたりするきっかけをつくっていく

おはよう！

これ　なんだと思う？

いっしょに散歩に行こう！

ねえ、ちょっと話があるの

12:00	食 事	♥好きな場所（室内・園庭）に行って、気のあった友だちと一緒に食べる ♥子どもの食欲にあわせて、食べることを楽しむようにする
13:00	年齢別行動	♥午睡（4月～9月まで）……………年少児 ♥年齢別の活動……年中児・年長児 ♥たくさんの保育者に出会い、一人ひとりの違いを認め、違うことの楽しさに気づき、心待ちにするようなカリキュラムを構成する
12:00	おやつ	♥おやつは手づくりを心がける ♥おやつを食べたあと、好きな遊びを楽しむ
12:00	あと片づけ・遅番保育	♥遊具などの片づけ・掃除・花の水やり・生き物の世話などをする ♥身近な生き物の世話や、掃除、窓ふきなど手本を示しながら、子どもと一緒に楽しそうに作業する
12:00	降園（順次）（延長保育　18:30～）	♥保護者に、一日の生活をふりかえりながら、子どもの成長ぶりを報告し、一緒に感動したり、喜びを共有したりする。子どもに「明日も待っているよ」と声をかけるのをおやつを食べたあと、忘れないようにする ♥保育者や友だちと好きな遊びをしながら、お迎えを待つ 　～延長保育児・補食・水分補給～
12:00	全員降園	

ごちそうさま～

さあ、おそうじおしまい！

うわぁ～～！

これ、ちょうだい！

Ⅱ 保育の実際

異年齢児と一緒に遊ぼう

～部屋の中で～

> **エピソード**
>
> **おねえちゃん大好き**
>
> 　年長児のあこちゃんと年中児のももちゃんは、大の仲良しです。朝の集いのときも、ふたりで目と目を合わせ、無言で手をつなぎ、隣どうしに座ります。よほど気があっているのでしょう。
> 　あこちゃんは、文字や数に興味があり、ももちゃんに本を読んであげたり、文字を教えるなど、お姉さんぶりを発揮しています。
> 　そんなあこちゃんをももちゃんは尊敬のまなざしでみています。ときどきあこちゃんが年長児どうしで遊んでいると、ももちゃんも仲間に入りたいのでしょう、体をくねらせながらあこちゃんのそばに行きます。しかしなかなか入れてもらえません。どうも遊びが高度すぎるようです。あこちゃんは、年長児でないとこのゲームはできないよとでもいうように、誇らしげにゲームを続けています。
> 　あこちゃんは、ゲームが終わると、今度はももちゃんに個人レッスンです。ゆっくり丁寧に教えています。やさしいお姉さん大好き！

> **エピソード**
>
> **お兄ちゃんだって甘えたい**
>
> 　じゅんちゃんのお家には、5人の子どもがいます。うえのお兄ちゃんは小学1年生で、その下に5歳のじゅんちゃんと2歳になる妹と双子の弟がいます。お母さんはそれはそれは大変な毎日です。それでも、子ども好きのお母さんはいつもニコニコ、頑張り屋のお母さんです。
> 　でも、じゅんちゃんは、いつも忙しそうにしているお母さんに甘えることができません。そこで、じゅんちゃんは、園の保育者に甘えることで、その欲求を満たそうとします。ほかの子どもと離れて行動し、保育者から声を掛けてもらおうと待ってみたり、座りこんでは抱っこをねだったりの毎日です。
> 　そんなじゅんちゃんが、ある日、自分の首に紐をつけ、犬の真似をはじめました。「ワン、ワン」と吠えたり、ゴロンと横になってじゃれる真似をしています。それを見ていた年少の友だちが笑って喜ぶので、ついつい何度も真似をくり返し、年少児を楽しませています。人の役に立つ喜びに気がついたじゅんちゃん。その日から、面倒見のよい年長さんになろうと努めています。

保育者の働きかけ

遊び仲間の構図

　遊びが複雑になってくると、その遊びを理解できる友だち同士で遊ばなければ、遊びの面白さにつながりません。その結果、遊びの内容しだいで、同年齢同士の遊びになったり、異年齢の友だちとの遊びになったりします。

　異年齢とかかわりあう遊びは、年上の友だちが年下の友だちにいろいろ教えてあげ、喜ばれることに快感を覚えるという構図に支えられています。保育者は、年上の友だちの行為をよく観察し、やさしさや温かい気持ちを示したときを逃さず、「○○ちゃんは親切ね」「やさしくされた友だちが、あんなに喜んでいるよ」などと、賞賛や承認の言葉を惜しむことなくかけることが大切です。年長児同士の遊びに参加し、年長児とおとなという異年齢の関係をつくったり、ときには、保護者に参加してもらうなど、工夫してみることも大切です。

心のサインを読みとろう

　子どもの異様な行動は、心のサインです。そのサインを保育者は常に見落とすことなく、適切に対応していかなければなりません。そのためには、その子どもの背景、とくに家庭において、その子どもが置かれている状況をつかむことが大切です。そうすることで、その子どもの気持ちを察することが可能となり、示されるサインの意味も正しく理解できるようになります。

　心の柔軟性をもっている子ども達です。そのとき、その場で感情や情動を体感し、自分を適応させながら、生きる力を培っていくのです。

　じゅんちゃんの場合、それまで保育者が甘えを十分受容し、強い信頼関係を築いていたことが、よい結果を招いたのだと思われます。

■ Ⅱ　保育の実際

～外遊びの中で～

エピソード
もう手をつながなくても大丈夫！

　年少児のかずくんとまいちゃんは、とても気のあう仲間です。今日は一緒にじょうろで花に水やりです。それぞれ片手にじょうろを持っていますが、片手はしっかりつないでいます。ふたりで仲良くじょうろに水を汲むのですが、花壇に行きつくまでになぜか水がなくなってしまいます。ふたりとも不思議な顔をして目と目を見あわせています。そのうち、しっかり者のまいちゃんが、じょうろの口を上げて持てば水がこぼれないことに気がつきました。そのことをかずくんにもしっかり教えています。しかし、これでは手をつなぐことができません。でも大丈夫。ふたりは手をつながなくても心が同じだということに気がつきました。これまで手をつないでいたのは、不安を分けあうためだったのでしょうね。

　今もふたりは仲良しです。保育者が「いつも仲良しね」と言うと、「ねー、友だちだもんね」と、ふたりでうなずきあっています。

エピソード
ザリガニが泣いている

　年長児で入園してきたなおくんは、友だちがなかなかできません。照れ屋で、活動的に行動するよりも、物を観察するのが好きな子どもです。

　保護者に頼んでいたザリガニが届いた夏の日のことです。なおくんが黙って保育者の手をひっぱるので、ついて行くと、「見て、ザリガニが泣いている。涙が見える」というではありませんか。でも、保育者には涙らしきものは見えません。なおくんは悲しそうな声で「ほら、水が欲しいって」と言います。保育者はすぐに水槽を準備し、水と小石を入れました。なおくんは「よかったねー」と、ザリガニに見入っていました。保育者が、大きな虫メガネと生き物図鑑をザリガニの水槽の横に置くと、なおくんはさっそく生物観察にとりかかりました。それ以後、なおくんはいろいろな虫やザリガニなどの生態に詳しくなり、仲間から「虫博士」と呼ばれて尊敬されています。

保育者の働きかけ

見守りつつ見届ける

　仲良しの友だち同士が、自分たちで面白い遊びを見つけ、失敗をくり返しては「なぜだろう」「どうしてだろう」と不思議に思ったり、自分たちが満足するまで「知りたい」「調べたい」という気持ちを持ち続けることを大切にしたいと思います。

　子どもが失敗を重ねながらも考え、解決していく姿をそっと見守り励ましていく中で、子ども達は育っていきます。

　危険を伴わない限り、保育者は見守りながら、どのようなプロセスを経て問題が解決されていくのかを見届ける必要もあります。

　ときと場合によっては、保育者が一緒に水やりをしながら、さりげなく手本を見せることも、必要なことです。

　できる限り、子どもの遊びや生活の中での失敗を許容し、その失敗を糧として、遊びや生活が発展するように励ますのも大切な保育者の役割です。

子どもの気持ちをわかろうと努力する日々

　園生活を楽しいものにするには、友だちづくりから始めるよりも、保育者との信頼関係を築くことを第一と考えるべきでしょう。

　保育者は、子どもが何に一番興味や関心を持っているかを「知ろう」「気持ちをわかろう」とすることが大切です。

　子どもは、子どもなりに、保育者が自分と一緒に悩んだり、考えたり、喜んだりしていることを察しています。保育者は、子ども側から常に観察されていることも知っておかなければなりません。子どもは、ほかの友だちに接する保育者のあり方をみて心を開くものです。保育者が、どの子どもに対しても等しく愛情をかける姿や、一人ひとりの子どもの気持ちを汲み取ってかかわりをもつ姿などを見ることも、信頼関係を築くカギとなるのです。

■ Ⅱ　保育の実際

一緒に生活してみよう

食　事

　食事は、子ども達が一番楽しみにしているものの一つです。楽しい雰囲気を大切に、友だちとの語らいの中で楽しく食べられるようにしたいものです。場所などを工夫してみるのも良いでしょう。例えば、夏は木陰でとか、室内で、音楽を聴きながら食べるのも、おいしさを増します。

　また、きれいな花やハーブなど、美しいものが見えたり、やさしい香りがただようのも、食欲をそそります。特に、美しい盛りつけは、味覚を刺激するうえでも大切です。

　配膳は主に年長児がしますが、年中、年少児からも当番を出すのも良いようです。年少児や年中児にも、いろいろな機会を与えていくと、生活力を高めていくことができます。

　おかずの盛りつけは保育者がしますが、ゆったりとした態度で、美しいしぐさを見せたいものです。また、食の細い子ども、太い子どももいることを考えて、少し少なめに盛りつけて、自由におかわりができるようにします。また、バイキング方式で食べるのも、子どもは喜びます。おやつなど、園庭にお店屋さんを出して、お金を作って、売る人、買う人になってみるのも楽しい体験になります。

排　泄

　子どもは、遊びに熱中するあまり、排尿や排便をぎりぎりまで我慢して遊び続けることがよくあります。早目に、自分から進んでトイレに行く子どもはまれです。

年上の友だちがトイレに駆けこむのを見ては、思い出したように、一緒に駆けこんで行きます。そのようなとき、一緒に遊んでいる友だちにも「じゅんちゃんトイレに行ったよ。トイレに行きたい友だちいない？　先生も行くよ」など、トイレに行きたくなるような誘いかけや、ひとりでも行きたくなるようなトイレの環境づくりも大切です。

　また、排尿や排便がしたいのに、ひとりで行けずに、両膝をくっつけてモジモジしながら立っている子どももいます。誰にも言えずにいる引っこみ思案の子どもを見のがすことなく、「一緒にトイレに行こう」とか「先生が見ているから、トイレに行っておいで」などと、声をかけるようにします。

　散歩に行くときなどは、排泄をすませてから出かけるなど、習慣づけることも大切です。排泄の失敗は、子どもに恥ずかしい思いをさせるので、タイミングよく声かけしたり心配りする必要があります。それが子どもとの信頼関係を築くチャンスにもなります。

> **エピソード**
>
> ### まみちゃんとの小さな秘密
>
> 　まみちゃんは寡黙な女の子です。トイレに行きたいのに、なぜかひとりで行くことができません。保育者に「オシッコじゃない？」と声をかけられて、トイレに駆けこんで行きました。でも、なかなか出てこないまみちゃんに、保育者は排泄の失敗を感じとり、パンツとビニール袋をもって行きました。
>
> 　トン、トン。トイレのドアをしっかり閉めたまみちゃんからは何の返事もありません。保育者は、またトン、トンとドアをたたき、「まみちゃん、開けて、パンツぬれても大丈夫よ、替えを持ってきたから」と言うと、そっと5センチくらいドアが開きました。「先生も百回くらいおもらししたよ。大丈夫、大丈夫！」と言ってパンツを差し入れました。まみちゃんは、すぐにドアを閉め、パンツをはきかえ、トイレから駆けだして行きました。ぬれたパンツの入ったビニール袋を自分のカバンに入れようとしてるまみちゃんに、そっと手をさし出し、「お洗濯しておくから」と言いました。まみちゃんは、黙って保育者にビニール袋を渡しました。
>
> 　降園時間が来ました。お迎えの前に、乾いたパンツにはきかえさせてもらったまみちゃんの目が笑っていました。
>
> 　次の日から保育者とまみちゃんには、小さな秘密に裏づけられた、大きな信頼感が生まれていました。

清　潔

　登園時の視診、触診で家庭での育児状態がわかります。もし、不潔な状態であれば、冬はあったかいタオル、夏は冷たいタオルで、顔やからだを拭いてあげたり、髪をやさしくとかしてあげたりします。しかし子どもによっては、自尊心を傷つけることにもなりかねないので、その子どもの性格をよく観察したうえで、さりげなくかかわっていくことが大切です。一対一の関係を喜ぶ子どもには「汗かいたねー、暑いねー、からだ拭いてあげようか」などと声をかけたり、他の友だちの手足を拭いた後などに、その子の手足やからだなども拭いてあげるように配慮したりします。

　紙芝居・ビデオ・歌・指あそび・カルタなどで、清潔面の関心を持たせることもひとつの方法です。

　自分で気づいたり、友だちを見て気づいたりしながら、気持ちよさ、心地よさなどをからだで感じていくものです。そのためには、まず保育者が、言葉かけのみに終わらないで、手本や見本を示したり、子どもと一緒に行ってみせる必要があります。

　降園時には、子ども一人ひとりの顔を拭いてあげたり、髪をきれいにするなど、ゆとりを持った保育を心がけたいものです。

睡　眠

　年少児の子どもは、まだ午睡が必要かもしれませんが、大きくなるにしたがって、しだいに午睡を必要としなくなります。

　午睡を望む子どもが、いつでも身近にいる保育者に、「ねむたーい」と、自分の気持ちを伝えられることが大切です。

　無理に眠らせようとしたり、途中でめざめた子どもを、まだ起きる時間には早すぎるからと、添い寝をして眠らせようとしたり、眠ることを強要することは好ましくありません。午睡の時間は、眠らなくても、ゆったり横になって、体を休める配慮が大切です。

　子どもが睡眠を十分とれるように、美しい音楽や、ゆるやかな音楽を流したり、

オルゴールの音色を聴かせてあげると良いでしょう。

　何より好ましいことは、保育者のあたたかいまなざしと、やさしい手で頭や耳や手足などをなでてあげることです。肉声の子守歌（ゆりかごの歌）などを歌ってもらえると最高のしあわせです。

　湿度・温度を最適に保ち、換気を適切に行うことも大切です。部屋を真っ暗にするよりも、光を遮断するくらいにし、子どもが不安がらないようにします。

着　脱

　年少児は、微細運動が盛んになるに従って、ボタンやホックなどをとめる指先を使うことに喜びを感じるようになります。

　年少児が、ひとりで一生懸命、衣類の着脱をしていると、人の役に立ちたい年長児や、年長児のようになりたいと思っている年中児が、すぐ手伝いにきます。ひとりでやりとげたい年少児は、怒ったり「イヤ」と言ってはねかえしたり、泣いて拒否したりします。

　しかし中には、じっと突っ立って、いつも年上の友だちに着脱をしてもらう子どももいます。こういう場合、年長児や年中児の子どもに、「ひとりでできるように手伝ってあげてね」と、話すと良いでしょう。「ひとりでできるように」とは、ボタンホールを広く開けてあげたり、途中から本人にまかせて、「自分でできたー」と喜ぶように、ちょっと手伝ってあげることだと話してあげると、理解しやすいでしょう。

　甘えて着脱の手伝いを求める子どもには、甘えを受けとめて、着せてあげたり脱がせてあげる方が、子どもの気分も良くなります。それが癖になるのでは…と心配することはありません。子どもは、基本的に自分でやりたがるものなのです。着脱の手伝いを求める背景を考え、単なるしつけに陥らないようにしたいものです。

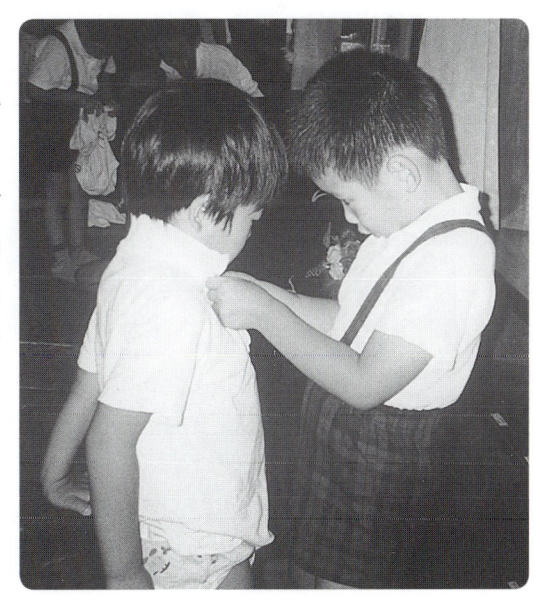

■ Ⅱ　保育の実際

異年齢児クラスの環境

　環境には、子どもの心を癒したり、励ましたりするような、心のよりどころとなる人的環境と、一人ひとりの発達を促す物的環境とがあり、その両面に配慮していくことが大切です。

　また、子ども達をよく観察していると、人、物、空間の「かもしだす雰囲気」の重要性がわかります。いわゆる「その気にさせる雰囲気」です。これからの保育現場における環境づくりのために、「その気にさせる技」を磨くことが、保育者の今後の大きな課題となってくると思います。

保育室

　「こんな部屋だったら楽しいだろうな」と考えながら、保育者も遊びたくなるような、きれいな部屋をつくってみましょう。

　遊具は、子どもの手の届くところに置きます。発達を促す遊具・教材などを整理、整頓して置き、次の人が使いやすいように、子ども達に片づけの大切さも知らせておきます。年少児は、年長の子ども達の遊び方をいつもまねて、自分もやってみようという気になったり、うまくいかず困っていると教えてくれる子がいたり、大勢のおとなや子どもに見守られながら学んでいきます。年少児でも手が届くように、子どもの視点で保育室をつくります。

　草木の緑や、採光、香り、さりげなく聞こえる音楽も心の栄養です。

保育室の遊びのコーナー

- 生活遊び…おとな社会や、家庭を模倣して、料理づくりや・お店屋さんごっこなど役割を演じながら、そのものになりきって遊んでいます。その場所には、タタミを置いたり仕切があると、より一層遊びが盛りあがります。
- 人間関係を広めたり、深めたりする遊び…気のあった友だちと一緒にいるだけで、話がはずみます。年少児や年中児も、同年齢だけとの付きあいでは刺激が弱いのか、少しでも年上の友だちと一緒にいることで優越感にひたっているようです。そのような気持ちを充足させ発展させるような環境を用意し、異年齢児が一緒にさまざまな遊びを展開できるようにします。

● 絵　本 ●

子どもが生き方を学ぶために重要な位置を占めるのが絵本です。

子どもは絵本から数多くの言葉を学び、その言葉を使って、他とのコミュニケーションを深めます。また、言葉を通して、人と心を通いあわせるスキルを巧みにしていきます。

絵本から夢をもらい、未知の世界を知り、智恵や知識を身につけます。

本棚を子どもの手の届くところに置き、子どもの目について欲しい絵本の表紙を見せて並べて置いたり、窓辺に絵本を開いて並べ、室内装飾の一助とするのも、本への興味をそそる手だてとなります。文字の読める子どもには、声を出して読ませてみるのも効果的です。もちろん、聴き手は、年中、年少の子ども達です。

● 遊具、玩具 ●

- 配色…あでやかな物が並びすぎると、目が疲れます。目にやさしい色を選びます。
- 素材…用途によって異なりますが、手に触れる物は木製が好ましいと思います。木のぬくもり、鉄・プラスチック・陶器などいろいろな素材に触れてみて、体感することも必要です。
- 廃物利用…廃物を利用して、遊具の工夫をすることも大切です。例えば、ペットボトルのフタを数遊びや模様合わせに使うなど、工夫すればいろいろな遊具を作ることができます。保育者が子どもの前で作ってみせる、その姿が保育です。子どもがそれを真似て作り、遊びのバリエーションを増やしていく工夫も楽しいものです。

心理発達　　　　　**発達の最近接領域**

発達と教育：発達の最近接領域

　発達とは、英語では development といいます。「開く」ということであり、人が生まれつきもっている能力が、適切な刺激を受けることによって解発（release）され、まるで蕾が開くように開かれ、伸びてくることを表しています。教育は、発達の後を追いかけるのではなく、発達段階に適した刺激を、タイミングよく提供するものです。したがって、適切な時期を見極め、適切な刺激を提供するのが教育であるということになります。そうであるなら、これまでに達成されている発達水準と、これから教育によって達成される可能性のある発達水準との関連性を明確にできれば、適切な刺激を提供することができることになります。この発達の二つの水準の間の関連性を、ヴィゴツキーは「発達の最近接領域」と呼んだのです。

発達の最近接領域を探る

　日々保育活動の中で、異年齢の子ども達を見ている保育者は、各年齢における発達の違いと、ある発達水準から次の発達水準へと移り変わる様子を、体験的に把握しているのではないかと思われます。では、保育者は、このように体験的に把握しているだけで発達の最近接領域を知ることができ、そして、適切に刺激を提供することができるのでしょうか。残念ながら、それは難しいことです。発達の道筋からずれて歩んでいる子どもや、発達に偏りのある自閉的傾向をもっている子どもの保育をするとわかるように、体験的に「知っている」だけでは、発達の水準を知っていることにはならないし、発達の最近接領域を見極めて保育に役立てることはできません。

発達を整理する

　それでは、どうしたらよいでしょうか。それには、各発達水準の特徴を、運動、言語、親子関係、友達関係、遊び、生活習慣などの領域に分類し、発達の流れを追えるように整理する方法が役立ちます。保育園では、0歳から6歳の子ども達がたくさんいるので、それぞれのクラスに入って各発達水準を項目毎に調べて整理すると、それぞれの発達水準の特徴が整理できるでしょう。
　ところが、この発達の整理にもっと適しているのが、異年齢クラスに入ることです。いろいろな年齢の子ども達を一度に観察して、記録を整理することができるからです。一つのクラスの中で動いている子ども達をみると、発達水準の違いと移行、移り変わり具合がわかりやすいはずです。記録をつけ、整理して表にまとめる作業をしながら、発達の最近接領域を保育者自身が確かなものとして「知ること」ができるなら、保育の現場で役立つことが多いことはまちがいないと思います。

（吉田弘道）

思いやりとあこがれを育む保育 — 保育

　幼稚園設置基準は、幼稚園の「学級編成」について「学級は、学年の初めの日の前日において同じ年齢にある幼児で編成することを原則とする」（第4条）と規定しています。同じ年齢、つまりは発達状態の近い幼児を集めて保育をすることがよいとされているのです。一方、保育所を規定する児童福祉施設最低基準には、子どもの年齢別に職員の配置基準が示されていますが、「学級」を規定する条項はありません。

同一年齢集団か異年齢集団か

　クラス編成は、同一年齢がよいのか異年齢がよいのか、今なおさまざまな見解があります。そこには、保育にあたる保育者にとって、保育がしやすく保育効果が上がりやすいのはどちらかという視点と同時に、乳幼児の発達にとってどちらが望ましいかという問いかけが内包されています。

　しかし規定上からすれば、幼稚園においては、3歳児・4歳児・5歳児別にクラスを編成しておくのが無難であり、保育園においては逆に、そのような年齢別クラスを実現するためには、保育室の設置をはじめかなりの努力を要するということになります。なぜなら定員の少ない保育所においては、部屋数が足らず、3歳未満児を混合クラスにしたり、3～4歳、あるいは4～5歳を混合にしてクラス編成をすることは常態となっているからです。

　2009年実施の保育所保育指針が「異年齢で編成される組やグループでの保育においては、一人ひとりの子どもの生活や経験などを把握し、適切な環境構成や援助などができるよう十分な配慮をすること」（第4章保育の計画及び評価3―（ウ））と注意を促しているのも、そのような事情を踏まえてのことと思われます。

異年齢交流の中で子どもは育つ

　日常のクラス編成を3・4・5歳児の異年齢集団とする、というのが異年齢保育の原則的方法ですが、中には、週一回遊び活動を異年齢で組織する、園外活動を異年齢で実施するというように、部分的に異年齢保育を取り入れているところもあります。いずれのやり方にしても、異年齢の交流が無理なく行われるようになると、子どもの育ちが変わってくるというのが、実際に異年齢保育に取り組んでいる保育者たちの確信になってきています。自分より大きい子が身近にいていろいろなことをやって見せてくれることが、小さい子どもにとっては強烈な「あこがれモデル」となること、また懸命にやろうとしてできない下の子どもを、上の子どもがさり気なく助ける「思いやり」の場が無数にあることが、子ども自身が意欲的になれる機会を提供してくれるからです。

　すでに「きょうだい保育」と称して、1～5歳児の小グループを構成して、異年齢保育に本腰を入れて取り組み始めている園もあります。

（諏訪きぬ）

> Ⅱ　保育の実際

異年齢児クラスの事故と安全

事故の特徴

　3～5歳児の子どものクラス構成が多い異年齢児クラスでは、各年齢の事故の特徴を考えておくことが大切です。それに加えて、子ども達が、お互いの発達段階や能力を把握するまでは、認識の違いからさまざまなトラブルが起きます。その際に、やはり転倒や衝突、転落などの事故が起きやすいことも注意する必要があります。

> **エピソード**
> ### 逃げようとして柱にぶつかった3歳児
>
> 　クラスでおばけごっこがはやり始めました。5歳児のけんくんが「おばけが行くぞ～」と3歳児のみかちゃんを驚かしました。驚いたみかちゃんは逃げようとして保育室の柱に肩を強くぶつけてしまいました。
> **（保育者の配慮）**
> 　遊びに夢中になると、その行動が、特に年齢の下の子どもにどのように受け取られるかということにはなかなか思いはいきません。保育者はその時の子どもの活動を大切にしながらも、危険な状況にならないか、危険だとしたらどういう配慮が必要かを瞬時に判断できるようにしておく必要があります。

> **エピソード**
> ### たいこばしから3歳児が転落
>
> 　たいこばしに一生懸命手を伸ばしている3歳児のななちゃん。5歳児のだいちゃんが気づいて抱えあげて、両手が届くようにしました。届いたと思っただいちゃんが手を放した瞬間、ななちゃんは落ちてしまいました。
> **（保育者の配慮）**
> 　子どもの思いやりを大切にしながらも、保育者が側について、年齢からみて難しいことについてはわかりやすいように知らせていくことが大切です。

安全への配慮

　子ども達が、各々の年齢による運動能力や発達段階の違いなどを把握するまでは、特に安全面への配慮が必要です。保育者が伝えていく安全教育は年長から年少へと伝わることにもつながります。このようなかかわりを大切にしながら、常に危険な環境がないかを入念に点検し、具体的に伝えるようにします。

（帆足暁子）

Ⅲ 赤ちゃんの基本的ケア

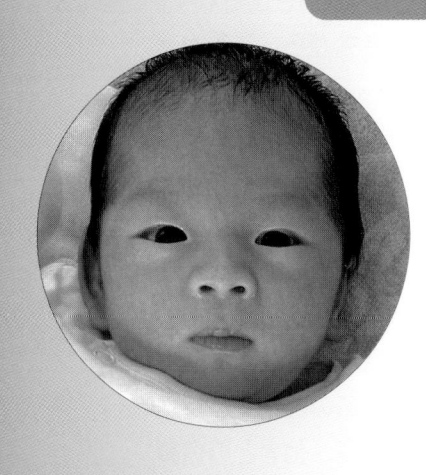

1 泣く・笑う
2 抱っこ・おんぶ
3 眠り
4 授乳
5 離乳食
6 おむつ交換
7 沐浴
8 衣類の着脱
9 赤ちゃんマッサージ
10 外気浴

1．泣く・笑う

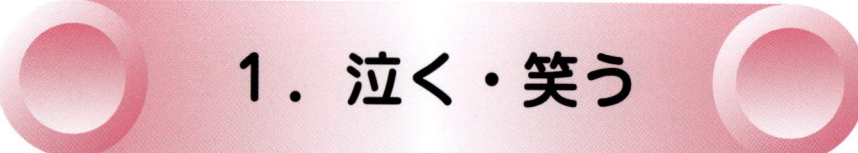

　赤ちゃんから出てくるサインに感受性豊かに気づき、応答的に関わることが赤ちゃんの愛着（アタッチメント）成立の基盤となります。

こころのケア

　赤ちゃんが泣いていると、どうしたのかしらという思いが引き出されて、何とか泣き止んでほしいと思い、赤ちゃんの泣き声を聞きながら、ミルクかしら、おむつかしら、それとも遊んでほしいのかしら……と次々と赤ちゃんの泣く原因を探って、早く快適な状態に変えてあげたいと思います。その関わりを通して、赤ちゃんは感受性豊かに気づき応答的にかかわってくれる特別なおとなとつながっていきます。また、赤ちゃんが笑っている時に、笑いかけてその快適な状態を共有してくれる人も、特別なおとなとしてつながっていきます。赤ちゃんは、このように自分の気持ちに敏感に反応し、そして不快な状態を快適な状態へ、快適な状態をさらに快適な状態へと変えようとしてくれる相手を、特別な存在として信頼していきます。この乳児期の特別な人との安定した絆が愛着（アタッチメント）の基盤となり、他者との信頼関係へと広がると共に「生きる力」の基盤ともなります。また、的確に一貫して応答してもらえることで赤ちゃんは自分の欲求のサインを分化することができ、サインがより明確になることで、安定した愛着関係が保障されます。

「泣く」「笑う」への対応

① 泣き・ぐずり、そしてなだめる

　赤ちゃんの泣く原因は、「空腹」「ファズィネス（原因のわからない泣き）」「排泄」と言われています。「空腹」「排泄」はそれに対応すれば快適な状態になれますが、「ファズィネス」は赤ちゃん自身も原因がわからないのでなかなか快適な状態になることができません。その「ファズィネス」を

泣きやむようになだめる―①ゆったりした安定したリズムで抱きかかえてゆらす、②ゆったりしたリズムでやさしく声をかける―ことで赤ちゃんの気持ちもだんだんなだめられていきます。この対応が後の情動調整とよばれる感情のコントロールにつながります。

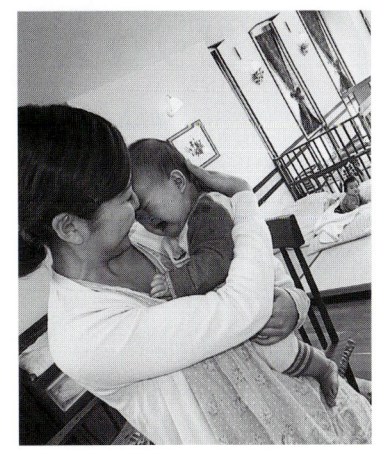

泣いた子をあやす

② 笑い合う

　生後2か月頃になると笑いかけると笑い返してくれるようになります。この「微笑の交わし合い」を通して「快い愛情的感情」を共有しあっていると言われています。「微笑の共有」（快感情の共有）は、人を「心地よいもの」「快的なもの」として受けとめ、その後のコミュニケーション機能や人間に対する信頼感、愛情に通じる重要な意味をもつことを理解して、笑い合う時間を大切にします。

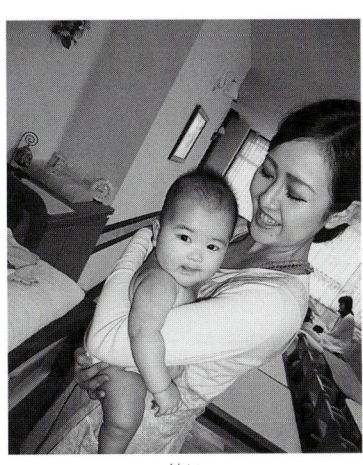

笑い 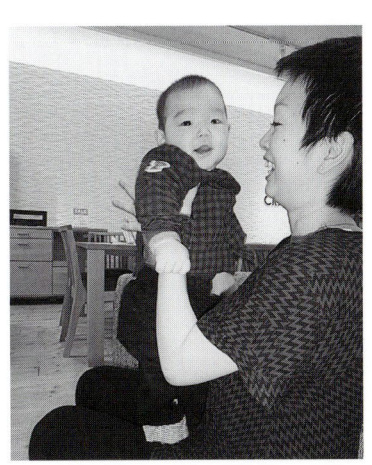　　　　　　　　　　　笑い

Ⅲ 赤ちゃんの基本的ケア

トピックス

① 笑いの少ない赤ちゃん

あまり笑わない、情緒表現の豊かではない赤ちゃんがいます。そういう赤ちゃんは愛着（アタッチメント）を築くことが難しくなります。ですから、出来るだけ、意識的に笑いかけて情緒豊かに関わる必要があります。保育者が積極的に笑いかけ、表情も豊かに関わることで赤ちゃんの笑いも多くなり、情緒も発達していきますし、愛着も育まれていきます。

② 泣いてばかりいる赤ちゃん

赤ちゃんが泣くということは「不快」や「不安」「不満」であることの表現です。生理的な欲求や情緒的な欲求が満足できるように関わっても、泣き止まない場合があります。その場合には、泣く原因を見出すことが必要になります。生まれつき育てにくいタイプだったり、発達が気になる場合や虐待を受けている場合もあります。これらをも含めながら、赤ちゃんがどうしたら泣かないでいられるのか、笑っている時はどのような時かということを１日の生活の中で記録したり、赤ちゃんが安心できる関わり方を工夫して記録をしたりしながら、快適な状態をつくり出す努力が求められます。

2．抱っこ・おんぶ

赤ちゃんが人間を信頼するために基盤となる最初の大切なかかわりです。

こころのケア

「抱っこ」をすると、ほとんどの赤ちゃんはからだをぴったりくっつけてきます。これは100％信頼してくれている証です。そして、ぴったりくっついてくる赤ちゃんを抱いていると、抱いているこちらも赤ちゃんに抱っこをされているようななんとも心地よい安心感をもちます。これは赤ちゃんのこころと自分のこころが通じ合っているからです。「抱っこ」をしながら「可愛いい」「あなたは大切なのよ」「生まれてくれてありがとう」という気持ちでこころに語りかけると、よりぴったりした「抱っこ」になっていきます。一番のスキンシップである「抱っこ」「おんぶ」は、抱いている人の気持ちを通して、赤ちゃんに安心感や愛されている実感を与えます。

抱っこ・おんぶの方法

① 抱き方

　生後2～3か月の乳児は、首がすわっていないので頭が上下にぐらぐらします。ですから、ベッドから抱き上げるときや抱くときには、首や頭の後ろを支えるように左の手のひらか左腕をあてて、右腕で臀部をしっかりおおい、やさしく抱っこをします。

　首がすわった乳児は、上半身が自由になってくるので、乳児の動きを妨げないように、腰から臀部をしっかり支えて抱っこをします。抱き上げるときは、首の支えが必要なときもあります。

② おぶい方

　生後3か月頃までは、首がすわらないのでおんぶはしないようにします。

Ⅲ 赤ちゃんの基本的ケア

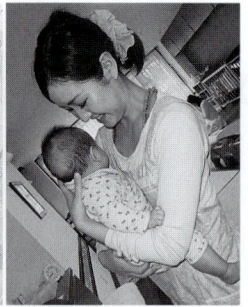

首がすわるまでの抱き方　　　その後の抱き方

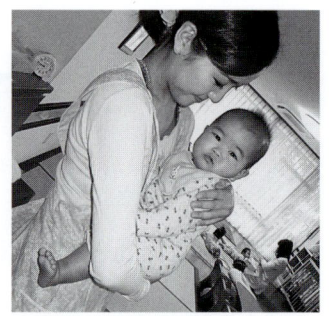

おぶい方

　下半身がしっかりして、足を突っ張ることができるようになれば、おんぶをしても大丈夫です。おぶい紐は、支える臀部とおぶう人の肩にあたる部分が乳児の重みを受けとめやすいように、広い布や太めの紐の部分をあてるようにします。おんぶは、両手が自由に使えて、おぶう側は楽ですが、乳児の胸や下肢を圧迫しているので長時間は避けます。

トピックス

① 抱っこを嫌がる赤ちゃん

　最近、「抱っこ」を嫌がる赤ちゃんが見られるようになりました。その原因の多くは、「抱っこ」の心地よさの体験が少ないようです。無理に「抱っこ」をしようとせず、まずは人とのスキンシップが心地よいという体験や、笑顔のやりとりなどでの人とかかわる安心感を大切にしながら、優しくチャレンジするようにします。

② シェイキング・ベビー

　乳児をあやすときや眠るときに、揺することがあります。シェイキング・ベビーはそのような優しい揺すり方とは違って、頭が上下に激しく揺さぶられ、まるで「シェイク」されているような状態になるために起こる、頭部外傷が生じた赤ちゃんのことをいいます。虐待のひとつでもあり、養育者との関係を把握する必要があります。

3. 眠り

　乳児は眠りながら成長します。乳児が安心して眠れるように、保育者がその眠りを保障することは、大切なケアです。

こころのケア

　乳児を見ていると、眠くなったときにはそれぞれのくせがあって、指しゃぶりを始めたり、保育者に抱っこを求めたり、突然こっくりを始めたりと、さまざまです。また、すっと眠りに入れる乳児や、ぐずってなかなか眠りに入れない乳児もいます。保育者は、乳児の一人ひとりの特徴をつかみ、入眠時に、立て抱っこが安心するのか、おんぶが良いのか、優しく揺すりながら抱いて歩くのが良いのかなど、乳児が気持ちよく入眠できる方法をみつけます。そして、室内を心もち暗くして静かな音楽をかけたり、ゆったりとしたメロディを口ずさんだりして、乳児の眠りを心地よくします。まどろんで目を開けたときには、優しく声をかけたり、目で合図をしたり、安心できるサインを乳児に向けてください。眠っていても守られている安心感は、乳児の健やかな眠りを保障します。

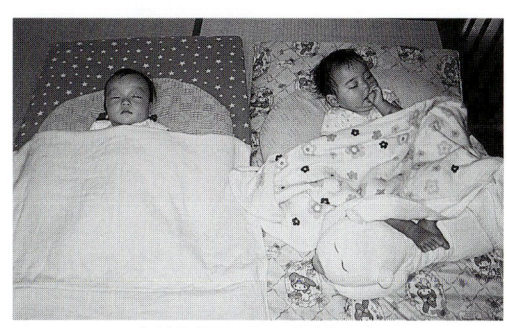

気持ちよく眠れる環境を工夫

眠りのケア

　乳児の睡眠時間は月齢・個人によって随分違いがあります。月齢が小さければ小さいほど、眠っている時間は多く、目覚めと眠りを無秩序にくり返します。生後3か月頃からは、夜に眠る時間の方が安定して長くなります。月齢も考慮しながら、担当している子どものリズムを把握することが大切です。

　眠りに入ると、脈拍・呼吸は緩やかになりますが、汗腺の活動は活発なままです。汗をかいたときには、生理的な眠りの発汗なのか、ふとんなどのかけすぎなのかを判断するようにします。また、眠っていて数回泣くこともあります。これは浅い眠りのときの生理的なもので、「夜泣き」とは区別します。眠りのリズムは体内のリズムだけではなく、生活の流れによっても影響を受けます。言葉をかけながら日々の生活のリズムも大切にしましょう。

　右の円グラフは24時間中の眠りと目ざめの時間的分布を示します。ピンクは眠りを白は目ざめをあらわします。新生児ではごく短時間の眠りと目ざめの無秩序なくり返しですが、生後1か月も経つとかなりまとまって眠り、かつ目ざめるようになります。

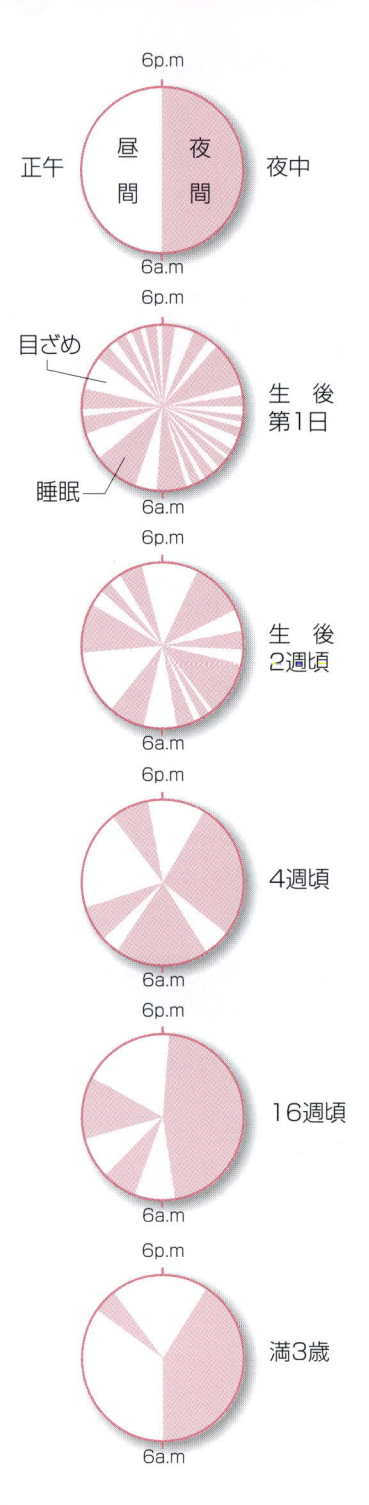

3. 眠り

トピックス

① うつぶせ寝

　乳幼児が眠っていて、明確な原因がないのに死亡する「乳幼児突然死症候群」の危険因子の一つとして「うつぶせ寝」が指摘されています。乳児によっては、うつぶせ寝を好む子どももいますが、うつぶせ寝の状態のときには絶対にそばから離れないようにしてください。室内を暗くしても乳児の顔色がわかる照度は保つようにします。顔色や呼吸などの安全チェックは、10分間に1回確実に行うことで、ある程度の予防ができます。

② 夜泣き

　これといった原因もなしに毎晩のように決まって泣き出すことが、乳児の約6割にみられます。原因はさまざまで、生理的な喉の乾きや日中の過度な刺激、分離不安、睡眠リズムが不安定なためなどです。いくつかの要因が重なっている場合もあるし、明確な原因がわからないうちに治ってしまうこともあります。夜泣きをしない乳児が急に激しく泣く場合は、病気（中耳炎や腸重積など）を疑い、早く小児科の診察を受けます。

学生からの質問⑤　　子どもの添い寝をしていて眠くなったら寝てもよいのでしょうか？

確かに子どもの午睡場面で一緒に横になっていると眠くなってしまうかもしれません。子どもにとっては生理的に必要な午睡時間ですが、保育者はこのときにも、子どもの体調などに変化がないかを、きちんと見ることが大切な役割になります。

学生からの質問⑥　　寝かせようとしても寝なかったら？

赤ちゃんの場合でも幼児でも、眠くなる環境を整えていくことがまずは大切です。どうしたら、安心して眠くなるのか、抱き方や絵本の活用、もしくは静かにお話をするなど、年齢を考えてその子どもにあったかかわりを試してください。

4. 授 乳

赤ちゃんに栄養を与える、生命を守る大切なケアです。

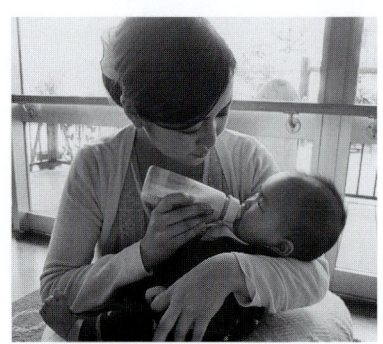

目をみつめて授乳

こころのケア

　集団保育であっても、乳児を一人ひとり抱いて授乳します。いつも自分にかかわってくれる保育者をわかっていくことが大切なので、同じ保育者が与えるようにします。ゆったり抱かれた保育者の温かい体温を感じながら、乳児が安心してミルクを飲むことは、同時にこころにとっても「人」との信頼を育む栄養になります。保育者は、乳児の目をみつめながら優しく話しかけてください。乳児は全身の力を使ってミルクを飲みます。保育者も全身の思いを乳児に傾けて授乳してください。授乳は、生命を守る大切なケアですが、飲む量が少ないからといって強制せず、乳児の「飲みたい」という意欲を大切にしたいものです。乳児の授乳リズムの発達についても知っておくと役に立ちます。

授乳の方法

① 授乳の仕方

❶ミルクの温度を、自分の前腕の内側か手の甲に数滴垂らして、熱すぎないか確認します。

❷乳児を仰向けに抱いて、哺乳瓶の乳首を軽く口唇にあて、乳児の吸いつきをよくします。

❸瓶底を上げて、乳首にミルクがたくさん入るようにします。

❹乳首を舌の上に軽く押し当て、空気が入らないようにして授乳します。

❺授乳中に乳首がへこんだら、いったん乳児の口から放して、哺乳瓶に再び空気を入れ、❸をくり返します。

❻1回の授乳時間は15〜20分を目安にして、乳児が乳首を舌で押し出したり、なかなか飲まなくなってきたら、終了します。

② 調乳

調乳で一番大切なことは、「清潔な調乳」です。乳汁は細菌の培地として適しています。粉ミルクの段階ではほとんど無菌状態ですから、調乳後はすぐに授乳するようにします。

〔調乳用具〕

哺乳瓶・乳首・計量スプーン・計量カップ・魔法瓶・乳首入れ・消毒機器

〔調乳の手順〕

❶哺乳瓶・乳首・計量器などは、事前に消毒機器で煮沸・蒸気消毒しておきます。

❷粉ミルクを正確に計って哺乳瓶に入れます。このときに、手指で触らないように注意します。

❸規定量の約2/3の一度煮沸した70℃以上のお湯を注ぎ（注）、哺乳瓶の壁にあてるように手早く回して振って溶かします。

❹不足分の湯を足して、規定量にします。

❺乳首をつけ、手首の内側にミルクをたらすなどして温度を確かめてから授乳します。このときにも、乳首に手指で触れないように注意します。

❻授乳が済んだら、すぐに哺乳瓶・乳首を洗い、清潔な場所に保管します。

※一度に大勢の乳児のミルクをつくる場合は、1日分をまとめて調乳し、冷蔵することもあります。

（注）坂崎菌Enterobacter sakazaki

この菌はサルモネラ菌等と同様な病原微生物であり、調整粉乳に内在することがある。粉ミルクは滅菌処理が困難なためである。この菌は、特に乳児に重篤な疾病を起こす。そのため、調乳の際に粉乳の温度を70℃以上にすることや調乳から授乳までの時間を最小限にすること、調乳後の保存温度を5℃以下にすること等が求められる。

③ 排気の仕方

　乳児は、ミルクを飲むときに空気も飲み込みやすいので、飲んだミルクを空気と一緒に吐き出して、気管内誤嚥を起こすこともあります。ですから、授乳後に飲み込んだ空気を出す必要があります。これが「排気」です。おとなの「げっぷ」にあたります。

❶乳児の胃部が保育者の肩にあたるように、高めの立て抱きにします。
❷乳児の背中を下から上に静かにさするか、軽く叩きます。
❸1～2分で、音とともに空気が出ます。
❹なかなか出なかった場合や確認できなかった場合には、側臥位に寝かせます。

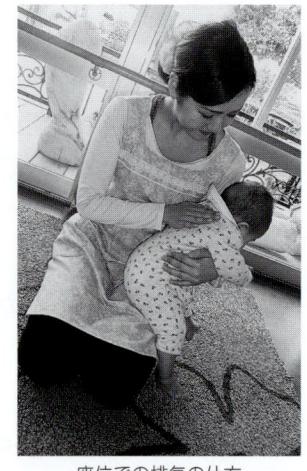

座位での排気の仕方

トピックス

① 冷凍母乳

　母乳栄養は、栄養・消化吸収や感染防御などが利点と考えられています。保育園に入園している乳児にも、母乳を与えたいという母親が増えてきました。家庭で搾母乳して－20℃以下に凍結して保存すると、ほとんどの成分は3か月経っても生乳と変わりません。水中や保温そう（40℃）にて解凍します。加熱すると成分のほとんどが失われますし、再凍結使用はできないことに注意してください。

② ミルクを吐く

　乳児がミルクを吐く場合は、2通りあります。「溢乳」と「吐乳」です。「溢乳」は、授乳後に少しのミルクが乳児の口からだらだらとあふれて出てくるもので、おとなの「げっぷ」と同じで生理的もなのですから心配はありません。しかし、がばっと噴水状に大量のミルクを吐くようなことがあれば、「幽門狭窄」や消化不良症の疑いがあるので、小児科を受診するようにすすめます。ただし、空気やミルクを大量に飲んだときにも吐くことがあります。

5. 離乳食

　離乳食は、「噛む」「飲み込む」ことを学習しながら、自分で食べることの喜びを感じていく大切な段階です。順調にこの機能が獲得できるように適切なケアが必要です。

こころのケア

　乳児にとって初めての体験ですから、授乳同様に、その乳児が安心できる保育者がかかわるようにします。乳児の健康状態に気をつけながら、空腹の状態に合わせたり、他の乳児の食べている様子を見せたりして、乳児自身の「食べたい」という気持ちを大切にします。「おいしいね」などと優しく声をかけながら、楽しくゆったりとした雰囲気で食べ

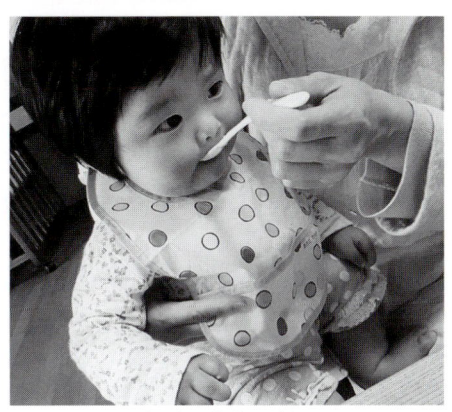

食べたい気持ちが大切

られるようにします。食べることに意欲がでてくると、手づかみで食べたがります。上手に口に入らなかったり、こぼしたりとあちこちに食べ物が飛び交いますが、これもだんだん上手になるので、一つひとつに不衛生と厳しく考えるのではなく、この時期の特徴ですから、ひと段落するまでゆったりとかまえて、楽しむ「こころ」をもってください。

離乳食の与え方

❶離乳食を開始するときは、保育者の膝に抱き、緊張感をほぐしながらゆったりとひとさじずつスプーンにのせて与えます。

❷１回の量が多すぎないようにしながら、下唇にスプーンの先をあてて軽

く口を開き、舌の上に食べ物を置くようにして、乳児が自分で口の中に取り込みやすいようにします。
❸乳児の口の中をよく見て、舌の上からなくなったことを確認してから、次のスプーンを口に運ぶようにします。
❹初めての食品やのどごしの悪い形状のものは、いやがることがあります。その場合は、スプーンで押しつぶしたり、無理をせず次の機会まで待つようにします。
❺離乳の次の段階に進むときには、乳児の口や舌の動きが次の段階まで発達しているかを確認して進めるようにします。

トピックス

① 取り分け皿（手づかみ皿）の活用
　手づかみで食べたがる時期には、一度にお皿にのせると全部こぼしてしまうこともあるので、少しずつ小さな取り分け皿に食べ物の一部をのせ、食べてから追加すると、こぼしても安心して見ていられます。

② 眠くなったときには？
　まずは、名前を呼んだり声をかけたりして、何か興味の惹くもので気分を変えて食べられるようにします。もしくは、許される場合は後で食べられるように衛生に気をつけて一時保管します。しかし、無理なときは口の中に食べ物が残っていないかを確認し、残っていなければそのまま寝かせます。

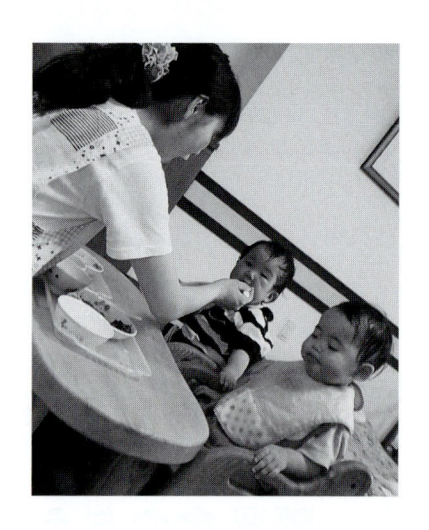

③ 嫌がったときには？
　嫌がった物にこだわらず、違う食べ物に変えたり、少しお話したりして気分を変え、無理やり食べさせるようなことはしないでください。また、なぜ嫌だったのかを食べ物の形状・温度など、原因を確かめることも必要です。

6．おむつ交換

　おむつは、乳児にとっては気持ちの良いものではありません。おむつは、保育をする側の人に便利な物です。ですから、このケアは「気持ちの良さ」を大切にします。

こころのケア

　紙おむつ・布おむつのどちらでも、ぬれたり汚れたりしたときにはすぐに取り替えます。そのときに、「おしっこして気持ちが悪いからおむつを替えようね」と優しい動きで乳児のこころの準備ができるように、声かけをします。そして替えながら「きれいになったね」「気持ちが良いね」と声をかけることで、「気持ちが良い」という感覚や、保育者が気持ち良くしてくれるという体験、気持ちが良くなったことを一緒に喜んでくれる人がいるというこころも育っていきます。

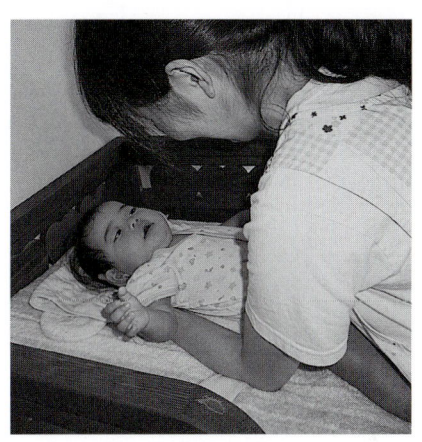

まなざしを合わせながらやさしく

おむつのあて方

　大切なことは、無理のない姿勢でいられるようにおむつをあてることです。乳児の下肢は、カエルのようにＭ字型に屈曲しています。特に新生児から生後２か月頃までは顕著です。母体内での姿勢が継続され、筋肉の長さも屈曲した形に合わせて発達していくことがわかっています。この無理のない自然な姿勢を保つあて方が最も適しています。

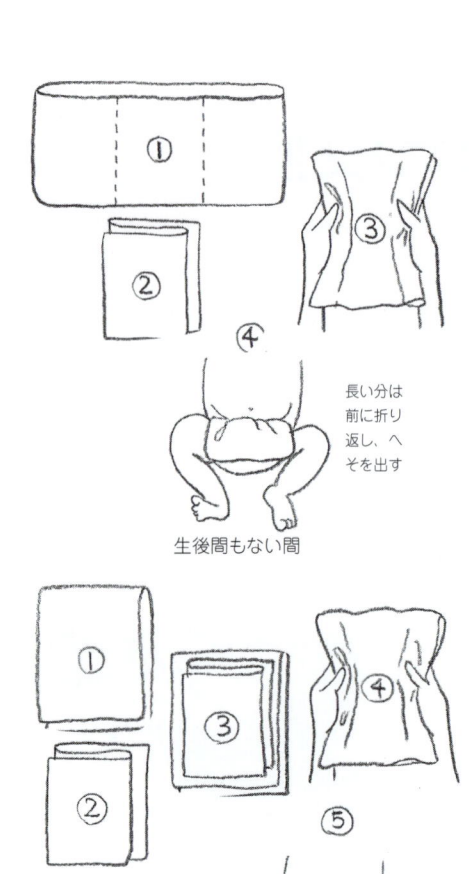

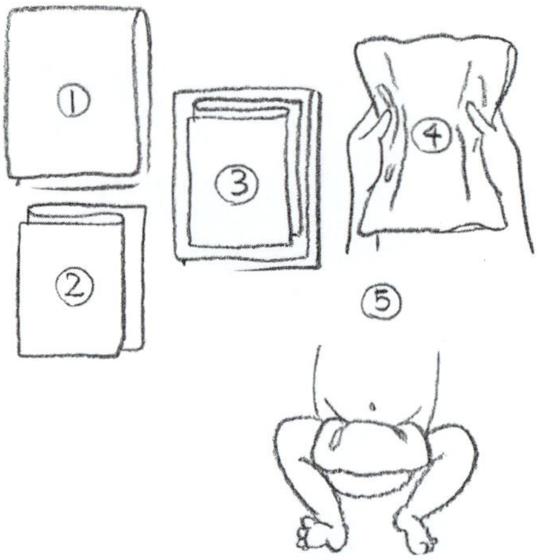

III 赤ちゃんの基本的ケア

長い分は前に折り返し、へそを出す

生後間もない間

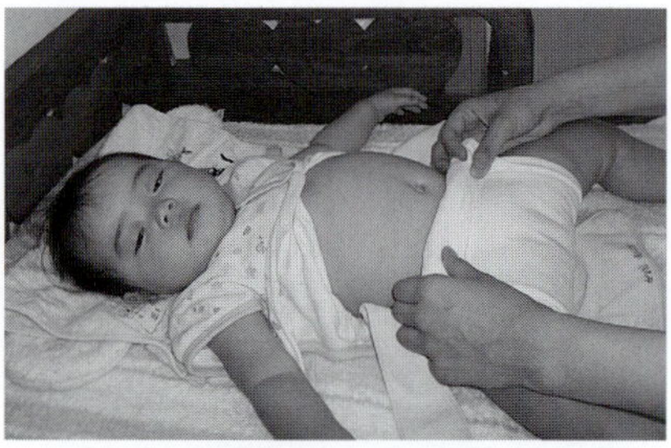

生後3か月以降の乳児

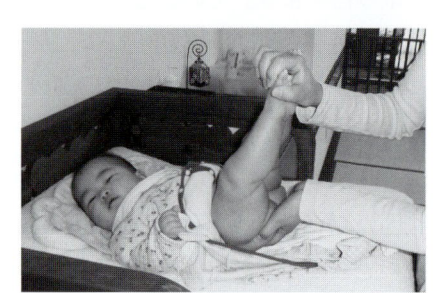

おむつのあて方のコツ

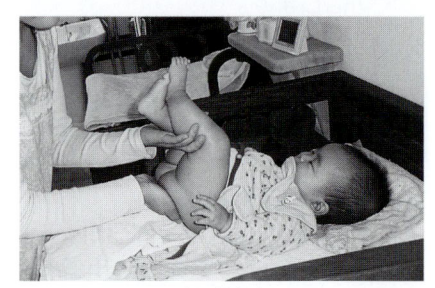

よい替え方

よくない替え方

❶ 姿勢に負担がかからないように、股の部分だけにおむつをあてます。
❷ 乳児は腹式呼吸なので、腹部を圧迫しないようにおむつを臍の下までにします。
❸ 男児は前、女児は後ろの方を厚くし、性別によって尿や便で汚れやすい部分に配慮します。
❹ おむつがおむつカバーからはみ出ないように、下肢を圧迫しないようにします。

※おむつを替えるときの留意点

基本的には汚れたときですが、授乳前後（直後は避ける）、食事前後、外出前後、睡眠前後などの生活の区切りにぬれていないかを確認するようにします。また、乳児からのサインにも気づくようにします。

❶ 新しいおむつ、汚れたおむつを入れる容器、お尻拭き用布のホットオム

6．おむつ交換

ツなどの用意を確認します。
❷特に生後4〜5か月頃までは、股関節脱臼の予防のために、お尻の下に手を入れ、足を持ち上げないようにします。
❸排尿時：股・お尻をホットオムツなどで拭き、新しいおむつをあてます。
❹排便時：1）お尻を拭くときは横向きにします。
　　　　　2）便があちこちにつかないように、お尻についた便を拭き取りながらおむつをはずします。
　　　　　3）お尻を拭くときは、温めてあるホットオムツなどを使って前から後ろに拭きます。
　　　　　4）男児は、おちんちんの後ろや陰のうのまわり、女児は、陰唇の中の汚れに注意します。
　　　　　5）便の形や色、におい、回数などをきちんと記録します。
　　　　　6）お尻がひどく汚れていたり、かぶれがあるときには、臀部浴をします。
　　　　　7）汚れたおむつは、まわりにつかないよう注意しながら汚物入れにいれます。
❺拭くときには、強く拭き取ろうとせずに優しく押さえるように拭きます。
❻おむつ交換台を利用しているときには、乳児を安全な場所に降ろすまでその場から離れないようにします。転落事故の予防のためです。
❼おむつ交換後には、必ず逆性石けん液（オスバン液）などで手指をきちんと洗ってから、次の行動に移ります。

トピックス

①　紙おむつと布おむつ

現在は、保水能力が高く、通気性もよく、かぶれにくい製品のものが市販されています。特に、下痢のときやおむつかぶれなどの際には、紙おむつを使用した方がスキンケアの面からは良いとされています。

②　おむつかぶれ

おむつかぶれは、尿の窒素やその他の窒素化合物が、便のアンモニア産生菌で分解されてアンモニアとなり皮膚を刺激して起こる「アンモニア皮膚炎」です。汚れたたびにおむつ交換をすることや、きちんと清潔に保つことで予防できます。

7. 沐浴

　新陳代謝の活発な乳児は、発汗も多く、排泄物などでも汚れやすいので、沐浴は、清潔を保つ大切なケアです。
　また、爽快感を体験したり、スキンシップの良い機会ともなります。

こころのケア

　本来、赤ちゃんにとって沐浴で湯につかることは、羊水と同じように安心できるはずです。保育者が赤ちゃんに「気持ちがいいね」と、ゆったりした気持ちで語りかけながら優しくケアすることで、赤ちゃんはリラックスします。「落としたらどうしよう」「嫌がったらどうしよう」といった不安が保育者にあると、乳児に伝わります。保育者もリラックスしてください。
　生後5か月を過ぎた頃からは、沐浴中に足で蹴ったり、笑ったりして、うれしさを表すことがあります。そのうれしい気持ちをともに感じて、沐浴を一緒に楽しんでください。

沐浴の方法

① 沐浴の準備
- バスタオル・着替えの衣類・おむつ一式。
- 石けん・小タオル（ガーゼなど）・ベビーオイル。
- くしまたはヘアブラシ。

② 沐浴の手順
- 室温は、22〜23℃に設定します。
- 湯温は、38〜41℃で、夏はやや低め、冬はやや高めに設定します。
- 入浴時間は、5〜10分。長くかからないようにします。

③ 浴槽の中で石けんを使う沐浴法

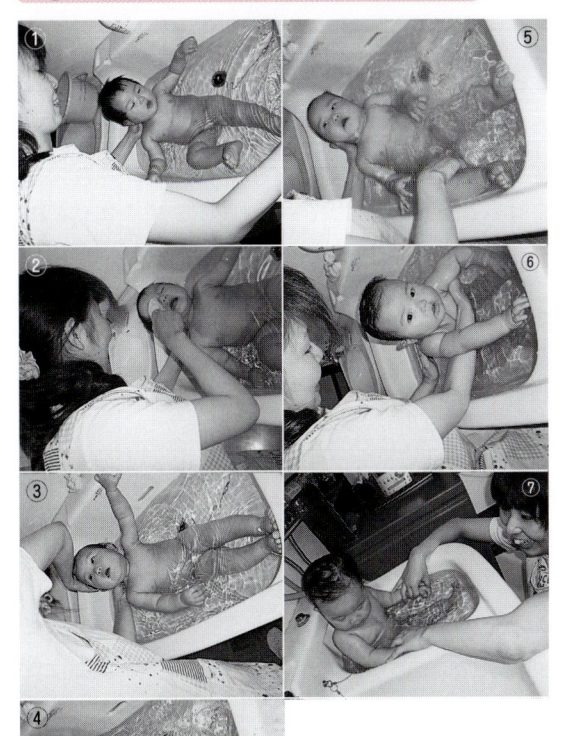

- 乳児を裸にして、温度を確認してからお湯に入れます。①
- きれいな湯で顔を丁寧に拭きます（二槽の場合は、もう一つの浴槽のきれいな湯、もしくは洗面器のきれいな湯）。②
- 髪を濡らし石けんをつけて洗います。終わったらガーゼに湯を含ませて、石けんをよく落とします。③
- 頭が終わったら、手に石けんをつけ、首・腕・腋・上肢・胸・腹と順番に洗っていきます。④
  次に、股から下肢に石けんをつけます。股のくびれには特に注意して丁寧に洗います。⑤
- 洗い終わったら、湯を含ませたガーゼでやさしくこすり、石けんを完全に落とします。
- 体の前面が済んだらうつ伏せにして左手で支え、背中・臀部を同様に石けんをつけて洗います（背中・臀部の石けんを落とし、湯をいったん抜きます。⑥
- きれいな湯をはった浴槽に、再び仰向けにして1〜2分温めて湯からあげます。⑦
- バスタオルに寝かせて、タオルで包み、柔らかく押さえるようにして水分を拭き取ります。
- 水分を拭き終わったら、おむつ・着替え・髪をくし等で整えて終了。
- 入浴後、湯冷ましか麦茶など甘みや刺激のない飲みものを与えます。

④ 沐浴での留意点

- 満腹時・空腹時は避け、哺乳後1時間くらい経ってからにします。

- 湯温を必ず湯温計か自分の肘などを入れて確かめてから、乳児を湯に入れることと、石けんをつけた手が滑って、乳児を浴槽や床に落とすことのないように慎重に行い、熱湯による熱傷や墜落事故などに十分気をつけます。
- 顔を洗うときやあがり湯は、きれいな湯を使ってください。
- 湿疹やただれのあるときには、石けんをつけてもよいですが、強くこすらないようにしてください。水分をそっと拭き取ってから手当てをします。
- 健康観察のよい機会ですから、体の動きや皮膚（湿疹・ただれ・おでき・痣など）の観察もしましょう。

トピックス

① 沐浴は落ちつくことがコツ！

　赤ちゃんを、利き手ではない手で支えながらの沐浴は、湯の中のこととはいっても、落とすのではないかという不安をもつものです。そうした保育者の不安は赤ちゃんにもしっかり伝わって、悪循環になってしまいます。

　不安があっても、一つひとつをきちんと行えば大丈夫。専門家ではない母親が通常は行っている行為だということを思い出して、落ちついてゆったりした雰囲気をつくる努力をしてください。それには沐浴法をマスターすることも大切です。

② 赤ちゃんの気持ち良さをみつけよう

　赤ちゃんによっては、湯につかっているときに、胸の上から薄いガーゼをかけてもらっておくと、安心していられることもあります。まわりにアヒルのおもちゃがあると興味をもって落ちつく赤ちゃんもいます。楽しく安心できる方法をみつけてください。

③ 沐浴できない時はどうするの？

　乳児は新陳代謝が活発なので、入浴できない場合などはからだを丁寧にふき、清潔を保つことが必要です。そのために「清拭」をします。基本的には、沐浴ができないと判断された体調不良の時や、冬季などの寒い季節や沐浴による体力消耗を控えたい時にも「清拭」をします。乳児の全体的な状態を考えて沐浴がよいのか、清拭がよいのかを判断します。

8. 衣類の着脱

衣服は、保温作用の効果があります。また、乳児は新陳代謝が活発なため汚れやすく、衣類の着脱を適切に行うことは、健康を保つ大切なケアです。

こころのケア

乳児期は、着替えをする快適さをなかなか感じにくい段階です。生後6か月を過ぎると脱がされることを嫌がるようになります。ですから、いかに嫌がらせないで、短時間で終えられるかがポイントになります。理解できなくても、やさしく声をかけながら、「次にはお手々を脱ごうね」などと、予測できるような言葉かけをしていくことも大切です。また、着替えている途中で保育者に手を伸ばしたりするので、「アワワ」と着替えも遊びにして楽しい雰囲気をつくります。

乳児に負担がかからないように
やさしく

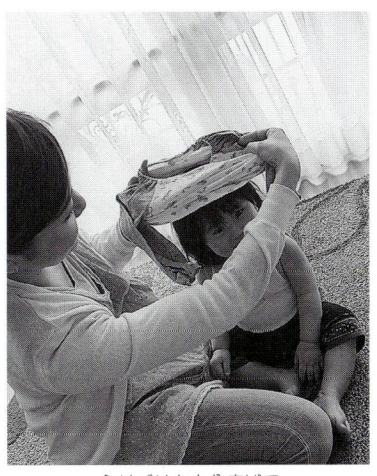

えりぐりを十分広げて

Ⅲ 赤ちゃんの基本的ケア

着脱の方法

① 衣類の着脱が必要なとき

　乳児は、体温の調節を統制する脳の発達が未熟なので、気温の変化に応じてこまめに衣類の調節をすることが必要です。真っ赤な顔をして汗をかいているときは、暑すぎるので脱がせることが必要ですし、鳥肌がたっていれば、寒いので余分に着せることが必要になります。

　また、着せすぎかどうかは、えりくびや背中にちょっと触れてみて、汗ばんでいれば暑すぎるということですが、大泣きをした後や寝入った後などは厚着とは関係なく汗をかくので、区別することが必要です。

② 着脱時の配慮

- 頭からかぶせて着るものは、十分にえりぐりを広げて頭が通りやすいようにします。
- 上着やシャツを頭から脱がせるときには、まず手を交互に脱がせ、肩口まで衣服をもって行って、頭を通すようにすると簡単にできます。
- 上着やシャツ、ズボンやパンツを着るときは、おとなの手を袖などから入れて乳児の手・足を持ち、通します。
- 着脱時に乳児の姿勢に負担がかからないように、強く腕や足を引っ張らないようにします。特に、歩き始めまでは、下肢が脱臼しやすいことに留意します。

トピックス

① 衣服の条件

　乳児の衣服は、身体保護を目的としています

- 気候調節に適するもの（保温性・通気性など）
- 皮膚を清潔に保つもの（汗や垢をよく吸着するもので、吸湿性・通気性など）
- 活動や運動を妨げないもの
- 着脱が容易なもの

- 洗濯しやすく、洗濯に耐えられるもの
- 安全なもの
- 汚れが目立ちやすいもの

② 靴の選択規準

　乳児の足は急速に大きくなるので、高価な靴を選んで長く履かせるよりも、安価なビニール性やズック性で大きさに合わせて、どんどん替えた方がよいでしょう。

- 月齢が小さいほど乳児の足指は開いているので、靴先が開いたもの
- 長さは、年齢に応じてつま先の余裕が1～2cm程度のもの
- 長さだけではなく、甲高など足全体に適切なもの
- 足との接着方法が、ジッパー式・サンダル式・長靴などのものは、足のかかとと靴のかかとがぴったり合いにくく、足が前に滑り、指先を圧迫しやすいので注意します。

学生からの質問⑦　自分で着替えたがってもできないときは、手伝ってもいい？

赤ちゃんは自分で着替えることはできませんが、1歳を過ぎてくると「自我」の育ちとともに、自分で何でもやりたがります。自分でできなくてもやろうとしているときに手を出されることは「自我」の育ちを阻害しますし、一番嫌がります。まずは、子どもの様子を見ながら、助けてもらいたくなるようなタイミングを待ちましょう。

学生からの質問⑧　子どもに「やって！」と言われたときには着替えを手伝ってもいいの？

甘えの表現のひとつとして考え、基本的にはやってあげてよいでしょう。どうしたものか迷ったときには、クラス担当の先生に聞いてみてください。大切なことは、なぜ、あなたに「やって」といったのか、子どもの気持ちを考えることです。

9．赤ちゃんマッサージ

　皮膚は「露出している脳」であるとも言われ、赤ちゃん体操やマッサージは、血液循環を促すだけではなく、情緒面や言語の発達に良い影響を及ぼすケアです。

こころのケア

　乳児に語りかけながら、保育者の手のひらの動きによって、皮膚を通して人の温かさや優しいこころが伝わるようにします。大切なことは、乳児と保育者とがお互いに楽しめるということです。そのために、どういう動きや力加減をしたら乳児が楽しめるのか、嫌がるのかを、乳児の反応をきちんと見ながら行います。おむつをしているだけでも圧迫されていますから、おむつ交換のときなど「気持ちが良いね」と語りかけながら、足や臀部をなでることでも、気持ちがつながります。

マッサージの方法

① マッサージの準備
- 保育者は爪を短く切り、乳児を傷つけないか確認します。
- 手を洗い、手が冷たいときには温めます。
- 清潔なバスタオルなどを用意します。

② マッサージの方法
　乳児を裸にして、バスタオルの上に寝かせます。
〈からだの前〉
「頭」　まなざしを合わせながら頭の上を円を描くように優しくなでながら、両手で両頬にそってなでおろします。
「顔」　額の真中からこめかみに向かって左右に円を描くようになでます。鼻・目・口元は上から下、真中から外側へと同様になでます。

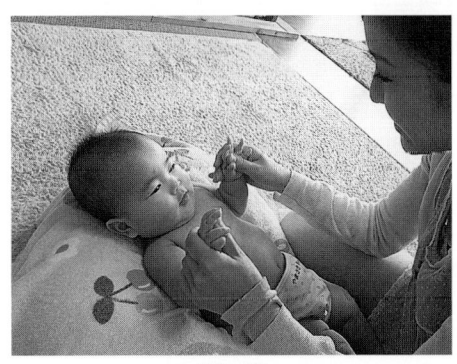

9．赤ちゃんマッサージ

（腕・手）　　　　　　　　　　　　　　　（おなか）

（脚）　　　　　　　　　　　　　　　　　（背中）

「首・肩」　耳から肩、首から腕までをなでます。
「腕・手」　肩から指先まで優しくもみほぐすようにし、指先は一本一本こすります。
「胸」　両手を使って胸の中心からハートを描くようにくり返します。
「おなか」　おへそのまわりを時計方向に大きく円を描くようにします。
「脚」　ももから足首まで優しくなでます。
「足・足首」　両足首をなで、足首を支えたまま親指でかかとから爪先に向かってなでます。
「前全体」　両手を使って全身を首から爪先までなでおろします。

〈からだの後〉

「頭」　頭の上から後頭骨まで軽くなでます。

「首・肩」　首の骨の両側をなで肩に向かいます。そして、首から肩にかけてやさしくなでます。

「背中」　首からお尻にかけて背骨の両側を円を描くように優しくなでます。

「お尻」　お尻を軽くゆすります。

「脚」　お尻下から足爪先までを優しくなでます。

「後ろ全体」　頭の上から足爪先まで指と手のひらを使って軽く、優しくすべるようになでます。

③　マッサージの留意点

- 乳児がリラックスしているときに、行うようにします。
- 授乳後1時間、沐浴後はさけます。
- マッサージをする体の部分、回数、時間は自由に考えます。
- 始めはやさしく触れる程度でだんだん軽く圧力をかけます（目安は赤ちゃんの皮膚が少し白くなるくらいの力）
- 乳児が泣いたり嫌がったときには中断し、様子を見て機会を改めます。

トピックス

①　タッチケア

　アメリカのマイアミ大学医学部タッチリサーチ研究所のティファニー・フィールド博士が開発したベビーマッサージ法。親（保育者）が赤ちゃんに語りかけながら肌と肌がたくさん触れあうことで親子（人間）関係の情緒面の絆を強めることになると考えています。

　未熟児（生後3か月未満の健常児）用と生後3か月以上の定型発達児用の2通りの方法があります。

②　赤ちゃん体操

　最も普及しているものは、昭和42年に、群馬大学の松村教授が考案したものを改良した「赤ちゃん体操」で、目的は乳児の運動機能を順調に発達させるためでした。適当な支持援助や、刺激を与えて乳児の能動的な動きを誘発し、確実に、また、次の段階に役立つように発現させていくとし、そのために月齢に応じた各種の運動系列がつくられています。

10．外気浴

　新鮮な空気に触れて、皮膚や呼吸器、粘膜の鍛錬になったり、気持ちの切り換えをする機会になるケアです。

こころのケア

　外気浴は、乳児が外の世界を知るチャンスです。ぴったりと布や保育者の体で包んで、安心感を与えながら行います。新鮮な空気は皮膚刺激としても心地よいものです。気持ちの良さを語りかけながら、ゆったりとした雰囲気を大切にします。保育室で入眠できずにぐずったり、悲しくなったりしたときの気分転換にもなります。健康のためとだけ考えずに、乳児が、気持ちの開放される心地よさや、外界に興味を広げていく機会になることをもふまえ、十分楽しめるようにします。

語りかけながら楽しむ

外気浴の方法

(1) 生後1か月を過ぎてから行います。
(2) 月齢・個人差（体調やアレルギー）などに配慮をしながら、散歩やベランダなどの身近なところから取り入れます。
(3) その日の天候や季節、外気温、風の強さを確認します。
(4) 始めの数日は3〜5分、その後20〜30分間とします。生後3〜4か月になると、1〜3時間くらい戸外で過ごしても大丈夫です。
(5) 外気浴中は、乳児の状態をよく観察し、負担にならないようにします。（時間・場所・気温など）
(6) 外気浴後は、状況に応じて水分を補給します。

Ⅲ 赤ちゃんの基本的ケア

トピックス

① 日光浴

かつては乳児の代表的な健康増進法でした。主な理由は、ビタミンD欠乏による「くる病」の予防でした。しかし、一般栄養状態の向上および育児用粉乳へのビタミンD添加などにより、ほとんど見られなくなりました。そのため、日光浴は必要がないという考え方がされるようになってきました。一方、5月～9月の晴れた日に体表面積の約10％に数分の太陽光を浴びれば、紫外線B波により骨の成長に必要なビタミンDが生合成されるので、健康に良い面をもっているとも言われています。

② 紫外線

乳児期から10歳頃までに浴びる太陽紫外線量が、20歳以降のシミ・シワ、皮膚の悪性腫瘍の発生に大きく影響されることがわかってきました。日光浴よりも、外気浴が奨励されるようになったのはこのことからです。過度の日光浴は、望ましくありません。

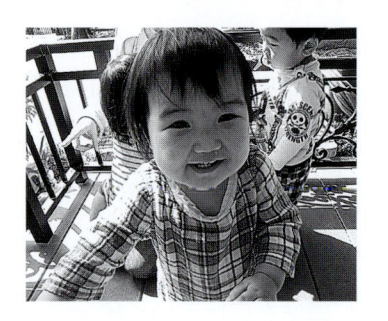

学生からの質問⑨ 赤ちゃん言葉を使ってもよい？

赤ちゃんクラスでは、赤ちゃんとのおしゃべりにはよいでしょう。でも、保育者も子どものモデルであることを自覚しておく必要はあります。

学生からの質問⑩ 人みしりの子どもにはどう対応したらよい？

生後6～7か月頃の母子関係の発達課題としての「人みしり」の時期には、あまり無理をして近づき過ぎないようにします。子どもが不安を訴えているからです。日を追うごとに少しずつ不安も和らぎますから、不安にならない距離を保ちながら毎日笑顔で話しかけることを努力してください。

IV 配慮を要する子どもの保育

1 低出生体重児で生まれた子どもの保育

2 障害児の保育

3 長時間保育

4 病児・病後児保育

5 虐待された子どもの保育

6 心配な子どもの行動への理解

1．低出生体重児で生まれた子どもの保育

こんなに小さかった子どもが保育園へ

(1) さくらちゃんのこと

　さくらちゃんは、3歳の女の子です。生まれたときの体重は1,430gでした。出産予定日からは1か月以上も早い、在胎週数（妊娠期間）34週3日での出生でした。生まれた体重は在胎週数の割にさらに少ないとのことでした。NICU（新生児集中治療室）に入院し保育器に入ることになりましたが、幸い呼吸などは安定していて活発に動いていました。母乳やミルクは最初は栄養チューブからの注入でしたが、徐々によく飲んでくれるようになり、約1か月もたたないうちに退院することが出来ました。2歳になって保育園に入りました。保育園に入った当初は、病気しがちで休むことも多かったのですが、だんだんと熱を出すことも少なくなり、次年度は休む回数はずいぶん少なくなりました。保育園にも慣れてきて、担当の保育者が大好きです。なかよしのお友達と一緒にいるのを楽しんでいますが、体格はまだ小柄で活発な活動はちょっと苦手です。

　保育園では、小さく生まれた子どもを保育することが多くなってきました。これらの子どもにはどのような特徴がみられ、どのような配慮をすれば良いのでしょうか。

(2) 早産児、低出生体重児とは

　体重が小さく生まれた赤ちゃんを以前は未熟児といっていましたが、体重が少ない赤ちゃんは必ずしも未熟（早産）であるとは限らないことから、赤ちゃんが生まれたときの状態を「出生体重」と「在胎週数」で区別して客観的に判断するようになりました。この基準から出生体重が2,500ｇ未満の赤ちゃんを低出生体重児といい、低出生体重児のうち、とくに出生体重が1,500ｇ未満の児を極低出生体重児、1,000ｇ未満の児を超低出生体重児と

いっています。

　出生時の体重は、在胎期間（妊娠期間）と関連しているので、出生体重の少ない赤ちゃんは、出産予定日より早く生まれた場合が多くみられます。在胎週数が37週未満で生まれた赤ちゃんを早産児といいます。また特に28週未満で生まれた赤ちゃんを超早産児といいます。なお在胎週数が37週から42週未満で生まれた赤ちゃんを正期産児、在胎42週以上で生まれた赤ちゃんを過期産児といいます。

　早産児は、妊娠期間中の体重増加が順調でも、早く生まれたために低出生体重児であることが多くなりますが、中には正期産児であったにもかかわらず低出生体重児であることがあります。妊娠期間中の体重増加が少なかった赤ちゃんですが、このように在胎週数の割に出生体重が少なかった赤ちゃんはLFD児（light for date infant）といいます。在胎週数に比較して出生体重が大きかった児はHFD児（heavy for date infant）、適正な出生体重だった児はAFD児（appropriate for date infant）といわれます。また在胎週数に比較して身長も体重も小さく生まれた赤ちゃんはSFD児（small for date infant）、あるいはSGA児（small for gestational age infant）と呼ばれることもあります。

修正月齢

　子どもの身体発育や精神運動発達は、生後の月齢（年齢）を基準として行います。ただし早産児の場合は、生まれた日を基準とした月齢ではなく、修正月齢を用いて評価します。修正月齢とは、生まれた日ではなく、出産予定日に生まれたとして計算した月齢のことをいいます。例えば5月5日が出産予定日だったのが約12週早い2月12日に生まれたとすると、同じ年の9月12日はお誕生日から数えると7か月（暦年齢）となります。そろそろおすわりが出来るようになる時期です。しかし出産予定日から数える修正月齢ではまだ4か月児ということになります。まだ首がすわっていればよい発達段階となります。

　修正月齢（年齢）を何歳まで使うかは決まっていませんが、3歳くらいまでは修正月齢でみていくのがよいでしょう。

発育・発達の特徴

（1） 身体発育にみられる特徴

　極低出生体重児や超低出生体重児では、はじめのうち身長や体重の増加がやや不良なことがあります。修正月齢を使っても、身体発育曲線が3パーセンタイル程度だったり、それを下回ることもありますが、多くの子どもは小柄ながらも小学校3年生の頃までには標準に追いついていくといわれています。また身体発育が早めに標準に追いつく（キャッチアップする）子どももいますが、身長の伸びが少ない子どももいます。特に在胎週数に比較し小さく生まれた児（SGA児）の中には身長の伸びが少ない児がみられることがありSGA性低身長といわれています。身長の伸びが少ないときは3歳児健診の頃に一度相談してみるのもよいでしょう。

　また弱視、難聴の子どもや、歯の発育の遅れる子どももいます。気管支炎など感染症にかかりやすい子どもや喘息を持つ子どももいます。感染症に罹患する機会は、集団での生活が多くなると増えていきます。手洗いなど生活習慣の工夫で予防に気を付けることも大切です。また予防接種は、原則として暦年齢での接種が実施されています。また冬には毎年流行する風邪のひとつにRSウィルスによる感染症があります。咳や鼻水などの風邪症状がみられますが、はじめてRSウイルスに感染した乳幼児の一部に、細気管支炎や肺炎を引き起こし、呼吸困難などの症状がみられることがあります。早産児や呼吸器・心臓に病気を持つ児、免疫不全の児、ダウン症候群の児は重症化を防ぐために、抗RSウイルス単クローン抗体の注射（シナジス）による予防（対象児となる基準があります）も行われています。

（2） 精神運動発達にみられる特徴

　低出生体重児の中には、運動や細かな動作が苦手な子ども、言語発達、知的発達が遅れる子ども、多動傾向や気が散りやすい子どもなどもみられます。体格や発達の影響から集団での遊びに慣れにくい子どももいます。性格あるいは行動面では、依存的であったり、引っ込み思案であったりする子どももいます。本人の自信のなさや、大人の過保護なかかわり方が影響している場合もあります。もちろん低出生体重児がすべてにこのような特徴や疾患を持

つわけではないので、一人ひとりの子どもをよくみることが大切です。低出生体重児の子どもの特徴として決めつけないようにしましょう。それぞれの子どもが生き生きと、自信を持って生活してほしいものです。

早期の療育支援

(1) 母親の心理

　子どもを早産児として生んだ母親は、「早く生んでしまってすまない」というような自分を責める感情を持ちやすく、また子どもの疾病や発育・発達への不安も持ちやすいのです。こうしたことから子どもに対して過保護なかかわりをすることもあります。

　低出生体重児は、出生後、呼吸や栄養摂取が自力では困難であったり、体温調節が未熟なために、NICUに入院し、また保育器で過ごす場合があります。NICUでは、かつてはガラス越しの面会だけのため、我が子を抱くことも出来ず、「私の子ども」という実感、あるいは子どもとの一体感を持てないことがありました。そのためNICUを退院した後、子どもへの愛着（マターナル・アタッチメント）の形成がうまくいかず、虐待にまで発展してしまうことがありました。しかし最近では、どのNICUでも母親のみならず父親も中に入って赤ちゃんとのかかわりを持つことが出来るようになっています。親子の結びつきを促すために、出生後の出来るだけ早い段階から赤ちゃんとの接触を促すタッチケアやカンガルーケアも導入されてきました。またNICUに保育士を導入して、赤ちゃんとのかかわりをサポートしている病院も増えてきました。

(2) 育児支援の実際

　子どもの発育、発達の特徴や母親の心理状態などを考えれば低出生体重児とその保護者に対して、支援が必要なことは容易に理解できるでしょう。前川喜平らは、平成4年度から低出生体重児など、発達に問題を生じる可能性があるハイリスク児の育児支援について研究をすすめてきました。

　乳児期、幼児期における支援では、低出生体重児に対する「親と子の遊びの教室」という形で、いくつかの病院で実践されました。これは治療（療育）

と保育(幼児教育)の中間にあたる活動で、発達の基礎づくりの活動と位置づけられました。具体的には、月に1回、2時間ほどのプログラムで、自由遊びや設定遊び、おやつの時間などからなります。保護者は一緒に遊んだり、ほかの子どもの様子をみたり、医師などから話を聞いたりします。子どもの発育、発達の遅れを気にして、健常児のいる公園などには出かけにくい母親にとって、同じような立場の親と出会えたり、子どもの遊び方を知ったり、気軽に相談できる場となることで、この育児支援プログラムは高い評価が得られました。現在では各地域で病院や自治体により実践されています。

(3) 保育園にいる低出生体重児

保育園児の約5％が低出生体重児といわれています。山口ら(2002)の調査では、極低出生体重児を保育している398の保育園の定員の合計数(36,153名)に対して、低出生体重児は1,748名(4.8％)、そのうち極低出生体重児は142名(0.4％)、超低出生体重児は76名(0.2％)でした。調査では、極低出生体重児、超低出生体重児にみられた特徴としては、身長、体重が小さい子どもの割合が高いという身体発育の問題、病気にかかりやすい、病気がなかなか治りにくいなど、健康面の問題が指摘されました。また運動発達、言語発達の遅れも指摘され、出生体重が少ないほど遅れがみられていました。また運動発達は年齢とともに改善する傾向がみられていました。

極低出生体重児や超出生体重児に対する個別的な対応の必要性に関しては、運動発達に対する働きかけ、食事の介助、身辺自立のしつけ、体力に対する配慮、運動発達や言語発達に対する働きかけ、保護者への支援などが指摘されました。

低出生体重児を保育する場合には、病院などの医療機関、保育所・市町村保健センターなどの保健機関、障害児通園施設などの療育機関などとの連携が重要といえます。

参考文献

- 山口規容子・安藤朗子他:極低出生体重児の保育所生活に関する調査研究、厚生科学研究(子ども家庭総合研究事業)平成13年度報告書、2002
- 母子保健情報43号「特集ハイリスク児の子育て支援」母子愛育会、2001

■Ⅳ　配慮を要する子どもの保育

2．障害児の保育

障害児保育はどこで行われているか

　保育という用語は、日本で幼稚園の設立された明治の頃から用いられるようになり、保護と育成とを一体化したものであるといわれています。現在の言葉で表せば、養護と教育とを一体的に行う行為といえます。したがって障害児保育を行う機関としては、障害のある乳幼児に対して、養護的側面と教育的側面との両面を配慮して指導している就学前の専門機関が該当することになります。

　障害児保育というと、どうしても一般的には障害児と健常児とを統合して保育している保育園や幼稚園が思い描かれます。しかし厳密にいえば、保育という用語のもつこうした養護的・教育的な両面を配慮して指導を行っていれば、障害児保育を実施している専門機関として当てはまるといえることになります。その意味からいえば、保育園や幼稚園だけでなく、最近増えている認証保育所や認定こども園、さらには学童保育所なども含めて、幅広い多様な機関が含まれてくることになります。

　園山（1996）は、障害児を保育しているこうした多くの専門機関を、障害児と健常児との統合形態によって図1のように区分しています。

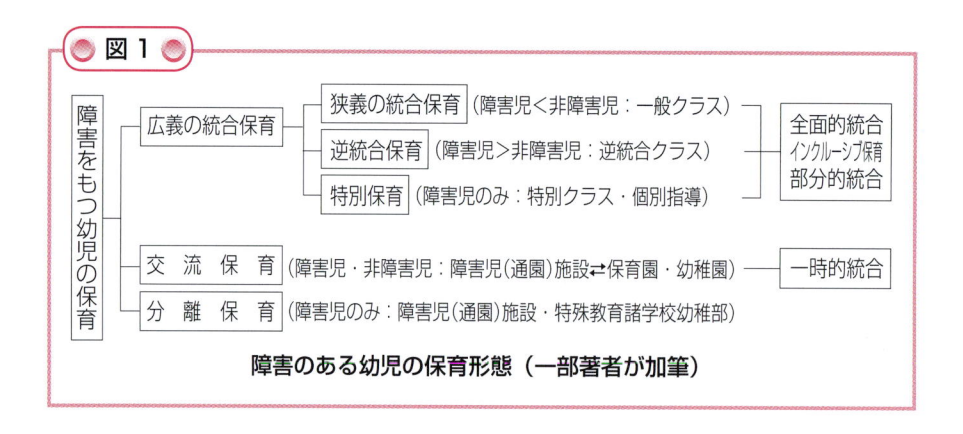

○図1○

障害をもつ幼児の保育
- 広義の統合保育
  - 狭義の統合保育（障害児＜非障害児：一般クラス）
  - 逆統合保育（障害児＞非障害児：逆統合クラス）
  - 特別保育（障害児のみ：特別クラス・個別指導）
  → 全面的統合　インクルーシブ保育　部分的統合
- 交流保育（障害児・非障害児：障害児（通園）施設⇄保育園・幼稚園）→ 一時的統合
- 分離保育（障害児のみ：障害児（通園）施設・特殊教育諸学校幼稚部）

障害のある幼児の保育形態（一部著者が加筆）

(1) 分離保育をしている専門機関

　ここでいう分離保育というのは、健常児は在籍しておらず、障害のある乳幼児だけが在籍して保育的な指導を受けることを意味しています。障害児が健常児と分離されて保育的指導を受ける専門機関としては、以前は盲学校や聾学校そして養護学校と呼ばれた特別支援学校などの幼稚部と、障害児の通園施設とがあります。現在、こうした特別支援教育諸学校の幼稚部に在籍している幼児も、月に数回は近隣の幼稚園や保育園と交流する機会を設けて、健常な幼児とふれあうようになりつつあります。

(2) 交流保育を実施している専門機関

　交流保育とは、特別支援教育諸学校の幼稚部や障害児通園施設に在籍して指導を受けている障害幼児が、先に述べたように週数回、または月に数回というように、回数には幅がありますが、定期的に地域の幼稚園や保育園、こども園などに通って、そこで健常幼児の中に混じって保育を受けている指導形態のことを指しています。こうした交流保育をどのように実施しているかは、それぞれの園に任されているので、さまざまな内容があると思われます。一緒に遊ぶことやゲームをすること、お互いの得意な歌や踊りなどを見せあうこと、さらには混合グループで活動することなどは、かなりの園で実施していると思われます。

(3) 統合保育（インクルーシブ保育）をしている専門機関

　統合保育（インクルーシブ保育）とは、障害をもつ乳幼児が保育園や幼稚園に在籍しながら、そこで健常の幼児たちと一緒に生活しながら保育を受けていく形態です。柴崎ら（1994）は、全国の保育園や幼稚園で、どの程度の園が障害幼児を受け入れているのかという統合保育に関する調査を実施しましたが、その結果によれば、保育園では49.5％、幼稚園では28.8％で統合保育を実施していました。障害の種類としては、知的障害（精神遅滞）と情緒障害、言語障害が多く、視覚障害や聴覚障害は少数でした。近年の傾向は幼稚園よりも保育園が障害児の受け入れを積極的に実施しており、特に知的・発達的に遅れのある幼児を多く受け入れている現状がみられたといえます。

インクルーシブ保育の意義と方法

（1） 障害児にとっての意義

　インクルーシブ保育という保育形態は、障害乳幼児が健常乳幼児と一緒に保育に参加しながら、ともに生活を進めていく形態を指しています。柴崎・井田（1982）は、統合保育が実践され始めた時期に、東京都内の保育園で障害児保育を担当している保育者を対象にして、インクルーシブ保育の効果について調査しています。その結果障害児にとって健常児と一緒に生活することは、集団参加・身辺自立などの面において特に効果があると受けとめられているという結果を得ています。また運動遊びやごっこ遊び、さらには言葉によるやりとりなど、障害児だけの集団ではなかなか経験できないような側面でも効果がある、と保育者に受けとめられていました。

　その後の調査でも、こうした健常児との出会いが障害児の興味を喚起して、これまで関心のもてなかった生活習慣や遊びへの参加意欲を生みだすことが明らかとなっています。さらに、このような活動に参加することを通して、同年代の仲間と出会うことは、様々な仲間がいることへの関心が高まることにもなり、次のように障害児にとっても大きな意味をもつことが示唆されました。

（2） 周りの人々にとっての意義

　同じクラスに障害児が入ることは、園生活で一緒に生活をしていく同世代の幼児にとっても、社会にはいろいろな障害をもつ同年代の仲間がいることを知る機会ともなります。清水・小松（1987）は、インクルーシブ保育の効果に関するさまざまな調査を分析した結果、90％以上の保育園で、健常児にとっても「いたわりの心や、思いやりの気持ちが育つ」ので効果があると指摘しています。

　さらに西原（2001）は、障害をもつ子どもの親もまた、わが子の障害を受け入れていく過程で、人間としての成長を体験し、世の中には障害児をはじめさまざまな能力の子ども達がおり、どの子どもも見かけや能力とは無関係に、かけがえのない大切な存在であることを理解するようになっていくと述べています。同じく津守（2001）は、たとえ障害をもっていたとしても、

人間が育つためには、周りのおとなと相互に理解し合う関係性が基本になることを指摘し、おとなである保育者もまた、障害をもつ児とかかわることで、保育者としての成長を体験していくと述べています。

インクルーシブ保育の内容と配慮点

　でも、実際にインクルーシブ保育を実施していくためには、障害児を受け入れる保育園や幼稚園に、保育環境や保育内容として特に求められることがあります。主な内容と配慮点は次のようなことです。

（1）障害に配慮した保育環境を保障すること

　視覚に障害のある幼児の場合には、思わぬところに段差があったり、物が置いてあったりすると、転んだり衝突してけがをすることにもなります。また運動機能に障害のある幼児では、段差や階段などがあると自力では移動できないし、コンクリートのように荒い床を這うと、膝などに擦り傷を負うことにもなります。したがって、健常幼児では問題にならないこうした保育環境を見直して、危険性を防ぐように配慮することが求められます。

　知的に遅れた幼児や多動傾向の強い幼児では、水遊びや泥遊び、そしてトランポリンやブランコなど、身体感覚を存分に使う遊びを好む傾向がみられます。そのために、こうした遊びを十分に楽しめるだけの場と時間を保障してあげることが求められてきます。また自閉的な幼児の中には、ゆったりと落ちつく空間を必要とする子もいます。その場合には、保育室やその周辺に、その子が落ちつける居場所を作って置くことも必要となるでしょう。

（2）それぞれに適した活動への取り組み方を保障すること

　障害や発達の遅れをもつと、生活や活動のペースは、健常な子どもと同じというわけにはいきません。何よりも同じ方法ではできないことも多く、できたとしても取り組みに時間がかかります。多くの場合は、その活動に関心をもつまでに時間がかかりますし、どのように取り組むかなど、その子に適した方法を見つけ出していくことが求められてきます。こうした違いはあっても、一緒にその活動を楽しみ、その子なりに参加するようになっていく過

程を大事にしていくことに意味があります。

(3) 子ども同士の育ちあいを尊重すること

　インクルーシブ保育では、障害や遅れをもつ幼児も健常児と一緒に生活し遊んでいきます。その中では物や遊具の取り合いや、順番をめぐるトラブル、さらには仲間入りをめぐる拒否なども、当然のことながら生じます。一方で家庭や専門の療育施設などでは、障害や遅れがあるということで配慮してもらえることが多いので、こうしたトラブルを体験することができにくいといえます。それゆえに、インクルーシブ保育でのこうした遠慮しない他の幼児とのトラブルは、大事な経験となります。

　こうした体験を通して、お互いの気持ちを率直に伝えることの大切さや、それぞれの持ち物や遊具などを大事にし尊重していくことの必要性、そして困ったときには、お互いに助けあったり貸し借りして、解決していくことの心地良さなどを具体的に理解していくのです。

(4) 保育者間で連携し担当者を支えていくこと

　インクルーシブ保育は、担当者に任せればできるというものではありません。クラス担任と障害児担当の支援者とが別々にいるクラスでは、両者の連携が大事になることは言うまでもありません。また複数の保育者が障害児の担当を兼ねているような場合でも、保育者がその障害児のことを相互理解し、今、どのようなかかわりが大事なのかを共有しながら、みんなで支えていくような連携のあり方が求められてきます。そうした支えと連携がないと、担当者が孤立化してしまいます。障害児もクラスの仲間に入れなくなり、孤立化していくことにもなりかねません。これでは、一緒に生活をしていく意味がなくなってしまいます。

　障害をもつ乳幼児が保育園や幼稚園に在籍する場合には、その子のかかりつけの医療機関や通園している相談機関、さらには就学時にかかわる教育機関などとの連携が必要となります。その連携の主な内容については、つぎのようなことがあげられます。

専門機関との連携

　障害をもつ幼児が保育園や幼稚園に在籍する場合には、その子のかかりつけの医療機関や通園している相談機関さらには就学時にかかわる教育機関などとの連携が必要となります。その連携の主な内容については、次のようなことがあります。

(1) 医療・保健機関との連携

　ほとんどの障害児はかかりつけの病院や医師を決めており、定期的に診察を受けて、薬をもらったり経過を診てもらったりしています。そのために、園でのその児の障害の状態や様子をそうした担当医に伝えたり、園生活で医療的に配慮することについて医師からアドバイスしてもらうなどの情報交換がよく行われています。また療育センターや通園施設において、言語指導や機能訓練などを受けている場合には、その担当者から園生活で配慮することのアドバイスを受けたり、園側も生活の様子を伝えるなどの情報交換が大切となります。

(2) 地域の相談機関との連携

　障害乳幼児の発達の状態や関係の変化などは、保育者だけではなかなか把握しにくいこともあります。そこで地域の保健所における心理相談や発達相談の担当者や、児童相談所や教育相談所の心理相談担当者などに継続的に観察してもらったり、アドバイスを受けることがよく行われています。また障害乳幼児の保護者に対するアドバイスも、こうした地域の相談機関によって行われていることが多いと思われます。

(3) 教育機関との連携

　ほとんどの障害幼児は、就学を迎えるときに、地域の教育委員会において就学相談を受けることになります。そのために、どのような学校が適しているのかを地域の小学校や特別支援学校や特別支援学級の関係者と話しあうことが必要となります。また、地域の小学校の「ことばの教室」に通っている

IV 配慮を要する子どもの保育

障害幼児が在籍する場合には、その担当者と情報交換を行うことも大切です。

参考文献

- 園山繁樹：「統合保育の方法論」、相川書房　p.7－9、1996.
- 柴崎正行、猪平真理、大川原潔、鈴木篤：「幼稚園における障害幼児の実態」、日本保育学会第47回大会論文集、p.524－525、1994.
- 柴崎正行、猪平真理、大川原潔、鈴木篤：「保育所における障害乳幼児の実態」、日本特殊教育学会第32回大会論文集、p.261－262、1994.
- 柴崎正行、井田範美：「東京都内の保育園における障害児保育の現状に関する調査」、児童研究、61：p.39－54、1982.
- 清水貞夫、小松秀茂：「統合保育」、学苑社、p.106－109、1987.
- 西原彰宏：「育つということ」（柴崎・大場編「障害児保育」第2章）、ミネルヴァ書房、p.18－21、2001.
- 津守　真：「障害児保育」（柴崎・大場編「障害児保育」第1章）、ミネルヴァ書房、p.2－7、2001.

学生からの質問⑪　4歳児クラスに、脳性麻痺で下半身が動けない子どもがいるそうです。どうしたらよいのでしょうか？

クラス担当の先生に、あなたの不安に思っている点についてまず率直に聞いてみてください。それから、クラスの子ども達がどのようにその子どもにかかわっているのかをよく見て学んでください。そして、あなたの理解している「脳性麻痺児」の知識と、実際の子どもの持っているさまざまな可能性を自分で実感してください。

学生からの質問⑫　多動で自閉症の5歳児に、障害担当の先生がついているそうです。私は全然かかわらなくてよいのでしょうか？

あなたがかかわらないようにしても、子どもの方からかかわってくるかもしれませんね。そのときには、もちろんかかわることになります。障害担当の先生がついていても、一日中、その先生とだけかかわっているわけではありません。他の子どもともかかわります。そういうことがなければ、その子どもが保育園に入園する意味はありません。また、国基準では、障害児3人に対して保育者1人の加算（障害児担当加算）となっていますので、他のクラスの子どもも担当しているかもしれません。どのような行動をする子どもなのか、配慮すべき点は何なのかについては、クラス担当の先生、もしくは、障害担当の先生に聞いてみてください。

3．長時間保育

長時間保育の必要性と長時間保育制度

（1） 長時間保育の必要性

　商業やサービス業など、第3次産業中心の世の中になり、就労の時間帯や曜日が多様化しています。工業や物品製造といった第2次産業中心の時代では、夕方の5時には会社を離れることができる人も多くありましたが、商業中心の現在は、6時どころか、7時、8時までも営業する事業所が少なくありません。加えて、自宅から職場までの通勤時間も長くなっています。

　就労と子育ての両立支援を目的の一つとする保育園には、このような社会の変化に対応して、開園時間の長時間化が求められています。これは、今や時代の必然だと考えられます。このことを利用者の側からみると、長時間保育を受けることが可能になっていることを意味しています。

（2） 長時間保育の制度

　保育園の開園時間は、児童福祉施設の設備および運営に関する基準で「おおむね8時間」と定められていますが、現在の保育園運営費には11時間分の費用が組み込まれていることになっています。したがって、長時間保育といった場合、一般には11時間以上の保育を指すことが多いようです。これを延長保育制度と呼んでいます。ただし、夜間保育の場合、時間帯が遅いこともあり、それ自体を長時間保育の一形態と考えるのが一般的です。

　延長保育制度は、11時間を超えて、最低30分以上保育園を開園しているもので、最長24時間の開園が可能です。ただし、延長保育の実施にあたっては、児童の心身に与える影響に配慮すること、ひとりの児童について連日

11時間開園

　保育園の開園時間帯は特に定められていませんが、一般には、午前7時から夕方6時くらいまでの時間帯となっているところが多いようです。ただし、夜間保育園の場合、午前11時から夜10時までと時間帯が固定されています。

Ⅳ 配慮を要する子どもの保育

で保育を行うことがないようにすることなどが求められています。

このような認可制度をさまざまな理由で利用できない利用者は、認可外保育施設を利用したり、認可外保育施設との二重保育を利用することになります。

幼稚園においても、午後の保育への対応が進みつつあります。これを一般に「預かり保育」と呼んでいます。私立の幼稚園では、夕方5時、6時まで開園しているところも珍しくなくなりつつあります。2010（平成22年）年度の幼児教育実態調査では、私立幼稚園の預かり保育の終了時間は「午後5～6時」50.7％、「午後6～7時」21.7％、「それ以上」1.1％で、70％以上が午後5時以降も保育を行っています。

長時間保育の特徴

ここでは、保育園の長時間保育を中心に、子ども達の生活という側面から、その特徴を5つに絞って紹介していきます。

（1）起きている間の半分以上が保育園での生活

図1は、ある認可夜間保育園を利用しているさきちゃん（1歳児）の平均的な1週間の生活です。両親はともに新聞記者です。勤務は不規則で、取材があれば、お迎えもかなり遅くなることがあります。両親ともに土曜日が勤務の場合、土曜日も保育園に通います。

さきちゃんは、毎日、保育園を10時間以上利用しています。したがって、

図1

				(在園時間)								(睡眠時間)
		7	8	9	10	18	19	20	21	22	23	24	
月曜日		起床	登園		(13時間)				降園		就寝		(7時間)
火曜日	起床	登園			(10時間)	降園		就寝					(11時間)
水曜日		起床	登園		(11時間)		降園		就寝				(9時間)
木曜日		起床	登園		(12時間)			降園		就寝			(9時間)
金曜日		起床		登園	(13時間)				降園	就寝			(8時間)
土曜日		起床			(0時間)			就寝					(12時間)
日曜日				起床	(0時間)				就寝				(10時間)

さきちゃんの1週間

平日、家にいる時間は11時間から14時間で、睡眠時間を除くと、平日、家で起きている時間は2～3時間ということになります。これは夜間保育園という少し特殊な例ですが、延長保育を利用する子ども達も、かなりの時間保育園で生活しています。

長時間保育は、もはや否定できない状況です。保育園および保育者は、このことを意識した保育活動に努める必要があります。

> **保育園の開園時間**
>
> 事例の保育園は、朝7時から、夜12時まで開園しています。昼間保育園に併設されており、午前中は、合同保育となっています。午後からは、夜間保育園の子どもを中心とした保育を受けています。

（2） 安定しない保育集団の中で受ける保育活動

保育活動は、一般に、特定の保育集団（クラスあるいはグループ）を前提に行われています。長時間保育を受ける子どもも、基本的にはこのような保育集団に属しています。子どもの多くは、朝9時頃にはほぼ登園を終わり、午後5時頃まではほぼ全員が保育園で生活しています。この時間帯に、多くの保育活動が行われます。

ところが、長時間保育を受ける子どもは、この時間帯以外も保育園にいることが多いのです。朝は順番に仲間が登園してくる、夕方は徐々に降園していき、仲間が減っていくということです。当然、縦割りも横割りもないという集団です。

このような時間帯における保育で、単に自由に遊ばせておくのか、テレビやビデオなどを見せるだけにするのかなど、とりわけ夕方以降の時間帯の保育の中身をどうするかは、重要な課題です。保育は単なる預かりの場ではありません。このような時間帯の保育の意図を明確に意識し、具体的な保有内容を検討する必要があります。

（3） 外が暗い時間を保育者と過ごす生活

おとなにとっても夕暮れ時はさみしいものですが、長時間保育を受ける子どもは、この時間帯を保育園で過ごすことになります。また、夕食後は、一般には親子の団らんの時間帯ですが、夜間保育を利用する子どもは、この時間帯も保育園で生活することになりますし、深夜まで利用する場合、お風呂という問題もでてきます。

小さな集団、異年齢の集団の中で、なおかつひとりまたひとりと、順に降

園していくという状況、また、動的な活動時間でない時間帯での保育のあり方は、当然日中の保育活動とは異なるものであるはずです。静的な時間帯、くつろぎやすらぎ、集団を意識しない保育活動がこの時間帯には求められます。

(4) 1日2食を保育園で食べる生活

図1で示した、さきちゃんの生活をもう一度見てください。保育園を利用する日は、昼ご飯と晩ご飯を保育園で食べる生活となっています。1日の主要な2回の食事を保育園でとるわけです。1日2回食事を保育園でとる子どもの場合、とりわけ晩ご飯を、給食という発想で提供するのかどうかについては考えどころです。これは、単に食事の中身の問題だけでなく、食べる環境・食べ方の問題も含めて考える必要があります。

延長保育を受ける子どもの場合は、夕方の補食をどのような形で与えるのが適切かという問題となります。提供するのかどうかも含め、帰宅後の夕食に影響を与えない補食のあり方を考える必要があります。

(5) 不安定な睡眠になりやすい生活

子どもにとって、睡眠は非常に重要な生活の場面です。安定した睡眠の確保は、単に生理面だけでなく、身体的発達や精神的発達にも影響を及ぼすことになります。

長時間保育の子どもは、睡眠が不安定になったり、時間が短くなる傾向があります。図1のさきちゃんは、夜9時にはいったん保育園で睡眠をとっていますが、そうするとお迎えのとき、目が覚めてしまいます。そのことがあってか、通常、家で寝る時間は、たとえ降園時刻が早い場合でも午後11時前後です。

とりわけ夜間保育の場合、睡眠をいかに安定的に確保するかは、重要な課題です。また、長時間保育を受ける子どもにとっても、遅くなりがちな就寝時刻に影響を与えないような保育という視点が必要になります。

長時間保育の課題

　前項では、子どもの生活という側面から、長時間保育の特徴と課題を示しましたが、次に保育活動の視点で、再度簡単に整理しておきます。

（1）24時間の生活リズムを踏まえた保育活動

　長時間保育を受ける子どもは、保育園で生活する時間が長いので、通常の子ども以上に24時間の生活リズムに配慮することが必要です。すなわち、保育園での保育活動のみならず、家庭でどのような生活をしているのか、保護者がどのような子育てをしているのかを踏まえた保育活動を計画し、実施するということです。

　このことは、ときには、家庭での保育の指導にまでかかわっていく必要があるということを意味しています。

保護者の指導

　2001年の児童福祉法改正で、保育所保育士の業務のひとつとして、「保護者の保育に関する指導」（第18条の4）が位置づけられています。

（2）心に寄り添う保育活動

　長時間保育を受ける子どもは、多くの時間を保育者とともに過ごします。それでなくても、保護者との接触時間が短いわけですから、向かい合う保育というよりも、生活に寄り添う、心に寄り添うといった視点の保育が求められます。とりわけ、夕方以降の時間帯ではそのような配慮が必要です。そのためには、保育技術だけでなく、保育者の保育観や人間観、さらには保育者自身の人間性を高めていく必要があります。

　このことは、保護者にとっても同様です。長時間預けることの不安を一部の保護者はもっています。さまざまな生活背景の中で、長時間保育を利用しているのです。「今日も遅れてしまいましたね」「あなたが最後ですよ」など、保護者の心を傷つけるような言葉は慎みたいものです。保育者は、保護者の心にも寄り添う必要があるのです。

（3）生活の連続性を意識した保育活動

　家庭生活との連続性についてはすでに示してありますので、ここでは地域

IV 配慮を要する子どもの保育

社会や小学校との連続性に少しだけ触れておきます。

　保育園での生活時間が長くなると、子どもは地域とのつながりが薄くなりがちです。しかしながら、卒園すると地域に帰っていくわけです。突然地域住民として帰るのではなく、保育園時代からのつながりを保育活動としても組み込んでいくという視点が必要です。

　また、小学校に入ると、放課後児童健全育成事業があります。これはせいぜい夕方6時までで、7時以降も活動しているところは少ないようです。保護者の生活が変わらなければ、ひとりで家で過ごすという状況が生じます。とりわけ、ひとり親家庭などの場合、これは深刻な問題です。卒園に向けて、保護者と一緒に生活の設計を考えていくということも、保育者には求められます。

> **放課後児童健全育成事業**
>
> 一般に学童保育といわれているもので、1997年の児童福祉法改正で法定化されました。多くの自治体では、小学校3年生までを対象にし、午後5時から6時くらいまでの活動を行っています。

学生からの質問⑬　ずっと長い時間保育園にいるのをかわいそうだと思ってはいけないの？

あなたの気持ちとしてはそう感じるのでしょうね。保護者も子どももさまざまな事情を抱えて生きています。あなたに「かわいそう」と思われることよりも、その事情を受けとめ、子どもが長時間保育園にいられて良かった、と思えるような工夫を考えてください。

学生からの質問⑭　子どもの名前が覚えられないのですが？

保育園では子どもの持ち物に名前が書いてあることが多いので、その「名前」をそれとなくみつけていくうちに、覚えることもできます。覚えられなければ子どもに正直に「なかなか覚えられないの。ごめんね。教えてくれる？」というのもひとつの方法です。

学生からの質問⑮　子どもの名前を呼び捨てにしてもよい？

子どもの人権を尊重する意味で「ちゃん」「くん」「さん」がよいでしょう。基本的には担任や保育者の子どもへの呼び方をまねてください。子どもに聞いてもよいです。

4. 病児・病後児保育

(1) 病児・病後児保育の歴史

　高度経済成長期に向かいつつある昭和41年6月、東京・世田谷区の民間保育所・ナオミ保育園の保護者が、園内方式の「病児保育室バンビ」を誕生させました。一方、その2年10か月後の昭和44年4月、大阪・枚方市に所在する香里団地内の枚方市民病院分院内に、保坂智子医師が、「枚方病児保育室」を、日本における初めての地域のセンター方式による病児保育室として開設しました。

　この発足に共通している点は、そのいずれもが働く母親を中心とする勉強会での成果を市民運動として結実させたという点です。働く母親にとって、自分の子どもが病気をした際には、もちろんのこと仕事を休んで面倒をみたいのです。でも、それができないさまざまな仕事上の都合で、ほとほと困りきった上での方策であったと思われます。

(2) 国の本格的な事業へ

　その後、約25年をへた平成3年に、厚生省児童家庭局長（当時）の諮問機関として、「これからの母子医療に関する検討会（座長：小林登氏）」が、少子化時代における母子医療のあり方について報告書を出し、その中で病児保育の必要性が指摘されました。

　この報告書を受けて、厚生科学研究の課題として「小児有病児ケアに関する研究」班（班長：帆足英一）が発足しました。

　平成4年には、この研究班の中間報告を受けて厚生省（当時）は、「病児デイケアに関するパイロット事業（7施設）」をスタートさせ、日本総合愛育研究所（当時）にこのパイロット事業に関する調査研究を委託し、「病児デイケアに関するパイロット事業報告書（主任研究者：網野武博）」が報告されました。

　その報告を受けてこの事業は、平成6年に「病後児デイサービスモデル事業」に引き継がれ、7年に「乳幼児健康支援デイサービス事業」として、国

Ⅳ 配慮を要する子どもの保育

の本格的事業となりました（平成10年には、事業名が「乳幼児健康支援一時預かり事業」と変更、平成19年に現在の「病児・病後児保育事業」となる）。

平成20年春に改訂された「保育所保育指針」解説書においても、保育所に併設して病児・病後児保育事業を実施する際の留意点が指摘されています。

(3) 平成12年度の大幅な要綱改訂以降の動向

平成7年に本格事業化された「乳幼児健康支援一時預かり事業」がなかなか全国的に進展しないため、厚生省（当時）は改めて検討会（平山宗宏委員長）を設置し、病後児保育事業の問題点をはじめ、保育所型病児保育等についての検討を行い、その報告書「乳幼児健康支援一時預かり事業のあり方について（座長：平山宗宏）」が発表されました。

厚生労働省は、この報告書と並行して、平成12年度より新エンゼルプランとして、全国500の市町村に病（後）児保育事業を拡大することを打ち出しました。「乳幼児健康支援一時預かり事業」の実施要綱が大幅に改善され、利用料が2,000円に軽減され、受託施設への補助率も改善され、ランニングコストの赤字が大幅に軽減されたこと、また対象施設は、医療機関併設型（診療所，病院等の医療機関）、乳児院型、単独型（病児のみを専門に預かる）に加えて、保育所型（保育園で一定条件を整えて、地域の病児保育が行う）、派遣型（病児の自宅または担当者の自宅で病児保育を行う）が認められるようになりました。また、保育所等の児童福祉施設や医療機関が開設する場合

図1

病児・病後児保育室数の推移
体調不良児対応型 507施設(H24)を除く

（平成）	施設数
24年	1102
23年	993
22年	945
21年	865
20年	845
15年	445
10年	87
7年	22
3年	14

4．病児・病後児保育

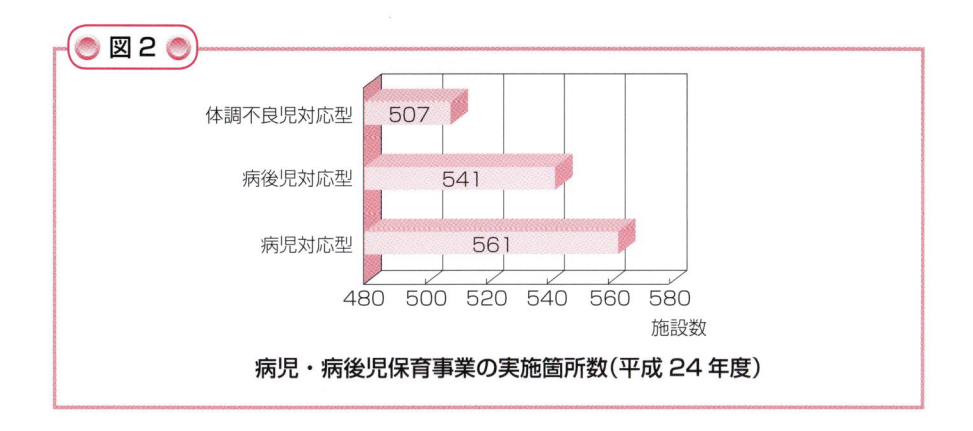

図2

```
体調不良児対応型  507
病後児対応型     541
病児対応型      561
```
施設数 480　500　520　540　560　580

病児・病後児保育事業の実施箇所数（平成24年度）

には、施設整備費補助の道も開かれるようになりました。

　これらの改訂の結果、図1に示されるように、平成3年にはわずか14施設であった病（後）児保育室は、平成14年9月の時点で257施設に急増し、平成24年には病児対応型561施設、病後児対応型541施設、体調不良児対応型（自園型）507施設となっています（図2）。

　この間、国の財政事情等により、平成12年に改善された補助金は後退、前進を繰り返し今日にいたっています。経営的には赤字施設が6～7割となっており、制度の抜本的な改善が期待されています。

（4） 保育所型病後児保育室とは

　診療所や病院に併設された「医療機関併設型」の場合には、入院を必要としない急性期の病児をも対象としていますが、「保育所型」の多くは、病気回復期にある病後児が対象となっています。以下に保育所型の病後児保育室の概要を紹介します。

❶職員の配置基準としては、従来は定員4名の場合、概ね2人の職員（看護師1名を必置、他に保育士1名）を配置する。

❷近隣に小児科を標榜する指導医がいることが望ましく、「病状連絡票」などを利用してかかりつけ医との連携が必要とされる。

❸受け入れることのできる病状としては、保育所型では病気回復期、医療機関併設型では急性期・回復期といった病状による役割分担を行う。

❹保育所型であっても、地域のセンター方式であるため、自分の園児を優先することなく、予約順に公正な運用が求められる。

（5） 保育所型病後児保育の対象児とは

　保育所型の病後児保育の対象児は、病気回復期にあり、集団保育が困難で安静の保持が必要な乳幼児ということになっています。

　実際には、どのような子どもを受け入れればよいのでしょうか。当然のことながら、「全身状態が不良の場合は受け入れない」となりますが、その判断は保護者や保育所では困難です。したがって、かかりつけ医に判断してもらい、「病状連絡票」でかかりつけ医と病児保育室とが連携することが必要となります。

　保育所型病後児保育の利用が望ましくない病状としては、以下があげられます。

- 高熱状態にあり、ぐったりしている
- 喘鳴や咳嗽がひどく、呼吸困難がある
- 食欲がなく、水分の摂取も不十分で脱水症状のおそれがある
- 嘔吐がひどく、水様便が頻回といった脱水症状の疑いがある
- 麻疹や水痘で、他児への集団感染のおそれがある急性期の場合

　保育所型病後児保育室によっては、38℃以上の発熱があると入室を断っているところもありますが、これは制限しすぎで、病後児保育の役割を果たすことができません。そもそも病気の急性期と回復期とは、連続しており区別がつくものではないのです。したがって発熱を例にするならば、熱が高い、低いで入室の是非を判断するのではなく、発熱に伴う全身状態が良い、悪いで判断すべきだといえます。

（6） 病児保育に対する理解を

　今なお、小児保健の関係者の中には、病気のときくらい親が面倒をみるべきであり、病児保育は好ましくないと高言する方もいます。自分の子どもが病気をしたときに、どの親でも切実に自分で面倒をみたいと思っているのに、仕事を休んで病児の面倒をみることのできない社会状況を抜きにして、病児保育を利用するなどとんでもないと保護者を責めるのは、現実を無視した建前論にすぎません。

　むろんのこと、子どもの看護休暇や育児休暇制度を充実させることは重要な課題です。しかしながら、その制度化が実現できたとしても、パート労働者や中小企業・零細企業に就労している場合、あるいは特殊な業務に従事し

ている場合には、その制度を利用することができない環境にあるのです。今後、子どもが病気をした際の看護休暇制度が定着したとしても、病児保育の必要性がなくなるわけではありません。これらのことを含めて、病児保育の重要性を理解すべきだと思います。

　保育所におけるスタッフの配置数は、0歳児が3対1（子ども3人に保育士1人）、1～2歳児が6対1、3歳児が20対1、4歳以上が30対1となっています。これに対して、病児保育室の場合は、平成20年度以降、利用児10名に対して看護師1名、利用児3名に対して保育士1名配置となっています。これは従来と比較して約15％の人員削減となっていますが、病児保育の利用児の年齢構成から保育所における職員配置基準に換算すると、病児2.3名に対して1名の職員配置の比率となります。しかもそのうちの1名は看護師です。通い慣れた保育所と異なる環境で、しかも病気をしている病児のケアを考えたとき、病気を癒し早期の健康回復のためには、スタッフがゆとりをもって一人ひとりの病児を十分に受容できる体制を整備することが大切です。そのために2.3対1という保育所では考えがたい手厚い人的環境が整備されているのです。その暖かいケアの結果、病児保育を利用して病気が治癒した後も、通いなれた保育所ではなく病児保育室にもっと通い続けたいという子どもの声があがっているのです。

　このように病児保育制度は、子どもを犠牲にして母親が就労するといった、劣悪な制度では毛頭ないことも理解して欲しいと思います。

参考文献

- 帆足英一他：「病児デイケアのありかたについての研究報告書」、1993.3.
  （注文は、FAX：03-5450-0364　世田谷子どもクリニック　帆足英一宛）.
- 網野武博他：「病児デイケア・パイロット事業調査研究最終報告書」、1994.3.
- 帆足英一監修（全国病児協議会編）：「新・病児保育マニュアル」2013.4.
  （注文は、FAX：03-3411-4936にて全国病児保育協議会事務局）.

IV 配慮を要する子どもの保育

学生からの質問⑯ 未熟児で生まれた子どもがクラスにいるそうです。他の子どもと同じようにかかわってもよいでしょうか？

視力や言葉、活動や生活面などにおいて、その子どもには何か問題がありますか？とくに配慮が必要な場合には、クラス担当から申し送りがあるはずです。その場合には、具体的にどのような配慮が必要なのかをきちんと把握して、保育の中で実行してください。もし、申し送りがなければ、その年齢・発達に合わせたかかわりで大丈夫です。これは、どの子どもにも共通して言えることですが、自分の保育に対して心配な場合は、クラス担当の先生に聞くことです。でも、できれば、自分のかかわりがその子どもに合っているのかを見極める目も養ってください。

学生からの質問⑰ あまり「抱っこ」をしてはいけないの？

そんなことはありません。たくさんたくさん抱っこしてください。赤ちゃんでも6歳でも、「子どもが求めてきたら」できるだけ抱っこをしてください。もし、駄目だと言われたら、その理由をきちんと聞いてみたらどうでしょうか。

学生からの質問⑱ 子どもが「絵を描いて」と言ってきたら、描いてもいいの？

もちろんです。あなたに描いてもらいたいのですから。でも、いつもいつも「絵を描いて」と言われているとしたら、なぜなのでしょう。あなたに訴えたいことはもしかしたら違うことなのかもしれません。

学生からの質問⑲ クラスの保育者によって、言っていることが違ったら、どちらの保育者の言うとおりにしたらいいの？

複数担任制をとることが多い保育所ではこのようなことが時々起こります。二番目に言われた保育者に、誠実に「○○先生に、さっき『そのままにしておいて』と言われたのですが、今すぐに片づけた方がよろしいでしょうか」と率直に聞いてください。単なる行き違いであったり、人間関係の複雑さからのくい違いであったり、あなたの受け取り方がまちがっていることもあります。

5．虐待された子どもの保育

(1) 子ども虐待の現状

　子ども虐待はわが国の子どもにおける大きな社会問題のひとつで、子どもの社会性と精神的な成長と発達が妨げられてしまうことが問題となります。1962年にアメリカ人医師のケンプは「殴打される子どもの症候群」(Battered child syndrome)という身体的な虐待について初めて報告しています。現在ではおとなによる子どもへの不適切なかかわり(Child maltreatment)として考えられており、わが国でも平成12年に「児童虐待の防止等に関する法律」(以下、児童虐待防止法)が定められました。

　図1に全国における子ども虐待対応件数の推移を示します。平成23年度では59,862件と、統計を取り始めた平成4年と比較して約20年間で50倍以上と増加の一途をたどっています。児童虐待防止法施行前後より急増していますが、国民への子ども虐待における啓発が進んだことと、単身家庭やステップファミリーなど家庭環境の複雑化、両親の共稼ぎや核家族化などの影響があるとも考えられています。

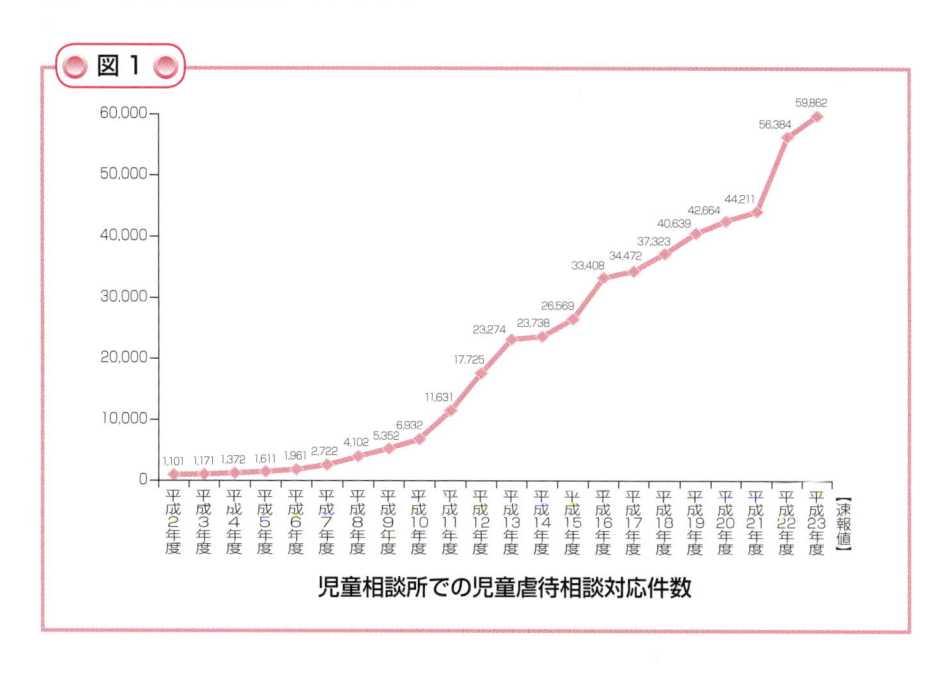

図1

児童相談所での児童虐待相談対応件数

（平成2年度～平成23年度の推移：1,101／1,171／1,372／1,611／1,961／2,722／4,102／5,352／6,932／11,631／17,725／23,274／23,738／26,569／33,408／34,472／37,323／40,639／42,664／44,211／56,384／59,862【速報値】）

(2) 子ども虐待とは

　児童虐待の定義として、児童虐待の防止等に関する法律の第2条に『身体的虐待』『性的虐待』『ネグレクト』『心理的虐待』があり、第3条に子ども虐待の禁止について定められています。子ども虐待では早期発見が重要であり、第5条に「学校の教職員、児童福祉施設の職員、医師、保健師、弁護士、その他児童の福祉に職務上関係のある者は、児童虐待を発見しやすい立場にあることを自覚し、児童虐待の早期発見に努めなければならない」とされています。保育士は児童福祉施設の職員であり、幼稚園教諭は学校の教職員にあたるため、この遵守が求められます。さらに第6条で「児童虐待を受けた児童を発見した者は、速やかに通告しなければならない」と、子ども虐待の通告義務についても規定されています。

　保育士・幼稚園教諭に求められる専門性として、「普通の子どもにはみられない子どもの不自然な様子に気づくこと」と、送迎時や保護者との面談の際に「保護者が困っている」「子どもを拒否する気持ち」「子どもに関心を寄せない態度」などに気づけることが重要です。

(3) 保育園・幼稚園における初期対応

　担当者が一人で子どもや保護者の様子を把握することは難しいので、特に気になる子どもや保護者の状況把握については上司や同僚と一緒に観察したり、話を聞いたりすることが大切です。
　気になる子どもと保護者の様子について列記します。

【ちょっとかわった子どもの様子】
- からだに傷がある。親に殴られたと言えたり、理由を隠そうとしたりする。
- からだも服装も清潔でなく、同じ洋服を何度も着ている。
- 給食では過食であり、おかわりを繰り返す。
- 着替え、手洗い、食事などの基本的な生活習慣が身についていない。
- 親が迎えに来ても、すぐに帰ろうとしない。
- お母さん（あるいは父親など、他の家族）がこわい、嫌だなどという。
- 大人の言動や急な動きに対して怯えた態度や表情をする。
- 人に対する緊張が強く、いつも警戒して相手を凝視したり、手を握りしめている。

- あまり話をしない、無表情であり、喜怒哀楽の気持ちの変化が少ない。
- 園で担当者の抱っこをせがみ、ずっとそばにいて関わりを求める。
- 担当者の気をひくために、いけないとわかっている行動を繰り返す。
- 園児とすぐにケンカになり、暴力的であり、集団になじめない。

【ちょっとかわった保護者の様子】
- 子どもへの体罰を正当化する。
- 子どもが可愛くない、ほしくなかったなどと公言する。
- 子どもへの関わりがとても乱暴である。
- ささいなことで子どもを怒ってばかりであり、褒めてあげることがほとんどない。
- 自分の子どもと他児を比較して、けなす。
- 子どもが発熱しても受診させず、おむつかぶれや皮膚のトラブルをケアしない。
- 子どもの発達の遅れに気づいていない。
- 子どもの話ではなく、自分の辛さを担当者に繰り返し話す。
- 親が担当者からのかかわりを拒否しており、話しかけに応じない。
- 親の生活実態が分からず、担当者が尋ねても話さない。
- 理由の説明がなく園を休んだり、送迎の時間を守れなかったりすることが多い。
- 親の生活ペースを優先して、子どもの状態を気にしない。

　子どもは虐待されているかについて話してくれることもありますが、親に「ぜったい話してはいけない」と口止めさせられていることや、話したことで余計に虐待がひどくなることもあり、常に話してくれるとは限りません。また「自分が悪い子だから怒られている」と子どもが感じていることも多いです。日常生活の中で子どもと担当者との信頼関係を強めて、親に言わないことを約束して子どもから話を聞き、事実関係を確かめていくことが重要です。そして、子どもにとっての危険が大きいと判断した際には、上司や園長とも相談してすみやかに児童相談所に通告することが必要となります。
　次に虐待を疑う状況があったときの対応について整理をします。
❶虐待の事実について、園全体での共通認識を持つ
　担当者が対応している場面以外の親子の様子を共有し、また継続的な事実確認と情報収集が必要という職員全体の意識の統一が大切です。

❷虐待に対する基本的な対応方法を協議して、親との窓口になる援助者を決める

親子への対応方針を策定し、親との面談や、下記に述べる行政担当者との連絡をとる窓口を設置しておくと、情報の混乱や伝達の不具合をまねく可能性を少なくできます。

❸三親等の家族関係を把握して、家族の中に問題解決への協力が得られる人がいれば、その人との関係づくりをする

子ども虐待では、子どもと親の双方に支援が必要となります。生活の中での支援を行える援助者（キーパーソン）が設定できないと、家庭での生活を継続しながら状況を改善することは難しい場合が多いです。

❹虐待を疑った際には、相談に応じてくれる行政担当者に連絡を取る

地域によって児童相談所に通告した方がいい場合、市区町村の社会福祉課、保育課、教育委員会、保健所等への連絡が先になる場合など様々ですが、表1に示すサンフランシスコ・リスクアセスメントモデルにて高いリスクに該当する場合には児童相談所に通告すべきです。

表1

子ども虐待における重症度判定（サンフランシスコ児童救急サービス）

指標	高いリスク	中度リスク	低いリスク
子どもの年齢・状態	5歳以下／心身障害	6〜9歳、手が出る	10歳以上、障害なし
身体的虐待の程度	入院・治療を要する	小さい外傷	なし
ネグレクトの程度	児が援助を拒否する	必要なケアがない	単に偶発的
外傷の位置	頭、顔、性器	胴体	四肢
情緒／行動の問題	ひどい問題行動	問題行動あり	なし
保護者の能力	現実認識を欠く	軽度身体・精神障害	現実的な対応可能
援助への協力度	問題を認識しない	文句を言う	協力的
育児知識	知識や技術がない	一貫性ない仕付け	適切な知識あり
育児支援者の有無	同居するが虐待する	代行者が時々世話	継続し安定した支援
保護者の虐待歴	再犯虐待歴、調査中	虐待歴あり	なし
家族への支援者	地域で孤立	少しサポートあり	援助あり
虐待者と児の接触度	家に2人だけでいる	家に他の大人がいる	虐待者と同居せず
生活環境	乱雑、家具の破損	不潔	比較的清潔で安全
生活ストレス／危機	夫婦不和、配偶者死	妊娠・出産、低収入	安定した家庭と経済
アルコール／薬物乱用	アルコール・薬物の常用	時に使用し判断鈍る	使用なし

（4） 虐待された子どもの支援

① 子どもの通園を確保する

虐待されている子どもにとって大切なのは「家庭以外の場所で過ごせる場所の確保」です。食事やケアなどの状況のモニタリングと、ここは安心できる場所だから大丈夫という安全感を持たせるために、できるだけ個別的・応答的なかかわりを持てるように心がけましょう。

② 褒めてあげることやかかわりを増やし、自己評価と達成感を育む

生活や身辺自立などの際に、担当者が子どもによい行動を具体的に提示して、できたらすかさず褒めてあげることは、虐待されたことにより「僕は悪い子」「できない」という意識を払拭して自己評価を高めていくことにつながります。

③ 子どもからのかかわりに、なるべく応答的に接する

家庭では親に話しかけても応じてもらえず、ひどいときには叱られたり、叩かれたりしてしまうため、自分の考えや気持ちを話すことがうまくできなくなっていることがあります。担当者は可能な範囲で仕事の手を休めて、子どもの話をきいてあげられるとよいでしょう。

④ 子どもの希望や困り感を話せるようなかかわりを持つ

自分のことを分かってくれる人がいると、子どもでも何とか頑張っていくことができるものです。虐待ではすぐに改善できる環境は少ないのですが、あきらめずに一緒に頑張ろうという姿勢の共有は大切です。

（5） 虐待する保護者の支援

① 親への共感的な対応をする

保護者を責めない態度で、生活の困り感や親としての悩みについての話をしながら、担当者が親の辛さを共有し、相談相手となっていくことが大切です。その結果、親と子どもとのかかわりの状況を確認できれば、より専門的な支援を行う保健所や、治療的かかわりを持つことのできる医療機関へとつなげていくこともできます。親の育て方に対して、正しいか間違っているかではなく、それぞれの辛い気持ちを共有して一緒に考える姿勢

を感じ取ってもらうことで、親子への支援体制を作っていくことが大切です。

② 親が支援者とつながっていると感じられるかかわりを持つ

アンケート等の実施や保護者治療の中で、虐待をしてしまう親の子ども時代において母性的養育が不足していたという傾向が分かってきています。そのため、親になっても困ったときに相談することができずに困難を一人で抱えてしまい、虐待に至ってしまうことが多いのです。支援の方法として、母親への母親役割（The mother role for a mother）を意識してかかわること、例えば勤務時間以外の対応になってしまうかもしれませんが、電話などで母親の話を聞いてあげることも、親とのよい関係づくりを目指す段階では有用です。担当者が困ってしまうときには、上司や専門家の助言や相談を受けられるとようです。親との緊密な関係を持つことで逆に関係者の中で孤立しないようにする注意が必要です。

③ 生活や子育てに関する具体的なアドバイス

親にすべきことを説明することと同時に、その親の苦手さ（例えば洗濯や食事の準備など苦手な家事など）に対してどのように取り組むかを一緒に考え、実践を促していくことが大事です。すべきことの押し付けにならないように注意すべきです。

子どもへの対処方法は特に具体的な説明が大事であり、「やさしく」とか「丁寧に」など抽象的な言い方ではなく、「このくらいの力加減」とか「こういうタイミング」など親がその場面のイメージを持つことができ、実践できるように説明します。

④ 他に頼れる人（キーパーソン）がいないかを一緒に探す

保護者の親や兄弟など、できれば三親等の家族状況を尋ねて、一緒に子どもの養育や親の生活での困り感を支えてくれる人を探すことはとても大切です。キーパーソンの育児や家事への協力を得ることができた場合には、担当者の方から「ありがとうございます」など、感謝やねぎらいの言葉をこまめにかけていくことを心がけ、適切なタイミングで面談を設定して生活状況を確かめていきます。

6. 心配な子どもの行動への理解

(1) 注意欠陥多動性障害（Attention Deficit-Hyperactivity Disorders; ADHD）

　保育園や幼稚園の現場では、いつも走り回っており、人の話を聞けない、忘れ物や不注意の多い子どもを見かけます。決められた場所や時間の中で、じっとしていることが難しく、よく考えずに行動や発言をしてしまい、いけないとわかっていることなのに我慢ができない等の特徴により、対人トラブルを生じてしまいます。不注意（容易に気を散らす、集中できない、物をなくしてしまう等）、多動性（過活動、じっとできない、しゃべりすぎ、手足がいつも動いている等）、衝動性（考える前に行動し、平気で危ないことをする等）のADHD症状は、家庭での生活とそれ以外の場所（学校、保育園、幼稚園等）における子どもに表れ、日常生活に大きな支障をきたします。その症状は集団生活が始まる3～4歳以降に明らかとなり、学童期の5～7％の子どもにADHDが存在すると言われており、男女比は4：1にて男児に多いことが知られています。図1に示すADHD-RSによりADHD症状（不注意と多動・衝動性）の程度を知ることができます。

　本人の悪気はないのですが、彼らのADHD症状により引き起こされた問題行動によって繰り返し叱責されることや、周囲の友達に嫌われてしまったり、仲間に加えてもらえなかったり、いじめられたりすることにより、子どもが自尊感情を低下させてしまったり、その環境における安心感と安全感が失われてしまうことで、さらに落ち着きをなくしてしまい、次の問題行動を引き起こしてしまうという悪循環の原因となります。

　子どもへの対応方法として、まずは保育者が子どもとの信頼関係をもつことで子どもが安心できるようにすること、次によい行動を具体的に提示して一緒に取り組み、できたことをすかさず褒めること、悪い行動をしているときにも叱るのではなく、子どもをびっくりさせないように優しく介入して、担当者がよい行動を示して一緒に行うようにすることで行動変容を促すことが大切です。子どもの「がんばり表」を作成して、できたら褒めながらシールを張ることもよい方法です。子どもが担当者の気をひくために繰り返し行う問題行動については、それに注目をしない（評価を与えない）ことで悪い

IV 配慮を要する子どもの保育

図1

```
評価日：_____
対象児：_____（ID番号：_____）, 年齢：満___歳, 性別：___
診断名：_____ ［IQ（テスト法）：TIQ：___ PIQ：___ VIQ：___］
評価者名：_____（子どもとの関係：_____）

＊対象児の過去6ヶ月の行動を最もよく表す欄にレまたは○を記入してください。
                                ない。もしくは  ときどき  しばしば  非常に
                                ほとんどない   ある    ある    しばしばある
 1. 学校の勉強で、細かいところまで注意を払わ    □0    □1    □2    □3
    なかったり、不注意な間違いをする。
 2. 手足をそわそわ動かしたり、着席していても    □0    □1    □2    □3
    もじもじしたりする。
 3. 課題や遊びの活動で注意を集中し続けること   □0    □1    □2    □3
    が難しい。
 4. 授業中や座っているべきときに席を離れてしまう。 □0 □1 □2 □3
 5. 面と向かって話しかけられているのに、聞い   □0    □1    □2    □3
    ていないようにみえる。
 6. きちんとしていなければならないときに、過   □0    □1    □2    □3
    度に走り回ったりよじ登ったりする。
 7. 指示に従わず、またやるべき仕事を最後まで   □0    □1    □2    □3
    やり遂げない。
 8. 遊びや余暇活動におとなしく参加することが   □0    □1    □2    □3
    むずかしい。
 9. 課題や活動を順序だてて行うことが難しい。   □0    □1    □2    □3
10. じっとしていない、または何かに駆り立て    □0    □1    □2    □3
    られるように活動する。
11. 精神的な努力を続けなければならない課題     □0    □1    □2    □3
    （学校での勉強や宿題など）を避ける。
12. 過度にしゃべる。                        □0    □1    □2    □3
13. 課題や活動に必要なものをなくしてしまう。   □0    □1    □2    □3
14. 質問が終わらないうちに出し抜けに答えて    □0    □1    □2    □3
    しまう。
15. 気が散りやすい。                        □0    □1    □2    □3
16. 順番を待つのが難しい。                   □0    □1    □2    □3
17. 日々の活動で忘れっぽい。                 □0    □1    □2    □3
18. 他の人がしていることをさえぎったり、邪魔   □0    □1    □2    □3
    したりする。

スコア合計
サブスケール・スコア
不注意（奇数番号項目の合計）　_____
多動/衝動性（偶数番号項目の合計）_____
                                    ⓒ Kosuke Yamazaki, Tokai Univ.
                    ADHD-RS
```

母親が記入した場合は、16点以上がスクリーニング陽性とし、教諭（普通級）が記入した場合には11点以上を陽性とする。

ときどき：週1－2回
しばしば：週3－4回
非常にしばしば：ほぼ毎日

奇数項目：不注意
偶数項目：多動性・衝動性

行動を強化しないことも大切です。

　親に対しては、応用行動分析の考えを元に考案されたペアレントトレーニングによる指導を行い、その方法を家庭で実践することも有効です。親とのよい人間関係を維持するために、褒めることや楽しいコミュニケーションを増やすように促し、叱ることや行動修正に向けた話しかけはコミュニケーションの10～20％以下にとどめるように筆者は説明をしています。

(2) 自閉性障害（自閉症）・広汎性発達障害・アスペルガー症候群

　自閉性障害、広汎性発達障害、アスペルガー症候群などをまとめて「自閉症スペクトラム障害」（Autistic Spectrum Disorder; ASD）と総称することもあります。

　自閉性障害（自閉症）（表1）は子ども1,000人に対して2人程度の有病率と考えられており、男女比は4：1です。3～5歳位で自閉症の症状は顕著

6．心配な子どもの行動への理解

> ### 表1
>
> **自閉性障害（DSM-Ⅳより）**
>
> - 対人的相互関係における質的な障害
>   視線が合わない、表情を読み取れない、発達水準の仲間関係ができない
>   興味あるものを見せたり指をささない、対人的・情緒的相互性の欠如
>
> - コミュニケーションにおける質的な障害
>   話し言葉の遅れ・欠如、会話が一方的で継続しない、独特な言語
>   物マネ遊びの欠如
>
> - 行動、興味、活動の限定した反復・常同的様式
>   異常なほど強く限定したいくつかに興味をもつ、習慣や儀式にこだわる
>   常同的で反復的な運動、物の一部分に持続的に熱中
>
> - 「対人的相互反応」「対人的コミュニケーションに用いられる言語」「象徴的・想像的遊び」の機能の遅れまたは異常を1つ以上認めること

になりますが、その特徴は以下の3つによって定義づけられています。

1つ目は人への関心や反応の乏しさによって代表される「対人的相互関係における質的な障害」です。視線が合わないこと、人の表情を読み取れないこと、応答の指さしがみられないなどの特徴がこれに該当します。人との関わりを持てたとしても一方的で、社会性の障害もこれに該当します。

2つ目は言葉の遅れに代表される「コミュニケーションにおける質的な障害」です。人とのやりとりにてみられる物まねをしないこと、言葉遣いが独特であることや、会話が一方的で継続しない等がこれに含まれます。

3つ目は興味の対象が特定の事柄や物に限定していて、強くこだわることに代表される「行動、興味、活動の限定した反復・常同的行動」です。物事の手順や習慣にこだわり、思った通りにできないと泣いて叫んでパニックになることや、手指を目の前でひらひらさせてみたり、ピョンピョン跳んだりなど、行動力の柔軟性の欠如と想像力の障害がこれに含まれます。

他に特定の音や触覚、匂い等に過敏に反応する感覚過敏や、逆に熱さや痛みへの鈍感さ等感覚の鈍さ、リズム感がなく左右非対称でぎこちない走り方等の協調運動障害を認めることがあります。

広汎性発達障害は、自閉症の3つの特徴はあるものの、自閉症ほどそれぞれの症状がはっきりしていない非定型自閉症に相当します。これら広い意味での自閉症（つまり、広汎性発達障害）は、子ども1,000人に対して6人程度と考えられています。

アスペルガー症候群は、精神遅滞に該当しないIQ70以上の広汎性発達障

害であり、コミュニケーションの障害が軽微であるか、障害がはっきりしないことが診断定義となっています。高機能自閉症という診断名もアスペルガー症候群と同様に用いられています。

アスペルガー症候群では知的な遅れが少ないために発達障害と気づかれにくいことがあります。場の空気が読めずにふさわしくない行動（例えば集団行動からの逸脱等）や言動をしてしまうことや、自分のしていることを客観的に捉えられず、物事の原因と結果が理解できないために対人トラブルを引き起こします。

広汎性発達障害日本自閉症協会評定尺度（Pervasive Developmental Disorders Autism Society Japan Rating Scale; PARS）では、広汎性発達障害における「対人」「コミュニケーション」「こだわり」「常同行動」「困難性」「過敏性」の特徴の理解がしやすくなると思います。

（3） アタッチメント障害

アタッチメント（邦訳では愛着、Attachment）について最初に報告したボウルビィ（Bowlby, J.）は、「ある人物が特定の他者との間に結ぶ情緒的な絆」と定義しています。アタッチメントは個体維持のために養育者との近接を求める生得的な行動で、子どもの社会情緒性を発達させる基盤となりますが、アタッチメント障害（attachment disorder）では親子の絆がうまく形成できていないことと、子どもにとって心的外傷（トラウマ、Trauma）となる恐怖に繰り返し遭遇することが原因となり、普通の子どもにはみられない症状を呈するようになります。

DSM-Ⅳに記載されている反応性アタッチメント障害（reactive attachment disorder, 以下RAD）には抑制型（過度の警戒と怯えによって引きこもり、近寄られると相手を攻撃することもある）と脱抑制型（無差別に愛情を求め、だれ彼かまわずにべったりとくっつく）の2種類があります。

アタッチメント障害の概念が世界的注目を浴びる契機となったラター（Rutter M）らの被虐待児（ストリートチルドレン）の研究について端的に述べます。ルーマニアのチャウチェスク政権（1965-1989）における多産政策と著しい経済的困窮により生じたストリートチルドレンが、政権崩壊後にカナダと英国にて里親に引き取られ、その後の状況をラターらが調査した際、多くの子どもがRADと診断されました。RADの子どもたちは「選択的な愛着行動の欠如」「見ず知らずの人についていく」「両親への参照を行わな

い」「安全基地として求めない」などを示し、より年長で養子となった子どもではアタッチメント障害の重症度は高く、RAD症状は里親養育によってもなかなか改善しにくいことが判明しました。

　アタッチメントには2つの行動システムがあり、子どもにとって未知であったり危険と感じられたりする場面における'不安・警戒システム'と、子どもが安全と感じる場面で作動する'探索行動システム'と呼ばれています。前者は信号行動（泣くことや声を出すこと）や接近・接触行動（後追いやしがみつき）により自分の危険を養育者に守ってもらおうとする行動であり、後者は子ども自身が自立に向けて環境から情報を引き出し、それに対処する技量を身につけるための行動です。こうした親子の相互的関わりによって、アタッチメントパターン（A型：回避型，B型：安定型，C型：アンビバレント型、エインスワース Ainsworth MDSにより提唱）を形成していきます。しかし、虐待された子どもの多くではこのアタッチメント行動システムが崩壊し、D型アタッチメントパターン（無秩序・無方向型，disorganized/disoriented type、メイン Main Mにより提唱）を示します。本来は安心感の源泉となるべき養育者が、同時に恐怖の対象となっているという解決不能な矛盾を乳幼児が抱えてしまうことでアタッチメント行動が組織化されず、知らない人や場所などの子どもにとって恐怖となる対象への接近を強めたり、危険を察知した際に保護を求めたりすることができずに固まってしまうなど、前述の行動システムが崩壊してしまいます。母親との分離・再会の場面では、「強い分離抵抗を示してドアの傍らに母親を求めるが、再会時には回避する」「顔をそむけながら母親に接近する」「見知らぬ人の存在に対して明らかに不安を示すが、同時に母親からも離れている」など、乳幼児は無秩序・無方向なふるまいを示します。被虐待児の60〜80％がこのD型アタッチメントを示す一方で、子どもが明らかなトラウマを抱えていない場合では、その養育者が大小様々のトラウマを抱えていて、それらを自身の人生において統合できていないときにみられると言われています。

V 乳幼児の健康と病気・事故予防

1 保育看護の専門性を育む
2 乳幼児の身体発育の見かた
3 乳幼児の発達の見かた
4 乳幼児の栄養・食事
5 乳幼児の健康状態の見かた
6 感染症を予防するために
7 乳幼児の病気と対応
8 乳幼児の事故と予防対策・応急手当て

1. 保育看護の専門性を育む

　少子化時代における保育ニーズは、想像以上に多様化しています。乳児保育に対するニーズは、産休明け保育をはじめとしていよいよ高まっています。病後児保育や長時間保育、夜間保育に対するニーズもあります。より専門的な障害児保育に対するニーズや医療的ケアへのニーズ、一時的保育等や育児相談をはじめとした子育て支援にかかわるさまざまな保育ニーズがあります。

　保育者には、このような多様化した保育ニーズに対して、高度の専門性をもって的確に応えていくことが求められています。そのためには、後述する「保育看護」の専門性を保育現場に樹立することが必要となっています。保育士の国家資格化に伴って、この専門性向上は必須の課題ともなっています。

　保育所では、乳児保育が一般化され、すべての保育園で取り組むこととなったにもかかわらず、看護師の配置率はまだまだ低く、2割強程度にとどまっています。そのような厳しい環境にあっても、「保育看護」の専門性を確立していくにはどうすればよいのでしょうか。ここでは、これらの課題について考えたいと思います。

（1） 保育看護の専門性とは

　「保育看護」という新しい専門領域を簡単に要約すると、次のようになります。

　保育士は、元来もっている保育の専門性にくわえて、小児の生理・発達・病気・養護といった看護的な専門性を新たに身につけていくこと、また保育現場に勤務する看護師は、看護師としての専門性に加えて、保育面での専門性を新たに身につけていくことがまず必要とされます。そのもとで、保育士・看護師は、お互いの専門性を補い合いつつ「保育看護」という新たな専門領域を保育園に確立していくということを意味しています。

　「保育看護」の専門性を樹立していくためには、当然のことながら、保育士は保育の専門性を、看護師も看護の専門性をより高め、自らを磨き上げていく日常的な努力が前提となっています。

なぜ、「保育看護」という専門領域の確立が必要なのでしょうか。すでに多様化した保育ニーズへの専門的な対応の重要性を述べましたが、そればかりではありません。乳幼児の保育に携わる直接処遇スタッフ（主として保育士や看護師）は、乳幼児を「からだ」も「こころ」も丸ごとみなければならないという、乳幼児の生理的な特質が大きく影響しています。いいかえるならば、乳幼児の存在そのものが「保育看護」という専門的なケアを必要としているといってよいでしょう。

図１に示されるように、保育看護体制としては、A型は、もっとも未分化な状態にあり、保育の現場にただ看護師が採用されているだけの状態にとどまっていることを示しています。B型は、保育看護体制の第１歩を歩みだした状態ですが、まだその共通領域はわずかです。C型は、理想的な状態で、多くの業務が保育看護体制のもとに実現されている状態を示しています。このC型をめざして努力を重ねていくことが望ましいといえます。

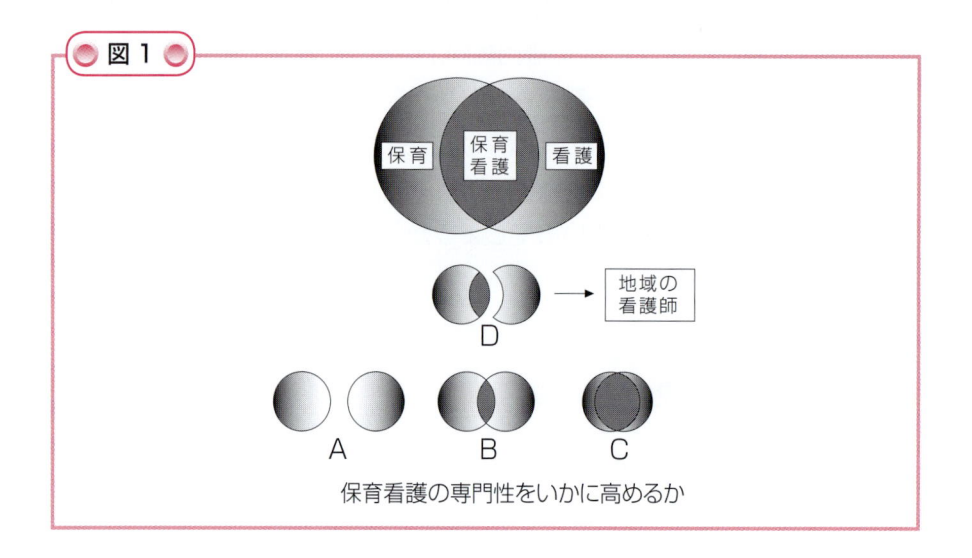

図1

保育看護の専門性をいかに高めるか

（2）保育士と看護師の役割

とかく、保育の現場に看護師が配置されると、その主な業務は保健管理や健康管理、病児への対応に限定されがちです。これでは「保育看護」という専門領域を達成することは困難となります。看護師は看護の領域にとどまることなく、積極的に保育の領域にも参加していくことが求められているのです。

同様なことは保育士にもいえます。看護師が配置されていると、これらの

ことはすぐに看護師の仕事ですといって、手を出さなくなりがちです。

たとえ看護師が配置されていても、せいぜい1～2名にとどまっているのが実情です。その結果、看護師が年休や公休、あるいは研修などで不在となることもしばしばあります。そのようなときには、保育士が看護の領域を含めてオールラウンドに業務を遂行しなければなりません。

「保育看護」の専門性を樹立した保育現場においては、通常の業務において、保育士も看護師も一体となって業務を展開してくことが望まれます。つまり、保育士は保育の専門性に加えて、病児の養護はもとより看護的な素養を身につけ、一方看護師は看護の専門性に加えて、保育面についての素養を身につけ、両者が一体となり、かつ相互の専門性を補い合う形で保育を展開していくことが理想的です。

ここで留意しなければならない点は、保育と看護の領域は、各々のスタッフ数の多少で表現されるものではないということです。看護師1人、あとは保育士のみで構成されている現場であっても、B型やC型の保育看護体制を樹立することが可能だということです。逆に、看護師が多数配置されていても、A型のように相互の業務が分離されていて、「保育看護」という専門領域が樹立されていないといった場合もあります。

(3) 看護師が配置されていない保育所での対応

さて、保育所における看護師の配置率は、残念ながら2割強にとどまっています。したがって、看護師が未配置の多くの保育所、つまり図1に示されるD型においては、「保育看護」の専門性をどのように確立していけばよいのでしょうか。

このような保育所においては、保育士自らの努力によって、「保育看護」の専門領域を樹立していかなければなりません。そのためには、地域の社会資源としての看護師、例えば近隣の保育所や乳児院の看護師、病院や診療所の小児系看護師、保健所や保健福祉センターの保健師などの協力を得て、定期的な勉強会を開催するなど、「保育看護」の専門領域を保育士自らの力で拡大していく努力が不可欠となります。

(4) 「病初期保育」と「保育看護」の専門性

病児への対応は、個々の保育園がもっている「保育看護」の専門性と、「子

どもの病状」との二つの因子によって左右されます。「保育看護」の専門性には、地域の医師や医療機関との連携のあり方も重要です。

「保育看護」の専門性が低ければ対応できる病状は軽いものに限定され、専門性が低い場合には、病状が重症化したことにも気がつかないこともあり、より深刻な事態となるおそれがあります。それだけに、いかに「保育看護」の専門性を高めていくかが課題となります。

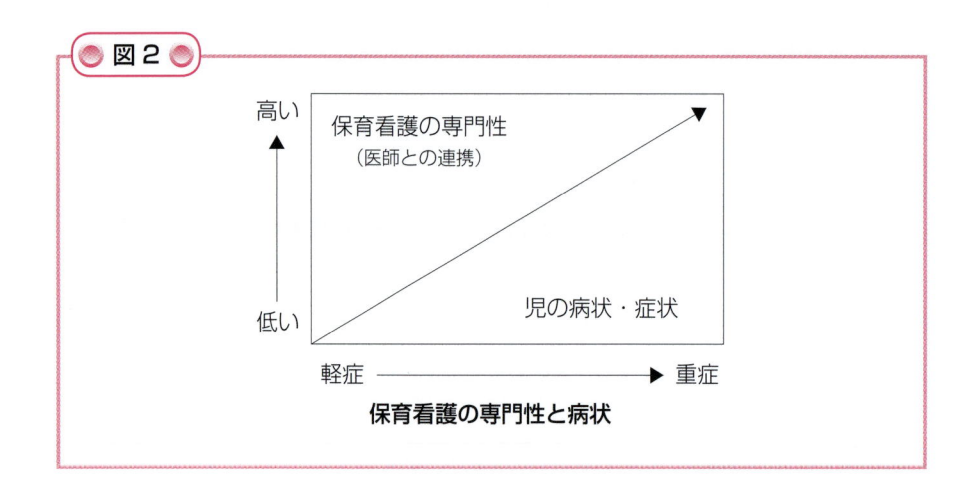

● 図2 ●

保育看護の専門性
（医師との連携）

児の病状・症状

軽症 ——→ 重症

保育看護の専門性と病状

「保育看護」の専門性と保育士が対応可能な病状や障害の程度との関わりをみると、図2に示されるように、それぞれの保育士がもっている「保育看護」の専門性に左右されているのが現状です。つまり、保育看護の専門性が高ければ、かなり症状や障害が重くても保育士として適切な対応が可能となりますが、「保育看護」の専門性が低い場合には、比較的軽い症状や障害に対してもオロオロし、適切な対応が困難となりがちです。

最近では、保育所においても「病後児保育」を行っているところが増えています。その場合には看護師が配置されていますが、看護師が配置されていない園で、登園したときには健康であった乳幼児が、突然に高熱を出したり、咳き込みがひどくなって呼吸困難になったりということは、日常茶飯事としてあります。このようなときには、保護者が迎えにくるまで、保育士が中心となってその病児の面倒をみることになります。

このように、どの保育所においても、「病初期」保育を行っているという認識をもつ必要があります。それだけに、保育士が「保育看護」の専門性を高めるということは、極めて重要な課題といわなければなりません。

また、例え看護師が配置されていたとしても、看護師がすべての子どもを

みているわけではありません。子どもの症状や病状の変化をキャッチするのは保育士であり、直接子どもと接している保育士に子どもの病状をとらえる目がなくてはどうにもなりません。保育士が「保育看護」の専門性を持たないと、子どもの症状や病状の変化に気づかずに、重症化させてしまうことになるのです。例え看護師が配置されていても子どもの病状をキャッチするのは、保育士の役割であることを自覚しなければなりません。

2. 乳幼児の身体発育の見かた

発育の特徴

　子どもは、日々少しずつ成長・発達していきます。「成長」とは、身長、体重が増加していくように、量的に数値で表現できる形態面の変化を意味します。一方、「発達」とは、言葉が話せるようになったり、ハイハイから独歩したり、言語や運動などの機能面の成熟に対して用いられます。成長と発達の両者を合わせた表現のときには、「発育」という言葉を使いますが、「成長」と「発育」を同義語として用いていることが多いのが実情です。

(1) 発育期の分類

　子どもの発育期は、新生児期・乳児期・幼児期・学童期・思春期に分けられます。このうち、新生児期は、乳児期に含めて表現されることもあります。通常、乳児期とは、1歳の誕生日までの1年間をいいますが、「乳児保育」という場合には、0歳から3歳未満までをいいます。

(2) 発育の特徴

　子どもの特徴は、成長し発達していくことであり、成人と最も異なるポイントです。子どもの発育の評価には、成長・発達を静的な点ではなく、変化する動的な線や流れとして評価する必要があります。子どもの成長・発達の特色について述べましょう。

① 形態の成長が先行し、機能の発達が続く

　子どもでは、形態の成長が先行して、ある程度の成長が整ってから、機能の発達が出現してきます。新生児では手足は短いのですが、乳児期後半になると、下肢が伸びて足自体も大きくなり、このような形態面が充実してから、つかまり立ち・つたい歩き・独り歩きといった機能の発達が見られます。

② 運動機能は上から下へ、中心から末梢へと発達していく

　粗大な運動機能についてみると、まず首がすわり、腰を使う寝返りやお座り、下肢を使ってのハイハイ、最後に足を使っての独歩へと、上から下へと発達します。微細な運動機能では、物をつかむときに手全体で握っていたのが、3本の指でつかみ、親指と人差指の指先でつまめるように、中心から末梢へと発達していくのが特徴です。

③ 重要な器官から先に発育してくる

　生命を保持するために最も必要な器官から発育してくるので、胎児では脳と心臓が最初に発育してきます。生殖器官は、新生児では未成熟で、学童期になって徐々に成熟し、第二次性徴期を迎えると完成してきます。

④ 発育速度は低年齢ほど著しい

　一般的に幼児よりも乳児、乳児でも幼若なほど発育速度は早くなります。生後2か月間は、体重が1日平均30gも増加しますが、6か月になると1日平均5〜10gと増加量は減少してきます。身長も独歩してから伸びるように感じていますが、生後の1年間が最も伸びる時期です。

⑤ 器官別で発育パターンの違いがある

　身体の各臓器は、その役割から発育パターンが異なります。生理学者のスキャモンは、図1のように新生児期の臓器の重量を0％として、20歳の臓器の重量を100％としたときに、各臓器の発育を一般型・リンパ系型・神経系型・生殖器型の4つの形に分類して表示しました。

　一般型は、体重や身長に代表されるように、乳児期に最も発育し、第二次性徴のときにも発育するパターンです。

　リンパ型は、幼児期から学童期にかけて著しく発育し、成人よりも大きくなり、その後徐々に小さくなっていきます。様々な感染症にかかりやすい時期にリンパ組織が旺盛に活動するため、大きく発育することで体を守っているといえます。

　神経型は、生後3年までに約80％発育し、頭囲の発育にも関係しています。

　生殖型は、幼児期まで未発達ですが、第二次性徴が発現するときに急速に発育します。

図1

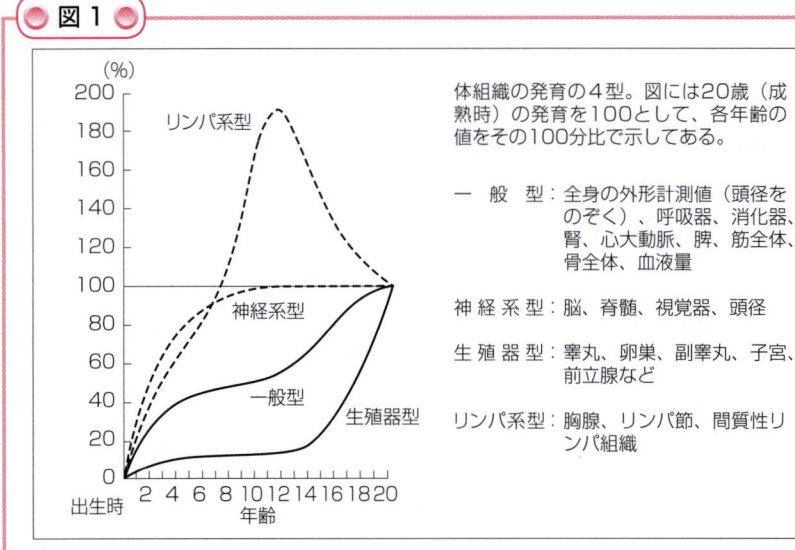

```
(%)
200
180      リンパ系型
160
140
120
100
 80      神経系型
 60
 40      一般型
 20              生殖器型
  0
出生時 2 4 6 8 10 12 14 16 18 20
            年齢
```

体組織の発育の4型。図には20歳（成熟時）の発育を100として、各年齢の値をその100分比で示してある。

一 般 型：全身の外形計測値（頭径をのぞく）、呼吸器、消化器、腎、心大動脈、脾、筋全体、骨全体、血液量

神 経 系 型：脳、脊髄、視覚器、頭径

生 殖 器 型：睾丸、卵巣、副睾丸、子宮、前立腺など

リンパ系型：胸腺、リンパ節、間質性リンパ組織

〔Scammon, in Harris : The Measurement of Man, The University of Minnesota Press, Mineapolis, 1930；畠山富而、若生宏：現代の小児科学、若生宏・泉幸雄編、p.20、金原出版、東京、1976〕

Scammonの発育型

身体計測法

　子どもの身体の成長と全身状態の把握は、発育を評価するうえで大変重要です。身長と体重は毎月、頭囲と胸囲は年2回計測します。

　計測時は寒くないように室内の温度を調整します。計測場所は、ケガにつながらないように環境整備をします。またプライバシー保護のため外部から見えない部屋を使用するか、カーテンを引くなどの配慮をしましょう。

　乳幼児の身体計測では、身体の成長発達を知るとともに肥満ややせの状態も把握します。極端な肥満ややせは乳幼児の健康的な生活に影響を及ぼすことがあります。肥満ややせは遺伝的要素に加え食生活・生活リズム・運動量と大きく関わることがあります。保育所での生活の様子や保護者から得た家庭での様子を総合的に評価して、心配な場合は委託医や栄養士、看護師に相談して適切な対応策を保護者と協力してすすめます。

2．乳幼児の身体発育の見かた

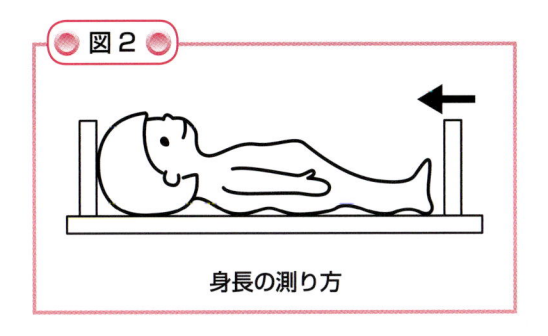

図2　身長の測り方

図3　頭囲の測り方（眉間／後頭部）

(1) 身長

　2歳児未満の身長を計測するときは、寝かせて測る乳児用身長計を使用します。頭を固定版につけ、顔はまっすぐ天井を向くように固定します。膝を伸ばして、両足の踵が足板に直角になるようにして計測します。子どもが動くときは、頭を固定する人、膝を伸ばして計測する人の複数で行うと正確に計測できます（図2）。

　2歳児以上は、立って計測する身長計を使用します。子どもは背中を伸ばし頭と踵を柱につけ、あごを引いて目と耳の穴が水平になるように立ちます。計測者は子どもの膝を押さえ目盛りのたかさに目線をおいて計測します。

　寝かせて測る方法から立って測る方法に移行すると、重力の影響で計測値が前回より少なくなることがあります。保護者へ計測値とともに計測方法の変更を知らせます。身長は多少、日内変動を生じます。計測はできるだけ午前の一定時刻に行いましょう。

(2) 体重

　0歳～2歳児未満は、寝かせるか座らせて計測できる乳児皿付で、計測単位10～20gのデジタル式体重計を使用して計測します。2歳児以上は計測単位100gの体重計を使用して計測します。

　オムツをしている場合は裸で、またはオムツがぬれていないことを確認して計測しましょう。暴れる乳児を無理に体重計に乗せることは正確な計測ができないうえに、体重計からの落下事故につながり危険です。大人が抱いて計測し、後で大人の体重を差し引くなどの方法で計測します。

図4

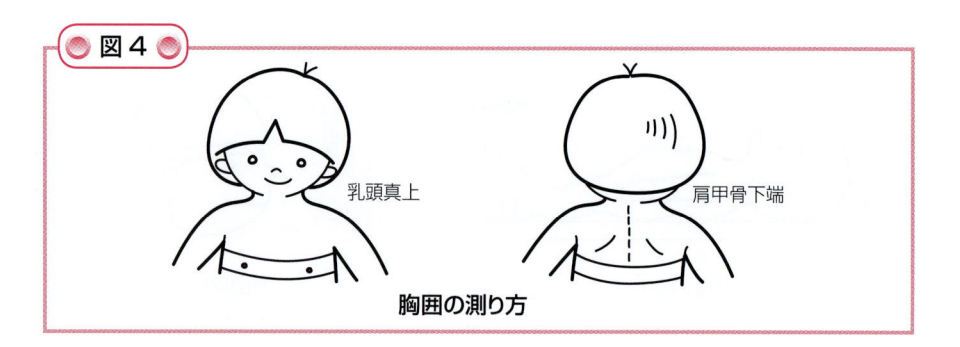

乳頭真上　　肩甲骨下端

胸囲の測り方

（3）頭　囲

　後頭部の突出しているところと、左右の眉を結んだ眉間を水平にメジャーを通して計測します（図3）。
　髪型によって計測値に誤差が生じないように注意します。身体の成長に応じて頭囲も成長しているかを観察することで、小頭症・水頭症・骨の発育不良などの異常を発見することがあります。

（4）胸　囲

　肩甲骨の下端から左右の乳頭にメジャーを水平にまわし、息をはき終わったときに計測します（図4）。
　乳児は泣いたり動いたりして計測値が不正確になりがちです。寝かせてあやしながら計測しましょう。2歳児以上は立って計測します。

身体発育をどう評価するか

（1）身体発育パーセンタイル曲線とは

　身体発育の評価を行うためには、毎月計測する身長や体重などの身体計測値を、以下に述べる身体発育パーセンタイル曲線にプロットして、発育のカーブとして評価するようにしなければなりません。残念ながら、多くの保育園において、旧態依然として身体計測を行いつつも、パーセンタイル曲線で評価しようとする姿勢に欠けています。極めて時代遅れであると指摘せざるを得ません。

身体発育を評価するためには、基準値が必要となります。その基準値として、厚生労働省による乳幼児身体発育値が用いられ、最新のものは、平成22年度の計測値に基づいた年月齢別の体重・身長・胸囲・頭囲のパーセンタイル値で表示されています。

このパーセンタイル値に基づいて、身体発育パーセンタイル曲線が作成されています。平成14年度以降の母子健康手帳には、体重と身長について、下限3パーセンタイル値と上限97パーセンタイル値の曲線が表示してあり、これまでの10と90パーセンタイル曲線は削除されました。つまり、3〜97パーセンタイル曲線の間にあれば、身体発育上の問題はなく、個人差としての個性として暖かく見守ることになっています。

(2) パーセンタイル曲線での評価法

個々の子どもについて、身体発育パーセンタイル曲線での評価を行う際には、身体計測を行ったその値だけで評価するのではなく、発育の変化を示す線として評価することが大切です。例えば、身長や体重が小さめであっても、その発育が3パーセンタイル曲線とほぼ平行していれば（図6）、その子なりの発育をしており心配ないと評価されます。

しかし、3パーセンタイル曲線から外れて下回っていく場合（図7）は、栄養不良など、その原因を検討する必要があります。また、階段状にギザギザした曲線になる場合（図8）は、虐待（ネグレクトを含む）の有無、その周期的な繰り返しに留意する必要があります。

一方、身長や、体重が大きく97パーセンタイル曲線から上回る場合（図9）は、大柄な子どもとして心配ありません。また、乳児期の太りすぎは、一過性の場合が多く、ダイエットは必要ないとされていることに留意する必要があります。

幼児期の肥満について心配な場合は、まず身長発育パーセンタイル曲線で身長を評価し、その上で幼児の身長体重曲線（図10）で肥満ややせといった体型を評価します。

これらの評価は、保育者であってもできなければ、専門職といえません。そして、心配な曲線となっている場合には、嘱託医に相談しなければなりません。毎月の身体計測をただ記録するのにとどまらず、この曲線を積極的に活用していくことが大切です。

V 乳幼児の健康と病気・事故予防

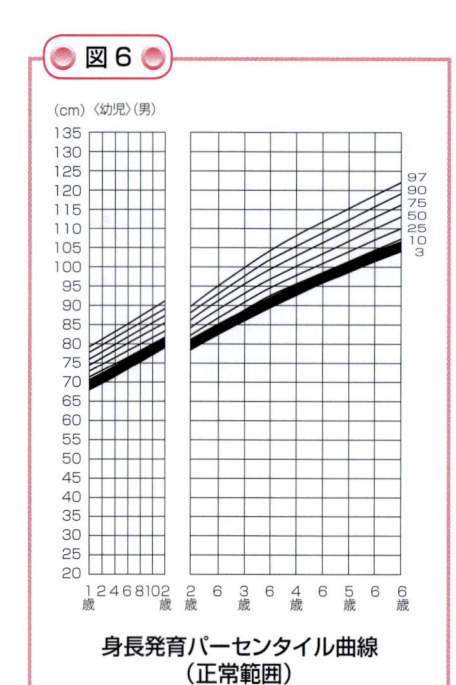

図6 身長発育パーセンタイル曲線（正常範囲）

図7 身長発育パーセンタイル曲線（異常）

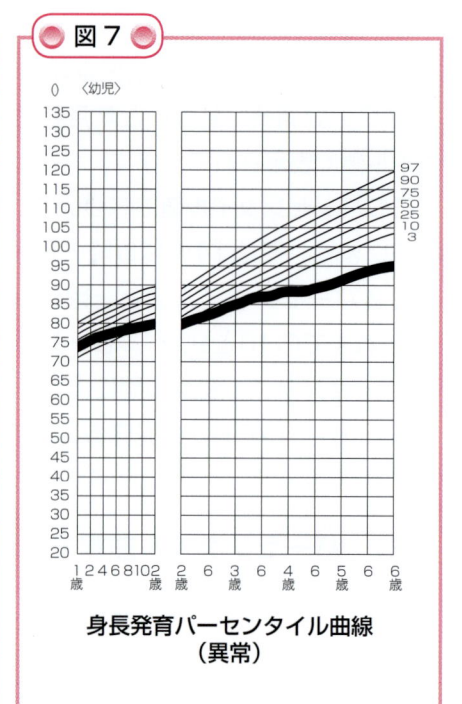

図8 体重発育パーセンタイル曲線（階段状は異常を疑う）

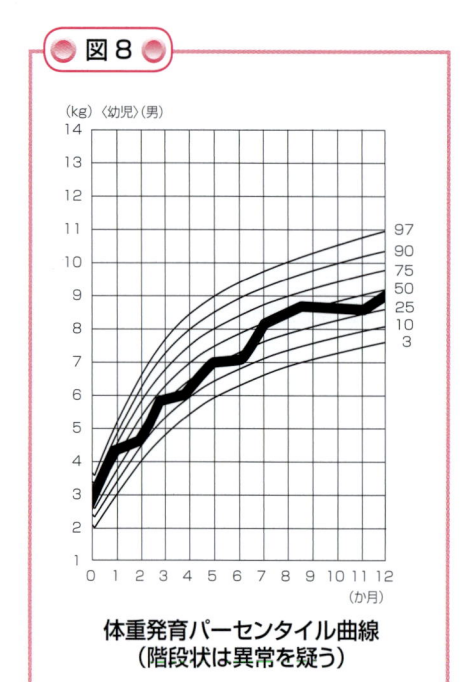

図9 体重発育パーセンタイル曲線（正常範囲）

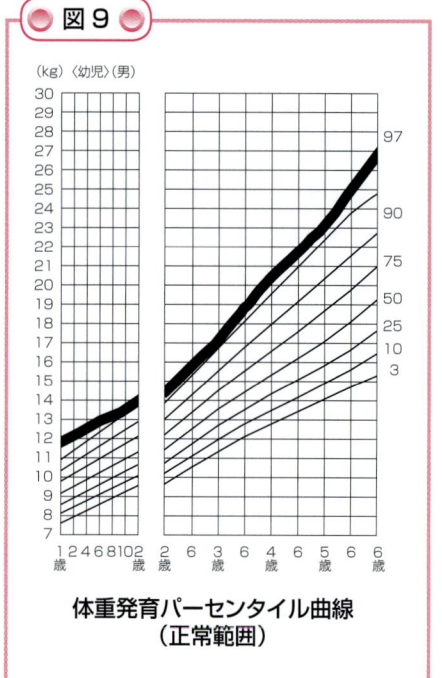

2．乳幼児の身体発育の見かた

図10

(男)

身長体重曲線
（正常）

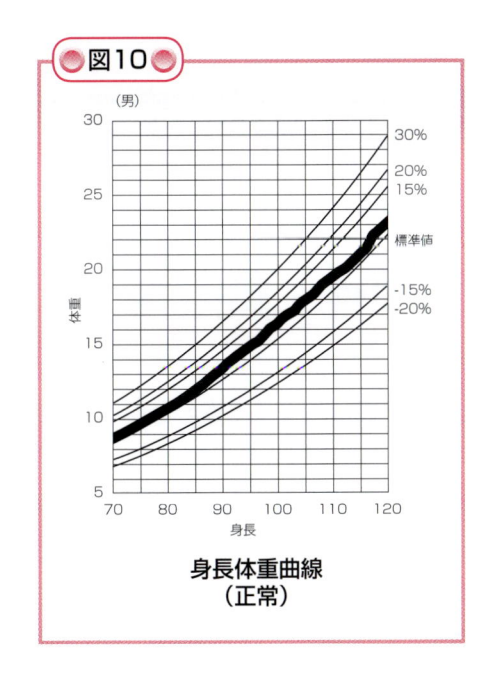

Q 低身長を疑うときには？

A　その年齢としては身長が低い子どもの場合、1年間の身長の伸び、パーセンタイル値との比較、体重とのバランス、家族歴など総合的に状態を読み取ることが大切です。

3. 乳幼児の発達の見かた

発達の方向性・順序性

　発達は一定の方向と順序にしたがって進むという原則があります。次頁の図1は、発達検査の項目を示したものですが、乳幼児の全般的な発達の流れをみることができます。これでみると、例えば粗大運動（からだの大きな動き）の領域では、首がすわり、それからお座りができ、そして歩くことができるというように、からだの上から下へという発達の方向と順序があります。また微細運動の領域をみると、からだの中心部に近い腕の動きから指先の細かい動きへというように、からだの中心から末端へという方向もあります。さらに言葉の発達をみると、喃語から出発して、単語、2語文、3語文へというように、単純から複雑へという順序があります。

　このように、発達には一定の方向や順序にしたがって進むという原則があり、この原則にしたがって、乳幼児は少しずつ発達していくのです。

発達における相互作用

　発達は、子どもが生まれつきもっている遺伝子情報や素質と、動きまわれるスペースの広さや栄養状態、人とのかかわりなど、子どもを取り巻く周りの環境との間でやりとりをしながら進んでいくものです。このやりとりを、発達における相互作用といいます。運動発達は、生物としてあらかじめ決まっているヒトの遺伝子情報に強く影響を受けて発達していき、周りの環境の影響を受けることは少ないとされています。しかし、極端に運動が制限されていたり、栄養状態が悪い場合には、発達の速度がゆっくりになります。一方、言葉や情緒、対人関係の持ち方など、人とつきあう上で大切な心理面、情緒面の発達は、周りの人とのかかわり方の影響を強く受けます。私たちは、発達に必要な相互作用が適切に行われるように、子ども達にかかわっていくように心がけることが大切です。

3．乳幼児の発達の見かた

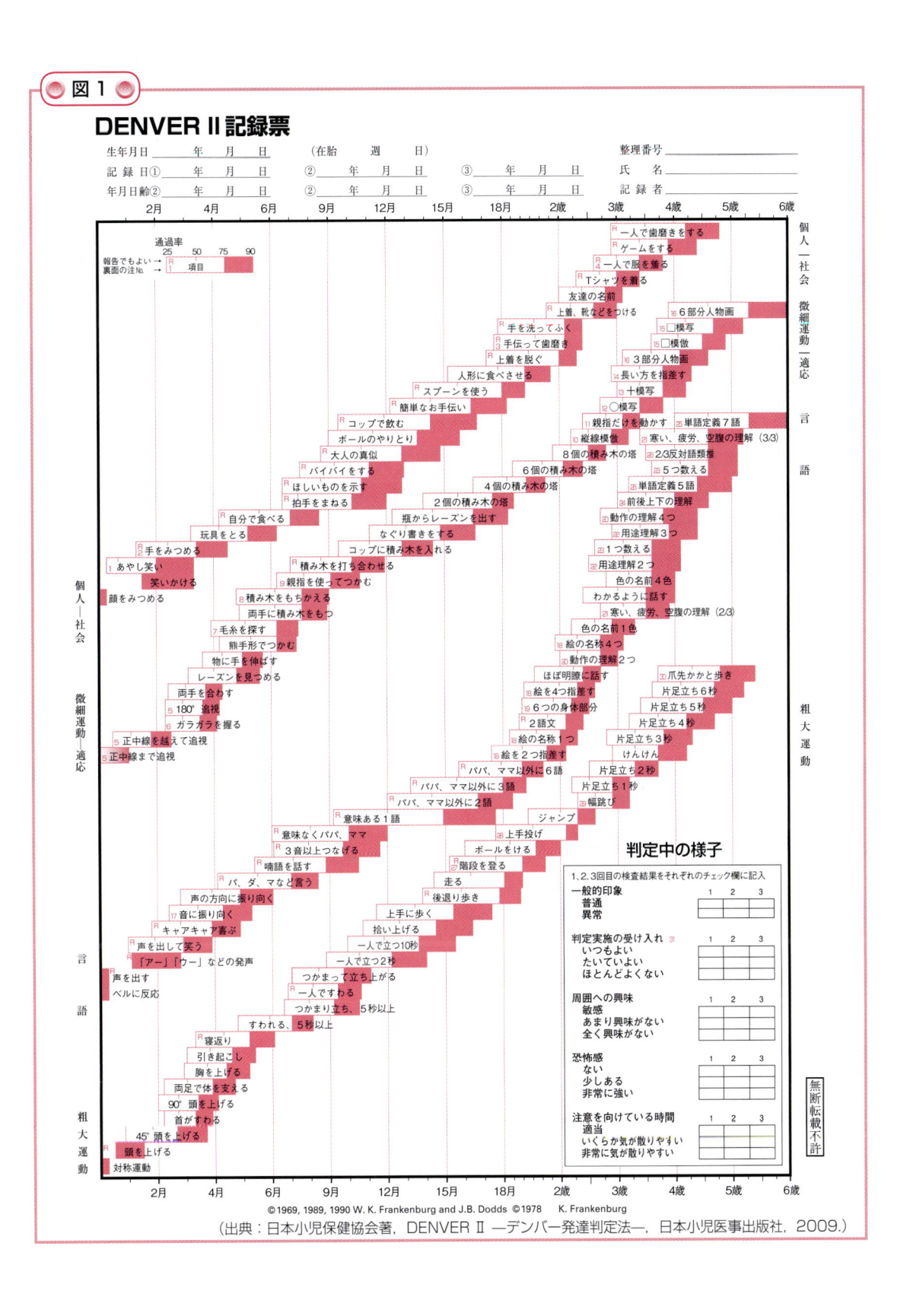

図1

DENVERⅡ記録票

発達を見ていくときの順序

（1） まずは運動発達から

　先に述べたように、発達をみるというのは発達の流れを整理するということです。子ども達の発達を確認するときや、通常の発達の道筋から外れていたり、発達の進み方が遅かったりしている子どもにかかわって発達を援助するには、私たちがその子どもの発達の流れを整理し、理解している必要があります。整理して、よく理解できていればいるほど、援助効果が高まるともいえます。

　発達を整理するときには、まず運動発達から始めるのがわかりやすいでしょう。他の同じ年齢の子ども達と比べて運動発達が遅くないか、右と左の動きに大きな違いがないか、からだが硬くつっぱっていたり、反対に柔らかすぎることはないか、をまずみましょう。これらの事柄でどこか気になる点がみつかったら、次に標準の発達表を基準にして、現在の発達状態がどの段階にあるのかを調べます。さらに現在まで進んできた発達の過程を振り返って、通常の場合と比べて発達の道筋にずれがなかったか、発達の進み方がどの程度ゆっくりであったかを調べます。このような作業を行うことにより、運動発達の基本的なことは理解できるはずです。ただし、手先をつかう運動（微細運動）の発達状態を理解するには、注意深い観察が必要です。発達検査の項目をみながら確認しましょう。

（2） 次に言葉の発達について

　運動の次に、発達を確認するのにわかりやすいのは、言葉です。これも、同年齢の他の子と比べてみる方法が使えます。ただし運動発達と違って言葉の発達には個人差が大きく、子どもによって発達に早い遅いがあるので、注意が必要です。一般には、子どものペースに合わせておとなからよく話しかけられた子どもほど、言葉発達が早いとされています。

　言葉は、「あー」「うー」というのどの奥から出る喃語、「バババ、バババ」「パパパパ」など唇をつかった喃語、発音の模倣（まね）、「あっ」、「うっ」と声を出しての訴え、「マンマ」「・・ゴ」（りんご）とそれらしく言う単語、「り

んご」とはっきりとした単語、「パパ、会社」のような2語文、「パパ、会社、行った」のような3語文の順で発達します。そのほか細かいところは、発達の図（図1）をみて確認してください。

　言葉の発達には、人との情緒的な関係が重要な役割を果たしています。人に気持ちを寄せていること、人に興味をもっていること、人の動作をまねすること、人とコミュニケーションしたいという気持ち、が言葉の発達の基礎になります。言葉の発達がゆっくりな子どもがいたら、親がどのように話しかけているのかも含めて、ここで述べていることを確認してください。

（3） 発達を支える親子関係の見かた

　さあ、言葉の発達の見かたまできました。他に、遊びの発達、生活習慣の発達、自我の発達（社会性の発達）があります。これらの発達は、言葉の発達と同じく、人との情緒的な関係に支えられて発達します。いうなれば、人との情緒的な関係は、発達の中核です。そこで、運動発達、言葉の発達とみてきたら、今度は情緒的な関係の発達をみた方がよいでしょう。

　これから情緒的な関係の見かたについて説明していきますが、「アタッチメント」という概念を使って話を進めることにします。「アタッチメント」というのは、「人や動物が特定の人（決まった人）との間に形成する情緒的きずな（愛情のきずな）」と定義されています。日本語では「愛着」と訳されています。ただ、愛着というと、相手にくっつくニュアンスが強く感じられますが、アタッチメントはくっつくだけではなくて、相手との情緒的なきずなに支えられて不安を解消し、そして自立するというところまでを含んでいます。1970年代からこれまでに、アタッチメントの観点から子どもの発達の理解と発達障害への対応が検討されてきていますので、知っていて損はない概念です。

① アタッチメントの段階の見かた

　アタッチメントは、子どもが生まれつき持っているものではありません。親や身近な人とのつきあいを通して育ってくるものです。表1は、アタッチメントの形成過程を表したものです。4つの段階に分けられていますが、第3段階になるとアタッチメントの形成がわかりやすくなります。そして、その後、最終段階である第4段階になって、子どもは親から自立するのです。

表1

アタッチメントの形成過程

第1段階：出生から4か月まで	人一般に対して関心を示す時期 人の顔を見たり、声を聞いたり、抱かれることを好む
第2段階：4か月から6か月まで	母親のように世話してくれる人に対して関心を示し、関係を作る行動がはっきりしてくる時期 笑ったり、泣いたり、しがみついたり、見つめたりする
第3段階：6、7か月から2、3歳	アタッチメントの形成がはっきりしてくる時期 母親のようにいつも世話してくれる人を識別して、その人に心を寄せていることが明確になる、後追いや人見知り、母親の出迎えなど、結びつきがはっきりとわかるようになる 母親とのアタッチメントが形成されたことを具体的に示す行動 ①母親が見えなくなると泣き出す、母親の後を追う ②泣いているときに、他の人ではだめでも母親があやすと泣き止む ③知らない人に出会うと母親にしがみつく ④母親から離れて遊んでいても、不安になると母親のところにもどる、母親を安全基地として使う
第4段階：3歳以降	母親にまとわりつくことが次第に減ってきて、母親にまとわりつくのは必要なときだけとなる（例）恐いとき、不安なとき、疲れたとき、体調がわるいとき、愛情に不安を感じたとき

　表1に書かれていることを参考にしながら、保育で接している子ども達が、アタッチメントの形成段階のどの段階にいるのかをみてみましょう。表1に書かれている年齢は、標準的なものです。重要なのは、この表を使って情緒的関係がどの段階にあるかを把握することです。

② アタッチメントの安定・不安定の見かた

　アタッチメントについては、形成段階をみると同時に、安定しているか、不安定であるかの質をみることも大切です。というのは、安定したアタッチメントを親との間に形成している子どもは、不安なときに親に頼って不安を鎮め、落ちついた気持ちで行動できるからです。それに対して、不安定なアタッチメントの子どもは、不安なときに親に頼っても、十分に不安が鎮まらなかったり、親に頼ることができなかったりするために、園で元気がなかったり、友だちとのつきあいが上手にできなかったりするからです。

　アタッチメントの質をみる方法は、ストレンジ・シチュエーション・プロシージャー（新奇場面法）を基準にしています。この方法は、初めての

表2 アタッチメントのタイプ

タイプA 不安定・回避型アタッチメント	親に抱かれたりしがみついたりすることがなく、親との間にアタッチメントが形成されていることがわかりにくいタイプである。1、2歳の子どもは初めての場所にいくと緊張したり不安を感じたりするのが普通であるが、このタイプの子どもは、不安な様子をみせず、親がいなくなっても泣かないし、親が戻ってきても近づかないで離れている。関係を避けているようにみえる。
タイプB 安定型アタッチメント	親との間に安定したアタッチメントを形成しているタイプである。不安なときに親にまとわりついたり抱かれたりして不安を鎮め、安心すると親から離れて遊ぶことができる。
タイプC 不安定・反対感情併存型（アンビバレント型）アタッチメント	アタッチメントが形成されているが、不安定であると判断されるタイプである。不安なときに、親にまとわりついたり抱かれたりするが、なかなか安心できずに泣き続け、ときにはいらいらして親をたたいたり、親が手渡したおもちゃを投げたりする。抱きつくことと腹を立てるという、相反する二つの感情が一緒にみられる。
タイプD 不安定・無秩序・無方向型アタッチメント	不安定でわかりにくいアタッチメントが形成されているとみられるタイプである。たとえば、1、2歳の頃に、初めての場所で親がいなくなってもどってきたときに、ぼーっとしていたり、動きが止まっていたり、あるいは親に近づいたかと思うと急に激しく親を避けて離れたり、親から顔や目をそらしながら近づいたりするような、矛盾していて、文字通り組織化されていない、わかりにくい行動が見られる。

場所で、親と一緒にいる、親が離れる、親が戻ってくるという一連の流れの中で、子どもが親に対してどのような反応をするのかをみるものです。子どもは、初めての場所で不安を感じて緊張する、親がいなくなって不安になる、後を追う、親が戻ってきたときに親に近づく、親に抱かれるなどの行動をしますが、そのときの行動から、4つのタイプに分けられています。表2にこのタイプを説明してあります。この中で、タイプBが安定したアタッチメントです。この評定方法は、1歳から2歳で使われるのですが、この方法を基準にして、幼児期でも評定できる有効な方法（アタッチメントQソート法）が開発されています。その方法で使われている項

目と、これまでのアタッチメントのタイプと幼児期の発達研究を整理して、園でも使える項目に変えたのが表3です。この表の項目を参考にして、送り迎えのときの母親と子どもの様子や、園での行動を観察することによって、アタッチメントの質をみることができます。

なお、アタッチメントの段階とアタッチメントの質は、周りの人のかかわりによって変化するので、段階と質をみるときには、乳児期からそれまでのアタッチメントの経過について情報を集め、時間の流れの中で今どこにいるのか、どの方向に向かっているのかを理解しておくことが大切です。

また、アタッチメントのタイプの違いは、乳児期からの子どもの特徴と親のかかわり方の相互作用の影響を受けて生じると考えられています。安

表3

アタッチメントのタイプの評定に役立つ項目

タイプA：
・園に預けられた最初から、親から離れるときに親の方を気にしない
・親が迎えに来てもうれしそうにしない
・保育者が抱こうとするといやがる
・保育者が手伝おうとすると邪魔されたと思う
・保育者の助けをめったに求めない（痛そうなときでも）
・親や保育者になにかをやってもらう手段として泣くことはあまりない
・前は保育者に寄って来なかったが、最近保育者の気を引くような行動をたびたびする
・最近保育者の気を引こうとわざと目立つような行動をするようになった
・失敗したら恥ずかしいので、失敗するようなことは最初から避けようとする

タイプB：
・園に預けられた最初は泣くこともあったが比較的早目に慣れた
・親と別れるときになごりおしそうにする
・親が迎えに来るとうれしそうにする
・保育者に振り回されることを喜ぶ
・恐がっても保育者が抱くと安心する
・困ったときには保育者の助けを求めるが、そうでないときには自分で頑張る

タイプC：
・園に預けられた最初から泣くことが多く、なかなか園に慣れなかった
・親がいなくなると泣き続ける、怒る
・親が迎えに来ると理由もなくぐずぐずする
・わがままで気が短い
・なにかをやってもらう手段として泣くことが多い
・恐がりで、保育者が抱いても安心するのに時間がかかる
・保育者に手助けを求めることが多い
・できそうなことでも自信がない

表4

安定したアタッチメントの形成に役立つ親や保育者のかかわり方

・赤ちゃんとのスキンシップを楽しむこと。また、赤ちゃんの不安や苦痛を抱いてなだめるのが上手であること。
・赤ちゃんの泣きや笑いに対して感度よく情緒的に応答するのが上手であること。
・赤ちゃんが何を訴えているのかを理解し、適切に対応すること。
・赤ちゃんにとってわかりやすいように一貫性のある態度で接すること。

定したアタッチメントを形成するのに有効な親や保育者のかかわり方としては、表4のことがいわれています。アタッチメントが不安定な子どもとかかわるときの参考にしてください。

(4) 社会性の発達の見かた

発達を支える親子関係の見かたを確認したところで、人との関係が最も影響する社会性の発達の見かたに進んでいくことにしましょう。「社会性」とは「人との関係」ということを含んでいる言葉です。ですから、生活習慣を身につけることや、自我の発達などさまざまなことが社会性に含まれますが、ここでは、自我の発達の見かたについて確認することにします。

自我の発達とは、主張すること、我慢すること、場所柄や相手のことを考えながら行動すること、決まりを守り他の人と協調すること、役割を果たすこと、思いやりがもてること、秘密を持つこと、貯めておくことをいいます。

発達の順番としては、我慢する前に主張すること、貯めておけるようになる前に貯めないで出せることが先になります。これらが発達するには、親との間に安定した情緒的な絆を形成しており、十分に満ち足りた体験をしていること、主張を聞いてもらえ、我慢することを丁寧に教えてもらえていること、心の中に抱えきれないことを親に抱えてもらえていること、自分の心のなかに貯めておくこと（たとえば秘密など）をあたたかく見守ってもらえていることなどが大切です。

表5は、発達検査の項目の中から、社会性の領域を中心に、自我の発達に関係した項目を選び出して年齢順にならべたものです。社会性の発達をみるときの参考にしてください。

V 乳幼児の健康と病気・事故予防

表5

自我の発達に関係した項目(乳幼児精神発達検査から)

	領域：社会性	その他の領域
1歳	親の顔をうかがいながらいたずらをする。 おもちゃを取り合う。	自分でさじをもちすくって食べようとする。 高いところから物を落とすことを好む。 小さな物をコップ、びんなどに入れたり出したりして遊ぶ。 自分の排泄物に興味をもってみている。
2歳	欲しい物があっても言い聞かせれば我慢して待つ。 年下の子どもの世話をやきたがる。 ふざけて母を部屋から出さないように戸をおさえてしまう。	大便を間違いなく教える。 衣服の着衣をひとりでしたがる。
3歳	ままごとで父、母、赤ちゃん、客などの役をとり、そのつもりになって行動する。 子どもだけでいろいろな店を作り、互いに行き来して売ったり買ったりして遊ぶ。 ピストルで撃ち合いのまねをして遊ぶ。 かくれんぼをして、みつからないようにひとりでものかげに隠れる。 友だちと順番にものを使う。	木の実やどんぐりを集めてよろこぶ。
4歳	母親や先生にほめられると得意になって説明する。 かくれんぼをして、探す役と隠れる役とを理解する。 自分が負けるとくやしがる。友だちと互いに主張したり妥協したりしながら遊ぶ。 鬼ごっこをして鬼になると他の子を追いかけてつかまえる。 どちらがよくできるか友だちと競争する。 こんなことができるかと他の子に自慢する。 かわいそうな話を聞くと涙ぐむ。	
5歳	じゃんけんで勝ち負けがわかる。 砂場でふたり以上で協力してひとつの山を作る。 禁止されていることを他の子どもがやったときその子に注意する。 鬼ごっこで陣地につかまっていれば、つかまらないというルールがわかる。 数人が一緒になって子どもが発案したごっこ遊びをする。	小さなものを集めて貯めている。
6歳	こづかいや貯金などでお金を貯めることに興味をもつ。 小さい子や弱い子の面倒をみる。 とりっこをしたとき子ども同士だけでじゃんけんで解決する。 2、3人でないしょばなしをする。 警官ごっこなど組織だった遊びをする。	
7歳	友だちがやってもらいたいと思っていることを察してやってあげる。	小学校（学習、体育、工作などへの取り組み、役割遂行の確認、自発的にする、物の整理整頓がよい）

（5） 食事場面での発達の見かた

　次に、食事場面での発達の見かたについてふれることにします。保育園の食事場面での行動は、人つきあいの発達や自我の発達をみるのによい機会です。食べるという行動は、栄養を取り込むことだけが目的ではありません。自分の好みを主張したり、食べ物とかかわりながら食べたり、人と一緒に味わいながら食べたり、仲間と食事を楽しんだりというように、かかわりの場、人つきあいの場です。

　食事場面での行動の発達は、乳児期の哺乳行動も含めると、食べ物とのかかわりが少ない状態から、かかわりが多い状態へ、食べることだけに専念する状態から、人とのかかわりも持ちながら食べる状態へと発達します。表6に食事場面での発達の流れを大まかに示しました。

　人と安定した関係を形成している子どもは、食べ物とよくかかわり、よく噛み、そして、食事場面で、他の子ども達とおしゃべりをしながら食べていることが多いようです。それに対して、人との関係が薄い子どもは、食べ物とのかかわりも薄くて、あまり噛まずに、そして味わわずに呑み込んでいる

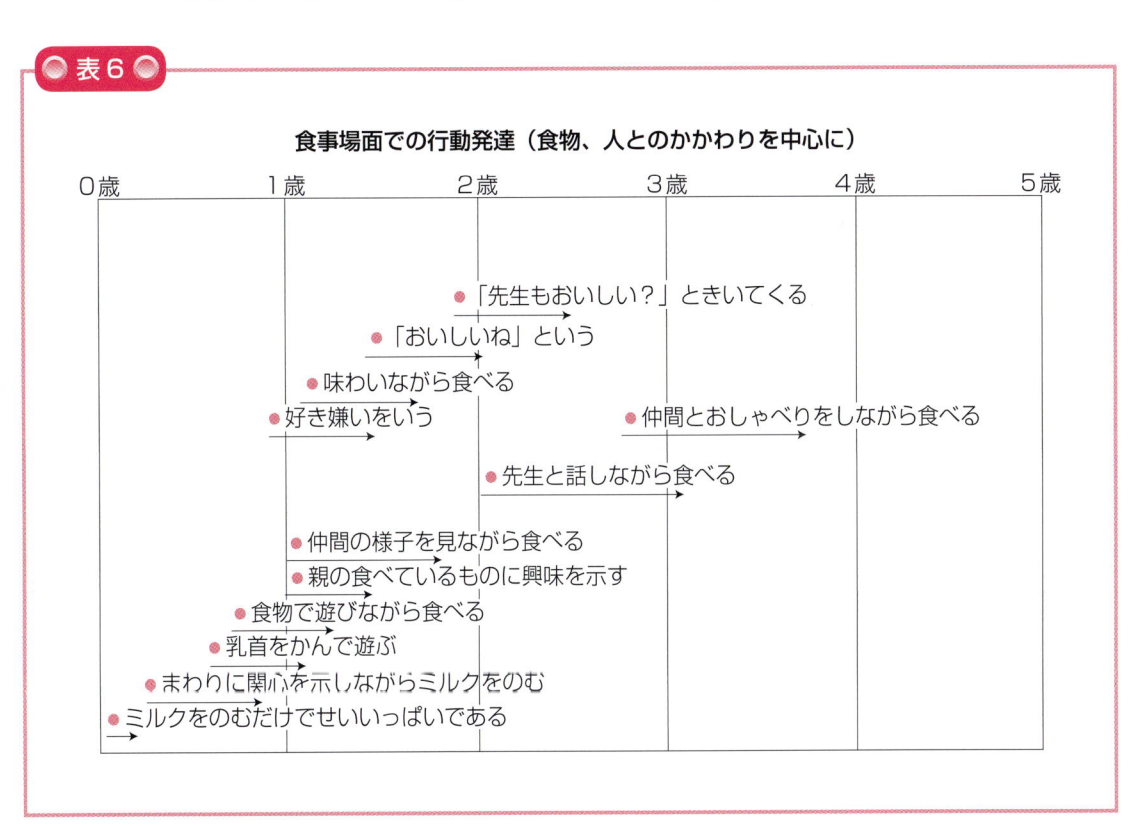

● 表6 ●

食事場面での行動発達（食物、人とのかかわりを中心に）

0歳	1歳	2歳	3歳	4歳	5歳
		●「先生もおいしい？」ときいてくる →			
		●「おいしいね」という →			
	●味わいながら食べる →				
	●好き嫌いをいう →		●仲間とおしゃべりをしながら食べる →		
			●先生と話しながら食べる →		
	●仲間の様子を見ながら食べる →				
	●親の食べているものに興味を示す →				
	●食物で遊びながら食べる →				
	●乳首をかんで遊ぶ →				
	●まわりに関心を示しながらミルクをのむ →				
●ミルクをのむだけでせいいっぱいである →					

V 乳幼児の健康と病気・事故予防

ようです。また食事場面でも、周りを見ないで、ただ食べることだけに専念しているように見うけられます。

(6) 遊びの発達の見かた

遊びは、運動発達、アタッチメントの形成、知的発達、社会性の発達を反映しているので、是非その発達をみておきたいところです。

遊びの発達を整理すると、感覚・運動的遊び、機能的遊び、象徴的遊び、

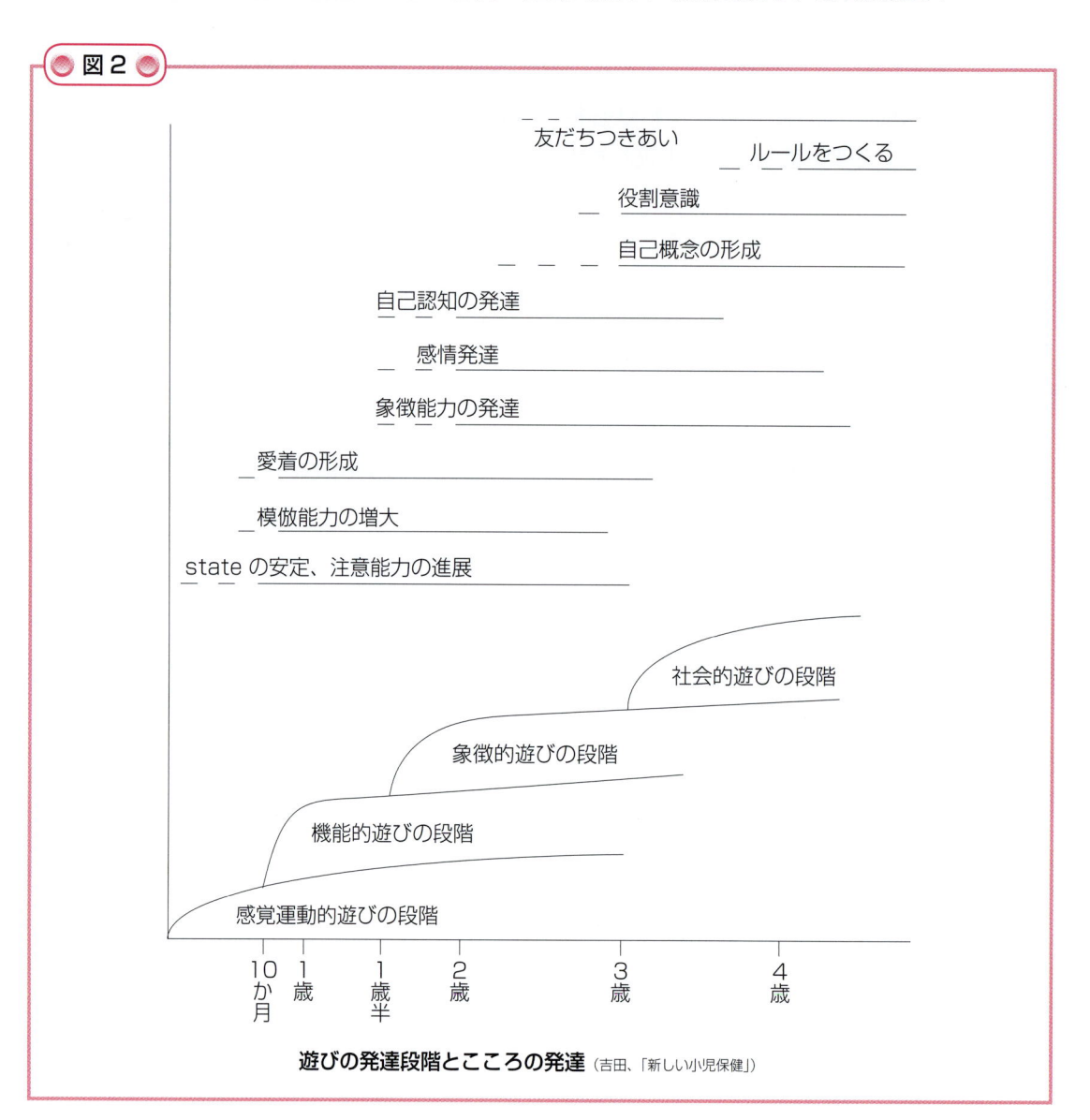

図2

```
                                友だちつきあい    ルールをつくる
                                        役割意識
                                    自己概念の形成
                    自己認知の発達
                        感情発達
                    象徴能力の発達
        愛着の形成
        模倣能力の増大
    state の安定、注意能力の進展

                                            社会的遊びの段階
                                象徴的遊びの段階
                    機能的遊びの段階
        感覚運動的遊びの段階
        10    1    1    2    3    4
        か    歳    歳    歳    歳    歳
        月         半
```

遊びの発達段階とこころの発達 (吉田、「新しい小児保健」)

社会的遊びの4つの段階に整理されます。また、それぞれの遊びが発達するには、他のいろいろな心の発達が関係しています。図2は、遊びの発達段階と、遊びの発達に関係する発達事象をあげたものです。

感覚・運動的遊びは、聴覚刺激、視覚刺激を楽しむことと、からだを動かしてその楽しみを味わうことを主とする遊びで、乳児期初期からみられるものです。**感覚遊び**が発達するには、乳児でいうなら、心とからだの状態（state）が安定していて、機嫌のよいときに、色や形、音などの感覚刺激に注意を向けて、注意を持続できることが必要です。

運動遊びも、まず機嫌のよいことが前提条件です。そのうえで、抱いてからだを揺らしてもらったり、からだを動かしたいという気持ちが起こるように、興味のあるおもちゃで動きを誘うなど、おとなからの対応が大切です。

機能的遊びは、おもちゃの使い方（機能）を理解して、そのものにふさわしい使い方をして遊ぶものです。例えば、おもちゃの自動車を押して走らせたり、おもちゃの電話を耳に当てたりして遊ぶのが機能的遊びです。ふつうは生後10か月くらいからみられます。機能的遊びは、おとなのやることをみていて、まねをして同じことをしてみたいという気持ちから発生します。このまねしたいという気持ちが育つのは、相手のことが好きで、相手と気持ちのつながりが強いからです。したがって、機能的遊びが発達するには、人とのアタッチメントが形成されていることが条件なのです。

象徴的遊びとは、象徴を使った遊びです。発達心理学でいう象徴とは、代理、代わりということです。例えば、積み木を自動車にみたてて押して遊ぶというみたて遊びは、象徴的遊びのわかりやすい例です。しかし、象徴的遊びはこれだけにとどまらず、頭の中でイメージを使うという知的能力である表象機能が発達することによってできる遊びです。したがって、さっきみたことを再現する遊びから、夢の世界を想像して創り出す遊びまで、その範囲は広いといえます。この象徴的遊びは、知的能力の発達と密接に結びついています。

社会的遊びとは、友だちや親など、人とのごっこ遊び、ルールのある遊びのことです。ままごとを母親とふたりでしているというレベルの遊びから、赤ちゃんの役割と母親の役割を演じてやり遂げる、それも、仲間で役割をきめて演じるというレベルまでいろいろあります。社会的遊びは、対人関係と知的能力、そして自我の発達が関係しています。さらに、仲間とごっこ遊びをするには、協調性が必要です。また、ごっこの世界を仲間と共有するという、想像世界の共有が必要です。

発達の見かたを事例から学ぶ

　ここまで、発達の見かたについて基本的なことを学んできました。そこで今度は、AちゃんとBちゃんを例に、発達の見かたを再確認することにしましょう。

事例1（Aちゃん）（表7）

　運動発達をみると、発達がゆっくり気味であることがわかります。9か月のときに、お座りはできていますが、自発的ではなく、はいはいはまだだったようです。歩き始めは1歳5か月と、これもゆっくりです。1歳11か月の時点での歩き方も、他の子と比べるとどこかぎこちなさがあります。ただ、その後の発達をみると、階段を上がる、ジャンプができるというように、ゆっくりながらも標準から大きく外れないでいるようです。このように粗大運動の発達はゆっくりなのですが、一方の微細運動の発達は順調でした。1歳11か月で3つ、2歳半で8つの積み木を積み上げています。

　次に言葉の発達をみると、9か月時点で喃語はありましたが、まねしようとする気持ちはなかったようです。1歳11か月のときには、単語が3つで、発達はややゆっくり目です。しかし気をつけなければいけないのは、指さしをしないこと、相手に伝えるために言葉を使おうとしないことです。また動作の模倣もありません。それに絵の注視が弱いのも気になります。このように言葉の発達が遅れていることについては、人との情緒的な関係が形成されていないことがまず考えられました。そこで保育者が意図的に対応すると、2歳半のときには、単語が増え、言葉で伝えようという気持ちと、動きをまねしようとする気持ちがみられるようになりました。2語文がないのでまだ発達は遅れていますが、対応によって発達が促されることが確認できたといえます。

　今度は、人との情緒的な関係を見てみましょう。入園時と1歳11か月時ともに、親や保育者に近づいていくことがなく、抱かれようともしません。アタッチメントの形成段階でいうなら、まだ第1段階に至っていないといえます。アタッチメントの質はどうかというと、不安定で、タイプはAのようです。ただ、もしかすると、タイプAまでにも至っていないかもしれません。他児にも興味がありません。思い通りにならないときに、額を打ちつけて泣き続けるという行動がみられましたが、これは人とのかかわりを求めて、

3．乳幼児の発達の見かた

> 表7

事例1：Aちゃん　男児　1歳11か月
気になる点：思い通りにならないと床に額を打ちつけて泣く（1歳3か月くらいから）、視線を合わせることが少ない（ちらっと合わせることもあるが）、単語は「ママ」、「パパ」、「わんわん」を伝えるでもなく言うくらい。他児への関心が弱く一緒に遊ばない、入園前は家庭で育児、よく寝る子だった。親はあまり抱っこをしなかったという。

	入園時9か月	検討時1歳11か月	その後2歳半
親との関係・保育者との関係	朝つれてきたときはただ置いていくという感じだった。お迎えのときに母親が近づくと泣きながら離れていた。保育者に寄って来ることはなかった。抱かれることはきらいで反り返っていた。何かして欲しいと訴えてくることはなかった。	お迎えのときに母親に近づいていくが抱かれることを求めない。母親も抱かない。保育者が名前を呼んでも振り向かない。保育者に近づかない。抱かれない。視線を合わせることは少ない。思い通りに行かないと額を打ちつけて泣くことが1歳3か月からみられるようになった。	母親が抱くようになった。子どもも近づいて抱かれるようになった。まだ特定の保育者に心を寄せているわけではないが、抱かれることは好きになった。呼ぶと振り向くことが増えた。泣くことが増えた。
友だち関係・遊び	他児には興味がなかった。口に物を入れてしゃぶっていた。おもちゃで遊んでいることはなかった。おもちゃに積極的に手を伸ばすことはなかった。	他児には興味がない。ただし乳児には関心を持ち、近づいていったり、コンビラックに入りたがる。積み木やブロックをしゃぶっている。	自動車のおもちゃに興味が沸き手に持っている。あるいは押して遊ぶ。他児が遊んでいると見ているようになった。しかし、まだ自分よりも年下の子どもに興味がある。
言葉	喃語は出ていた。保育者に関心がなくまねしようという感じもなかった。	単語：ママ、パパ、わんわん、を伝えるというよりも独り言のように言っている。絵を指さすことはない。絵を見て言うことはない。絵の注視は弱い。おててぱちぱちの模倣はしない。	単語の数が10くらいに増えて、相手に伝えようという気持ちも見られるようになった。リズム遊びにまだ参加できないが周りで見ていてまねしようという気持ちが見えてきた。
運動面・生活習慣・社会性	お座りはさせればできるが自分から起きあがって座ることはなかった。横になったらそのままで、動き回ることはなかった。はいはいの姿勢はいやがった。離乳食は口に入れれば食べていたが食欲はなかった。	1歳5か月から歩き出したが自信をもってしっかり歩いている感じがしない、積み木を3つ積む。食事のときには周りを見ずに食べ物だけを見ている。手でつかみ口に入れてすぐにのみ込む。	手すりにつかまって階段を上がるようになった。両足ではねるようになった。積み木を8つ積む。食事のときに他の子の食べている様子を見ている。自分が食べ終わると「ない」といって見せる。保育者の様子を見ながらわざといけないことをする。
保育者の対応	抱かれることをいやがるので静かにからだと腕で包み込むように抱くことを心がけた。名前を呼んであげること、ガラガラなどの手に持てるおもちゃを興味を引くように動かして触らせた。担当保育者を決めて対応した。	前と同じかかわりを続けるとともに、言葉に反応して一緒に言うことを増やした（保育者からの模倣）。泣くことを要求の表現ととらえ、気持ちを理解して応じるようにした。	抱かれることが好きになったので、相手をしていて保育者の方も楽しい。人への関心、他児への関心が前よりも強くなってきているので、その気持ちを理解しく、他児を見る機会、触れる機会を増やそうとしている。

自分を主張したい気持ちのあらわれではないかと考えることができます。保育者が対応すると、2歳半頃には親と保育者に寄って来るようになり、アタッチメントは段階2に進みました。

このように対人関係が変化すると、遊びは、1歳11か月時点では感覚遊びでしたが、2歳半までに機能的遊びの段階まで進みました。食事の仕方も、食べ物だけをみていた状態から、他の子どもに関心を向けながら食べる様子もみられるようになっています。さらに自我の発達でも、保育者の様子を見ながら、わざとしてはいけないことをするという行動もみられるようになりました。

事例2（Bちゃん）（表8）

まず運動面からですが、他の子どもと同じようにできるということで、運動発達には問題はないといえそうです。

続いて言葉の発達です。2歳ころに単語が5つということで、発達は遅かったようです。しかしその後2語文、3語文が言えるようになったということで、言葉の発達そのものには遅れはないように思われます。ただし、きちんと話せるときもあるものの、会話として受け応えすることがうまくいかないことが多く、このことの問題は大きいといえましょう。また、集団行動をするときに指示が伝わらないので、個別に話しかけなければならないことも多いようです。

遊びは、3語文を話せる知的能力があり、またブロックでロボットを作る能力があるにもかかわらず、ただ並べているだけで、ごっこ遊びにならないでいます。つまり象徴的遊びの段階にありますが、社会的遊びの段階に進んでいないのです。

食事のときも、4歳であれば子ども同士で話しながら食べるのが普通ですが、他児には関心がなく、食べ物を味わっている感じもしません。

ある程度の発達をしているようにみえるのに、会話が成り立たないことが多く、指示が伝わらない。他児から孤立しているという子どもは、情緒的な関係が形成されていないことが多いのです。また、家で親から相手をされることが少なく、ひとりでビデオを見ている時間が長かったような子どもに、Bちゃんのような特徴を示す子どもが多いのも事実です。

親や保育者との関係をみると、1歳半から入園しているにもかかわらず、4歳時点でまだアタッチメントは形成されていません。痛いことがあっても保育者のところに寄って来ることもありません。アタッチメントの形成段階は、第1段階にも至っていないことになります。そこで4歳のときに、

● 表8 ●

事例2：Bちゃん　男児　4歳
気になる点：高い声で一方的に話してきて会話にならない、しかし2語文から3語文は話し、しっかり話すときもある。
身支度は一つひとつ声をかけないとできない、みんなに声をかけたのでは動けない、他児と一緒に遊べない、人に触られること抱かれることはいやがる、食事は好きなものだけ急いで食べてすぐに終わる、入園前は家にいたが、ひとりでビデオを見ていることが多かったらしい。

	1歳半に入園、それ以降	検討時4歳	その後4歳10か月
親との関係・保育者との関係	親は朝連れてくるが、子どもの気持ちそっちのけで急いで支度をして離れていく。子どもは親に無関心であった。お迎えのときも親は、次々と子どもに指図して動かし、急いで帰っていく状態であった。保育者に近づいてくることはなかった。抱かれることはいやがった。	送り迎えのときの親子の様子は変っていない。保育者が名前を呼んでも振り向かない、保育者に近づかない、抱こうとすると離れていく、痛いときに保育者のところにくることはない。	まだ特定の保育者に心を寄せているわけではないが、抱かれることは好きになった。呼ぶと振り向くことが増えた。転んで痛かったときに保育者のところにくることがあった。
友だち関係・遊び	他の子どもとは遊ばず、ひとりで過ごしていた。積み木や自動車をならべて遊んでいることが多かった。3歳くらいからはブロックで遊ぶことも見られるようになったが、ロボットのようなものを作ってもそれで遊ぶのではなく並べておくだけであった。	他児と一緒に遊ぶことができず、自分の世界に入ってひとりで遊んでいることが多い。	他児のすることを見ていて、ままごと道具をならべていることがある。他児の遊びに手を出して壊してしまうことも見られる。
言葉	単語は2歳ころに5つくらい話していた。その後2語文、3語文と話せるようになるが、コミュニケーションの手段として使うことが少ない。ひとりの世界に入ってひとりごとを言っている。内容はテレビゲームの中のことらしい。	本を持ってきて、「これは？これは？」と虫の名前を保育者に尋ねてくるが答える前に離れてしまう。	虫の名前を保育者に尋ねてくることが増えてきて、答えるまでしつこく聞いてくる。会話とも言えないが、コミュニケーションをしている感じが少しずつ感じられるようになってきた。
運動面・生活習慣・社会性	運動面では他の子と同じようにできるが、どちらかというと運動遊びは好きではない。しばらく尿をもらしていたが、3歳までにはもらさなくなった。便はもらしている。他児と一緒に行動させようとするとうつろな目になって動かなかった。食事のときは、他児には関心がなく、好きなものだけあっという間に食べる。あまり噛まずに呑み込む。	言葉で指示しても動けないことが多いので個別に話すとゆっくりと動き出す。食事のときは、他児には関心がなく、好きなものだけあっという間に食べてあまり噛まずに呑み込む。	言葉で指示してもすぐに動けないこともあるが、ときには周りの子ども達の動く様子を見て同じようにすることも見られる。食べられるものが増えてきた。また他児の様子を時々見ながら食べるようにもなった。
保育者の対応	保育者は名前を呼ぶこと、一緒に行動すること、ときにからだに触れること、抱くことを心がけて対応した。親との話し合いの時間ももったが、親の方は困っていないといっていた。（家ではひとりでビデオをみていて、親と一緒に見るのは嫌がるという）	担当保育者を決めて、ほぼつきっきりで対応した。対応の内容は同じであった。指示した後、動き出すまでゆっくり待つようにした。	抱かれることが好きになったので、相手をしていて保育者の方も楽しい。人への関心、他児への関心が前よりも強くなってきているので、その気持ちを理解して、他児を見る機会、触れる機会を増やそうとしている。

保育者が対応方法を検討し、その後は、担当保育者をきめてつきっきりで対応することにしました。その結果、半年で抱かれることが好きになり、アタッチメントは段階2に進みました。

このようなアタッチメントの変化にともなって、言葉で質問してくることがしつこくなりました。また会話も少しずつみられるようになりました。遊びは、自分の世界に入っている状態から、他の子どもの遊びに目を向けるところまできました。食事場面でも、食べられるものが増えるとともに、他の子どもに関心を持つこともみられるようになりました。

以上事例1（Aちゃん）と事例2（Bちゃん）の例を参考に発達の見かたを再確認してきました。いろいろな部分が、互いに関係し合いながら発達することがおわかりいただけたと思います。このように、発達をみるには、運動発達、言語発達などの一つの領域の流れを整理するとともに、他の領域相互の関連性をみていくことが大切なのです。そのためには、ここで紹介したような、表7、8のような表を作ると役に立ちます。

4. 乳幼児の栄養・食事

母乳栄養と人工栄養

(1) 母乳栄養

① 母乳育児の意義

母乳は乳児と母親にとって、最も自然で理想的なエネルギーや栄養素の供給源です。また授乳をとおしたふれあいにより、良好な母子関係の確立にも役立ちます。母乳育児の利点を表1に示しました。

② 母乳の授乳法

❶授乳開始時期と授乳間隔

授乳開始時期は母子ともに安定した時としますが、分娩後30分以内が勧められています。

授乳法は乳児が欲した時に与える自律授乳法が行われています。しかし、泣けばすぐに与えるような授乳法と自律授乳は異なります。乳児が何を欲して泣いているのか、正しく判断することが大切です。

表1

母乳栄養の利点

母親の利点	乳幼児の利点
・出産後の母体回復を早める ・母性ホルモン（プロラクチン）を分泌させる ・妊娠前の体重への回復を促す ・排卵を抑制する ・精神的安定をもたらす ・乳がん、卵巣がんの発症率が低下する ・衛生的、経済的で手間もかからない	・免疫学的防御作用をもつ ・成分組成が乳児に最適で、代謝負担が少ない ・顔全体の筋肉や顎を発達させる ・乳幼児突然死症候群（SIDS）のリスクを低下させる ・信頼関係を育む ・新鮮で衛生的である

健康な乳児の一般的な授乳間隔は、生後1か月間は不規則ですが、授乳回数は1日に7～8回程度です。2～3か月頃は3～4時間おきの5～6回程度、それ以降は4時間おきの5回程度となり、夜間授乳は次第になくなることが多いです。

❷授乳時間

1回の授乳時間は15分程度が適当で、はじめの5分間で全量の約60％、次の5分間で約30％、残りの5分間で約10％を哺乳します。はじめの10分間で約90％が哺乳されるので、授乳時間を延長しても哺乳量はほとんど変わりません。授乳時間が長すぎる場合には母乳不足が疑われます。

❸母乳の授乳期間

母乳の授乳期間は母乳育児の栄養的な意義、ならびにスキンシップなどの心理的な面を考慮することが大切です。以前は母親側の理由で母乳の授乳をやめることが多く、「断乳」という言葉が使われていました。近年は子どもが自発的に母乳を飲まなくなるまで母乳育児を続ける「卒乳」の考え方が一般的になっています。母親や母子保健医療関係者の考えで、ある時期になったからと止めさせるのではなく、乳幼児主体で自然に母乳をほしがらなくなる時期にやめることが理想です。

③ 母乳育児の留意点

❶母乳不足

母親が母乳不足を訴える場合、母乳不足感なのか、実際に母乳不足なのかを慎重に判断することが重要です。乳児の状態を観察し、発育曲線のカーブを確認したり、母親の健康状態、家庭環境を含めて母親の話をよく聞いた上で適切な支援を行います。

母乳不足では、授乳時間の延長、授乳間隔の短縮、便秘、下痢、睡眠障害（夜泣きなど）、体重増加不良などがみられます。母親に低栄養、ストレス、疲労などの母乳不足を起こす原因がある場合にはその解決を心がけます。原因を除去しても母乳不足が継続する場合には、不足分を調製粉乳で補います。しかし、母乳不足解決に努めることなく、安易に調製粉乳を使用することは慎まなければなりません。

（2）人工栄養

① 育児用ミルクの基礎知識

　母親や子どもの健康状態、社会的な理由などから母乳栄養が行えず、乳児のエネルギーや栄養素の補給が母乳以外の乳汁で行われる場合を人工栄養と言います。現在、育児用ミルクが乳汁として用いられています。

　育児用ミルクには、調製粉乳（乳児用調製粉乳、フォローアップミルク、低出生体重児用粉乳）、市販特殊ミルク（牛乳アレルゲン除去粉乳、大豆たんぱく調製乳など）、市販外特殊ミルク（先天性代謝異常症用ミルクなど）があります。乳児用調製粉乳は母乳代替品として牛乳の成分を母乳に近づけるように改善したものです。

② 乳児用調製粉乳の調乳法

　調乳法には、あらかじめ哺乳瓶や乳首などの調乳器具を消毒して保管し、授乳のたびに一度沸騰した70℃以上の湯で、1回分ずつ調乳する無菌操作法と、1日分の紛乳を調乳して哺乳瓶に入れた後に煮沸消毒し、冷却して冷蔵庫に保管し、授乳のたびに適温に温めて使用する終末殺菌法があります。一般的に無菌殺菌法は、家庭や少人数の保育所で行い、終末殺菌法は病院や乳児院、大人数の保育所などでよく用いられる方法です。

③ フォローアップミルク

　フォローアップミルクは、牛乳の代替品として開発された離乳期以降の栄養補給を目的とした製品で、母乳や育児用調製粉乳の代替品ではありません。育児用調製粉乳と異なり、亜鉛と銅は添加されていません。牛乳に不足している鉄とビタミンを補給し、牛乳で過剰になるたんぱく質、ミネラルを減らしています。フォローアップミルクは離乳食が順調に進まず、鉄不足のリスクが高い場合などに使用するのであれば、9か月以降とします。ただし、9か月を過ぎたからといって、母乳や育児用調製粉乳をやめてフォローアップミルクに切り替える必要はありません。育児用調製粉乳、フォローアップミルク、牛乳の主な成分を表2に示します。

> 表2

育児用粉乳、フォローアップミルク、牛乳の主な成分

	たんぱく質(g)	脂質(g)	葉酸(μg)	カルシウム(mg)	鉄(mg)
育児用調製粉乳[1] 13％調乳液 100mlあたり	1.52	3.6	7.8	49	0.91
フォローアップミルク[2] 14％調乳液 100mlあたり	2.0	2.8	11.2	91	1.33
牛乳[3] 100mlあたり	3.3	3.8	5.0	110	0.02

1) 和光堂「はいはい」の成分組成より（2012年3月現在）
2) 和光堂「ぐんぐん」の成分組成より（2012年3月現在）
3) 日本食品標準成分表（2010年）より作成

離乳食

（1） 離乳の定義

　離乳は、「授乳・離乳の支援ガイド」（厚生労働省：平成18年3月）では、「母乳または育児用ミルク等の乳汁栄養から幼児食に移行する過程をいう」と定義され、「この間に乳児の摂食機能は、乳汁を吸うことから、食物をかみつぶして飲み込むことへと発達し、摂取する食品は量や種類が多くなり、献立や調理の形態も変化していきます。また、摂食行動は次第に自立へと向かっていく」と説明されています。

（2） 離乳の必要性

① エネルギーと栄養素の補給

　乳児は生後5～6か月頃になると成長・発達がめざましくなり、水分の多い乳汁だけでは、乳児の発育に必要なエネルギー、たんぱく質、鉄、亜鉛、その他のミネラル、ビタミンなどが不足してきます。そこで、乳汁以外の食物からの栄養補給が必要になります。

② 消化機能の増強

乳児期後半になると、唾液をはじめ消化液の分泌量が増えて、歯も萌出してきます。この時期に離乳食を与えると消化酵素の活性化が認められています。このような消化機能の発現の機会に、乳汁以外の食物を与えることで、離乳食への興味を喚起し、消化力を増強することができます。

③ 摂食機能の発達を助長

乳児の摂食機能は、乳汁を吸うことからなめらかにすりつぶした状態のものを飲み込み、次第に舌でつぶせるもの、歯ぐきでつぶせるものというように固さを順次増していき、歯ぐきでかみつぶして飲み込むことへ発達します。各時期に適した調理形態の食物を与えることで、咀嚼・嚥下機能の発達を促します。

④ 精神発達の助長

離乳食は乳汁とは異なる味、匂い、触感、形をもつことから、味覚、臭覚、触覚、視覚などが刺激され、これらの発達が促されます。また、離乳の進行に従い、家族と一緒に食卓を囲む機会が増えると精神発達が促されます。

⑤ 正しい食習慣の確立

離乳期に使う食品の適切な選択や調理法、適切な与え方（食事時刻、時間、回数など）により、望ましい食事の習慣が身につき、生活リズムが形成されます。これらは幼児期の正しい食習慣の確立につながります。

（3）離乳の開始

離乳の開始とは、なめらかにすりつぶした状態の食物を初めて与えた時を言い、その時期は5、6か月頃が適当です。

発達の目安としては、首のすわりがしっかりしている、支えてあげるとすわれる、食べものに興味を示す、スプーンなどを口に入れても舌で押し出すことが少なくなる（哺乳反射の減弱）などがあげられます。

（4）離乳の進行

❶ 離乳の開始後ほぼ1か月間は、離乳食は1日1回与えます。母乳または育児用ミルクは、授乳のリズムに沿って子どもの欲するままに与えます。この時期は離乳食を飲み込めるようになること、その舌ざわりや味に慣れることをめざします。

❷ 離乳を開始して1か月を過ぎた頃から、離乳食は1日2回にしていきます。母乳または育児用ミルクは離乳食の後にそれぞれ与え、離乳食とは別に母乳は授乳のリズムに沿って子どもの欲するままに、育児用ミルクは1日に3回程度与えます。生後7、8か月頃からは舌でつぶせる固さのものを与えます。

❸ 生後9か月頃から、離乳食は1日3回にし、歯ぐきでつぶせる固さのものを与えます。食欲に応じて、離乳食の量を増やし、離乳食後に母乳または育児用ミルクを与えます。離乳食とは別に、母乳は授乳のリズムに沿って子どもの欲するままに、育児用ミルクは1日2回程度与えます。鉄の不足には十分配慮します。

（5）離乳の完了

離乳の完了とは、形のある食物をかみつぶすことができるようになり、エネルギーや栄養素の大部分が母乳または育児用ミルク以外の食物からとれるようになった状態をいいます。その時期は12～18か月頃です。なお、咀しゃく機能は、奥歯が生えるに伴い乳歯の生え揃う3歳頃までに獲得されます。

食事は、1日3回となり、その他に1日1～2回の間食を目安とします。母乳または育児用ミルクは、一人ひとりの子どもの離乳の進行および完了の状況に応じて与えます。なお、離乳の完了は、母乳または育児用ミルクを飲んでいない状態を意味するものではありません。

（6）離乳食の進め方の目安

「授乳・離乳の支援ガイド」に示されている離乳食の進め方の目安を図1に示します。しかし、これは目安なので子どもの個人差に配慮して進めることが重要です。

4．乳幼児の栄養・食事

図1

厚生労働省「授乳・離乳の支援ガイド」
平成19年3月

	離乳の開始　──────────────→　離乳の完了			
	生後5、6か月頃	7、8か月頃	9～11か月頃	12～18か月頃

| 〈食べ方の目安〉 | | ○子どもの様子をみながら、1日1回1さじずつ始める。○母乳やミルクは飲みたいだけ与える。 | ○1日2回食で、食事のリズムをつけていく。○いろいろな味や舌ざわりを楽しめるように食品の種類を増やしていく。 | ○食事のリズムを大切に、1日3回食に進めていく。○家族一緒に楽しい食卓体験を。 | ○1日3回の食事のリズムを大切に、生活リズムを整える。○自分で食べる楽しみを手づかみ食べから始める。 |

〈食事の目安〉			調理形態	なめらかにすりつぶした状態	舌でつぶせる固さ	歯ぐきでつぶせる固さ	歯ぐきで噛める固さ
一回当たりの目安量	Ⅰ	穀類(g)		つぶしがゆから始める。すりつぶした野菜なども試してみる。慣れてきたら、つぶした豆腐、白身魚などを試してみる。	全がゆ50～80	全がゆ90～軟飯80	軟飯90～ご飯80
	Ⅱ	野菜・果物(g)			20～30	30～40	40～50
	Ⅲ	魚(g)又は肉(g)又は豆腐(g)又は卵(個)又は乳製品(g)			10～15 10～15 30～40 卵黄1～全卵1/3 50～70	15 15 45 全卵1/2 80	15～20 15～20 50～55 全卵1/2～2/3 100

上記の量は、あくまでも目安であり、子どもの食欲や成長・発達の状況に応じて、食事の量を調整する。

| 〈成長の目安〉 | 成長曲線のグラフに、体重や身長を記入して、成長曲線のカーブに沿っているかどうか確認する。 |

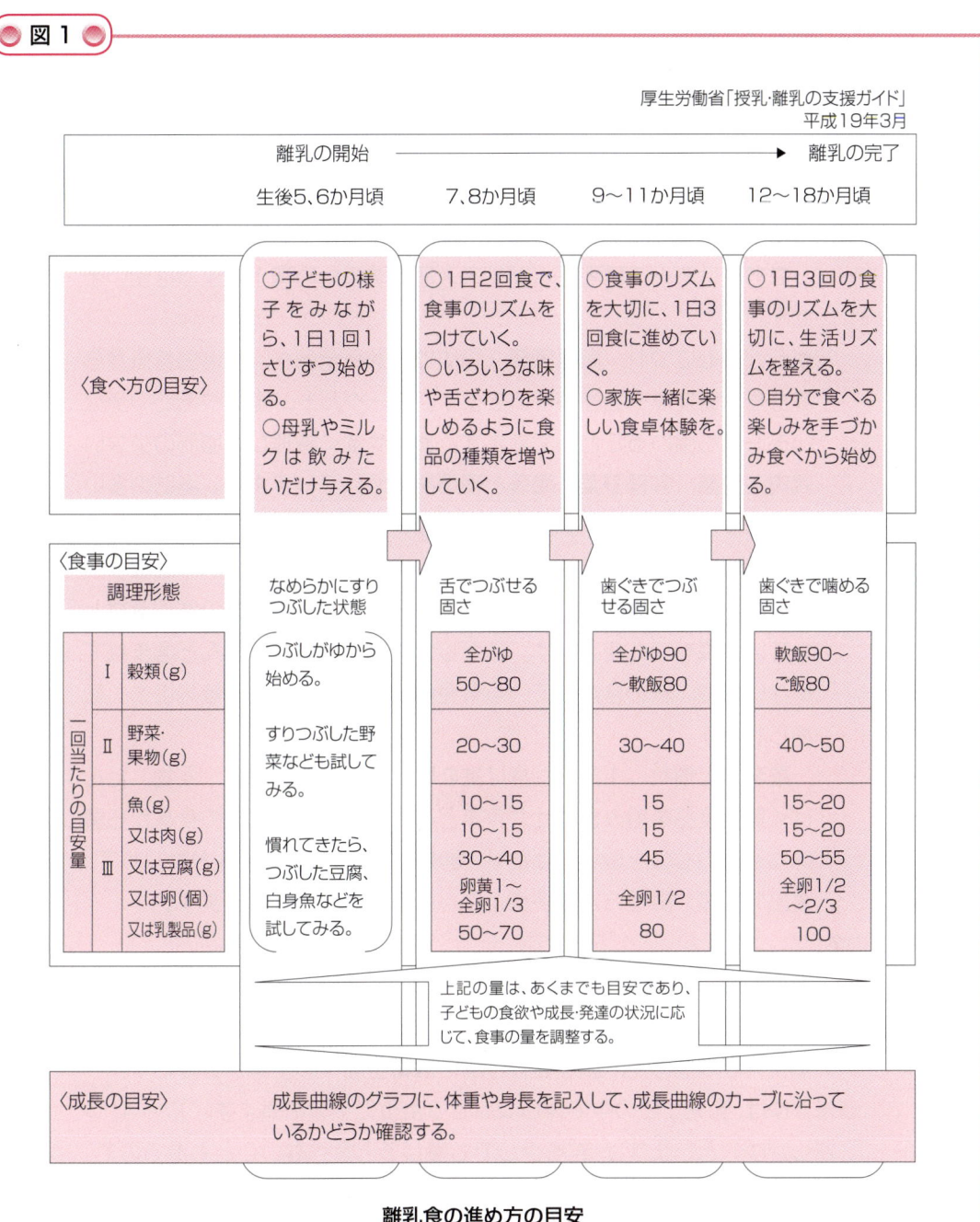

離乳食の進め方の目安

V 乳幼児の健康と病気・事故予防

① 食事の目安
● 食品の種類と組合せ
①離乳の開始では、アレルギーの心配の少ないおかゆ（米）から始めます。新しい食品は、1日一品を一さじずつ与え、乳児の様子をみながら量を増やしていきます。慣れてきたらじゃがいもや野菜、果物、さらに慣れたら豆腐や白身魚など、種類を増やしていきます。

なお、はちみつは乳児ボツリヌス症予防のため満1歳までは使いません。

②離乳が進むにつれ、卵は卵黄（固ゆで）から全卵へ、魚は白身魚から赤身魚、青皮魚へと進めていきます。ヨーグルト、塩分や脂肪の少ないチーズも用いることもできます。食べやすく調理した脂肪の少ない鶏肉、豆類、各種野菜、海藻と種類を増やしていきます。脂肪の多い肉類は少し遅らせます。野菜類には緑黄色野菜も用います。

③9か月以降は鉄が不足しやすいので、赤身の魚や肉、レバーを取り入れます。牛乳は飲用は1歳を過ぎてからですが、離乳食の調理素材としては1歳前でも使えます。しかし、牛乳には鉄がほとんど含まれていないので、鉄の含まれている育児用ミルクを使用する等の工夫も勧められます。

離乳食に慣れ、1日2回食に進む頃には、穀類、野菜・果物、たんぱく質性食品を組み合わせた食事とします。また、家族の食事から調味する前のものを取り分けたり、薄味のものを適宜取り入れたりして、食品の種類や調理方法が多様となるような食事内容とします。

② 調理形態・調理方法
離乳の進行に応じて食べやすく調理したものを与えます。子どもは細菌への抵抗力が弱いので、調理を行う際には衛生面への配慮が必要です。

❶米がゆは、乳児が口の中で押しつぶせるように十分に煮ます。初めは「つぶしがゆ」としますが、粒を少しでも感じると食べないこともあるので、その場合には裏ごしをするとよいでしょう。慣れてきたら粗つぶし、つぶさないまま、軟飯へと移行します。

❷野菜類やたんぱく質性食品などは、初めはなめらかに調理し、次第に粗くしていきます。

❸調味について、離乳の開始頃では調味料は必要ありません。離乳の進行に応じて、食塩、砂糖など調味料を使用する場合は、それぞれの食品の

もつ味を生かしながら薄味に仕上げます。油脂類の使用は少量とします。

③ 成長の目安

　食事の量は成長の経過で評価します。具体的には、母子健康手帳などに掲載されている発育曲線のグラフに体重や身長を記入して、発育曲線のカーブに沿っているかどうかを確認します。からだの大きさや発育には個人差があり、一人ひとり特有のパターンを描きながら大きくなっていきますので、身長や体重を記入して、その変化をみることによって成長の経過を確認することができます。

（7）離乳食作りの留意点

① 衛生的な取り扱い

　離乳食は水分が多く、薄味で栄養価が高いために細菌に汚染されると腐敗しやすいです。また、調理方法もつぶす、裏ごすなども多く、細菌汚染のリスクが高まります。そのため、新鮮な材料を衛生的に取り扱い、加熱の必要があるものは十分に火を通します。調理後は時間をおかずに与えることが大切です。

② 栄養バランスに配慮

　離乳開始後1か月を過ぎた頃からは、毎食、栄養バランスに配慮します。また、様々な食品、調理法を取り入れて、味、口触りなどに変化をもたせ、乳児の食体験を豊かにします。

③ 発達段階に合わせた調理形態

　月齢や発達段階に合わせて固さ、大きさ、とろみなどを配慮します。味つけは薄味を基本とし、塩分は0.5％以下、甘味は1～3％程度とします。しかし、乳児が喜んで食べるならば特に味付けの必要はありません。

④ 大人の食事から取り分け

　大人の食事から取り分けて離乳食を作ることは、おとな用の調理と一緒にできるので、同じ食材が使えて無駄がなく、調理時間の節約にもつながります。また、おとなの食事とほぼ同時にできあがることが多く、家族一緒に食事ができます。家族で食卓を囲むことで「おいしさ」を共感したり、

食べ物への興味・関心や食べる意欲を育てることができます。
　おとなの食事から取り分けるには、おとなの食事に乳幼児が食べられる食材の使用、簡単に離乳食に展開できる食材や調理法の選択、また、おとな用の味付け前の取り分けが必要です。なお、取り分ける材料の固さや大きさは、乳幼児の咀嚼機能の発達に合わせること、さらに、取り分け後に刻む、つぶす、とろみをつける、汁気を多くするなど乳幼児が食べやすい調理を心がけます。

幼児の食事

(1) 幼児期の心身の特徴と食生活の関係

幼児期はおとなの食事への移行期にあり、以下のような食生活の特徴があります。
①発育期であり、また、活動量も多いために、体重1kgあたりのエネルギー、たんぱく質、鉄、カルシウムの必要量を成人と比較すると、幼児の必要量は2～3倍多くなります（表3）。
②消化・吸収力が未熟であり、胃の内容量も小さいために、三回の食事だけでは必要量を満たすことは難しいです。そこで間食を摂る必要があります。
③食べ物の嗜好が固定しやすいので、いろいろな食物を体験させ、食嗜好の幅を広げることが重要です。
④個人差が大きい時期であり、また、同じ幼児でも日による食欲の差が大きい場合もあるので、個々の習慣的な食事摂取量の把握が求められます。
⑤生活の大部分は養育者に依存しているために、その生活リズム、食事のリズムが幼児にも大きく影響します。そこで、養育者は規則正しい生活を送ることが求められます。

(2) 幼児食の調理上の留意点

① 調理法の工夫

幼児は食べ慣れない食品を嫌う「食わず嫌い」が多いので、いろいろな食品をさまざまな味付けで食べる体験を繰り返すことが重要です。幼児期に食べ慣れた食品は成人しても好きなことが多いので、将来の生活習慣病

4．乳幼児の栄養・食事

表3

体重1kgあたりのエネルギーおよび主な栄養素量

	エネルギー(kcal)		たんぱく質(g)		カルシウム(mg)		鉄(mg)	
	男	女	男	女	男	女	男	女
1～2歳	85	82	1.3	1.4	30	32	0.3	0.3
3～5歳	80	77	1.2	1.2	31	28	0.2	0.2
18～29歳	42	39	0.8	0.8	10	11	0.1	0.2
30～49歳	39	38	0.7	0.8	8	10	0.1	0.2

「日本人の食事摂取基準（2010年版）」厚生労働省より作成

予防も視野に入れて、和風の野菜料理、魚料理などを日常的に摂取することで、嫌いな食品にしない工夫が求められます。

② 咀嚼の発達への考慮

1歳児はいなりずしのご飯と油揚げ、サンドイッチのきゅうりとパンなどのように、固さや食感が違うものを複数一緒に食べることは難しい場合があります。また、卵料理の中の具が同じ柔らかさでないと口から出したり、丸のみをしてしまうことが多いです。しかし、2歳児ではかに玉あんかけのように、きくらげやタケノコが入っていても咀嚼できるようになります。

よく噛まずに丸のみをしたり、口中にいつまでも食べ物を溜めたりする場合には、離乳の完了頃から乳歯の生え揃う3歳頃までの咀嚼機能の発達段階に合った調理法の食べ物が与えられないために起こっている場合もあります。そこで、幼児期の食事は歯の生えている状況や咀嚼機能に合わせた調理が大切です。乳歯の萌出時期と咀嚼機能を表4に、また、1～2歳児の食べにくい（処理しにくい）食品例を表5に示します。

③ 食べる技術への考慮

3歳児は、サンドイッチやハンバーガーを大きいままの形で食べることは難しく、パンをはがしたり、中身をくずして食べることがあります。また、3歳児の皆がハンバーグやムニエルを、自分で食べやすいように小さくできるわけではありません。そこで、子どもの食べる技術に合わせて、食材の組み合わせを工夫したり、食べやすいように小さく切り分けることも必要になります。

● 表4 ●

子どもの歯の萌出時期と咀嚼機能

生後 6～8か月頃	・乳歯が生え始める
1歳頃	・上下の前歯4本ずつ生え、前歯で食べ物を噛みとり、一口量の調節を覚えていく。 ・奥歯はまだ生えず、歯茎のふくらみが出てくる程度。 ⇒奥歯で噛む、すり潰す必要のある食材や調理形態によっては、食べ物を上手に処理できないと、そのまま口から出したり、口にためて飲み込まなかったり、丸呑みなどするようになる
1歳過ぎ	・第一乳臼歯（最初の奥歯）が生え始める
1歳6か月頃	・第一乳臼歯が上下で噛み合うようになる。 ・しかし、第一乳臼歯は、噛む面が小さいために、噛み潰せてもすり潰しはうまくできない⇒食べにくい食品が多い
2歳過ぎ	・第二乳臼歯が生え始める
3歳頃	・奥歯での噛み合わせが安定し、こすり合わせてつぶす臼磨ができるようになり、おとなの食事に近い食物の摂取が可能となる

堤ちはる：乳幼児栄養の基本と栄養指導、小児科臨床、62巻12号、2571－2583、2009. より引用.

● 表5 ●

1～2歳児の食べにくい（処理しにくい）食品例

食品の特徴	主な食品	調理の留意点
弾力性の強いもの	かまぼこ、こんにゃく、いか、たこ	この時期には与えない
皮が口に残るもの	豆、トマト	皮をむく
口中でまとまりにくいもの	ひき肉、ブロッコリー	とろみをつける
ペラペラしたもの	わかめ、レタス	加熱して刻む
唾液を吸うもの	パン、ゆで卵、さつまいも	水分を加える
誤嚥しやすいもの	餅、こんにゃくゼリー	この時期には与えない
噛み潰せないで、口にいつまでも残るもの	薄切り（スライス）肉 しゃぶしゃぶ用の肉は食べやすい	たたいたり切ったりする

堤ちはる：乳幼児栄養の基本と栄養指導、小児科臨床、62巻12号、2571－2583、2009. を一部改編.

(3) 間食（おやつ）について

① 間食の役割と必要性

❶栄養面での役割

　　幼児は体が小さいわりに、多くのエネルギーや栄養素を必要とします。しかし、消化器官の機能が発達過程にあり、未熟で胃の内容量も小さいために必要量を3回の食事で満たすことが困難です。そこで間食を食事の補いと捉え、エネルギーや栄養素の補給を行います。さらに、幼児は成人に比べ、体の構成成分として水分の割合が高いので、水分の補給にも配慮した内容とします。

❷精神面での役割

　　3回の食事とは異なる食品、調理、色彩、盛り付けなどで気分転換ができ、食べる楽しみを感じることができます。また、休息のひとときにもなります。子どもと一緒におやつを手作りすることも、食の体験を増やしたり、食生活への興味・関心を引き出すよい機会となります。

❸食の関心を高め、食教育の場としての役割

　　間食の楽しみから、食に対する興味や関心を高めることができます。また、食前の手洗い、「いただきます」の挨拶、食事のマナーや食後の口腔衛生などの基本的な食習慣を、自然な形で身につける機会ともなります。与える時間が不規則であったり、好むものを欲しがるままに与えたりすると、偏食や食欲不振を助長するので注意します。なお、牛乳や甘味飲料を喉の渇きを潤すために頻繁に摂取すると、エネルギーの過剰摂取を招きやすいので慎みます。

② 間食の適量と回数

　　間食の適量は、一日の推定エネルギー必要量の1〜2歳児は10〜15%（100〜150 kcal）、3〜5歳児は15〜20%（200〜260 kcal）となります。保育所などではこれらを1〜2歳児は2回に分けて、3〜5歳児は1回与えることが多いです。

③ 間食に望ましい材料と組み合わせ

　　穀類、いも類、豆類、野菜、果物、牛乳やヨーグルトなどの乳製品、小魚類など、速やかにエネルギーとして利用される食品や、3回の食事で摂取する機会の少ない食品が適しています。市販の菓子類を利用する場合に

は、原材料表示を確かめ、脂質の少ない薄味のもの、食品添加物使用のなるべく少ないものを選びます。

(4) 食事摂取、食行動の諸問題

① 偏食

幼児期は精神発達に伴い、食べ物に対する好みの感情を明確に表してくるようになります。栄養学的に同じような食品が摂取できる場合や数種類の食品だけを嫌う場合などは、身体発育への影響は少ないです。しかし、食生活を豊かにしたり、社会的適応の幅を広げるには、嫌いな食品を少なくすることが必要です。

- 原因：離乳期の食品の偏り、咀嚼しにくいなど子どもの口腔機能の発達と合っていない、家庭の食事内容の偏り、不適切な間食の与え方、以前に食べたときの腹痛、嘔吐、下痢などの不快な経験、特定の食品の形、感触、におい、味を嫌うなどがあげられます。
- 対策：ある食品を「嫌いで食べない」と考えるよりも、「まだ、食べられるようになっていない」と捉え、嫌いなものをなくすよりも好きなものを増やすことがこの時期には重要です。この時期の偏食は固定化していないことが多いので、間隔をあけて出したり、切り方、味付け、盛り付けを工夫するなど目先を変えることも勧められます。なお、においが強くて食べにくい場合には、ゆでるとにおいが弱まります。

自分で栽培したり、調理すると食材に対する興味がわき、嫌っていた食品が食べられるようになることもあります。また、周りの大人が「食べてみよう」と苦手なものに向かうように仕向けたり、楽しい雰囲気の中で「おいしいね」と言葉に出しておいしそうに食べてみせることも効果的です。

② 食欲不振

幼児期の食欲は個人差が大きく、また同じ子どもでも、日によって食欲の変動が大きいこともあります。食欲不振の原因は複合することが多いので、子どもをよく観察して対処することが求められます。

- 原因：食事のにおい、形、舌触り、固さ、味などが気に入らなかったり、家族の雰囲気、食事提供者の言動など心理的なことに影響される場合があります。なお、生まれつき食が細かったり、疾病による場合もあります。

- 対策：料理は大きめの食器に普段の半分位を盛り付け、見た目の圧迫感を和らげると共に、おかわりする楽しさを味わえるようにすることも効果的です。

　また、血糖値が低いと摂食中枢が刺激されて食欲を感じ、血糖値が高くなると満腹中枢が刺激され、食欲が低下するので、食事の前に血糖値をあげるような飲食を慎み、食事の時間が空腹（血糖値の低い状態）で迎えられるような配慮も必要です。あわせて早寝早起きの生活リズムをつけ、遊びにより消費するエネルギーを増やすことも重要です。

食物アレルギー

（1）食物アレルギーの基礎知識

① 定義

　特定の食物を摂取した後にアレルギー反応を介して皮膚・呼吸器・消化器あるいは全身性に生じる症状のことをいいます。そのほとんどは食物に含まれるたんぱく質が原因で起こります。食物に含まれる物質そのものによる反応や症状は食物アレルギーには含めません。

② 症状

　皮膚症状、まぶたや唇のはれなどの粘膜症状が多いですが、全身の臓器に症状が誘発されることもあります。中には血圧低下や意識喪失など生命をおびやかす症状を伴うものもあり、それをアナフィラキシーショックと呼びます。アナフィラキシーショックを起こした場合には、一次救命措置を行い、医療機関への搬送を急ぐとともに、アドレナリンの自己注射薬である「エピペン®」の処方を受けている場合には、適切なタイミングで注射することが効果的です。

③ アレルギー表示

　アレルギー反応の原因物質をアレルゲンといいます。卵、乳、小麦、えび、かに、落花生、そばの7品目は、食物アレルギーの症例が多いか、症状が重い「特定原材料」として加工食品への表示が義務づけられています。

表6 アレルギーによる除去食物とそれを含む加工品およびその代替品

	除去する食品		その代替食品
牛乳除去の場合	・乳類 ・乳製品 ・牛乳を含む料理 ・牛乳を含む加工品 ・牛乳・乳製品含む菓子類 ・肉	牛乳、フルーツ牛乳、粉ミルク ヨーグルト、チーズ、生クリーム 乳酸菌飲料 バター、マーガリン、ショートニング ホワイトソース、クリームシチュー グラタン、マッシュポテト インスタントカレールー からあげ粉 チョコレート アイスクリーム ビスケット ウエハース キャラメル、チューインガム、ケーキ プリン、牛乳ゼリー パン類 ミルクココア 牛肉	→アレルギー用ミルク、だいず乳、ココナッツミルク →自家製ジュース →植物油 →アレルギー用のルー、牛乳の代わりにだいず乳やすりおろしいもを使用 →カレー粉 →小麦粉、かたくり粉 →アレルギー用チョコレート →シャーベット、かき氷 →ソーダクラッカー、ミルクノンビスケット →ミルクノンウエハース →牛乳を加えず寒天で固める →フランスパン、乳成分含まぬパン →ピュアココア →症状がでる場合は除去＊
卵除去の場合	・卵 ・卵を含む料理 ・卵使用の菓子 ・卵使用のめん ・調味料 ・卵を含む加工品 ・卵白を含む魚や肉の加工品 ・肉	鶏卵、うずらの卵、あひるの卵、（まれに魚卵） 玉子焼き、オムレツ、茶碗蒸し、ピザお好み焼き、餃子 ケーキ、ビスケット、プリン ラーメン、生スパゲッティ、日本そば マヨネーズ フライ、てんぷらの衣 パン、菓子パン かまぼこ・はんぺん等の練り製品 ハム、ソーセージ、ウインナー 鶏肉	 →ベーキングパウダー、ゼラチンや寒天、でん粉 →卵不使用のめん →アレルギー用のマヨネーズ →卵除去の衣を使用（水とでん粉の衣） →卵不使用のパン →自家製の練り製品（でん粉、すりおろしたやまいもなど）、卵不使用の製品 →症状がでる場合は除去＊
だいず除去の場合	・だいず ・だいず加工品 ・だいず油混入 ・だいずを含む調味料 ・だいず油・だいず製品を含む菓子	だいず、枝豆、だいずもやし 小豆、いんげん、グリーンピース、その他の豆類に共通抗原があることもある 豆腐、高野豆腐、納豆、おから、油揚げ、きな粉、豆乳 だいず油、サラダ油、てんぷら油など 油漬け魚缶 しょうゆ、味噌、ソース、マヨネーズ、ドレッシング、スープの素 きな粉やあんこを使用した和菓子 ポテトチップ、ドーナツ、えびせん、せんべい	 →オリーブ油、なたね油、ごま油、ぶどうシードオイルなどのだいず油の混入していない油 →水煮缶 →雑穀や米を使用したもの
小麦除去の場合	・小麦とその料理 ・小麦使用の加工品 ・小麦使用の調味料	小麦、大麦、ライ麦、はと麦などに共通抗原がある場合もある シュウマイ、餃子、春巻き、フライ、カレー 小麦粉使用のパン、めん、ふ、菓子類 小麦麦芽で作った水飴 しょうゆ、味噌、酢、スープの素	→米粉、ひえ粉、あわ粉、タピオカ粉、かたくり粉、葛粉を使用したもの →上記の粉使用のもの →上記の粉使用のもの →小麦不使用のしょうゆ、味噌、酢、スープの素
米除去の場合	・米とその加工品 ・米使用の調味料 ・米製品含む菓子類	米、餅、ビーフン、上新粉、白玉粉、道明寺粉 米しょうゆ、米酢、みりん、酒 大福、団子、白玉団子	→米のたんぱく質を酵素処理したファインライス、ケアライス等。アマランス、キノア、あわ、きび、ひえ等の雑穀 →米不使用のだいず、小麦、雑穀などのしょうゆ、酢など

堤ちはる、土井正子：子育て・子育ちを支援する子どもの食と栄養、第3版第1刷、p256, ㈱萌文書林, 2013.

その他に表示を推奨されている食品として、あわび、いか、いくら、オレンジ、カシューナッツ、キウイフルーツ、牛肉、くるみ、ごま、さけ、さば、大豆、鶏肉、バナナ、豚肉、まつたけ、もも、やまいも、りんご、ゼラチンの20品目があります（2013年9月20現在）。

（2） 食物アレルギーの治療の基本

　食物アレルギーの治療は「原因となる食物を摂取しないこと」が基本で、医師の正しい診断に基づいた「必要最小限の原因物質の除去」を行います。必要最小限の除去ですから、アレルギーの原因食物でも症状が誘発されない量までは摂取することができます。また、発症が心配、あるいは、念のためにと必要以上に除去する食品を増やすことは勧められません。食物アレルギーによる除去食物とそれを含む加工食品、およびその代替品を表6に示します。

（3） 乳児期の食物アレルギー対応

① 離乳食の進め方

　食物アレルギーでも、基本的には離乳食開始や進行を遅らせる必要はありません。初めての食物を与える時には、体調の良い時に新鮮な食材を十分に加熱して少量を与えます。なお、食物アレルギー症状が出た場合に医師を受診しやすいように、初めての食物は平日の昼間与えるとよいでしょう。

　皮膚に湿疹等がある場合は、摂取した食物の皮膚症状への影響を判断することが難しくなるので、症状を改善してから離乳食を開始することが勧められます。

　乳児期の食物アレルギー原因物質は、鶏卵、牛乳、小麦で約90％を占めています。離乳食開始時期に利用する米、イモ類、野菜類が原因物質になることは少ないです。そこで、保護者の自己判断や不安により、医師の指示以外の食物を除去しないようにすることが大切です。

② 妊娠・授乳中の母親の食物除去

　ハイリスク児（両親・同胞に一人以上のアレルギー患者がいる子ども）のアレルギー性疾患発症予防目的とした妊娠・授乳中の母親への食物制限

は、十分な科学的根拠がないために勧められていません。

母乳が原因で子どもの症状が悪化する場合には、母親も原因物質の除去を指示されることがあります。しかし、子どもと同じ除去が長期間必要になることは少ないです。なお、母親が食物除去をする場合には、母親の栄養状態や摂取食物の制限に起因するストレスにも配慮します。

（4）保育所給食における食物アレルギー対応

保育所給食は、子どもの発育・発達段階を考慮し、安心・安全に、栄養面の確保と、おいしく楽しく食べられるようにすることが求められます。しかし、食物アレルギー対応では安全性が最優先されます。同じ原因物質でも個人差があり、食べられる範囲は異なるために、個別対応すると作業が煩雑化して、事故の危険性が高まこともあります。そこで給食では可能な限り作業を単純化し、「完全除去」、あるいは「解除」の両極で対応して安全性を担保します。

下痢や嘔吐などの体調不良の際の食事

（1）下痢のとき

急性の下痢は感染症や消化不良、また、慢性の下痢は食物アレルギーやその他の疾病、心理的な理由などが原因で起こることがあります。

乳児が下痢をしていても、機嫌がよく、元気で食欲もあるなど、様子が普段と変わっていなければあまり心配することはありません。しかし、下痢とともに元気がない、食欲がない、発熱や嘔吐などの症状を伴う時には、医師を受診して指示に従います。

① 水分摂取

下痢が続くと水分やミネラルが失われて、脱水症状を起こすことがあります。常温の湯冷まし、麦茶、乳児用イオン飲料などを、胃腸を刺激しないように、少量ずつ回数多く与えます。

② 食　事

　母乳は、医師に禁止されていなければ与えてかまいません。重症の下痢では乳汁だけにします。食欲があれば、食事を与えても問題ないことがほとんどですが、食物繊維や油脂が少ない食材を選んで、普段よりやわらかく煮る、細かく刻むなど、調理を丁寧にします。おかゆやうどん、マッシュポテトなどの炭水化物や、整腸作用のあるりんごやにんじんのすりおろしなどを与えます。みかんやグレープフルーツなどの柑橘系の果物は便をやわらかくするので避けます。便性の回復状況をみながら、徐々に白身魚、豆腐、茶碗蒸し、鶏のささみなどのたんぱく質を含む食品を与え、弱った腸粘膜の修復を促進します。

（2）嘔吐のあるとき

　乳幼児は胃の形状が成人とは異なり、噴門の括約筋が未発達なため、健康な乳児でもげっぷがうまくできない時などに嘔吐することがあります。一時的に嘔吐がみられても、機嫌や食欲が普段と変わらなければあまり心配することはありません。しかし、ごく少量の水分でも嘔吐したり、下痢や発熱を伴う場合には、感染性の胃腸炎などのことも多いので、医師を受診して指示に従います。

① 水分摂取

　嘔吐が続いているときには食事を控えます。嘔吐の合い間のいったん吐き気が治まったときを見計らって、湯冷ましや麦茶、乳児用イオン飲料などで水分補給をします。一度に大量に飲むと嘔吐する場合がありますので、スプーン1さじほど水分を飲ませてみます。それで嘔吐しないようならば、約30分から1時間後に、もう少し増量して様子をみて、また時間をおいて増量する、という調子で水分を飲ませていきます。

② 食事（嘔吐がおさまったあと）

　嘔吐がおさまり水分が飲めるようになってから、母乳栄養児には欲しがるだけ母乳を与えます。人工栄養児はミルクを20〜30ml程度与えて様子をみて、少しずつミルクを増量し、通常の量に戻していきます。
　幼児には、おかゆやうどん、マッシュポテトなど、消化しやすいものをふだんよりやわらかく調理して与えます。ヨーグルトや柑橘系の果物など

の酸味のある食品は、嘔吐を誘発することがあるので、おかゆが食べられるようになっても避けます。卵や牛乳、肉、油脂の多い食品も体調が回復するまで控えます。

参考文献

- 厚生労働省雇用均等・児童家庭局母子保健課、「授乳・離乳の支援ガイド」、2007.
- 柳澤正義監修、「授乳・離乳の支援ガイド　実践の手引き」、母子保健事業団、2008.
- 堤ちはる、平岩幹男、「新訂版　やさしく学べる子どもの食」、診断と治療社、2012.
- 厚生労働省、「日本人の食事摂取基準（2010年版）」、2009.
- 堤ちはる、土井正子、「子育て・子育ちを支援する子どもの食と栄養」、萌文書林、2013.
- 堤ちはる「乳幼児栄養の基本と栄養指導」、小児科臨床、62巻12号、2571-2583、2009.
- 厚生労働省雇用均等・児童家庭局保育課、「保育所におけるアレルギー対応ガイドライン」、2011.
- 厚生労働省科学研究費補助金　免疫アレルギー疾患等予防・治療等研究事業　食物アレルギーの発症要因の解明および耐性化に関する研究、「食物アレルギー栄養指導の手引き2011」、2011.
- 海老澤元宏監修、「食物アレルギーの栄養指導」、医歯薬出版株式会社、2013.

5. 乳幼児の健康状態の見かた

健康状態の観察法

　乳幼児の健康状態の把握は、保育を計画するうえでとても大切です。健康状態の把握は、委託医による定期的な健康診断・保育職員による毎日の観察・保護者からの情報提供などによって総合的に行います。

　毎日の健康観察では、乳幼児をこまやかに観察して、いつもと違う状態を早く見つけ出し対処します。そのため日頃から健康な子どもの状態を知り、変化を見逃さない目を養うことが重要です。

(1) 体　温

① 乳幼児の体温

　乳幼児は新陳代謝が盛んなため体温が高めです。乳幼児の体温は体温調節機能の未熟性、筋肉や皮下脂肪層の薄さ、脱水になりやすさなどから環境温度に左右されやすい特徴があります。平均体温は、乳児が36.7～37.0℃、幼児が36.8℃ですが、個人差があります。

② 体温計の種類とはかり方

　体温計には、水銀体温計、電子体温計（予測式＋実測式機能）、耳式体温計、皮膚体温計などがあります。

　水銀体温計と電子体温計は、わきの斜め前下方から斜め後上方に入れわきが開かないように腕を支えてはかります。水銀体温計は水銀上昇が止まるまで約10分かかり、この値を実測値といいます。電子体温計は実測値を考慮した予測値が表示され、実測値より高めです。電子体温計で実測値を求めるときは約10分はかります。最近では、破損の危険性や電子体温計で実測値が求められることから、水銀体温計はあまり使われなくなりました。

　耳式体温計と皮膚体温計は、電子体温計より短い時間で予測値が出ます。センサーの向きや深さが不適当な時や、汗や外気温の影響を受けると正確

な値が求められないので使用時に注意しましょう。

③ 観察のポイント

乳幼児の体温は、一般に運動・食事・入浴・衣服の着せ過ぎ、軽度の脱水状態や便秘などで高くなり、起床時・就寝中は低くなる日内変動があります。また季節の違いや個人差もあり、すぐに病的な発熱と判断できないことがあります。外的環境とともに機嫌、元気、食欲など、生活の様子もあわせて観察します。

Q 発熱は何度から？

A 予防接種ガイドラインでは、発熱を37.5℃以上としています。日常では、健康なときの安静時平均体温を平熱といいます。月齢や年齢が上がるにつれて平熱は下降する特徴があります。平熱から1℃未満の上昇を微熱といい、1℃以上の上昇を発熱と判断します。

朝の受け入れ時に微熱がある場合は、全身状態（機嫌・食欲・睡眠・咳や下痢の有無など）を保護者から聞き取ります。全身状態が良ければ経過を観察します。

登園後に発熱した場合は、発熱によって奪われる水分を補給するためにお茶や白湯などを無理のない量で数回補給します。高熱の場合は水枕などで首やわきの下を冷やすと解熱に効果的ですが、嫌がる時は無理強いしないことが大切です。さむけがある時は、衣服を一枚多く着せるか毛布をかけるなどして様子をみます。

---

(2) 呼 吸

① 乳幼児の呼吸

乳児は胸郭の形や肺機能の未熟さなどの特徴から、腹式呼吸をします。幼児になると、呼吸筋が発達してくるため胸式呼吸が加わり胸腹式呼吸になります。7歳頃より胸式呼吸へと変わります。

乳幼児は新陳代謝に多くの酸素を必要とします。1回の換気量が少ないため、1分間の呼吸数を増やし多くの酸素を取り込みます。1分間の呼吸数は乳児30～40回、幼児20～30回、年齢が上がるにつれ成人の呼吸数（16～18回）に近づきます。

5．乳幼児の健康状態の見かた

② 呼吸数のはかり方

発熱時や上気道感染で息苦しいときは呼吸数が増加します。呼吸状態とともに呼吸数も観察します。安静時または入眠時に、乳児は腹部、幼児は胸部や腹部に軽く手を当て、1分間の呼吸数をみます。

③ 観察のポイント

乳児は鼻の穴が狭いため、風邪をひいて鼻粘膜が腫れると鼻づまりを起こしやすくなります。また、鼻をかめないため分泌物で鼻呼吸ができず、息苦しくなります。そのため、不機嫌・吐乳しやすい・安眠できないなどいつもと違う様子がみられます。

息をするのが苦しいときを、呼吸困難といいます。息をするたび小鼻をピクピクさせている、肩を上下させている、みぞおちやのどをペコペコ引き込むなどの呼吸がみられるときは、早急に受診する必要があります。保護者の迎えを待つまでの間、室内を十分に加湿して楽な姿勢をとります。呼吸困難は苦しいだけでなく、不安も増強します。子どものそばについて声をかけてあげましょう。

Q 呼吸困難はどの様なときに起こるの？

A
＊軽い風邪と思っていても、ハアハアと浅く早い息使い（気道感染）、ケンケンと犬が吠えるときに似たせき（仮性クループ）、息をはくときにゼーゼー・ヒューヒューという音（喘息発作）などに移行することがあるので注意が必要です。
＊突然激しくせき込み呼吸困難になったときは、異物が気管に入ったおそれがあります。ただちに異物を取り除きます。事故を防ぐため、日頃から保育環境を整えることが大切です。
＊乳児の無呼吸発作に、激しく泣いて息を止め、顔色が蒼白、唇が紫色になるもの（チアノーゼ）があります。時にはけいれんを起こすことがあり泣き入りひきつけ（憤怒けいれん）といいます。呼吸を開始すると治ってしまうので心配ありません。
＊睡眠時に突然亡くなるSIDS（シズ：乳幼児突然死症候群）という疾患があります。原因は不明で発生は予測できないのですが、危険因子の一つとして"うつぶせ寝"が指摘されています。また、新入園などの環境変化が大きい時期に多く発生するとの統計があります。睡眠時は目の届く所に寝かせ、呼吸・顔色・体勢・寝具の状態などの項目を設けたチェック表を用いて、1分に観察することが必要です。

(3) せきと鼻水

　乳幼児の呼吸器症状でよくみられるものとしてせき・鼻水があります。
　せきは気管粘膜が刺激されて起こり、原因として上気道感染で気管やのどにたまった痰を出そうとする働き、化学的刺激（揮発性の物質や煙などを吸い込んだとき）、アレルギー反応、神経性のものなどがあります。
　上気道感染による鼻水は、くしゃみと透明な鼻水から始まります。細菌の感染を受けると黄色い膿性となり、経過によって医師の治療が必要です。
　鼻づまりや、鼻水が持続する時はホコリやダニなどが原因のアレルギー性鼻炎の場合があります。また、近年子どもの花粉症が低年齢化しており、乳幼児でも特定の季節にくしゃみ・鼻水・目のかゆみなどの症状がみられる場合は、経過を観察する必要があります。

Q　せき・鼻水が多く苦しいときはどうしたらいいの？

A　保育現場での簡単ケアは加湿です。空気が乾燥していると、せき・鼻づまりがひどくなります。部屋に濡れタオルを干すだけで効果的です。加湿とともに大切なことは、痰を切れやすくするためにこまめに水分補給をすることです。苦しくて眠れないときは、枕などを布団の下に入れ上半身を少し上げて寝かせます。

Q　子どもは中耳炎になりやすい？

A　子どもは、のどから耳に通じる耳管が太く短く、水平なために鼻水の細菌が中耳に入りやすく、急性中耳炎を発症しやすい特徴があります。急性中耳炎は発熱・耳の痛み・不機嫌・不眠などの症状がみられ、繰り返すことで滲出性中耳炎へ移行することがあります。鼻水がある時はこまやかな観察が必要です。幼児に、鼻をかむときは片方ずつ静かにかむことを教えると中耳炎予防になります。

(4) 尿と便

① 尿

❶乳幼児の排尿

　生後6か月頃までは、尿が膀胱にたまると薄い尿を少量ずつ何回も排尿します。1歳頃には無意識のうちに排尿を我慢できるようになってきますが、尿意を感じることはできません。2歳頃は、膀胱容量が増え排尿間隔が2時間程度あくようになります。尿意が漠然とわかり、排尿後にオムツを触るなどして教えるようになります。3歳頃にはある程度排尿が自立しますが、排尿抑制が十分にできず、夢中で遊んでいるときなどおもらしをすることがあります。

❷観察のポイント

　1日の尿量は、健康な時でもその日の発汗量や水分のとり方で変わります。いつもより排尿回数が多い・排尿時に痛がる・尿の色が赤褐色（血尿）である・発熱がある場合は、膀胱や尿道の炎症が疑われます。日中の排尿回数のみ多く夜は普通という場合は、心理的な問題も考えられます。普段の生活、遊びの中でどのような時に頻尿になるのか注意深く観察しましょう。

　乳児はからだの水分割合がおとなに比べて大きく、脱水をおこしやすい特徴があります。発熱・下痢・嘔吐などがみられ、水分をとってくれない・尿量が減少している・ぐったりしてきたなどの症状がみられたら早急に保護者に連絡して受診を勧めましょう。

② 便

❶乳幼児の排便

　乳児期は、直腸に便が入ると刺激が反射中枢に伝達され、いきみ運動が誘発されて排便します。1歳頃は、少しずつ排便をコントロールできるようになり、1歳半～2歳頃はいきみ動作で排便を知らせるようになります。3歳頃には、トイレへ連れて行くと一人で排便できるようになります。

❷観察のポイント

　便の回数と性状は、乳児期（複数回の軟便）から幼児期（1～2回の普通便）へと変化します。乳児の便は栄養方法に左右され、母乳栄養児の便は、人工栄養（粉ミルク）児の便に比べ軟らかく緑色で、回数が1～2回多いのが特徴です。

V 乳幼児の健康と病気・事故予防

＊便秘

排便間隔には個人差があり、数日間排便がなくても、排便痛がなくお腹が張るわけでもなくケロリとしているときは心配ありません。食欲不振や腹痛、排便痛、不機嫌などの症状があるときは水分量や食事内容、運動量など生活習慣の見直しが必要になります。

＊下痢

水分の多い泥状便や水様便を下痢といいます。大腸での水分吸収がうまくできない時に起こり、原因にウイルスや細菌による感染、食物アレルギー、先天性または体質の異常、不適当な食事の内容・質などがあります。便の性状・回数とともに、脱水症状の有無・程度、食欲、機嫌などを観察します。便の始末後は、感染予防のためその都度丁寧な手洗いを行うことが重要です。

観察した便は健康記録に残します。記録は便の性状記号を利用すると便利で見やすいので覚えて活用しましょう（表1）。

表1

便の性状記号

便の性状	記号	便の性状	記号
硬　　便	│	水　様　便	S
有形便（普通便）	†	顆　粒　便	‥
軟　　便	‡	粘　液　便	⌒
泥　状　便	‡	血　　便	赤字表記

(5) 睡眠

睡眠時間がどれくらい必要かは年齢によって違います。各期別にみる睡眠時間は、あくまで目安であり環境や子どもによって個人差があります。睡眠は、成長ホルモンの分泌促進・疲労回復・記憶の整理・細胞の修復など子どもの成長発達に欠かすことができません。明るさ・音・温湿度・衣類などに配慮して良質な睡眠がとれる環境を整えましょう（表2）。

表2 各期の睡眠時間の目安

新生児期	22時間	幼児期	12～13時間
乳児期	前半20時間 後半16～18時間	学童期	9～10時間

(6) 皮　膚

　子どもの皮膚は薄くデリケートです。空気の乾燥、食べ物や排泄物の後始末が不十分な時などは肌荒れを起こします。清潔と保湿に配慮した毎日のスキンケアが大切です。

　他に感染症やアレルギーによる発疹、虫刺されによる腫れやかゆみ、傷、皮下出血などがないか観察します。

健康観察と記録

(1) 受託時の健康観察

　①受託時の健康状態の把握は、1日の保育計画に関わる大切なことです。保護者から家庭での様子を聞き、子どもの状態を見て、聞いて、触って観察します（図1）。受託時、保護者との対話は欠かせないものです。日頃から良好なコミュニケーションを心がけましょう。

　②受託時に子どもの体調に不安がある場合、保護者と確認しながら対応を決めます。室内で静かに過ごす、食事内容を栄養士に相談する、お迎え時間を早めてもらう、受診を勧めるなどの配慮が必要となります。保護者との連絡方法を確認しておくことも大切です。

　③保護者と確認した子どもの状態、保育内容の計画・配慮内容は、職員間で情報を共有し上司、看護師などに報告しましょう。

V 乳幼児の健康と病気・事故予防

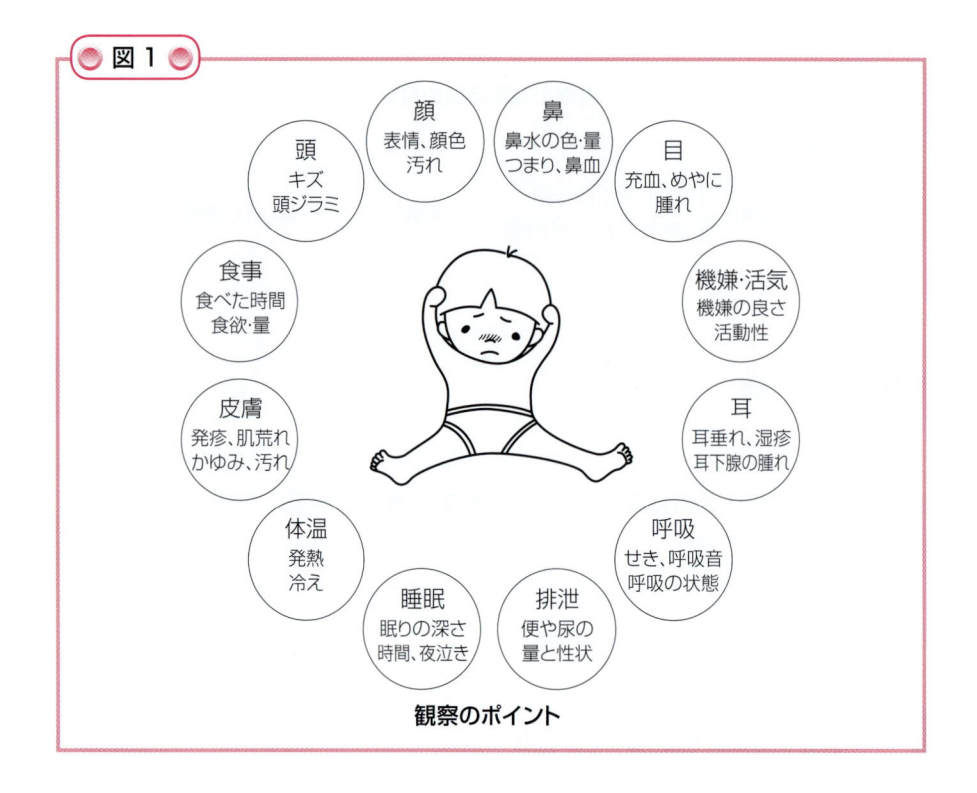

図1

観察のポイント

- 頭：キズ、頭ジラミ
- 顔：表情、顔色、汚れ
- 鼻：鼻水の色・量、つまり、鼻血
- 目：充血、めやに、腫れ
- 食事：食べた時間、食欲・量
- 機嫌・活気：機嫌の良さ、活動性
- 皮膚：発疹、肌荒れ、かゆみ、汚れ
- 耳：耳垂れ、湿疹、耳下腺の腫れ
- 体温：発熱、冷え
- 呼吸：せき、呼吸音、呼吸の状態
- 睡眠：眠りの深さ、時間、夜泣き
- 排泄：便や尿の量と性状

(2) 保育中の健康観察

①保育中に異常を発見した場合や、気になる症状がある場合は、一人で判断せず他の保育士、上司、看護師に報告して対応を決めます。

②必要があれば保護者に連絡をとり、連携をはかります。

(3) 健康観察の記録

多くの保育現場では様式は様々ですが、健康状態把握のために記録をつけています。記録は、経過を追って健康状態を把握でき、職員間で情報を共有するために大切です。また、急な体調変化で受診するときの参考になります。正確でわかりやすい記入を心がけます。

① 記録の種類

健康記録には、クラス全員の1日の体調が把握できる視診表（例1）、1か月の個人健康記録（例2）、健康診断・歯科健診・その他検査結果を記録する年間健康記録、予防接種状況表、身体計測表（例3）、保健日誌な

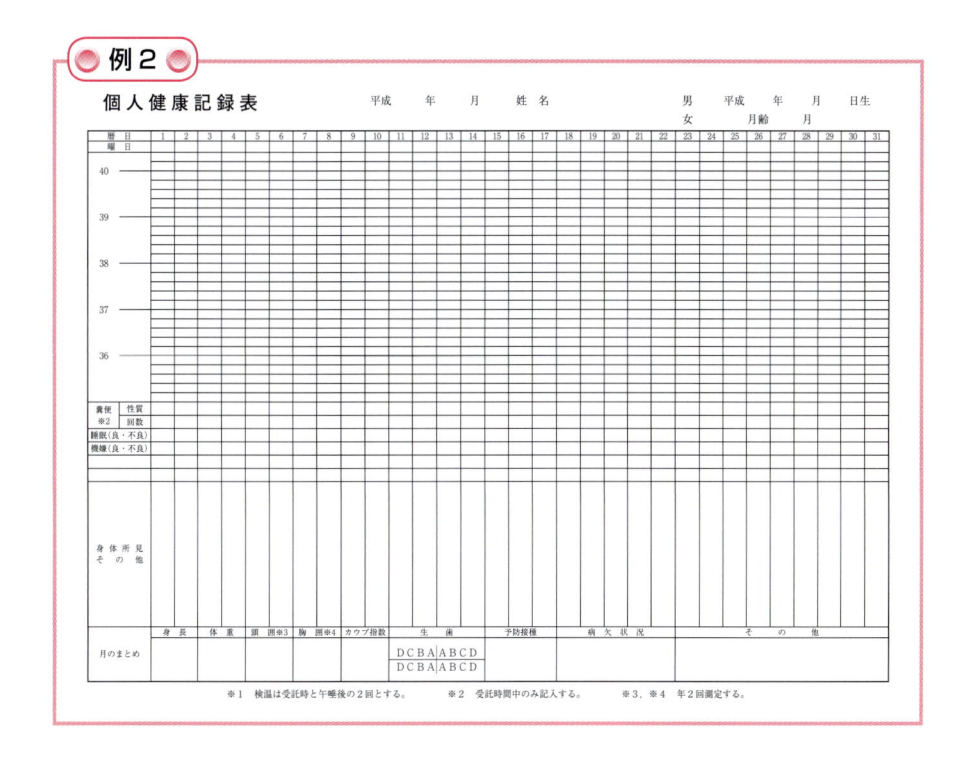

5．乳幼児の健康状態の見かた

● 例1 ●

健康観察（0歳児）　　年　月　日（　）　　天候：　　　温度：　℃　湿度：　％

氏名	出欠	検温		機嫌	鼻汁	咳	その他	薬	食事		睡眠	便性	備考
		上：時間	下：時間						午前	午後			

備考

● 例2 ●

個人健康記録表　　　平成　年　月　姓名　　　　男　平成　年　月　日生
　　　　　　　　　　　　　　　　　　　　　　　女　　月齢　　月

（体温グラフ：40, 39, 38, 37, 36　／　日付 1〜31）

貴便※2　性質／回数
睡眠（良・不良）
機嫌（良・不良）

身体所見
その他

月のまとめ：身長　体重　頭囲※3　胸囲※4　カウプ指数　生歯　予防接種　病欠状況　その他
DCBA｜ABCD
DCBA｜ABCD

※1　検温は受託時と午睡後の2回とする。　※2　受託時間中のみ記入する。　※3，※4　年2回測定する。

293

V 乳幼児の健康と病気・事故予防

● 例3

_____組						身体測定一覧表										_____年度	
園児名	4月	頭囲	5月	6月	7月	8月	9月	10月	頭囲	11月	12月	1月	2月	3月	カウプ(4月)		
		胸囲							胸囲						〃 (10月)		

どがあります。

② 記録のつけ方、見かた

❶ 視診表は1日の状態がわかりやすい様式を使用し、記号や数字を用いて簡潔に記入します。

❷ 異常を発見したときは、時間と症状を詳しく正確に記入して記録者のサ

5．乳幼児の健康状態の見かた

インをします。
❸記録を活用して、症状の変化を継続的に把握することが大切です。
❹観察した一場面だけで判断することがないようにします。軽はずみな発言で保護者に不安を与えないようにしましょう。
❺健診結果や予防接種状況により、必要に応じて受診や予防接種の実施を勧めます。

健康増進への支援

　子どもの健康増進には、睡眠・食事・遊びなど 1 日を通し生活リズムを整えることと、自分のからだと健康に関心を持ち健康の知識と生活習慣を身に付けることが欠かせません。
　保育者は子どもの年齢や発達にあわせ、手洗い・うがい・歯みがきなどの清潔習慣、からだの働きや生命の大切さを知ること、体力づくり、食育など健康教育を計画し実施します。健康教育の内容は保護者と連携し、無理なく少しずつでも身につくようにすすめることが望まれます。

学生からの質問⑳ 何人もの子どもが一度に「遊ぼう」と言ってきたときにはどうしたらいい？

さて、一番最初の子どもにしますか？それとも一番小さい子どもにしますか？どの場面にも共通した「正解」はありません。「どうしよう？」と子どもと相談してもよいし、「私は、砂場で遊びたいな」と言ってみることもできます。自分が「一番良い」と思う方法を実行してください。さて、子どもはどう反応しますか？よく見てください。

学生からの質問㉑ 子どもが悪いことをしていたら叱ってもよい？

まずは、何が「悪いこと」なのかをもう一度考えてみましょう。子どものすることには必ず意味があります。子どもの心が理解できれば、叱ることは必要のないことがほとんどです。ただし、人間として間違った行動をしたときには、その子どもなりに理解できる形で教えてあげることが大切です。ときには、子どもとの対決が必要となりますが、実習の場では、担任と相談すべきでしょう。

6. 感染症を予防するために

感染症とは

　ウイルスや細菌などの病原体が人や動物などの体内に侵入し増殖することを「感染」といいます。そして、感染した結果、発熱や発疹など何らかの症状が現れることを「感染症」といいます。また、病原体が体内に侵入してから症状があらわれるまでの期間を「潜伏期間」といい、この期間は病原体によって異なります。

　感染症が発生するには、「原因となる病原体が存在」し、「病原体が侵入する感染経路」があり、そして「感染した側に感受性がある（抵抗性が弱い）」ことが必要で、これらが感染症成立の三大要素といえます。子どもの場合、年齢が大きな影響を与えますが、これは、感染に対する抵抗性（免疫）の状態が年齢によって異なるからです。特に乳幼児期は、母親から受け継いだ免疫が薄れていく過程にあり、さまざまな感染症にかかりやすい時期です。多くの乳幼児が集団で生活する場では、万が一、感染症が起こった場合に集団感染となる危険性があります。

　病原体が侵入する感染経路には、飛沫感染、空気感染（飛沫核感染）、接触感染、経口感染などがあり、病原体の種類により異なります（表1）。さらに留意すべき感染経路は血液です。極めて稀ですが、血液にもB型肝炎ウイルスなどの病原体が潜んでいる可能性があります。子どもは、ひっかき傷やかすり傷、また鼻血などが日常的にみられるため、血液に対して比較的安易に処置をしてしまいがちです。医療機関では全ての患者さんに対して感染の有無にかかわらず、血液や体液（汗を除く唾液、鼻汁、喀痰、尿、便、涙など）は全て「感染しているもの」と見なして、十分な注意を払って取り扱います（このような考え方を標準予防策：スタンダードプリコーションといいます）。医療機関で血液を素手で触れるということはあり得ません。保育園、幼稚園においても医療機関と同様の対応が望まれます。血液などに触れる場合には必ず手袋をし、手袋をはずした後に必ず手洗いをしましょう。

> 表1

主な感染経路と病原体

- ●飛沫感染：感染している人が咳やくしゃみをしたときに、口から病原体が含まれた細かい水滴（飛沫）が飛び、近くにいる人が吸い込むことで感染します。飛沫が飛び散る範囲は1～2mと言われています。
  （飛沫感染を起こす主な病原体）
  細菌：A群溶血性連鎖球菌、百日咳菌、インフルエンザ菌、肺炎球菌、肺炎マイコプラズマ
  ウイルス：インフルエンザウイルス、アデノウイルス、風しんウイルス、ムンプスウイルス、RSウイルス、エンテロウイルス、麻しんウイルス、水痘・帯状疱疹ウイルス
  その他：肺炎マイコプラズマ
- ●空気感染（飛沫核感染）：感染している人が咳やくしゃみをしたときに、口から飛び出した飛沫が乾燥し、病原体が感染性を保ったまま空気の流れで広がり、それを吸い込んだ人が感染します。感染した人がその場にいなくなった後でも病原体がしばらく浮遊していることで感染することもあります。
  （空気感染を起こす主な病原体）
  細菌：結核菌
  ウイルス：麻しんウイルス、水痘・帯状疱疹ウイルス
- ●接触感染：感染源である病原体に触れ、それが口や眼、鼻などの粘膜を通して感染します。普通、皮膚は病原体に対してバリアとなっていますが、荒れていたり、怪我をしているとそこからも病原体は容易に侵入します。
  （接触感染を起こす主な病原体）
  細菌：黄色ブドウ球菌、インフルエンザ菌、肺炎球菌、百日咳菌、腸管出血性大腸菌
  ウイルス：RSウイルス、エンテロウイルス、アデノウイルス、ロタウイルス、ノロウイルス、水痘・帯状疱疹ウイルス
- ●経口感染：飲食物など口に入った物を介して、病原体が消化管に達して起こる感染経路です。給食や食品の取り扱いに関する通知等を踏まえた適切な衛生管理が必要です。
  （経口感染を起こす主な病原体）
  細菌：黄色ブドウ球菌、腸管出血性大腸菌、サルモネラ菌、カンピロバクタ、赤痢菌、コレラ菌
  ウイルス：ノロウイルス、ロタウイルス、アデノウイルス、エンテロウイルス

子どものかかりやすい感染症

　「学校保健安全法」では、学校感染症を規定し、症状の重篤性等により第一種、第二種、第三種に分類し（表2）、学童、生徒が学校感染症に罹患した場合の出席停止や臨時休業等の対応を定めて流行を抑える措置がとられています。保育園・幼稚園においても、学校保健安全法に準拠して感染予防策が行われてきましたが、乳幼児は学童と比較して抵抗力が弱いなどの特性を踏まえた対応が必要であり、厚生労働省から「保育所における感染症対策ガイドライン」が出されています。

　感染症を防ぐには、乳幼児の特性を踏まえた上で、感染症成立の三大要素である感染源、感染経路、感染した側の感受性、それぞれに対策が必要です

> 表2
>
> 学校保健安全法施行規則第18条における感染症の種類について
> （最終改正：平成24年文部科学省令第11号）
>
> | | |
> |---|---|
> | 第一種 | エボラ出血熱、クリミア・コンゴ出血熱、痘そう、南米出血熱、ペスト、マールブルグ病、ラッサ熱、急性灰白髄炎、ジフテリア、重症急性呼吸器症候群（病原体がコロナウイルス属ＳＡＲＳコロナウイルスであるものに限る）、鳥インフルエンザ（病原体がインフルエンザウイルスＡ属インフルエンザＡウイルスであってその血清亜型がＨ５Ｎ１であるものに限る） |
> | 第二種 | インフルエンザ（鳥インフルエンザ（Ｈ５Ｎ１）を除く）、百日咳、麻しん、流行性耳下腺炎、風しん、水痘、咽頭結膜熱、結核、髄膜炎菌性髄膜炎 |
> | 第三種 | コレラ、細菌性赤痢、腸管出血性大腸菌感染症、腸チフス、パラチフス、流行性角結膜炎、急性出血性結膜炎、その他の感染症 |

が、病原体の特徴（流行時期、感染の強さ、感染経路、主な症状、潜伏期間の長さ）など、感染症に対する正しい知識や情報に基づいた保健的対応が求められます。

（1）麻しん（はしか）

麻しんは空気感染する代表的な感染症で、飛沫感染、接触感染も感染経路となります。毎年春から初夏にかけて流行が見られます。年齢は1歳が最も多く、2歳以下で約半数を占めます。一方、大人でも発症するので、職員も過去に麻しんに罹ったことがなく、ワクチンを接種していなければ、ワクチン接種が強く薦められます。麻しんの感染力は非常に強く、感染した場合、麻しんに感受性のある人（免疫のない人）では、ほぼ発病するといわれています。潜伏期間は8～12日です。症状は、感染後の経過に伴い、カタル期、発疹期、回復期と呼ばれ症状が変わっていきます。カタル期では、38℃以上の高熱、咳、鼻汁、結膜充血、目やになどがみられます。熱が下がる頃、コプリック斑と呼ばれる小斑点が頬粘膜に出現します。感染力が最も強いのはこの時期です。一度下降した熱が再び高くなり、耳の後から首や額に発疹が現れ、翌日には顔から体、手足の先までおよびます（発疹期）。発疹が全身に広がるまで、高熱（39.5℃以上）が続きます。発疹は、はじめ鮮やかな赤色で平たく、指圧により退色します。次第に融合していき、次いで暗赤色となり、出現したときと同じ順に退色していきます。合併症のないかぎり7～10日後には回復します。稀に、肺炎、中耳炎、熱性けいれん、脳炎を

併発する可能性があるので注意が必要です。特に肺炎と脳炎は麻しんの２大死因といわれています。予防はワクチン接種が有効です。

（2）インフルエンザ

　主な感染経路は飛沫感染で、接触感染もあります。毎年冬に流行しますが、そのピーク時期と流行の大きさは毎年異なります。人が感染するのは主にＡ型とＢ型で、多くはＡ型の大きな流行に続いてＢ型が小さな流行を起こします。

　典型的な症状は突然の高熱が３～４日続き、全身症状（からだがだるい、関節が痛い、頭痛など）を伴う呼吸器症状（のどの痛み、鼻水、咳）が主な症状です。安静により約１週間の経過で軽快しますが、合併症として肺炎、中耳炎、熱性けいれん、脳症を併発する可能性があるので注意が必要です。

　予防の基本は毎年のワクチンの接種で、発症率と発症後の重症化率を下げることが期待できます。ワクチン接種の効果は年齢が低いほど低いと言われていますが、６か月以上の子どもでは合併症のリスクを考えるとワクチン接種は強く推奨されます。流行前に２～４週間の間隔をあけて２回の接種を行うことが望まれます。また、普段から日常生活での手洗いやうがい、咳やくしゃみをする際のいわゆる咳エチケット（マスクの着用）などを教育することが大切です。室内を適度な湿度、温度に保つことなども予防策のひとつです。

　おとなは感染しても症状が出ない、あるいは症状が軽いため自分がインフルエンザに感染している自覚がないこともあります。特に低年齢児を担当している職員は、インフルエンザ流行期間には勤務中にマスクを装着するよう心がけましょう。

　インフルエンザにかかった子どもは、発熱した日を０日として発症から５日間が経過し、かつ解熱した日を０日目として解熱後３日間が経過するまでは登園を避けるよう保護者に依頼します。復帰後も、咳が続いている間はマスクを着用してもらいます。また、保護者等がインフルエンザの疑いがある場合は、送迎を控えてもらい、やむを得ない場合には、必ずマスクを着用してもらいます。

V 乳幼児の健康と病気・事故予防

新型インフルエンザ

新型インフルエンザは、例年流行する季節性インフルエンザと抗原性が大きく異なるもので、一般に国民が免疫を獲得していないことから、全国的かつ急速なまん延し、国民の命や健康に重大な影響を与えるおそれがあると認められたものをいいます。予防策は、基本的には季節性インフルエンザと同じであり、日ごろの感染対策を徹底することが備えになります。

---

(3) 風しん（三日はしか）

風しんは、ウイルスの飛沫感染による発疹を伴う感染症です。春から初夏にかけて流行がみられ、最近ではその規模は小さくなっています。多くの人は二度かかることはありません。ワクチン接種の効果により、子どもでの発症は減っています。潜伏期間は2〜3週間で、主な症状として発疹、発熱、リンパ節の腫れが認められます。発疹のでる2〜3日前から発疹がでた後の5日位まで感染力があるといわれています。感染力は、麻しんや水痘ほどは強くありません。基本的には予後は良好ですが、稀に脳炎、血小板減少性紫斑病などの合併症が起こるので注意が必要です。

(4) 水痘（水ぼうそう）

水痘は、ウイルスによる発疹が主症状の感染症です。潜伏期は2週間程度で、発疹出現の1〜2日前から発疹がかさぶたの状態になるまで感染力があります。季節的には毎年12〜7月に多く、年齢はほとんどが9歳以下で、特に5歳以下の子どもに多くみられます。最初に頭皮に発疹が出て、全身に広がりかゆみを伴います。赤い発疹は短時間で水ほう（みずぶくれ）となり、次いでかさぶたになります。数日にわたり新しい発疹が次々と出現するので、色々な形の発疹が混ざってきます。子どもの症状は一般的に軽症で、38度前後の発熱が2〜3日間続く程度であることが多く、おとなでより重症になります。合併症の危険性も15歳以上と1歳以下で高くなります。合併症には、皮膚の二次性細菌感染、脱水、肺炎、脳炎などがあり、非常に稀ではありますが死亡に至ることもあり注意が必要です。

(5) 流行性耳下腺炎（おたふくかぜ、ムンプス）

流行性耳下腺炎は2〜3週間の潜伏期から、発熱を伴う片側あるいは両側

の耳の周辺（耳下腺・唾液腺）の腫脹（はれ）を特徴とするウイルス感染症です。接触、あるいは飛沫感染で感染し、感染力は強いです。基本的には軽症で、普通は１～２週間で軽快します。感染しても症状が現れないことも多いです。最も多い合併症は髄膜炎です。年齢は、０歳は少なく年齢とともに増加し、４歳が最も多く、３～６歳で約60％を占めます。予防はワクチンが唯一の方法ですが、感染した子どもと接触した場合の緊急なワクチン接種は、あまり有効ではないといわれています。集団生活に入る前にワクチンで予防しておくことが大切です。

（6） 結核

　結核は、アフリカなどの開発途上国では依然として公衆衛生上の大問題で、日本でも集団感染例があとをたちません。空気感染により感染し、感染力は極めて強いです。乳幼児での結核は家族からの感染が多いです。感染しても、必ずしも発病するわけではなく、免疫の状態により症状も異なります。乳幼児ほど発病率が高く、急激に症状が悪化することもあります。結核菌が血液の中に入って全身に広がると、粟粒（ぞくりゅう）結核や結核性髄膜炎など重症の結核になることもあります。診断法はツベルクリン反応検査、エックス線検査、細菌検査などで行います。予防はBCGワクチンで重症化の抑制に効果が見られます。

（7） 咽頭結膜熱（プール熱）

　咽頭結膜熱は発熱、咽頭炎と結膜の充血、眼脂（めやに）など眼の症状を主とする小児の急性ウイルス性感染症です。プールでの感染も多くみられることからプール熱とも呼ばれます。潜伏期は５～７日位と考えられています。原因となるアデノウイルスは年間を通じて分離されますが、咽頭結膜熱は夏に流行します。通常は飛沫感染あるいは接触感染で感染し、プールでは汚染した水から結膜への直接感染と考えられています。

（8） 流行性角結膜炎（はやり目）

　流行性角結膜炎は、アデノウイルスによる眼疾患で、保育園や家庭内など濃密に接触する場所で感染します。ウイルスで汚染されたタオルや洗面器な

どからも感染します。季節は夏に多く、年齢では1〜5歳を中心とする小児に多いですが、大人も含み幅広くみられます。潜伏期間は8〜14日です。急に発症し、まぶたが腫れ、涙がとまらなくなります。感染力が強いので両眼に感染することが多く、先に発症した眼の症状が強い傾向があります。耳の前のリンパ節の腫れを伴います。乳幼児では細菌との混合感染により角膜穿孔を起こすこともあるので注意が必要です。

(9) 百日咳

百日咳は、特有の咳を特徴とする気道感染症です。いずれの年齢でもみられますが、小児が中心で、乳児期からみられます。年齢が低いほど重症化しやすく、死に至る危険性も高く注意が必要です。DPT三種混合ワクチン接種（ジフテリア・百日咳・破傷風）の普及とともに各国で百日咳の発生数は減っています。臨床経過はその特徴から3期に分けられ、まず、カタル期は通常7〜10日間程度の潜伏期を経て、普通のかぜ症状で始まります。次第に咳の回数が増え、その程度も激しくなります。痙咳期になると特徴あるけいれん性の咳となります。短い咳が連続的に起こり、続いて、息を吸う時に笛の音のようなヒューという音が出ます。この様な咳がくり返し起こり、しばしば嘔吐を伴います。発熱はないか、あっても微熱程度です。何らかの刺激により発作が誘発され、また、夜間の発作が多いです。合併症としては肺炎の他脳症もみられており、特に乳児で注意が必要です。回復期に入ると激しい発作は次第に減少しますが、その後も時折発作性の咳が出ます。約2〜3か月で回復します。百日咳菌に対する治療は、クラリスロマイシンなどのマクロライド系抗菌薬が用いられます。

(10) 腸管出血性大腸菌感染症（O157、O26、O111等）

腸管出血性大腸菌感染症の原因菌はベロ毒素を産生する大腸菌です。大腸菌の血清型の名前からO157（オー・イチ・ゴー・ナナ）などと呼ばれます。汚染された肉や井戸水などの経口摂取により感染します。下痢などの症状がでる腸管感染が主体ですが、その後に発症する可能性がある溶血性尿毒症症候群は、死亡あるいは後遺症を残す可能性のある重篤な疾患です。予防対策としては、食品を十分加熱する、感染した人に調理などをさせないこと等が重要です。また、手洗いの徹底も重要な予防策です。

(11) ノロウイルス胃腸炎

　ノロウイルス胃腸炎は、乳幼児から高齢者に至る幅広い年齢にみられます。特に秋から初春にかけて流行します。ノロウイルスは非常に感染力が強く、ごく少量のウイルスでも人に感染し発病します。感染経路は、ノロウイルスで汚染された飲料水や食物（生カキ、ウイルスに汚染された生野菜等）からの経口感染で、集団食中毒発生の原因となります。また、感染者との直接・間接の接触感染や、感染者の嘔吐物や糞便の不十分な汚物処理による集団感染も報告されています。感染者の嘔吐物等が床に残って乾燥し、ウイルスが埃とともに舞い上がり、吸い込んだ人が感染することもあります。潜伏期間は12～72時間で、嘔吐、下痢、腹痛、発熱等の症状が出ます。通常3日以内に回復しますが、症状消失後も10日間程度糞便中にウイルスは排泄されます。流行時には糞便やおむつの取り扱いには特に注意が必要です。肝炎や脳症などの合併症もあるので注意が必要です。

ノロウイルスの処置

　ノロウイルスの処置には逆性石けんやアルコールの消毒効果は十分ではなく、85℃で1分間以上の加熱または次亜塩素酸ナトリウムによる消毒が有効です。次亜塩素酸ナトリウムの濃度は、有機物の少ないときは0.02％、嘔吐物や糞便では0.1％以上が必要です。
　ノロウイルス胃腸炎を疑う症状の子どもがいた場合は、速やかに周りの子どもたちを別室に移し、部屋の窓を開けて換気します。嘔吐物や下痢便の処理と消毒は速やかに行う必要がありますが、処置の前にマスク、手袋、エプロンを装着して、汚染物の処理を行います。汚染物の処理をするための消毒剤やバケツ、手袋、マスク、エプロン、使い捨ての雑巾やペーパータオル等は、あらかじめひとまとめにして準備し、いつでもすぐに使えるようにしておきましょう。嘔吐物や下痢便をふき取った雑巾やペーパータオルはビニールに入れて次亜塩素酸ナトリウムを浸して廃棄します。汚染した洋服も直ぐにビニール袋に入れ、家庭で消毒してから洗濯するか熱水洗濯するよう処理方法を保護者に伝えます。部屋の中で、嘔吐物や下痢便で汚染した衣類や雑巾を洗ったり、部屋の中に干しておくことは絶対にしないようにします。子どもが再び嘔吐や下痢を起こすこともあるので、バケツや洗面器、タオル等を準備して別室にて十分に体調を観察し、保護者に連絡して早めにお迎えにきてもらいましょう。嘔吐・下痢等の症状が治まり、普段の食事ができるまで登園を避けるよう保護者に依頼しましょう。
参考：保育所における消毒「保育所における感染症対策ガイドライン」（表3）

(12) RSウイルス感染症

　RSウイルス感染症は秋から冬にかけて毎年流行する呼吸器感染症です。他の季節でも小流行があります。感染経路は飛沫および接触感染です。潜伏期間は4～6日です。一度感染しても十分な免疫が得られず、何度もかかることがあります。初感染の時は重症化し易く、多くは入院管理が必要となり

表3 消毒薬の種類と用途

薬品名	次亜塩素酸ナトリウム	逆性石けん	消毒用アルコール
適応対策	衣類、歯ブラシ、遊具、哺乳瓶	手指、トイレのドアノブ	手指、遊具、便器、トイレのドアノブ
消毒の濃度	・塩素濃度6％の薬液が一般に市販されており、通常、それを200〜300倍に希釈して使用 ・汚れをよく落とした後、薬液に10分浸し、水洗いする	通常100〜300倍希釈液	・原液（70〜80％）
留意点	・漂白作用がある ・金属には使えない	・一般の石けんと同時に使うと効果がなくなる	・手あれに注意 ・ゴム製品・合成樹脂等は、変質するので長時間浸さない ・手洗い後、アルコールを含ませた脱脂綿やウエットティッシュで拭き、自然乾燥させる
有効な病原体	多くの細菌、真菌、ウイルス（HIV・B型肝炎ウイルス含む）、MRSA	多くの細菌、真菌	多くの細菌、真菌、ウイルス（HIVを含む）、結核菌、MRSA
無効な病原体	結核菌、一部の真菌	結核菌、大部分のウイルス	B型肝炎ウイルス
その他	糞便・汚物で汚れたら、良く拭き取り、300倍希釈液で拭く	逆性石けん液は、毎日作りかえる	

ますが、再感染ではほとんどが軽い症状です。軽い症状の子どもが、せき、鼻水が続く程度で通園してしまうために感染が拡大し、まだかかったことのない乳幼児に感染すると重症化して対応が困難となり注意が必要です。保育所へ通う2歳以上の子どもは、ほとんど再感染のため症状も軽く1週間位で回復します。

消毒法

多くの病原体は手を介して伝播していきます。子どもに食事を与える場合などは手指に目にみえる汚れがない場合でも手洗いは必ず行う必要があります。手指の汚れや菌の除去には流水と石けんによる30秒以上の手洗いが必要です。液体石けんとペーパータオルの使用が望まれます。アルコール性手指消毒薬の使用も推奨できますが、ノロウイルスなど効かない病原体もあり、用途にあわせて消毒薬を選ぶことが重要です（表3並びに303頁ノロウイル

6．感染症を予防するために

表4　医師が記入した意見書が望ましい感染症

感染症名	感染しやすい期間	登園のめやす
麻しん（はしか）	発症1日前から発しん出現後の4日後まで	解熱後3日を経過してから
インフルエンザ	症状が有る期間（発症前24時間から発病後3日程度までが最も感染力が強い）	発症した後5日を経過し、かつ解熱した後2日を経過するまで（幼児（乳幼児）にあっては、3日を経過するまで）
風しん	発しん出現の前7日から後7日間くらい	発しんが消失してから
水痘（水ぼうそう）	発しん出現1～2日前から痂皮形成まで	すべての発しんが痂皮化してから
流行性耳下腺炎（おたふくかぜ）	発症3日前から耳下腺腫脹後4日	耳下腺、顎下腺、舌下腺の腫脹が発現してから5日を経過するまで、かつ全身状態が良好になるまで
結核		医師により感染の恐れがないと認めるまで
咽頭結膜熱（プール熱）	発熱、充血等症状が出現した数日間	主な症状が消え2日経過してから
流行性角結膜炎	充血、目やに等症状が出現した数日間	感染力が非常に強いため結膜炎の症状が消失してから
百日咳	抗菌薬を服用しない場合、咳出現後3週間を経過するまで	特有の咳が消失するまで又は5日間の適正な抗菌性物質製剤による治療を終了するまで
腸管出血性大腸菌感染症（O157、O26、O111等）		症状が治まり、かつ、抗菌薬による治療が終了し、48時間をあけて連続2回の検便によって、いずれも菌陰性が確認されたもの
急性出血性結膜炎	ウイルスが呼吸器から1～2週間、便から数週間～数か月排出される	医師により感染の恐れがないと認めるまで
髄膜炎菌性髄膜炎		医師により感染の恐れがないと認めるまで

スの処置参考）。さらに、あらかじめ血液や体液などに触れることがわかっている場合には、必ず手袋を着用し、手袋を外した後には必ず手洗いをします。

登園基準の考え方

　子どもの感染症が確定された際には、記録に留めることが重要です。日時別、クラス（年齢）別に、①欠席児童の人数と欠席理由の把握、②受診状況、診断名、検査結果および治療内容、③回復し、登園した子どもの健康状態の把握と回復までの期間、④感染症終息までの推移などを記録します。感染症に応じて、出席停止期間を保護者に指示します。場合によっては、医師の診

V　乳幼児の健康と病気・事故予防

> 図1

```
      0:00PM    0:00PM    0:00PM    0:00PM    0:00PM
    ┌────────┬────────┬────────┬────────┬────────┐
    │ 月曜日 │ 火曜日 │ 水曜日 │ 木曜日 │ 金曜日 │
    └────────┴────────┴────────┴────────┴────────┘
       ↓
     解熱確認  ⇔ 1日目 ⇔ 2日目 ⇔ 3日目  登園可能
```

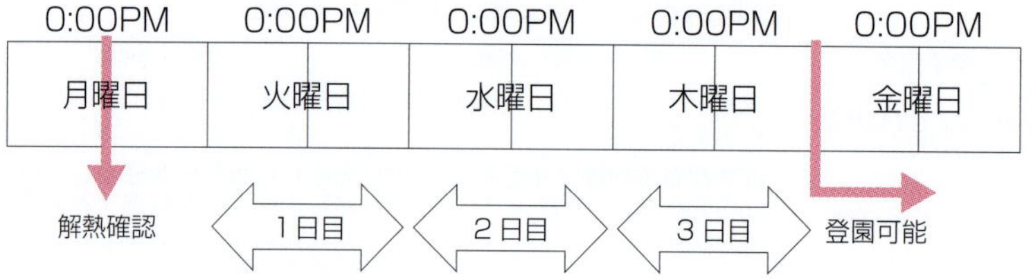

「解熱後○日」について
　「日数」の取り扱い：解熱した翌日から起算。解熱した日は含まない。
「発症後○日」について
　① 「発症」の取り扱い：「発熱」のみを発症とする。発熱以外の症状「関節の痛み」等は含まない。
　② 「発症日」の取り扱い：医師の診断日に関わらず、発症した日（発熱が始まった日）を基準とする。
　③ 「日数」の取り扱い：発症した翌日から起算。発症した日（発熱が始まった日）は含まない。

出席停止「解熱した後3日を経過するまで」のイメージ図

断による登園届の提出を求めます（表4）。

　感染症に罹患した子どもの登園基準を定める目的は、子どもの健康状態が集団生活に適応できる状態に回復するまで安静にさせること、保育所内での感染症の集団発生や流行につながらないようにすることの2つの目的があります。集団生活において登園基準が必要であることについて、普段から保護者に対し十分に説明し、理解を求めておきます。

　登園基準における日数の数え方は図1の通りです。

予防接種の意義と種類

　医療が進歩した現在でもウイルスに有効な薬はわずかです。そのため、ワクチンの予防接種は、感染症から子どもを守るための非常に効果の高い手段の一つです。

　予防接種は定期接種と任意接種に分かれています。病気の重さや社会的重要性を考慮して必要性の高い予防接種が「予防接種法」で定められています。これが定期接種といわれるもので、百日咳菌、ジフテリア菌、破傷風菌、ポリオウイルス、日本脳炎ウイルス、麻しんウイルス、風しんウイルス、結核菌による感染に対する予防接種が該当します。任意接種は定期接種以外の予防接種、あるいは定期接種で決められた一定の期間の範囲外に行う予防接種

6．感染症を予防するために

で、本人あるいは保護者等の希望により行われる予防接種です。水痘・帯状疱疹ウイルス、流行性耳下腺炎ウイルス、インフルエンザウイルス、ロタウイルス、B型肝炎ウイルス、インフルエンザ菌b型、肺炎球菌による感染に対する予防接種などが該当します（2013.3.現在。一部の定期接種化が検討されている）。任意といっても「接種しなくてもよい」ということではなく、可能な限りワクチンを接種することが望ましいです。接種可能なワクチンが増えたことで乳児期の接種スケジュールが過密になっており、あらかじめ計画を決めておくことが大切です。国立感染症研究所感染症情報センターでワクチン予防接種スケジュール案が提案されていますので、参考にして、かかりつけ医に相談するよう保護者にアドバイスしましょう。

　入園時、進級時あるいは健康診断時に予防接種を済ませているか確認し、未接種の場合には、保護者に対して予防接種の必要性を説明し、理解を求め、完了を確認します。また、毎日、園児と過ごす職員も自身の健康管理と園児のために予防接種が大切です。インフルエンザの予防接種も毎年接種しましょう。教育実習生も短期間の受け入れであっても、予防接種歴と感染症罹患歴の確認は必要です。

学生からの質問㉒　「順番ね」と言っても子どもがわかってくれないときはどうしたらよい？

保育所保育指針を読んでください。「順番」が本当に理解できるのは6歳です。困ったときには「困ったね」と子どもに伝えることは大切ですが、子どもに強制しても、それは、大人の力に屈しただけで、子どもには何も育ちません。

学生からの質問㉓　もし、実習中に風邪をひいたら、休んだほうがいいですか？

発熱を伴うほどの風邪で、体力的に無理な場合を除き、基本的には休まずに実習は続けます。ただし、咳がひどかったり、感染症の場合には休まざるを得ないこともあります。その場合には実習を延期ということも考えられます。実習先・養成校によって対応は異なりますので確認してください。いずれにしても、感染しないような日常の生活習慣や、体力維持などの健康管理に気をつけてください。

7. 乳幼児の病気と対応

嘱託医による診察の介助

(1) 診察の際に用意するもの

　嘱託医による診察の際には、以下のものを診察用トレイにセットしておくのがよいと思います。用意しておくものとしては、聴診器、口腔検査用ライト、舌圧子、消毒綿（アルコール綿）、鼻腔鏡、耳鏡、巻き尺、打腱槌などがあげられます。舌圧子は、ディスポーザル（使い捨て）のものもありますが、ステンレス製のものを使用する場合は、消毒薬入りのコップを用意しておくことも必要となります。
　診察後の手指を消毒するための消毒綿（アルコール綿）は、ディスポのものを使用するか、当日交換した新鮮なものを使用しないと効果が半減します。
　一方、各児の身体発育パーセンタイル曲線や、必要な情報を整理しておくことも求められます。できれば、もれのないように事前に嘱託医に相談すべき事柄をメモしておき、嘱託医の指導・助言を受けることが大切です。

(2) 診察の介助の仕方

　嘱託医による診察は、胸部の聴診、咽頭部の視診、必要な場合は鼻腔（鼻腔鏡）や中耳（鼓膜）・外耳（耳鏡）の視診、腹部の触診などがあります。
　診察の際の介助の仕方は、イラストを参考にしてください。
　診察の介助にあたっては、診察を受ける乳幼児が不安を抱いたり、緊張しすぎないように、リラックスさせることが大切です。場合によっては、ガラガラやその子が好きなキャラクターグッズ、ミニカーなどのおもちゃを見せたり持たせたりすることもよいと思います。
　また、衣類を無理に首までたくしあげて、息をするのが苦しくなるような介助の仕方は望ましくありません。診察の際には、下着も脱がせた方がよいと思います。寒い環境での場合であっても、下着以外の衣類はあらかじめ脱

がせておいた方がよいでしょう。

　動かないようにと、ギューッと強く抑えて、子どもが痛がるような介助の仕方も望ましくありません。咽頭部（のど）や鼻腔・耳をみる際には、動くと危険ですから、子どもが動かないような介助の工夫が必要となります。子どもが泣いてしまっては、胸部の聴診も十分にできなくなって、中途半端な健診となってしまいます。

　大勢の子どもを短時間に診察してもらわなければならないこともあるかと思います。どんなに慌ただしいときであっても、子ども達を機械的に扱うようなことは慎まなければなりません。

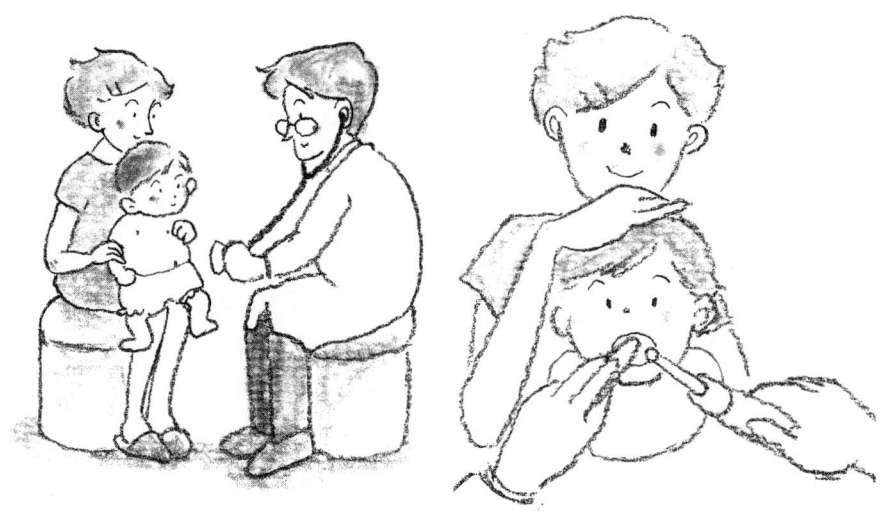

診察（聴診器にて）　　　　　　　　診察（舌圧子でのどをみる）

　診察直前におむつに排便してしまう子どももいます。その場合には、診察の順番をかえて、おむつ交換をしてから診察してもらうのが礼儀です。保育者の嗅覚が鈍感だと、それに気がつかないまま診察となってしまいますから、注意しましょう。

　診察台に寝かせて診察する場合には、乳児が床に落下してしまうようなことがないように、十分に目配りをするとともに、保育者は子どもから絶対に離れないようにしなければなりません。

ありふれた症状への対応

（1）発 熱

　乳幼児にみられる感染症にともなう発熱は、ウイルスや細菌の感染に伴い、発熱物質が産生され、それが脳内の体温調節中枢に影響して生じます。したがって、発熱は、身体の防御反応とみることもでき、解熱剤などでむやみに下熱させることは望ましくないと考えられています。

　代表的な乳幼児の発熱を伴う疾患としては、上気道炎（感冒・咽頭炎・扁桃腺炎・ヘルパンギーナ・インフルエンザなど）、中耳炎・外耳炎、尿路感染症（膀胱炎・腎盂炎）等の他、うつ熱（夏季熱・日射病など）もあります。

① 観察のポイント

- 体温測定（平熱との比較）
  　乳幼児は、新生児、乳児、幼児と成長するにつれて、安静時の体温（平熱）が下降していきます。また、この平熱には個人差が大きく、その児にとって微熱（平熱と比較して1℃以内の体温上昇）なのか、高熱（平熱と比較して1℃以上の発熱）なのかを判断する必要があります。
- 発熱の持続期間
  　通常の感冒や咽頭炎等による発熱は、3～4日で下熱します。それ以上持続する場合は、保護者がかかりつけ医に相談すべきでしょう。
- 下熱した場合、解熱剤による下熱か、自然に下がったのか
  　解熱剤を用いて熱が下がった場合、病気が治癒したとはいえません。解熱剤を用いたあと24時間以上経過した後の下熱の場合は、治癒に向かっていると考えてよいでしょう。解熱剤を用いずに下熱した場合は、自然な下熱とみてよいでしょう。
- 耳漏（耳だれ）の有無と疼痛、臭気
  　中耳炎、外耳炎による耳漏の有無や臭気についても、観察する必要があります。
- 尿の濃さ（色）と排尿回数
  　尿の色が黄色く濃縮し回数も減少した場合は、発熱の持続による脱水

の兆候となります。一方、排尿回数が増えたり、排尿の際にぐずるなど疼痛を訴えた場合は、尿路感染症（膀胱炎等）を疑います。

- 発疹の有無と部位

  発疹がみられた場合は、発熱と共に出現したのか（風疹・三日はしか）、下熱とともに出現したのか（突発性発疹症）、発熱経過中に出現したのか（麻疹）によって、発疹を伴う感染症を推定することができます。

② 発熱への保育看護

- 水枕・氷枕の使用

  水枕や氷枕は、物理的に冷却して体温を下げようとする方法です。とくに高熱の場合は、体力を消耗したり、循環系に負担がかかることが多いため、積極的に水枕や氷枕で体温を下げる必要があります。

- 発汗している場合には、こまめに肌着を交換します。
- 水分の補給は、嘔吐を避けるために1回量は少なめに回数を多くします。
- ベッド上での保育か保健室等に移動させ、安静を保つとともに他児への感染を防止します。
- 悪寒戦慄や興奮状態になった場合には、医師を受診します。

Q 微熱が続いているときには？

A 微熱が数日続いている場合、機嫌、食欲も良好で軽い風邪症状程度なら経過観察していてもかまいませんが、日ごとに不機嫌になり、食欲も落ち、眠りも浅くなってくるようであれば、体調が悪化してきていると読み取れます。他の随伴症状がないか観察し、症状を保護者に伝えて対応を決めていきます。

---

(2) 下痢

乳幼児にみられる下痢の原因としては、かぜ症状に伴う感冒性消化不良症（多症候性下痢症）やロタウイルスによる白色便性下痢症、ノロウイルスによる胃腸炎、あるいは体質的な消化不良症（単一症候性下痢症）、そして病原性大腸炎（サルモネラ等細菌感染）、腸管出血性大腸菌感染症（O157等）等があります。また、食中毒といわれるものもあります。

① 観察のポイント

- **便の性状と回数**

  便の性状（固さ）と回数は、健康な乳児でも月齢にともなって変化していきます。また、個人差も大きいのが特徴です。そのため、個々の乳幼児のふだんの便の性状と回数を理解しておかないと、病的な下痢状態にあるのかどうかの判断がつかなくなります。また、便の性状についての表現や記載方法についても統一すべきです（290頁表1）。

- **発熱、咳嗽、嘔吐等の有無**

  乳幼児の下痢は、風邪症状（熱、鼻汁、咳嗽等）を伴っているかどうか、あるいは嘔気、嘔吐を合併しているかどうかといった随伴症状の有無を観察しておくことが大切です。

- **脱水症状の有無**

  頻回の水様便の場合は、便と共に体液を喪失していくため、後述する脱水症状に陥りやすくなります。したがって、脱水症状の有無について、常時観察することが必要となります。

② 下痢児への保育看護

- **水分の補給（アクアライトなど）**

  下痢の場合は、脱水症状の予防がまず必要で、水分の補給をまず考えます。水様便が頻回に見られる場合には、失われた電解質を補うために乳幼児用の水分（アクアライト等）を飲ませるとよいでしょう。

- **食事療法（でんぷん：お粥・うどん・パン）**

  下痢の場合は、腸管を安静に保つために、消化吸収のよいでんぷん質の食品や野菜スープ（スープのみ）による食事療法が必要です。下痢が改善した場合には、離乳食のステップのようなつもりで、段階的に通常の食事に戻していきます。

- **臀部湿疹の予防、処置**

  下痢便の刺激によって臀部の湿疹、びらんを生じやすくなります。そのため、臀部のスキンケアに配慮して紙おむつにします。入浴が困難な児に対しては、臀部浴を行い、臀部の清潔を保ちます。

- **手洗いの励行**

  便には、ウイルスや細菌などの病原体が多数存在しています。したがって、おむつ交換をする際にはディスポのビニール手袋を使用し、その後の手洗いを励行する必要があります。その際には、蛇口からの流

水で、ブラシで洗い流す方法が効果的です。
- 医師を受診、または指示を受ける

　脱水を疑う場合には、医師を受診しましょう。頻回の下痢に対し、ロペミンという粉末の止痢剤が用いられきましたが、乳児に用いる場合には効きすぎておなかが張るなどの副作用もあり、注意して観察する必要があります。

(3) 嘔吐

　嘔吐は、発熱・下痢とともに乳幼児にみられる3大症状の一つであり、脱水症状を容易に生じやすく、重症化しやすいという点からもあなどれない症状です。

　嘔吐の原因としては、感冒性下痢嘔吐症、ロタウイルスやノロウイルス感染症、気管支炎・喘息等咳嗽、とくに咳き込みに伴う嘔吐、幽門狭窄などの他、頭部外傷による嘔吐や、誤飲事故による嘔吐もあります。

① 観察のポイント

- 嘔吐のしかた

　嘔吐がみられた場合は、それが咳嗽に伴う嘔吐なのか、嘔気を伴う消化器症状としての嘔吐なのかをまず区別する必要があります。咳嗽に伴う嘔吐の場合には、まず咳に対する治療や対応が必要となります。嘔気を伴う嘔吐の場合には、消化器症状に対する治療や対応が必要です。

- 嘔吐の回数

　頻回の嘔吐は、そのまま脱水症状が進行するため、嘔吐の回数に留意する必要があります。回数が多ければ、体液が吐物と一緒に喪失するために、電解質失調、脱水症になっていきます。

- 吐物の内容と臭気

　吐物が未消化で食物残渣の場合には、胃の消化機能の低下を示しています。一方、吐物にタバコの葉や洗剤の臭気がみられた場合には、誤飲事故に伴う嘔吐と考えなければなりません。したがって、吐物の内容、臭気に留意し、不審に思われた場合には、吐物を持参して医師にみせる必要があります。

- 発熱等感冒様症状の有無

　乳幼児の嘔吐は、風邪の症状が消化器系にまで移行した結果生じてい

ることが多いのが特徴です。発熱、鼻汁、咳嗽、食欲低下、下痢、全身倦怠感の有無等についても確認することが必要となります。
- 脱水症状（後述）の有無

  後述するように、嘔吐は二次的に脱水症状を生じやすく、脱水症状の有無について十分に観察する必要があります。

② 嘔吐への保育看護

- 吐物の気管内誤嚥防止のため、顔を横に向ける

  嘔吐を生じる場合には、吐物を気管内に誤嚥して窒息事故を生じないように、顔を横に向け、あるいは側臥位にする必要があります。そのまま仰向けになってしまい、窒息することのないように留意が必要です。

- 咳嗽に伴う嘔吐の場合には、分割哺乳とする

  咳嗽に伴う嘔吐の場合には、胃の内容物を減らす目的で、分割哺乳（1回の授乳量を減らし、回数を増やして、1日に必要な授乳量や水分量を補給する）を行います。

- 脱水防止のため、水分補給を行う

  嘔吐を頻回に繰り返すと脱水症状が進行していきます。したがって乳幼児用の水分（アクアライト等）の補給が第一となります。排尿がいつも通りの回数で、おむつの濡れ方もよければ、脱水症状の心配はないと思ってよいでしょう。

- 嘔気や下痢を伴う嘔吐の場合は、食事療法が必要

  嘔気や下痢を伴う嘔吐の場合には、消化器系の疾患が疑われるため、胃腸を休めるために、まず通常の哺乳や食事を中止し、水分補給を優先します。そのうえで、嘔吐がとまったら、でんぷん質を中心に消化のよいものを少量ずつ与えましょう。

- 医師を受診または指示を受ける

  通常、嘔吐がみられる場合には医師の診察を受け、鎮吐剤（ナウゼリン）の座薬を医師の指示にて用います。この座薬によって嘔吐が早期におさまります。嘔吐がひどく、脱水症状が進行する場合には、医療機関で補液（点滴）を行い、必要な水分や電解質等を補う必要があります。

- ノロウイルスやロタウイルス感染症による胃腸炎の場合は、二次的に吐物や下痢便からの二次感染になることが多く、吐物や下痢便の処理にあ

たっては、ディスポの手袋やマスクを着用し、床に吐物が飛び散った場合には塩素系の消毒剤できちんと消毒し、その後の手洗も徹底します（303頁参照）。

(4) 脱水症状

　乳幼児、特に乳児は、体重に比較して水分の占める比率が高く、水に依存した状態にあるといっても過言ではありません。そのために、発熱、嘔吐、下痢といった症状がはじまった場合には、まずもって脱水症状の有無を確認し、適切な対応をしていかなければなりません。また、日射病や熱射病（熱中症）でも脱水症状に陥ります。

① 観察のポイント

　脱水症状の兆候は、次に述べる症状で判断します。これらの観察項目は、保育看護の常識として、保育士・看護師の区別なく、すべての保育者が常に念頭におきながら状態をチェックすることが必要とされます。

- 尿回数と尿量（おむつの濡れ方）
    尿回数の変化と尿量とで判断します。尿量は、おむつの濡れ方（少・普通・多い）やおむつ尿測（濡れたおむつの重さから使用前の重さを引いて計算）で記録します。
- 皮膚の乾燥・口唇の乾燥
- 流涎（よだれ）の減少
- 眼窩の陥凹（目がくぼむ）
- 体重の減少
    発症前の体重と比較して10％以上の体重現象をみた場合には、重症の脱水症と考えた方がよいでしょう。
- 意識状態
    傾眠状態（うつらうつらして声をかけると目をあける状態）はかなり重症です。
    嗜眠状態（声がけをしても反応がない最重度の意識障害と考えてよい）の場合は、まもなくけいれんを生じて死亡することもあり得ます。

脱水症

② 脱水症状への保育看護

- 水分補給

    脱水症状を回復させるためには、失われた水分や電解質を補給するために、乳幼児用の水分（アクアライト®、OS-1®等）を補給することがまず大切です。嘔吐を伴う場合には、鎮吐剤による治療（座薬等）を行わないと、飲ませた水分をまた嘔吐してしまいます。

    1回に与える水分は、初回は少量、嘔吐しなければ1～2時間後に通常の半分を目安とし、1～2時間毎にこまめに与えて、1日に必要な水分量を補っていきます。いつもと同じように排尿（回数ならびに量）がみられるようになった場合には、脱水症状は改善に向かっていると考えてよいでしょう。

- 随伴症状への対応

    下痢、発熱、鼻汁、咳嗽といった随伴症状がある場合には、それに対する治療や対応も必要とされます。

- 傾眠状態の場合は、直ちに医師を受診

    脱水が進行し、傾眠状態といった意識障害を生じた場合には、直ちに医師を受診して補液（点滴）を受ける必要があります。

(5) けいれん

乳幼児のけいれんを目前にすると、医師や看護師であっても足がすくむものです。しかし、けいれんによって死に至ることはないとも言われており、決してあわてずに冷静に対応することが望まれます。

けいれんを生じる代表的な病気としては、熱性けいれん、憤怒けいれん（泣きいりひきつけ）、てんかんがありますが、脳内出血・髄膜炎・脳炎などの場合もけいれんを生じることがあります。

① 観察のポイント

けいれんを生じた場合には、次の項目を冷静に観察しつつ、対応することが大切です。特に、けいれん状態を観察し、医師を受診した際にそれを伝えることは、保育士や看護師の役割と思ってください。

- けいれんの状態

    部位（全身性なのか局所性なのか）

    左右差（片側のけいれんなのか、両側なのか）

眼球の位置（正面を向いているのか、片側を向いているのか）
　　　意識状態（呼びかけに反応しないのか、反応するのか）
　　　持続時間（けいれんがおさまるまでに何分を要したか）
　　　けいれん後の回復状態（けいれん後に入眠、嘔吐、意識が戻る等）
- 発熱の有無
　　　発熱に伴うけいれんは、熱性けいれんです。しかし、けいれんによって一過性に体温が上昇することもあり、けいれんが終わっても発熱状態が続いているのか（解熱剤を使用する前）についても留意する必要があります。てんかんでも発熱によってけいれんが誘発されることもあります。
- その他の症状
　　　咳嗽、鼻汁などの感冒症状、下痢・嘔吐などの消化器症状、頭部打撲などの既往（脳内出血）、脱水症状の有無などについても観察が必要です。
　　　強く啼泣した際にけいれんをが生じた場合は、憤怒けいれんを考えます。

② けいれんへの保育看護

- 唾液や吐物を気管内に誤嚥しないように、顔を横に向ける
　　　けいれんの際に多量に分泌された唾液や吐物を気管内に誤嚥しないように、顔を横に向け、側臥位にすることが必要です。
　　　万一、食事中にけいれんを生じた場合には、口内の食べ物を指でかきだすことが必要です。
- 無理におさえつけない
　　　全身をガタガタとけいれんしているからといって、無理に押さえつけないことです。関節や筋肉、腱を傷つけることになりかねません。
- 口の中に舌圧子などを入れない
　　　舌や口唇を嚙まないようにと、無理に口をこじあけて舌圧子や指を入れないようにします。かえって吐物や唾液の流出を妨げ、気管内誤嚥や窒息の原因となるからです。
- 直ちに医師を受診あるいは指示を受ける
　　　けいれんを生じた場合には、原則として直ちに医師を受診します。とくに10分以上を経過した場合には、救急車で医療機関を受診しましょう。

V 乳幼児の健康と病気・事故予防

幸いに10分以内におさまった場合には、一落ち着きしたのち、念のため医師を受診した方がよいでしょう。

（6） 咳と呼吸困難

乳幼児の咳と呼吸困難は、重症の場合には酸素吸入が必要なこともあり、呼吸困難の程度を冷静に確認することが大切です。

呼吸困難の原因としては、肺炎・気管支炎、喘息・喘息様気管支炎、仮性クループ（喉頭気管支炎）、異物の気管内誤嚥等があります。

① 観察のポイント

- 咳の頻度・性状（ゼイゼイヒューヒューか、ゼロゼロか）

  咳の頻度や咳の状態、例えば犬が吠えるような犬吠性の咳か（仮性クループ）、痰がからむ湿性のものかといった咳の種類や頻度を知ることが大切です。

  また喘鳴については、のどの入口で痰がからんだゼロゼロか、喘息や喘息性気管支炎による気管支のゼイゼイ・ヒューヒューなのかの区別も必要です。

- 呼吸困難の程度（鼻翼呼吸・努力呼吸・陥没呼吸）

  呼吸困難の程度（重症度）は、次を参考にして判断します。

  軽度の呼吸困難は、鼻翼をピクピクさせるだけの鼻翼呼吸です。

  中等度の呼吸困難は、肋間が動く努力呼吸です。

  重度の呼吸困難は、喉やみぞおちの部分が呼吸のたびに引っ込む陥没呼吸です。この場合は、酸素吸入が必要と判断されます。

- チアノーゼの有無

  呼吸困難に伴って、血液中の酸素濃度が低下すると、口唇や指先、顔面のチアノーゼ（黒ずんだり紫色となる）を生じます。この場合には、明らかに呼吸困難が強いと判断し、酸素吸入が必要と思って医療機関を受診します。

- 異物の気管内誤嚥かどうか

  異物を気管内に誤嚥しても呼吸困難に陥ります。突然に咳きこみを生じ、仮性クループや喘息等でない場合は、異物の気管内誤嚥を考慮する必要があります。

② 呼吸困難の保育看護
- 呼吸困難が強ければ直ちに医師を受診（酸素吸入の必要性）
    呼吸困難がみられた場合には、直ちに医師を受診し、治療を受ける必要があります。特に陥没呼吸が認められ、あるいはチアノーゼを生じた場合には、救急車で酸素吸入を受けながら医療機関を受診する必要があります。
- 喘息で吸入療法の指示がある場合には、吸入を行う
    喘息発作と断定できた場合には、吸入療法が必要な場合もあります。
- 仮性クループは直ちに医師受診
    犬吠様咳嗽（犬が吠えるような咳）で仮性クループが疑われる場合は、医師を受診し、吸入療法などを受けた方がよいでしょう。クループ様の咳の発作が出た場合は、湿度を高くした温かい浴室でしばらく過ごすと、湿気を吸入して喉頭部の炎症が軽減して楽になることもあります。
- 異物誤嚥の疑いがあれば、直ちに耳鼻科・外科受診
    まず、逆さづりにして、背中をドンと叩いて反射的に異物を排出することを試みます。排出できなければ、一刻を争って耳鼻科、外科を受診して気管内異物の除去を行わないと窒息死する可能性もあります（344頁参照）。
- 呼吸を楽にする気道確保の体位（姿勢）にする
    喘息などで呼吸が苦しそうにしている場合には、丸めたタオルケットを肩に入れ、頭部を下げる気道確保の体位にすると、気道の通りがよくなり、呼吸困難を多少なりとも改善させることができます。

アトピー性皮膚炎とスキンケア

（1） アトピー性皮膚炎とは

アトピー性皮膚炎は痒みのある湿疹が慢性的にあり、良くなったり悪くなったりを繰り返す病気です。慢性的とは**乳児期で2か月以上、1歳以降で6か月以上**継続している状態を指します。

基本的には左右対称に湿疹を認めますが、湿疹の現れやすい部位は年齢で異なります。**乳児では顔や頭**に湿疹が現れやすく、耳たぶの下が切れる「耳

切れ」もよくみられます。**幼児や学童では肘の内側や膝の裏側、首や臀部等に湿疹が現れやすいです。**

　アトピー性皮膚炎の皮膚は正常な皮膚と比べると外部刺激から皮膚内部を守るバリア機能が低下しているのでダニやカビ、ペットの毛、黄色ブドウ球菌、汗等の外部刺激が、簡単に入り込んでしまい、皮膚の中で炎症が起きてしまい、湿疹が出来てしまいます。特に乳児では成人に比べて皮膚が薄く、皮膚の機能が未成熟なためバリア機能の低下が起きやすいと言われています。

　アトピー性皮膚炎の子どもは気管支喘息やアレルギー性鼻炎等のアレルギー疾患を併せ持っていたり、また年齢が上がるにつれてだんだんにそれらの疾患を併せ持つようになったりすることは「**アレルギーマーチ**」という言葉でよく知られています。アトピー性皮膚炎の赤ちゃんは4人に1人が気管支喘息になり、気管支喘息の子どもの2人に1人はアトピー性皮膚炎があるか、以前になったことがあるといわれています。

　また三親等以内の家族がアレルギー疾患を持つことも割とみられます。

（2）　アトピー性皮膚炎の子どものスキンケア

　スキンケアとは、皮膚を洗って皮膚についたアレルゲン・汗・黄色ブドウ球菌等の刺激物を落として**清潔**にし、**保湿剤やステロイド外用薬**等を適切に塗ることです。刺激物が皮膚についたままの状態だと、皮膚の痒みがでてきて、掻いてしまい、掻くことで湿疹がさらに悪化してしまう悪循環に入ってしまうので、出来ればスキンケアは1日に2回、3回としてあげた方が効果的です。

　スキンケアの具体的な方法ですが、まずは皮膚をなるだけ添加物の入っていない石鹸をよく泡立てたもので、素手でもむように洗います。しわの多い部分はよくしわをのばして洗います。全身をよく洗ったらよくすすぎます。石鹸が残ると刺激物となってしまいますので注意します。すすぎ終わったら柔らかいタオルで皮膚を押さえる様にして水分を拭き取ります。そこまで終わったら子どもに合った保湿剤を全身に塗り、湿疹病変にはステロイド外用薬等を医師の指示通りに塗ります。ステロイド外用薬は副作用が怖いといって塗りたがらない方や指示より少な目に塗る方がいますが、それでは湿疹は治りませんので、指示通りに塗ることが大切です。塗布量はおとなの人差し指の先から第一関節までチューブから軟膏を出し、それをおとなの手のひら

二つ分（つまりは両手分）の範囲に塗ってあげるの塗り薬の基本です。ステロイド外用薬とステロイド内服薬とでは全く副作用が違うのですが、混同してしまってる方が多く、外用薬なのに少な目少な目に塗ってしまう方が多いのが現状です。

このように適切なスキンケアをして定期的に医師の診察を受けながらアトピー性皮膚炎は治療が行われます。

保育の場においては、ヨダレや汗、汚れをこまめにやさしく拭き取ってあげたり、洗ってあげたり、お着替えをしてあげることや、日差しの強い日の日焼け止め対策をしてあげること、夏にプール遊びがあればその後によく身体を洗ってあげること等が大切になります。

また最近のトピックなのですが、アレルギーマーチの原因の一つとしてアトピー性皮膚炎の赤ちゃんはバリア機能の低下した皮膚病変からダニやハウスダスト等の気管支喘息に悪影響を及ぼすアレルゲンが身体に入りこみ、それによって感作されて気管支喘息を引き起こすのではないかと言われていますので、赤ちゃんがハイハイする環境である保育園の部屋のハウスダスト対策をすることも大切ではないかと思われます。

保育園における与薬

（1） 保育士等による与薬の法的解釈

家庭において保護者が「医師の指示によって」与薬することは、当然のことながら医療行為ではなく、保護者による養育行為の一つです。それでは、保護者から依頼を受けて、保育士が「かかりつけ医の指示に基づいて与薬する」ことは、どのように考えればよいのでしょうか。

病院では、各々の乳児の発育・発達段階に応じた授乳量やその回数、あるいは離乳食の指示については、医師が食事せんに記載して指示を出すこととなっています。ところが、保育所や乳児院等の児童福祉施設においては、ごく当たり前に、受け持ちの保育士等が食事せんなしに哺乳や離乳食を与えています。このように、同じ哺乳や離乳食を与える行為であっても、医療を業務とする医療機関におけるものと、保育・養育を業務とする保育所等の児童福祉施設とでは、異なるわけです。

このことと同様に、保育所等において保護者から委託を受けた「与薬」は、

V 乳幼児の健康と病気・事故予防

医療機関における与薬とは異なり、保育・養育・養護（保健）に関わる範囲での行為と位置づけられます。したがって、よく誤解されて言われるような、医師法や医療法、保助看法とは無関係なものと考えるのが適切な児童福祉法の解釈となります。

参考：医師の指示に基づいた保護者や保育士による「与薬」は、養育・保育行為であり、制度上問題ないという主旨の通知も厚生労働省から出ています（厚労省医政局発0726005号平成17年7月26日）。

（2）保育士などが保育園などで与薬する際の留意点

しかしながら、保護者から委託を受けて医師の指示に基づく与薬であっても、保育士による与薬は、母親と異なって専門職としての与薬行為であり、少なくとも与薬に当たって次の点に留意しなければなりません。

① 薬を預かる際の確認事項

- 保護者から「与薬依頼票」（323頁参照）を受け取り、その記載内容を確認します。
- 薬の容器あるいは袋に、子どもの名前が記載されていることが必要です。その記載がないと、本当にその子の薬なのかの確認ができません。
- 処方日、ならびに処方した医師名あるいは医療機関の名称（院内調剤の場合）、院外処方の場合は、調剤薬局名が記載されていることが必要です（1年前に処方されたシロップを持参して飲ませるように依頼されたこともあります）。
- 内服時間、回数、量等について明記されていることが必要です。
- 薬剤情報提供として、処方医師あるいは調剤薬局からの薬剤名などを明記した文書（メモを含む）が添付されている場合には、それを持参してもらい、その内容を確認します。
- 通常、水薬（シロップ）の有効期限は1週間（原液の場合を除く）が限度とされています。それを超えている水薬の場合は、薬を預からないことにします。
- 座薬については、かかりつけ医から使用条件を明記した指示書がある場合のみ、預かるようにしてください。また、その子に生まれて初めて使用する座薬の場合には、座薬による副作用が出る可能性を否定できないため、預からないようにします。

与薬依頼票（保護者記載用）

平成　年　月　日記

依頼先	保育園名　　　　　　　　　　　　　　　　宛
依頼者	保護者氏名　　　　　　　　連絡先　電話 子ども氏名　　　　　　　　男・女　歳　カ月日
主治医	電話 　　（　　　病院・医院）　　fax

病名（又は症状）

①持参したくすりは　　年　　月　　日に処方された　　日分のうちの本日分
②保管は　室温・冷蔵庫・その他（　　　　　　　　　）
③くすりの剤型は（該当するものに○）
　　粉末・液（シロップ）・外用薬・その他（　　　　　　　）
④くすりの内容は（○印）
　　抗生物質・解熱剤・咳止め・下痢止め・かぜ薬・外用薬（　　　　）

　　調剤内容

⑤使用する日時は　年　月　日～　月　日　午前・午後　時　分
　　　　　　　　　　　　昼食の　　分前・　　分後
　　その他具体的に（　　　　　　　　　　　　　）

⑥外用薬などの使用法

⑦その他の注意事項

　　　　　　　　　　　　　　薬剤情報提供書　あり・なし

保育園記載	受領者サイン　　　　　　　　月　日　時　分
	投与者サイン　　投与時刻　　月　日　午前・午後　時　分
	特筆すべき事項
	実施状況など

薬剤情報提供書がある場合には、この依頼文書と一緒にご持参ください。

- 町の薬局等で購入した市販薬は、医師が関与せずに保護者の一存で飲ませるわけですから、保育所では預からないようにします。

② 与薬するに当たっての留意事項

- 保育者（保育士や看護師）は、通常よく用いられている薬剤の名前と薬効について基礎的な知識を習得するようにしてください。

    例）内服薬：解熱剤、抗生物質、抗ヒスタミン剤、鎮咳去痰剤、気管支拡張剤、抗けいれん剤、止痢剤、緩下剤など
    　　座　薬：解熱剤、抗けいれん剤、鎮吐剤、気管支拡張剤、緩下剤など
    　　軟　膏：抗生物質含有軟膏、抗真菌剤含有軟膏、ステロイド含有軟膏など

- 薬の保管方法は、園児が勝手に誤飲等をしない管理（施錠など）を行ってください。
- 重複与薬を避けるために、与薬責任者を決めて与薬します。
- 与薬する前に、複数のスタッフで薬に記載されている氏名・与薬量・与薬時間を確認する習慣をつけましょう。
- 重複与薬を避けるために、与薬した際に与薬依頼票に記載するようにします。
- 医師からの指示なく、保護者に頼まれたからといって保育士あるいは看護師の判断で勝手に与薬することは、決して行わないでください。
- 座薬については、飲み薬とは異なり、静脈注射と同様に吸収が早く、思わぬ薬効が現れることもあります。そのため、その子が生まれて初めて用いる座薬の場合は使用しないようにします。また、医師より具体的な使用条件を明記した指示書（例えば、38℃以上の発熱の際に、ダイアップ座薬4mgを1個挿入）がある場合のみ使用しますが、使用に当たっては、念のためかかりつけ医に連絡して再確認をし、その事実を記載した上で挿入します。

③ 保護者への協力要請

与薬に伴うトラブルや事故等を防止するため、保護者には以下の点について協力を要請してください。

- かかりつけ医を受診した際に、病名や病状を確認し、保護者が記入して提出する「与薬依頼票」に記載すべき情報を得るようにしてください。

また、薬剤情報提供を受けるようにしてください（調剤薬局から薬を受け取る場合にも同様です）。
- 薬を持参する際には、「与薬依頼票」、処方内容が記載されていない場合は薬剤情報提供書（メモで可）、薬袋（あるいは水薬の瓶につけてある札）を一緒に持参してもらってください。処方内容が不明な場合は、お薬は預からないことを徹底してください。
- 座薬の場合は、かかりつけ医から具体的な使用方法についての指示書をもらった場合のみ預かるようにしてください。

学生からの質問㉔　「ごめんね」と謝っているのに許そうとしない子どもがいたら？	あなたならどうしますか？謝られたら簡単に許せますか？おとなも子どもも同じです。許したくないときに無理に許したふりなどはさせないでください。大切なのは、許したくない気持ちと、「ごめんね」と謝っている子どもの気持ちを、あなたがありのまま受け止めてあげることなのです。
学生からの質問㉕　「入れて」と言っても入れてあげない子どもにはどうしたらよい？	入れてあげない子どもは意地悪ですか？ここにも「理由」があります。その理由をきちんと理解してください。わからなければ、どうして入れないのかを、子どもに直接聞いてみましょう。

8. 乳幼児の事故と予防対策・応急手当て

乳幼児に起こりやすい事故

(1) 乳幼児に起こりやすい事故

　子どもの事故の発生は、発達段階と大きな関係があります。年齢ごとの発生しやすい事故の種類や原因は、同じような事故でも、発生場所や発生状況、子どもの発達段階によって異なるので、乳幼児の身体的特徴、運動機能、心理的、さらに精神的特性をよく捉え、考慮に入れて対策をたてなければなりません。事故は、危険なものや場所を教え、それを理解できるようになるにしたがって減少しますが、好奇心が旺盛で、危険であることを教えても理解できない時期には、事故を起こさない環境づくりが重要であることを示しています。

① わが国の乳幼児期における不慮の事故の死因

　わが国における乳幼児期における不慮の事故による死亡原因は、表1に示されるように0歳児は不慮の窒息が7～8割を占めており、ついで、交通事故、不慮溺死及び溺水となっています。1～4歳になると、トップが交通事故で約3割を占め、ついで不慮溺死及び溺水、不慮の窒息となっています。交通事故には、母子共々に車にはねられての死亡といった不幸な事故もあります。

　保育園においては、もちろんのこと子どもたちに事故予防への教育的働きかけをしていくことは重要ですが、保育者（保育士・看護師）が子どもを100％生命の危険から守るという決意、覚悟のもとに保育を展開していく必要があります。

② 日常起きやすい事故（図1）

　事故の種類では、創傷、やけど（熱傷）、打撲がどの年齢でも多くみられます。事故によっては、当然のことながら年齢によって異なるものもあ

8．乳幼児の事故と予防対策・応急手当て

表1　年齢別の不慮の事故原因
（　）内％

	0歳	1～4歳
第1位	不慮の窒息（75.2）	交通事故（29.1）
第2位	交通事故（8.0）	不慮の溺死および溺水（21.2）
第3位	不慮の溺死および溺水（5.3）	不慮の窒息（18.5）
第4位	その他（5.3）	煙、火および火炎への曝露（13.9）
第5位	転落・転倒（3.5）	転落・転倒（12.6）

（平成22年度「母子保健の主なる統計」引用）

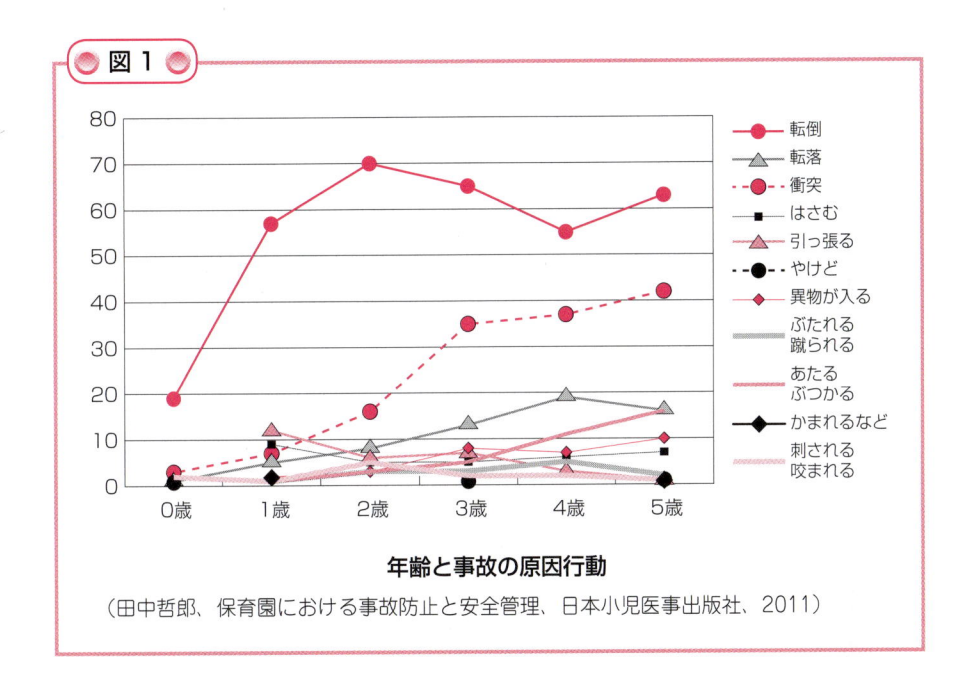

図1　年齢と事故の原因行動

（田中哲郎、保育園における事故防止と安全管理、日本小児医事出版社、2011）

り、噛みつきは1～2歳に多く、骨折は3～5歳児に多くなっています。

　事故によって傷害を起こす部位は、乳児では頭部や顔面が多く、年齢が上がるにつれて足や手が多くなっていきます。

　事故の原因では、転倒によるものがどの年齢にも多くみられ、誤飲は乳児期後半から1歳頃が、衝突は歩くことができるようになる1歳以降に増えてきます。

　園庭等における固定遊具と事故の関係をみると、児童福祉施設においては、すべり台が最も多く約20％を占めています。続いて、鉄棒・登り棒、雲梯、ブランコ、ジャングルジムの順に続いています。

事故予防と安全対策

（1）保育所保育指針にみる事故予防・安全対策

　2008年（平成20年）4月に改定された「保育所保育指針」においては、第5章 健康及び安全、2環境及び衛生管理並びに安全管理、（2）事故防止及び安全対策において、日常の安全管理（セーフティマネジメント）や事故防止（リスクマネジメント）などの重要性について述べています。

　厚生労働省によってまとめられた保育所保育指針解説書によれば、
① 日常の安全管理（セーフティマネジメント）
② 災害への備えと避難訓練
③ 事故防止マニュアルの整備と事故予防
④ 危機管理

の4項目について強調されており、特に③においては、あと一歩で事故になるところだったという、ヒヤリハットした出来事（インシデント）を記録・分析して、事故予防対策に活用することが望まれると具体的に記述されています。

（2）事故予防に関するハインリッヒの法則

図2

1件の重大な事故
29件の軽微な事故
300件の異常（ヒヤリハット）

ハインリッヒの法則

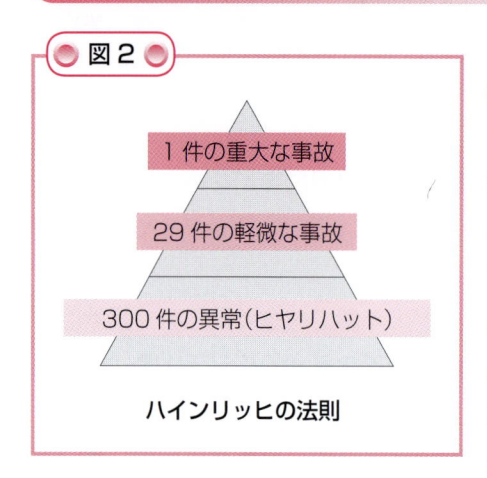

　事故予防のためには、人間は本来的にエラーをおかす存在であること自覚し、その事故の原因を個人の資質や責任にせず、保育園という組織として克服していくことが重要です。つまり、なぜ保育園という一つの組織、あるいはシステムの改善によってその事故を防止できなかったかを反省し、再発防止策を検討することが重要なのです。

　ハインリッヒの法則とは、1件の重大事故の背後には29件の軽微な事故があり、その背景には300件のヒヤリハット事例が存在するという考え方（Heinrich,HW）です。これは1対29対300の法則ともいわれています（図2）。

(3) 保育団体によるインターネットによるヒヤリハット報告システム

　このハインリッヒの法則に基づいて、日常の保育場面において些細なヒヤリハットとした事例（インシデント事例）を報告、分析し、園全体でその再発防止策を共有、徹底することによって、不幸な重大事故を予防することができるという考え方がその根底にあります。

　保育所における保健、安全に関わる専門団体である一般社団法人日本保育園保健協議会では、保育所保育指針の改訂を受けて、インターネットを利用したインシデント・アクシデント事例の報告システムを開発しました。

　このシステムは、表2に示される転落や転倒、噛みつき等の19書式によって、園内外で発生したヒヤリハット事例（インシデント）をクリック入力するという簡単な方法で入力し、指定されたサーバーにインターネット回線にて送付すると、自動的にある程度の分析が可能となる集積・解析システムです。

表2 報告書式の項目（19書式）

噛みつき	誤薬（内服薬・外用薬）
転落	誤食（食物アレルギー）
転倒	誤飲・誤嚥
指はさみ	感染（潜伏期や病初期の見落とし等）
けんか（引っかく・叩く）	重症化（救急車で搬送・入院等）
子ども同士の衝突	午睡中の呼吸停止（SIDS）
その他のけが（溺水・火傷・熱傷など）	子どもの置き去り
忘れ物（返し忘れ・間違えて持ち帰り）	苦情・接遇等（入所時の聞き漏れ等）
その他	不審者の侵入
地震・火災・津波（別書式）	

　入力は必要な項目がプルダウン表示されるので、文字入力は不要で、該当項目をクリックするだけで入力が完成し、その過程で自らの保育を振り返ることも出来、何故ヒヤリハットとする出来事（インシデント）が生じたのかを反省することも出来ます。また園の集計データも出すことも、園で生じた個別レポート（書式）をまとめて印刷することも出来るので、定期的に分析や討議もしやすくなります。

　このシステムではプライバシー保護が行われており、個人を特定する（園名、入力した保育者等の氏名、乳幼児の氏名等）情報は入力しないことになっており、サーバーのセキュリティも厳しく、安心できるシステムとなっています。

一方、病児・病後児保育を専門とする一般社団法人全国病児保育協議会でも、システム構成は異なりますが「MIMS」というインターネット報告システムを運用しはじています。

(4) リスクマネジメント活動のステップ

保育所などにおける事故を防止し、安全対策を確立していくためには、リスクマネジメント活動が不可欠です。

一般的にリスクマネジメントは、リスクの把握、リスクの評価・分析、リスクの改善・対処、リスクの再評価といった4つのプロセスで実行されます。このプロセスを事故予防活動に当てはめると、図3となります。

リスクマネジメントのためには、まず園のリスクマネジャーを決めます。多くの場合は園長、副園長、主任、あるいは看護師のいずれかがその役割を担うことになります。

このリスクマネジャーを中心に、園長、副園長、主任、保育士複数名、看護師、栄養士等で構成されるリスクマネジメント委員会にて、自園のレポート分析等を行い、要因分析と予防対策について整理し、その上で職場会議において討議し、情報の共有化を図っていくというステップで活動を進めていきます。

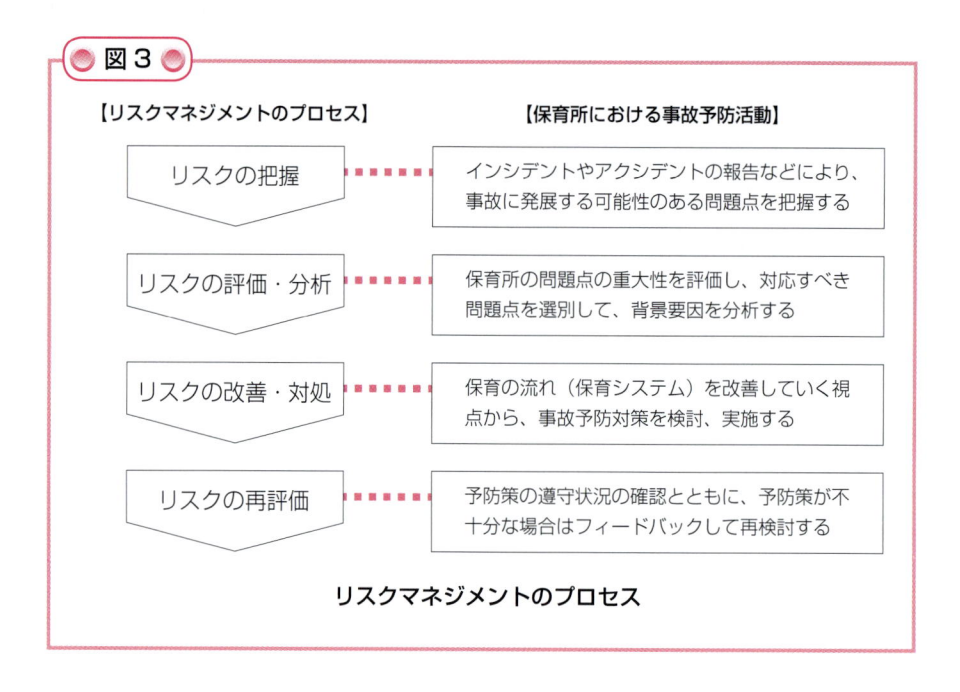

図3

【リスクマネジメントのプロセス】	【保育所における事故予防活動】
リスクの把握	インシデントやアクシデントの報告などにより、事故に発展する可能性のある問題点を把握する
リスクの評価・分析	保育所の問題点の重大性を評価し、対応すべき問題点を選別して、背景要因を分析する
リスクの改善・対処	保育の流れ（保育システム）を改善していく視点から、事故予防対策を検討、実施する
リスクの再評価	予防策の遵守状況の確認とともに、予防策が不十分な場合はフィードバックして再検討する

リスクマネジメントのプロセス

（5）ヒヤリハット報告システムからみた保育所におけるインシデントの実態

　日本保育園保健協議会によれば、全国の保育園からヒヤリハット報告システムに報告されたインシデント993件（平成24年7月～25年8月）について書式項目別にみたものが図4です。

　第1位は噛みつき（30.7％）、第2位は転倒（27.7％）、第3位はその他のけが（9.3％）、第4位は感染（8.6％）、第5位が引っかく・叩く（4.4％）、第6位が転落（3.8％）等となっています。以下、指はさみ、子ども同士の衝突、その他のけが、誤食（食事アレルギー）、忘れ物、苦情・接遇、誤飲・誤嚥、誤薬（内服薬・外用薬）、重症化、首が絞まるの順でした。

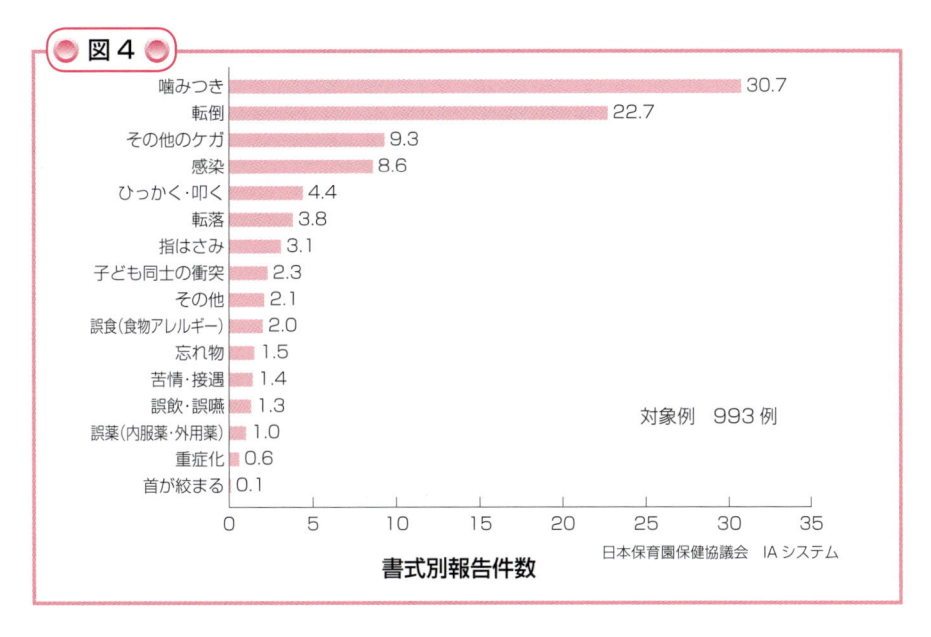

図4

項目	％
噛みつき	30.7
転倒	22.7
その他のケガ	9.3
感染	8.6
ひっかく・叩く	4.4
転落	3.8
指はさみ	3.1
子ども同士の衝突	2.3
その他	2.1
誤食（食物アレルギー）	2.0
忘れ物	1.5
苦情・接遇	1.4
誤飲・誤嚥	1.3
誤薬（内服薬・外用薬）	1.0
重症化	0.6
首が絞まる	0.1

書式別報告件数　　対象例　993例　　日本保育園保健協議会 IAシステム

　これらのインシデント・アクシデントで、重症度分類でみると、「検査・治療」を必要とした（29.3％）、「要観察」が（22.7％）、「ヒヤリハット」が（20.7％）となっていたとのことですが、通常一番多いと考えられる「ヒヤリハット」が少ないのは、日常の業務の過密さがゆえに、ごく軽いものは記入や報告を控えがちという抑制がかかっているものと思われます。その結果、「ヒヤリハット」事例の報告が減少し、相対的に検査・治療にまでに至る事例の報告が3割強と多くなっているとのことでした。

　「ヒヤリハット」を含めて、その要因分析を重ねていくことで、重大事故を抑制することができるというこの報告システムが活用されることが期待されています。

V 乳幼児の健康と病気・事故予防

表3　子どもの発達と事故の発生しやすい状況

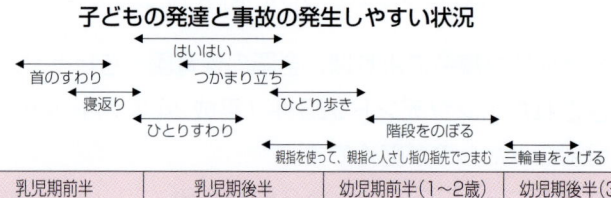

発達の目安：
- 首のすわり
- 寝返り
- ひとりすわり
- はいはい
- つかまり立ち
- ひとり歩き
- 階段をのぼる
- 親指を使って、親指と人さし指の指先でつまむ
- 三輪車をこげる

	乳児期前半	乳児期後半	幼児期前半（1～2歳）	幼児期後半（3～5歳）
切傷 打撲	ベッド柵にぶつける おもちゃのつなぎ目、ささくれで切る	ベッド柵にぶつける 子どもの行動範囲にある鋭利なもの（床にあるもの、家具・テーブルの角） おもちゃ（角が鋭くなっているもの） こわれたおもちゃ、かけたおもちゃ	家具・建具の角 テーブル・机の角 引き出しの角 かみそり・はさみ・ナイフなど刃物による切り傷	戸外での遊び 三輪車でぶつかる 自転車でころぶ 戸外の石・木の枝など
転落 転倒	養育者が抱いていて落とす ベッドやソファーなどから転落する	ベッドやソファーなどから転落 階段からの転落 椅子からの転落 ベビーカーからの転落	階段からの転落 窓、ベランダからの転落 つまづく（屋内では敷居・じゅうたん　戸外では石、土の凹凸など）	すべり台・ブランコなど遊具からの転落 階段からの転落 高所からの転落 ベランダからの転落
窒息	ふとんなどが鼻口部にかかって窒息 吐乳による誤嚥 うつぶせ寝でふとんなどにうもれる よだれかけ、お守りなどが首に巻きつく 口の中にものを入れる	豆類などの誤嚥 ひも、よだれかけ、コードなどが巻きつく	豆、ナッツ類、柿の種などの誤嚥（驚いた拍子に） ビニール袋、細いひもなどによる窒息	白玉団子、プチトマト
熱傷	沐浴時、湯の温度を確かめない 蛇口から熱いお湯をだす ミルクの温度を確かめない おとなが誤って子どもに熱いものをかける	ポット、炊飯器、アイロン、ストーブ、たばこ、テーブルクロスをひっぱり、食卓などにある熱いものをかぶる 子どもを抱いて料理、食事の準備	ポット、炊飯器、熱い鍋アイロン、ストーブ、たばこ 熱い料理、カップ麺などの汁がかかる テーブルクロスをひっぱり、食卓などにある熱いものをかぶる	食事をこぼす ライター、マッチなどのいたずら 花火
溺水		浴槽へ転落 洗濯機をのぞいての事故 バケツや大きな水槽で溺れる	浴槽へ転落 洗濯機をのぞいての事故 水遊び用プール、用水路、池、溝などでの事故	プールでの事故 用水路、川、池、海などでの事故 水泳中の事故
交通事故	自動車に同乗していて事故にあう	おとなと自転車に乗っていて事故にあう 自動車に同乗していて事故にあう	自動車に同乗していて事故に遭う 運転中、車のドアが突然開く 道路への飛び出し、道路での遊び 歩行中の事故	路上で遊んでいての事故 道路への飛び出し 自動車との接触 自転車に乗っていての事故
誤飲		手に触れたものを何でも口に入れる たばこ・小物・くすりなどの誤飲	たばこ・小物・くすりなどの誤飲	

※この表は、新子どもの事故防止マニュアル（田中哲郎著、診断と治療社）の記載を参考に作成した。
※発達については、平成22年の厚生労働省の乳幼児身体発育調査を参考に10～90％通過率を←→で示した。ただし、階段をのぼる、三輪車をこげる、親指を使って、親指と人さし指の指先でつまむという項目については、JDDST-R（25～90％通過率）を参考にした。

(6) 年齢・発達の特徴からみた事故の特徴

子どもの運動機能の発達と事故との関係をみたものが表3です。
- 乳児期前期：まだ自分から移動できないので、受け身的な事故が多いのが特徴です。
- 乳児期後期：寝返り、はいはい、つかまり立ち、つたい歩きというように移動運動が可能になり、ベッドからの転落や段差で転倒などが多くなります。
- 幼児期前期：
    1～2歳：歩行が可能になりますが、行動範囲は屋内がまだ多い時期です。身体的には頭部がまだ大きく、重心が高い位置にあるため、転倒しても起きあがることが難しい段階です。
    2～3歳：行動力が増し、戸外遊びが増える時期です。何が危険かを判断する能力が未発達なための事故が多くなります。
- 幼児期後期：戸外での活動が増え、親などの目の届かないところでの事故が増えます。行動のコントロールがまだできず、冒険心が旺盛な時期でもあり、大きな事故につながりやすいのが特徴です。

(7) 環境整備と安全教育

　一般的に、事故防止対策の効果を有効に発揮させるためには、環境整備と安全教育の二面からの配慮が必要であるといわれています。そして、子どもの事故の大部分は、子どもの発達特性への理解と環境整備により防げるといわれています。一方、安全教育の効果は、子どもの年齢が小さければそれだけ注意したときの一時的な効果はみられますが、長時間の教育効果の維持は難しいのが特徴です。1歳3か月頃から、禁止への理解はある程度みられますが、短時間でもその効果がでてくるのは1歳半以降であり、安全教育の効果の持続が期待されるのは、年長児以降になってからと考えた方がいいでしょう。
　また、事故の発生の要因を環境・行動・心身の状態・服装の4つに分け、この4つの要因が重なり合ったときに事故が発生するともいわれています。
　子どもの行動は、身体発育の状態、運動発達、精神的発達（知的・こころの発達）、情緒の発達といったそれぞれの発達段階、そのときの精神の安定度とも関係しています。事故の予防は、個々の発達段階をしっかりとらえ、

環境を整備すること、行動や状況にあった服装、その他の行動要因を考慮に入れた対応を考える必要があります。保育者は、安全教育に期待せず、子どもの行動を予測し、子どもの生活する場（保育環境）の安全の確保に最大限につとめなければなりません。

① 環境の点検

保育環境は、その安全性が常に危険なものに変化しうるものであるということを考えの中にいれ、常に点検が必要です。子どもは、思いがけない行動をするものです。安全が確保されていた環境が、いつのまにか危険な環境に変化していたりすることもあります。

園の内外の設備、ベッド、遊具、おもちゃなどの破損の有無、危険な個所の有無などは、チェックリストを作成し、定時的に確認することはもちろんですが、常に、子どもの生活・活動している場の安全が確保されているかどうかに注意をはらうことが大切です。

② チェックリストを用いた日常の事故防止対策

子どもの事故防止に対する保育者の意識、安全対策に関する情報交換、環境整備、遊び方の指導、安全教育などの計画、さらには年齢ごとに発達特性を考慮した対応が日常行われているかなど、チェックリストを作成し点検をすることも必要です。

③ 安全教育

先に述べたように、安全教育は、1歳3か月頃より徐々に始めていきます。日常のいろいろな場面で、そのときに応じて教えていくことがよいでしょう。子ども自身が、安全であるか危険であるかを認識し、自分自身で身を守ることができるように、保育者は根気よく働きかけていくことが求められます。

乳幼児突然死症候群（SIDS）

それまでの健康状態、およびそれまでにかかった病気からまったく予想できない状態で乳幼児が突然亡くなり、しかも剖検（司法解剖など）いろいろ調べてもその原因がわからない乳幼児の死亡を、乳幼児突然死症候群

(SIDS：Sudden Infant Death Syndrome）といいます。SIDSは、わが国の乳児の死亡原因で第3位にあがっており、原因はまだはっきりとわかっていませんが、病気の一つと考えられています。

SIDSで死亡する子どものほとんどは、1歳未満児で、特に生後1～4か月に多くみられます。このことは、乳児保育を行っている保育所ではいつでも起こることもあるということで、特に産休明け保育を行っているところでは、保育士、看護師など、スタッフが十分理解しておく必要があります。

(1) SIDSの発生要因と予防対策

① SIDSの発生要因

SIDSの原因は不明ですが、厚生労働省が行った疫学調査では、育児環境として「両親の喫煙」、「人工栄養」、「うつぶせ寝」の場合に多く起こっているということが明らかになりました。現在は、発生の予防のために、母子健康手帳にも後述（囲み）するような記載をして呼びかけています。

このように、「うつぶせ寝」、「子ども周囲での喫煙」、「非母乳保育」とSIDSの関連が指摘されたため、欧米諸国では、1980年代後半からSIDS予防のキャンペーンを実施した結果、各国で発生数の減少が見られています。

それでも、この痛ましい乳幼児の突然死は起こっており、日本での発症頻度はおよそ出生6,000～7,000人に1人という高い確率で発生していることが推定され、生後2か月から6か月児に多いとされています。

乳幼児突然死症候群（SIDS）の予防のために
（母子健康手帳の記述から）

1　赤ちゃんを寝かせるときは、あお向けにしましょう。ただし、医学的の理由から医師がうつぶせ寝をすすめる場合もあるので、このようなときは医師の指導を守りましょう。
2　妊娠中や赤ちゃんの周囲では、たばこを吸ってはいけません。
3　できるだけ母乳で育てましょう。

---

②「慣らし保育」期間をしっかりと実施する

また、保育所等の預かり初期（初日～1週間以内に30％）に発症しやすいという事実がアメリカ小児科学会から報告され、その後日本でも同様の報告があり、改めて「慣らし保育」の重要性が強調されていることにも留意する必要があります。就労と子育て支援の必要性に押されて、最近は慣らし保育の期間を短縮する傾向にあります。乳児期において家庭環境とは

Ⅴ 乳幼児の健康と病気・事故予防

異なる保育所保育環境での保育は、乳児にとっては過大なストレスとなり、SIDSの発生要因ともなっているのではないかと危惧されているところです。

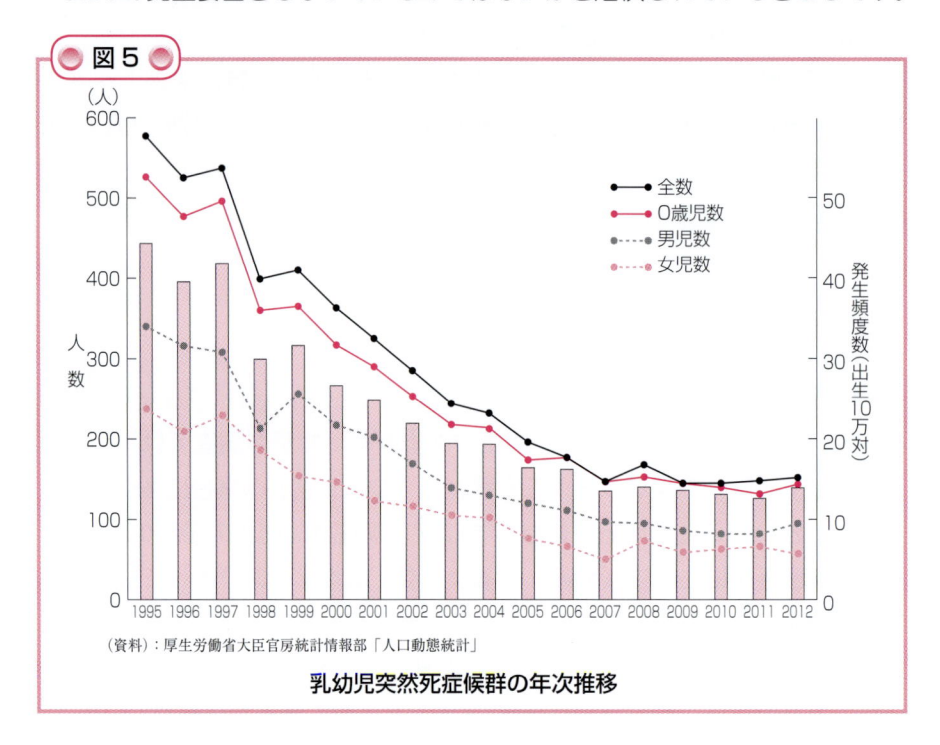

図5

(資料):厚生労働省大臣官房統計情報部「人口動態統計」

乳幼児突然死症候群の年次推移

③ SIDSの予防対策

SIDSの予防対策としては、特に寝かせつけるときには仰向けにして寝かせ、うつぶせ寝に慣れていない乳幼児をうつぶせ寝で寝かせないようにする配慮が求められます。まだ寝返りが十分にできない乳児には、この配慮がとくに重要となります。

保育所などでの睡眠時には、呼吸確認、顔色・汗などの身体状態の確認、あおむけに寝ているか、掛け布団やタオルなどが顔にかかっていないか等の寝具周辺の安全確保など、SIDS対策は欠かせません。このチェックは、15分おきに一人ひとり、指さし呼称のもとに確実に実施し、安全記録を行っていく必要があります。

また、乳児保育においては預かり初期に生じやすいこととの関連で、1週間～10日間の慣らし保育は、乳児が保育所環境に適応していくための準備期間として、保護者や行政の理解も得ながらしっかりと実施していくことも重要な予防対策となります。

また最近では、RS感染症の初期にSIDSが誘発される可能性も指摘さ

れ、預かり初期、うつぶせ寝、呼吸器感染の初期などが複合的な誘発要因として指摘されているので、留意する必要があります。

④　SIDSと思われる緊急事態への対応

　SIDSの症状を発見したときには、素早い対応が重要となります。万が一、このような異変を発見した際には、以下の対応を行います。
- 職員を大声で呼び、すぐに保育士、看護師が心肺蘇生を行う。
- 同時に他のスタッフが119番に通報し、1歳以降の場合にはAEDを用意する。また、保護者にも連絡する。
- AEDを使用した後も、心肺蘇生は救急隊員が来るまで行う。また、該当園児が登園してからの容態を整理し、救急隊員や医師に報告し、最善の方法が取れるようにする。
- その間、ほかの園児に対しては、異変に伴う不安、恐怖を少しでも緩和するために別室に移動させ、他の職員がしっかりと対応する。

⑤　原因究明と再発防止策

　容態のいかんにかかわらず、このような緊急事態を迎えた場合には、嘱託の医師、行政職員と園（場合によっては第三者委員会にて）とで、その原因究明、再発防止策を含めて協議を行い、二度とこのようなことが起きないようにしなければなりません。

乳幼児突発性危急症候群（ALTE：Apparent Life Threatening event）（参考）

　アルテ（ALTE）は、「それまでの健康状態および既往歴から、その発症が予想できず、しかも児が死亡するのではないかと観察者に思わしめるような無呼吸、チアノーゼ、顔面蒼白、筋緊張低下、呼吸窮迫などのエピソードで、その回復に強い刺激や蘇生処置を要したもののうちで、原因が不詳のもの」と定義されています。以前はニアミスSIDSと呼ばれていたものですが、疫学調査などからSIDSに一致しないなどのことから、SIDSの軽症例や、早く発見され蘇生できた症例と混同されないように、ALTEというあらたな名称が提唱されました。

事故発生時の応急手当て

(1)　けがの応急手当て

けがや事故は、日頃からその防止には万全を尽くさなければなりませんが、

Ⅴ 乳幼児の健康と病気・事故予防

発達途上にある子どもでは、それでもけがや事故が起こってしまいます。そのときには、被害が最小限にとめられるよう応急処置について十分理解し、必要な処置を機敏にとれるように普段から心がけておきましょう。

(2) 創傷（きず）：＜切傷、擦り傷、刺し傷＞

傷の部位をできるだけ清潔に保つことが大切です。流水でよく洗い、その上で傷口の状態を確かめ、清潔なガーゼ、絆創膏などをあてます。最近は消毒薬を安易に使うと傷口が治りにくいといわれています。刺し傷の場合は、流水で十分洗い、毛抜きなどで簡単にとれる場合は取りますが、傷口が小さくても深い場合や、傷口が大きい、傷が深い、ガラスなど異物が入っていてとれないなどの場合は、止血などの応急処置をします。また、ささったものが不潔なものの場合も化膿もしやすいので、医療機関を受診するようにします。

(3) 打撲

① 手足の打撲

腫れていたり、腫れてはいないが痛がる場合は、局所を2～3日冷やします。腫れていない場合でも、皮下で出血している場合もあり、冷やして様子をみます。痛がって手を動かさない、足を動かさない、歩かないなどのときは、骨折している場合もあります。腫れが強い、痛みが長引く、吐くなどの症状がある場合は、医療機関を受診します。

② 胸部・腹部の打撲

腹部や胸部打撲の場合は、内臓出血、衝撃が強い場合は、内臓破裂、胸腔内に出血を起こしていることもあり、安静にして様子をみます。肋骨が骨折している場合は、腕を動かすと痛みが強い、深く息をすると痛いなどの症状があります。顔色が悪い、痛みが長引く、呼吸困難などの症状があるときは、直ちに医療機関を救急受診します。

③ 頭部打撲

頭部打撲のときは、頭蓋骨、脳に損傷をきたす場合もあるので、状況を把握し適切な観察と応急処置が必要です。

状況把握としては、頭部打撲の原因、どこでどんなふうに打ったか、頭部のどの部分を打ったか、高いところから落ちた場合は、その高さ、落ちた場所の状態なども情報として把握しておくことです。
　頭を打った後、大声で泣き、泣いた後機嫌もよく、いつもと変わらない、ミルクや食事も普段と同じように摂っている、嘔吐、頭痛もない場合は、心配のないことが多いのですが、当日の外出、入浴は避け、24～48時間様子をみましょう。こぶのある場合は局所を冷やします。
　顔色が悪い、機嫌が悪い、元気がない、ボーッとしているなどのときは、医療機関にかかります。頭痛、嘔吐の症状がある、物が見えづらい、二重に見える、意識障害、けいれんなどがおきる、手足が動かない、打った場所から出血をしているなどの症状がある場合は、すぐ、救急車で脳外科にかかります。
　出血のある場合は、清潔なガーゼなどで圧迫止血をしながら病院へ行きます。頭部からの出血は、傷と比較して出血が多いことがあるのであわてずに処置をします。

(4) 圧　迫（指はさみなど）

　手や指をはさんだときには、腫れや痛みはそれほど強くなく、指や手が普段と同じように動かすことができるかをみます。その上で、冷やして動かさないようにして様子をみます。ツメの中が内出血している、腫れが強い、痛みが強いなどのときは、念のため医療機関でみてもらいます。

(5) ねんざ・肘内障・脱臼・骨折

① ねんざ

　関節の運動範囲をこえた外力がかかると、関節を形成している関節包に傷がついたり、関節を補強している靱帯が過度に引き延ばされたりして生じます。
　症状としては、その局所の腫れ、痛みがあり、関節は動かすことはできますが、痛みと腫れの状態によってその動きは制限されます。腫れは骨折よりも軽いのですが、時間とともに強くなっていきます。
　治療は、数日間は冷やすこと、そしてその関節を動かさないようにすることです。

② 肘内障

幼児の手を強く引っぱった際に、転びそうになり、手を引っぱって引きおこしたときなど、急に肘の部分を痛がり、腕を動かさなくなり、だらっとさせたままになることがあります。これは、脱臼と異なり、前腕を形成している二本の骨のうち橈骨の骨頭部が、それを囲んでいる靱帯からずれてはずれてしまう状態です。これを肘内障といっています。

腫れはほとんどないのが特徴です。適切な整復ですぐに治り痛みもなくなります。

一度肘内障を経験した子どもの場合は、手をつないでいるときなどに、急に強く引っ張ることがないように気をつけましょう。再発しやすくなります。

③ 脱　臼

先天性股関節脱臼のように、生後すぐに発見される先天性のものと、外力がかかり、関節を形成している骨の位置関係がずれてしまったものがあります。

症状としては、動かすと痛みがあり、関節の動きには制限があります。

脱臼は、整復が必要であり、動かさずに専門医への受診が必要です。

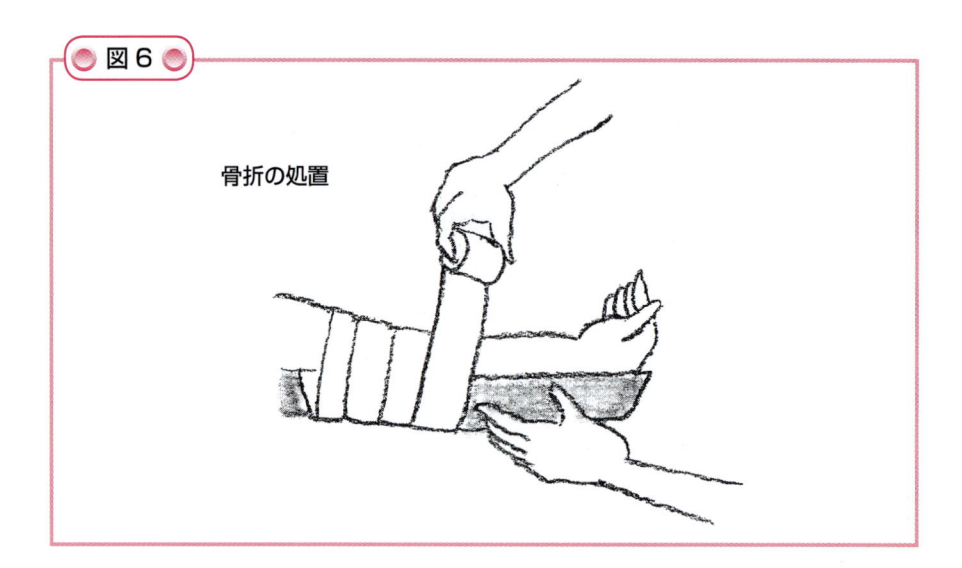

図6

骨折の処置

④ 骨　折

外力が加わっておきますが、症状としては、痛みと局所の変形で、局所

の腫れは、時間の経過とともに強くあらわれてきます。

　子どもの場合は、骨折と同時に疼痛によるショック症状として顔面蒼白、冷汗、嘔吐、ときには血圧低下、頻脈などの全身症状を伴うことが少なくありません。

　からだをあまり動かさずに、局所を固定し（図6）、整形外科を受診します。固定する場合は、局所の両端の関節を含めて固定すると安定します。開放皮膚に傷がある場合は、開放骨折といって骨折部と傷がつながっている場合もあり、その場合は骨髄炎などを起こしてくる危険性もあり、早急の治療が必要です。

(6) やけど（熱傷・火傷）

① やけどの程度と面積

　やけどの程度としては、Ⅰ度～Ⅲ度に分類されています（表4）。

- Ⅰ度は軽症のやけどで、皮膚の発赤を生じヒリヒリするような痛みを訴えます。
- Ⅱ度は中等度のやけどで、発赤、腫脹し、水泡（水ぶくれ）ができることが多く、痛みも強くなります。
- Ⅲ度は重度のやけどで、水泡部分を中心に皮膚はびらんし、火傷の場合は焦げたりします。

　やけどはその受傷面積が広いと全身への影響を受けます。受傷面積は図7右側に示されるような体表面積の配分で計算しています。この受傷面積が10％を越えると重症と考えられ、「熱傷センター」といわれる専門外来で治療することが望ましいとされています。

表4

熱傷の深さと症状

	障害部位	皮膚の状態	症状
Ⅰ度	表皮	発赤	ヒリヒリする痛みと熱感
Ⅱ度	表皮から真皮まで	水疱形成	強い痛み・やけるような感じ
Ⅲ度	皮膚全層におよぶ	青白色	弾力性がなく痛みを感じない

② 応急手当て

　手や足などの部分的なやけどで、Ⅰ度かⅡ度の場合には、まず冷たい流

V 乳幼児の健康と病気・事故予防

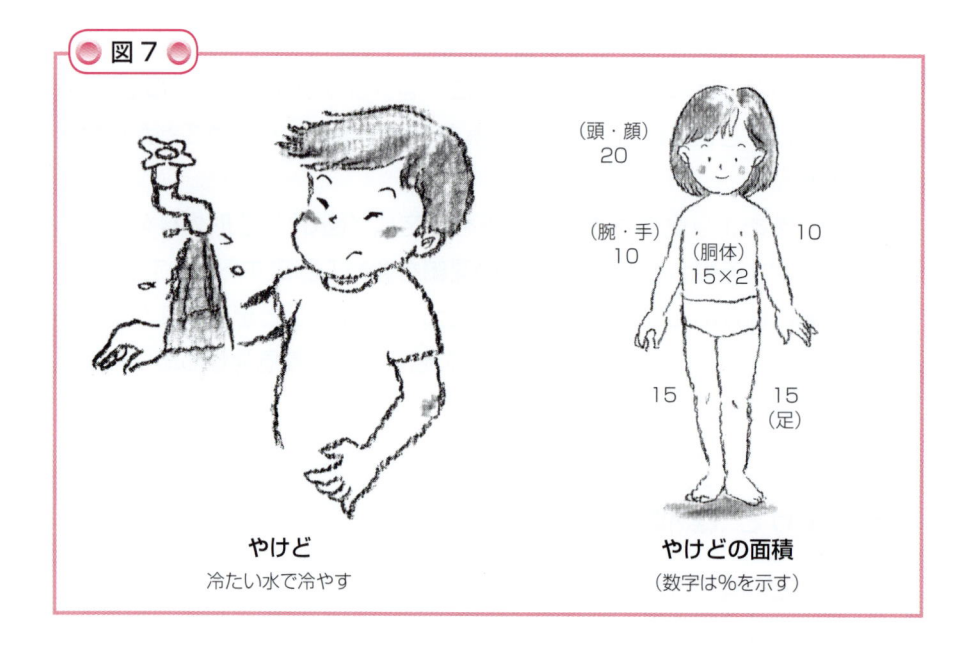

図7

やけど
冷たい水で冷やす

やけどの面積
（数字は%を示す）
（頭・顔）20
（腕・手）10
（胴体）15×2
15 15（足）

水で15〜30分くらい冷却します。氷があれば氷水につけて冷却すると効果的です。

顔面のやけどの場合は、清潔なガーゼやタオルを氷水で冷やして、軽くしぼり、やけどした部分にあて、何回も交換しながら冷やします。

水泡ができていれば、破かずに清潔なガーゼでおおって病院を受診します。薬や油性のものをぬったりしてはいけません。

衣類の上から熱湯をかぶった場合には、脱がさずにすぐに水をかけながら冷やし、救急車で病院を受診します。

Ⅲ度のやけどの場合は、冷やさずに清潔なガーゼで傷口をおおい、面積が広い場合や衣類がくっついている場合には、無理にはがさずに、シーツでそっと包み、救急車で病院（熱傷センター）を救急受診します。

Q やけどの受診の目安は？

A
Ⅰ度でも、範囲が手掌より大きかったり、顔や関節などの可動部分の場合
Ⅱ度で、受傷面積が500円硬貨以上のもの
Ⅲ度は、すべて受診が必要
　軽いやけどと思ってても、あとからケロイドが残ったり、間接部分の皮膚がひきつったりすることもあるので、慎重に対応することが大切です。

（7） 化学物質などの誤飲

　誤飲の場合は、何を飲んだかによって対応が異なります。その場の状況、吐いた物、においなどから、誤飲した物がわかれば、それぞれに対応が必要です。応急処置をして医療機関を受診します。何を、どのくらい飲んだか（薬品など説明書、容器など）と、吐物があればそれをビニール袋にいれて、受診される場合に持参します。

① たばこ

　たばこを2cm以上食べた場合やたばこが浸されていた液（灰皿の液など）を飲んだ場合は、牛乳か水を飲ませ吐かせてから、吐物をビニール袋にいれて受診します。どのくらいたばこを食べたかわからない、吐く、顔色が悪い場合も医療機関を受診します。

② 洗　剤

　台所用合成洗剤、洗濯用合成洗剤、洗濯用柔軟仕上げ剤、住宅用中性洗剤など牛乳なければ水を飲ませますが、無理に吐かせないで受診します。

③ 化粧品

- シャンプーは、牛乳なければ水を飲ませますが、吐かせません。
- リンスは、水か牛乳を飲ませ、吐かせます。
- 乳液は、心配がない場合が多いです。
- 化粧水は、水か牛乳を飲ませ、吐かせます。
- 香水・オーデコロンは、水か牛乳を飲ませて吐かせます。
- 洗顔料、ボディシャンプーは、牛乳なければ水を飲ませ、吐かせません。

④ 防虫剤

- しょうのうは、水を飲ませますが、吐かせません。牛乳を飲ませてはいけません。
- ナフタリン、パラジクロロベンゼンは、水を飲ませ、吐かせます。牛乳は飲ませてはいけません。

⑤ ボタン電池

　すぐに医療機関を受診する。

⑥ 文具

- 鉛筆やその芯、消しゴム、水彩絵の具は心配ありません。
- 修正液、修正液薄め液は、水か牛乳を飲ませますが吐かせません。
- クレヨン・クレパスは心配ありませんが、牛乳か水を飲ませます。
 （薬品の応急処置は、日本中毒情報センターつくば中毒100番の資料による）

日本中毒情報センターの緊急連絡先

一般専用　（情報提供料：無料）	医療機関専用　（1件につき2,000円）
■大阪中毒110番（24時間対応） 072-727-2499	■大阪中毒110番（24時間対応） 072-726-9923
■つくば中毒110番（9時〜21時対応） 029-852-9999	■つくば中毒110番（9時〜21時対応） 029-851-9999

（8）異物の誤飲（窒息）

　気道にはいったものか、食道・胃の消化器に入ったものか確認します。前者の場合は、呼吸困難があればただちに医療機関へ受診します。後者の場合は、救急車の依頼をするとともに、次の処置を行います。

① 咳はなく突然苦しがり、声がでない、顔面が蒼白な場合

　この場合は、異物が声門の上にあると考えられます。ハイムリック法と背部叩打法とがあります（図8）。

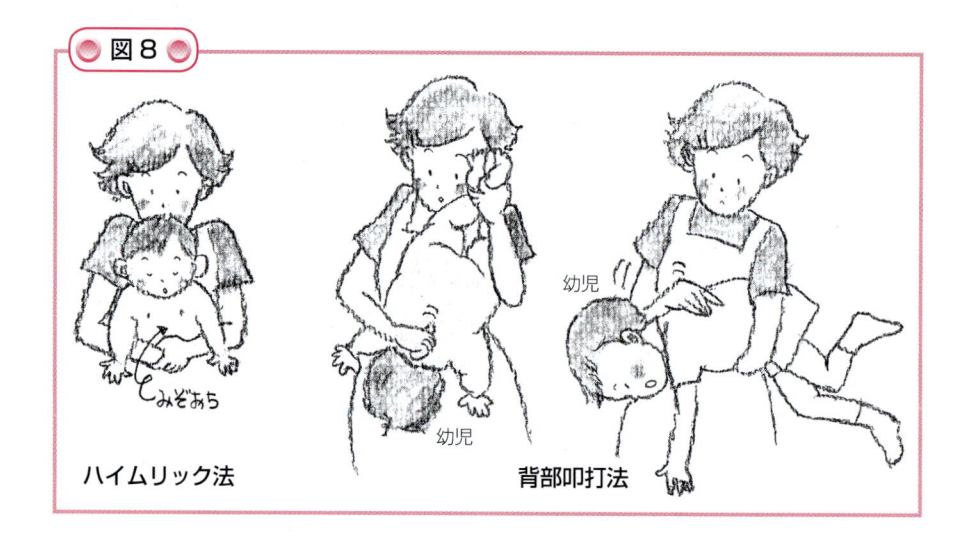

●図8●

ハイムリック法　　　背部叩打法

8．乳幼児の事故と予防対策・応急手当て

② 突然激しい咳が出現、呼吸困難、チアノーゼが出現した場合

この場合は、異物が気管に入ったことが考えられます。患児を後ろから抱きかかえ、しりもちをつかせるようにすると、異物が気管支まで入るため、一時的に呼吸が楽になります（背部叩打法）。

(9) 出 血

外傷による出血に対しては、適切な方法で止血することが必要です。擦り傷程度は、毛細血管からの出血ですから、ガーゼやカットバンなどですぐに止まります。大きい静脈、動脈がきれたときは、大出血になり、生命に関わる場合もあります。

① 鼻出血の止血法

頻回に鼻出血を認める場合には、耳鼻科で炎症の有無を確認し、処置をしてもらう必要があります。異常がみられない場合には、出血性素因などの血液疾患について検討する必要もあります。

鼻出血がみられた場合には、椅子にこしかけ、頭を前に傾け、まず気分を落ちつかせることが大切です。口をあけて呼吸をさせ、手の指で出血している側の鼻の穴を押さえます（圧迫止血）。とまりにくい場合には、鼻の側から氷のうで冷却します。冷やすと血管が収縮して止血しやすくなるからです（図9）。

あおむけに寝かせたり、鼻の穴にティ

● 図9

●鼻の穴にティッシュを詰めたり、あおむけに寝かせたりしてはいけない。
胃にどんどん飲み込んでしまう。

① いすに腰かけ、頭を前に傾け、気分を落ちつかせる。

② 口を開けて呼吸させ、手の指で出血している側の鼻の穴を外から押さえる。

③ 止まりにくいときは、鼻の外から氷のうで冷やす。

ッシュをつめたりはしないようにします。鼻血を胃に飲み込んで、後で嘔吐などを生じることになるからです。

② 圧迫止血

通常の止血方法で、傷口に清潔なガーゼなどをあてて、直接手で圧迫する方法です。圧迫包帯を使用する場合は、止血部に清潔なガーゼなどをあて、その上から弾力包帯などを巻いて圧迫しますが、強く巻きすぎると、末梢に血液が流れずらくなるので、ときどき皮膚や爪の色をチェックします。

③ 止血点圧迫法、止血帯による止血法

止血が困難と判断した場合は、直ちに救急車を依頼します。

通常の圧迫止血で止まらない場合は、圧迫止血を続けながら、傷口より心臓に近い部位の動脈を指で圧迫します。止血点は、耳のすぐ前、上腕の内側、膝の後ろ側、太股のつけ根、手足の指のつけ根などです。それぞれの傷口に近い止血点を圧迫することで、傷口からの出血を少なくすることができます（図10）。

さらに出血が続くようなときは、三角巾、タオルなどの止血帯を用いた止血方法が用いられます。細い紐状の物は、組織を痛めますので5cmく

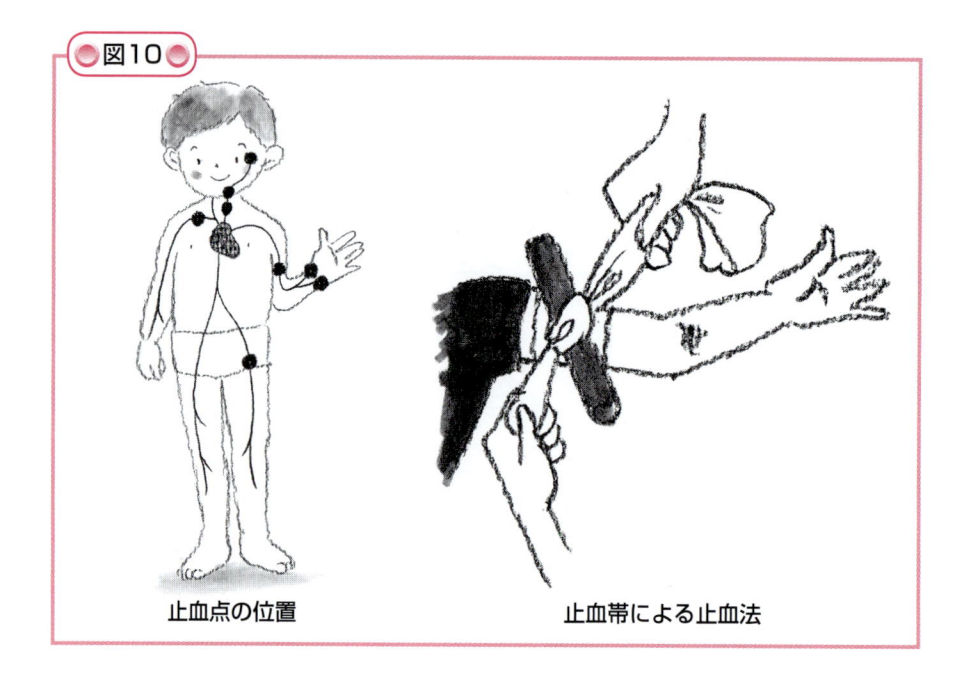

図10

止血点の位置　　　　止血帯による止血法

らいの幅の布を用います。出血部位より心臓側で、関節を避けて巻きます。強く締めすぎると神経損傷をおこしたり、血液の循環障害をおこすので注意が必要です。

(10) 歯の損傷

幼児は、転んだり、ぶつかったりして、顔面を打撲することがよくあります。その際、歯の破折、脱臼などをおこします。それとともに、口腔内の損傷をひきおこすことがあります。歯が根元から脱落したときは、元の位置に植えることも可能な場合もあり、適切な処置が必要になります。いずれにしても直ちに歯科医を受診します。

① 出血に対して

圧迫止血が第一です。口腔内の粘膜からの出血でも、歯からの出血でも圧迫し止血します。痛みのある場合はすぐに受診します。

② 歯がとれてしまった場合

元の位置に植えることも可能な場合もあり、乾燥させないこと、できるだけ汚染しないことが大切です。不潔な手でもたない（できるだけ指などでさわらないようにする）、根元をもたないことが大切で、生理食塩水、なければ新しい牛乳に入れ、保存した状態で歯科医に持っていきます。

(11) 目や耳の異物

① 目の異物

目にほこりなどの異物が入った場合には、まずこすらないようにさせて、明るいところで異物の確認を行います。眼球に鉄片、ガラス、木片などがささっている場合には、取らずに直ちに眼科を救急受診します。

下まぶたに異物がある場合には、アカンベエをさせて異物が見つかれば、綿棒に水をつけて軽く吸い取ります。上まぶ

目に異物
（横向きに寝かせ、やかんの水を目に流し、まばたきをさせる）

たの異物の場合には、綿棒をテコにして上まぶたにあてて、親指と人指し指でまつ毛をつまんで上に引っ張ると裏返しになります。そこに異物があれば、綿棒で吸い取ります。

　黒目（角膜）に異物がついている場合には、軽く数回まばたきをさせて、白目のところに異物を移動させてから、水にぬらした綿棒で吸い取ります。

　目に薬物などの刺激物が入った場合は、やかんなどを用いて流水で洗い流します。その後直ちに眼科を救急受診します。

② 耳の異物

　耳に異物が入ったときは、原則として耳鼻科で除去してもらいます。昆虫が入った場合には、懐中電灯などの光を耳にあてると、光源を求めて虫が外にでることがあります。

(12) 日射病（熱中症）

　日射病や熱中症というのは、炎天下で長時間過ごした結果、脱水症状と体温のうつ熱状態となって、顔面紅潮、体温上昇、脱水症状を生じ、この状態が高じると意識障害やショック状態にまでいたることをいっています。

　応急処置としては、まず、木陰などの涼しいところで寝かせ、衣服をゆるめ、ぬれタオルなどで頭部を冷却します。意識がある場合には、水、お茶、ジュースなどで水分を補給します（嘔気がある場合には、無理に飲ませない）。その上で医療機関を救急受診します。

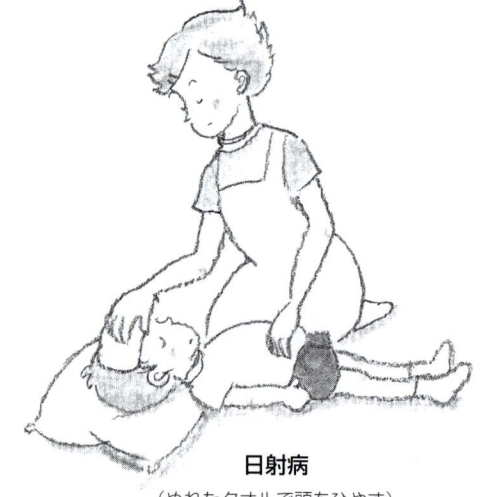

日射病
（ぬれたタオルで頭をひやす）

(13) 蜂に刺される

　蜂の中でもスズメバチは、毒素がつよく重症の場合はショック症状に陥ったり、死亡する場合もあります。とくに、過去にスズメバチに刺されたこと

がある場合には、アナフラキシーショックというアレルギー性のショック症状を生じることもあり、生命の危険に及びます。したがって、スズメバチに刺された場合には、直ちに病院を受診した方がよいでしょう。

ミツバチなどの場合には、刺された部位の疼痛、発赤、掻痒程度でおさまります。したがって蜂がさした針をとげ抜きで除去し、消毒したあと氷や水で冷却し、あとはかゆみ止めの軟膏などを塗布すれば、1～2日で症状は消失します。数か所さされたという場合には、すぐに病院を受診すべきです。

(14) ヘビに噛まれる

マムシなどの毒蛇でない限り、ヘビに噛まれてもそれほど心配ありません。噛まれた場所から毒を吸い出し、吐き出しうがいをします。その後、直ちに噛まれた場所より心臓に近い方をひもで強くしばって、毒が全身に回らないようにして病院を受診します。

(15) 溺 水

溺水事故の場合には、とかく飲んだ水を吐かせようとしがちですが、意識がない場合には、一刻も早く救急蘇生が必要です。

水から引き上げたならば、直ちに口移しによる人工呼吸を開始し、脈がふれなければ心臓マッサージを併用します。他のスタッフは救急車を手配します。

蘇生されて吐き気が出てきたら、半分うつ伏せにして吐物による窒息を防止し、また口内をきれいにし、ひきつづき蘇生法を実施します。このような処置をしながら、救急車で医療機関を救急受診します。

包帯法

包帯は、外傷をうけた部分の創傷面を被い、皮膚の機能を保護する、あるいはその部分を補強するために使用されるものです。

(1) 包帯の目的

大きく4つに分けられます。保育の場でも、応急処置として、❶〜❸の目的で使用することがあります。

❶創傷面を被う：接触刺激、化学物質（洗剤、クレヨンなど）からの刺激を避ける、さらに細菌感染を防ぐなど回復を早めるために用います。

❷圧迫する：出血をとめる、滲出液を吸収するために用います。また、浮腫（むくみ）や腫れの予防のために用いることもあります。

❸固定する：骨折、捻挫、脱臼などのとき、その部位の運動を制限し、安静を保つために用います。

❹牽引する：外傷で生じた組織の位置異常を矯正するなど、治療を目的として用います。

(2) 包帯の材料と種類

包帯の目的に応じて材料を選びます。特に柔らかく刺激の少ないもの、吸収性、通気性、消毒しやすいものが適しています。

ガーゼ：吸収性にすぐれています。日常の小さいけがなどでは、包帯を巻く代わりに、当てガーゼをして絆創膏でとめることも多いです。

綿花：脱脂綿などがありますが、水分の吸収性はありますので、分泌物が多い場合にガーゼを当てた上から用いることがあります。これは、細かい線維が創傷面に付着するのを防ぐためです。

絆創膏：紙絆創膏、亜鉛華絆創膏などがあります。人体の表面は、平面（胸、背中など）、球面（頭、肩、かかと、指頭など）、円筒面（首、上腕、手首、足首など）、円錐面（大腿上部、下腿中央など）、鞍状面（脇、指間など）となっており、貼り方を工夫します（図11）。

スピード包帯（管状網目包帯）：巻軸帯を適切に巻くには練習が必要です。最近では、木綿とエラスティック繊維を混ぜ伸縮性をもたせた、管状網目包帯がよく用いられます。部位によって適当な大きさのものを用いることにより、創傷面を安定した状態で固定できます。しかし、ねんざや、骨折時の応急処置での固定には、巻軸帯の方が安定します。

木綿布：巻軸帯、三角巾、腹帯、丁字帯などがありますが、一般的に包帯

8．乳幼児の事故と予防対策・応急手当て

図11

絆創膏の貼り方

①人体の表面の形に適合するように用います。また、動きを妨げない配慮が大切です。
②外見も考えに入れ、きれいに貼りましょう。
③指、手足などでも、全周を巻くのを避けます。巻いた部分より末梢部分の循環障害をきたし、むくみを来たしやすいためです。

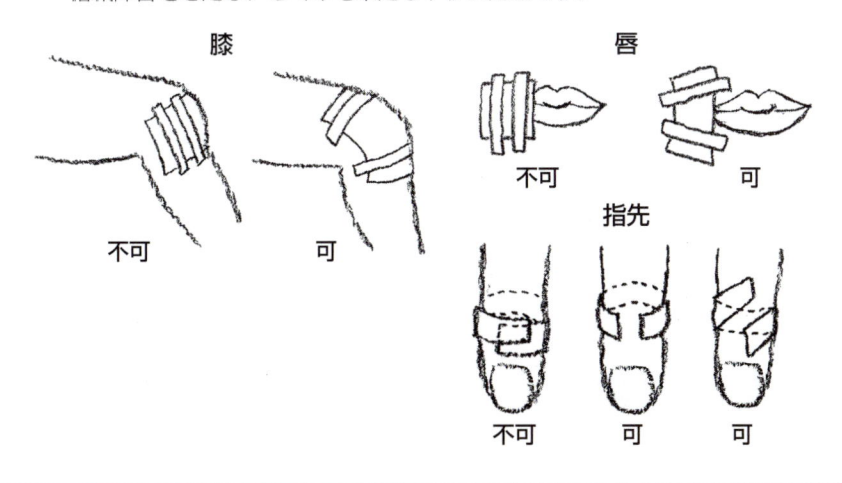

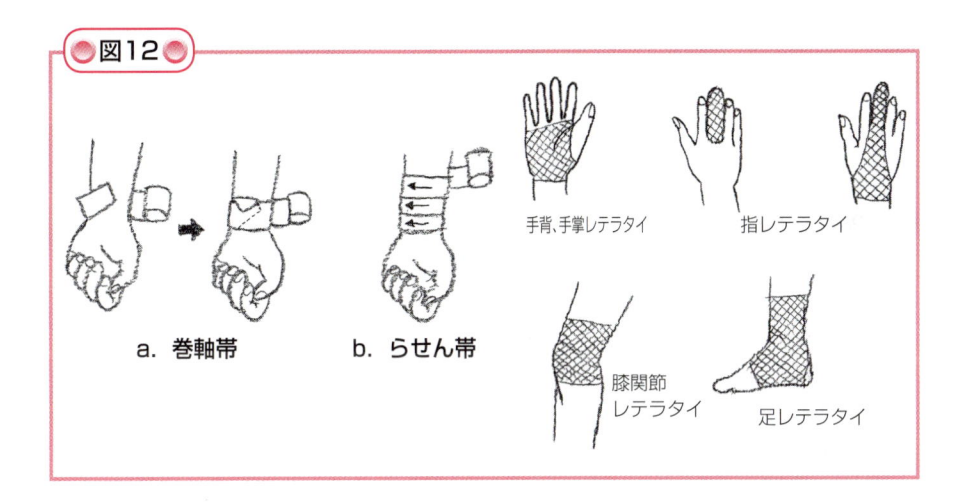

膝　不可／可
唇　不可／可
指先　不可／可／可

図12

a. 巻軸帯　b. らせん帯

手背, 手掌レテラタイ
指レテラタイ
膝関節レテラタイ
足レテラタイ

と呼んでいるものは、巻軸帯です。三角巾は、患部の保護、安静、固定などを目的として用いられます（図12）。

> **Q 包帯を用いるときの留意点は？**
>
> **A** 包帯による二次的な障害を起こさないように、次の点に注意しましょう。
> 1 感染の予防として創傷に直接接する材料は、必ず滅菌したものを用います。消毒した患部、滅菌材料には、直接手がふれることのないように気をつけます。滅菌材料の外側も清潔に保つようにします。
> 2 包帯が緩い状態では、動いて創傷面を摩擦し傷をつけてしまいます。しっかり巻いて安定させます。
> 3 しかし、あまり強く巻いても、血管が圧迫され、血液の循環が悪くなります。適切な巻き方が求められますが、包帯を巻いた先端側、末梢部分の皮膚の色の変化、感覚に異常がないかの確認を適宜することが必要です。
> 4 運動障害の予防：絆創膏のところでも述べましたが、できるだけその部位の動きが妨げられないように、機能が保たれるような工夫が必要です。

人工呼吸と心臓マッサージ（CPR）

　呼吸、心臓の機能が停止したときには、人工呼吸、心臓マッサージなどの救急蘇生法（CPR）が行われます。近年は、救急蘇生は、医療に携わるものだけではなく、運転免許取得の際も必須になるなど、一般の人にも普及しています。また、AED（自動式体外除細動器）が駅など人の集まる場所に設置されるようになりました。AHA（アメリカ心臓協会）は、心肺蘇生法の国際的なガイドラインを2005年に発表しました。ここでは一般市民（消防など救急を業務にする人ではない）による蘇生法を新しいガイドラインにそって紹介します。

　保育者も、子どもの緊急時に対応できるように、万一の場合に備えて蘇生法の基本を知っておくことが必要です。

(1) 救急時の基本

　子どもが倒れている、顔色が悪くぐったりしていて意識がないなど救急の場合、気道を確保する姿勢をとると同時に、大きな声で人をよび、年長児がいれば他の先生を呼んできてもらうなどして、複数で対応にあたることが大切です。落ちついて行動をしましょう。

図13

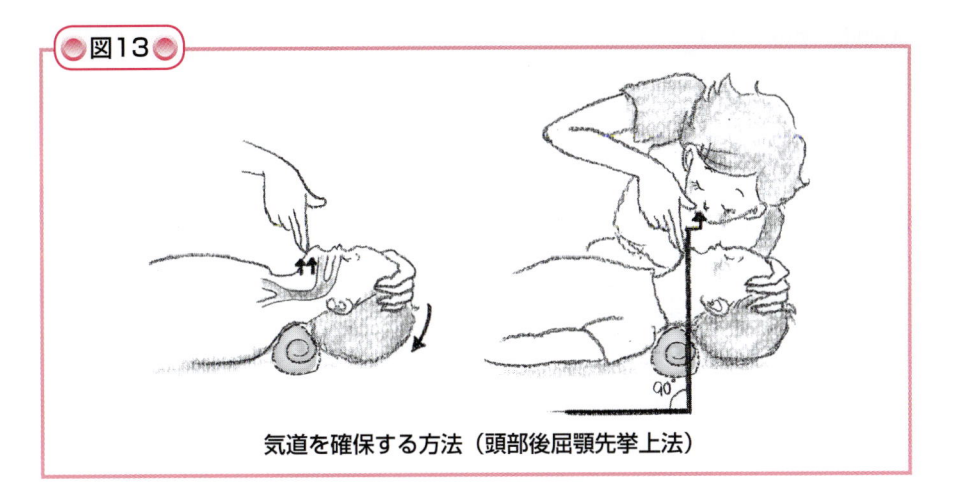

気道を確保する方法（頭部後屈顎先挙上法）

　子どもの状態として、意識はあるか、呼吸をしているか、脈拍はふれるかなどをチェックし、必要に応じて救急蘇生を行います。
　それぞれ役割をきめ、救急車をよび、保護者への連絡、またほかの子どもへの配慮も忘れないようにします。

(2) 救急蘇生の「ABC」

A：気道の確保（**A**ir way）
B：人工呼吸（**B**reathing）
C：心臓マッサージ（**C**irculation）

(3) 気道の確保（Air way）

　顎先を持ち上げ、頭部を後ろへ反らして気道を確保します（図13）。これだけで、呼吸ができるようになる場合もあります。
　頭部後屈顎先挙上法を行う場合には極端に力を入れて頸椎などを損傷しないようにします。

(4) 呼吸の有無の確認

　子どもの口元に顔や手をあてて、呼吸を感じ取ります。また胸部、腹部の動きをみるなどして「呼吸が普段どおりか」を確認し（10秒以内で行う）、呼吸をしていない、呼吸が非常に弱い場合は人工呼吸と心臓マッサージ

(CPR) をはじめます。

(5) 人工呼吸（Breathing）

　乳幼児に対する人工呼吸法は、マウス・ツー・マウス法を用います（mouth-to-mouth 法）（図14）。

乳児（新生児を除く1歳未満）：対象乳児の口と鼻を、術者の口で覆い息を吹き込みます。

小児（1歳以上8歳未満）：小児の口を術者の口で覆い、小児の鼻をつまみ、息を吹き込みます。1秒かけて2回吹き込み、その際胸をみて上下する（空気が入り、そして息をはく）ことを確認しながら行います。

＊1回1秒で、1分間に8から10回
＊短く強い空気の吹き込みは避ける
＊2回吹き込んだら、次項の心臓マッサージを直ぐに開始する。

(6) 心臓マッサージ（Circulation）（図15）

乳児：両側乳頭を結んだラインの中央を、2本の指で、胸骨上を垂直に圧迫します。圧迫の深さは、胸の厚さの概ね1/3くぼむ程度で、1分間で約100回圧迫します。

小児：両側乳頭を結んだラインの中央を片手あるいは両手で1分間に約100回のスピードで、胸の厚さの概ね1/3くぼむ程度で行います。

＊乳児・小児の蘇生で術者（保育者）が1人しかいない場合は、心臓停止の蘇生が優先するので、心臓マッサージと人工呼吸（CPR）を5サイクル2分間行った後に、119番通報とAED（乳児を除く）入手を行います。心臓マッサージと人工呼吸は30：2の割合です。

　術者の交代要員がいる場合は、心臓マッサージと人工呼吸（CPR）と119番通報とAED入手を同時に平行して行います。CPRは、30：2の割合で5サイクル（2分）ごとに交代して行います。

＊CPRは、患者に何らかの応答が現れるまでは、救急隊等に引き継ぐまで継続します。

図14

mouth-to-mouth法

図15

乳児　　　　　　　小児

心臓マッサージ

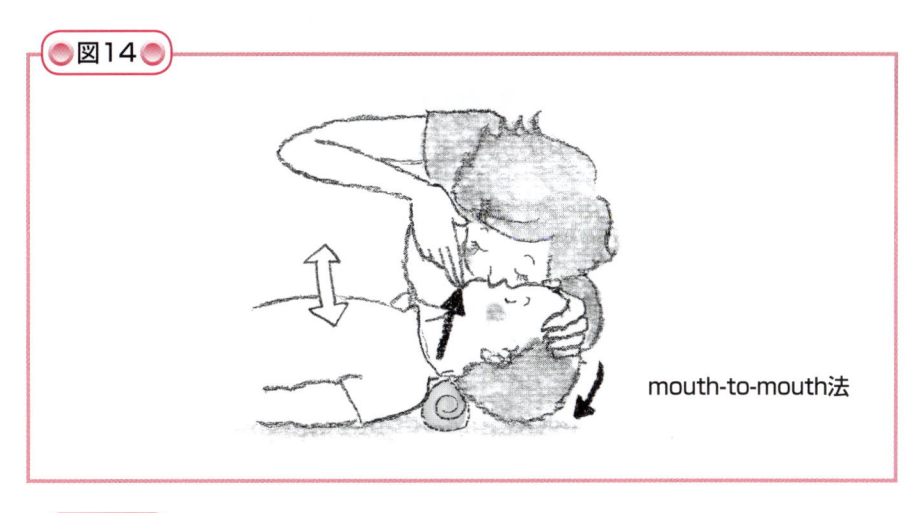

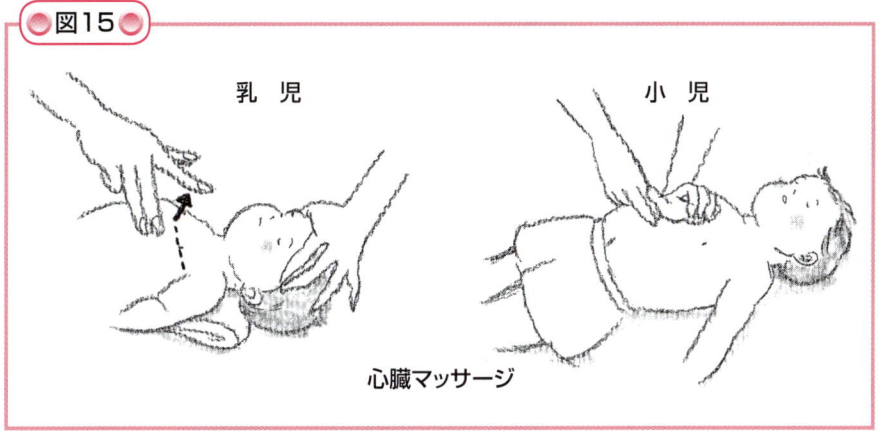

（7） AED（自動式体外除細動器）の使用

　突然の心臓停止の際は、AEDによる電気ショックの蘇生法が効果的です。ただしAEDが到着するまでの間、適切な心臓マッサージと人工呼吸（CPR）が必要です。

　AED装着のタイミングは、現場に到着しだい直ちに行います。

　AEDによる電気ショックは1回のみ行い、ショック後その効果の観察なしに直ちに心臓マッサージと人工呼吸（CPR）を開始します。CPRを5サイクル、2分間実施後、AEDにて再度心電図解析を行います。以後AEDによる電気ショックとCPRを繰り返します。

＊AEDは、乳児の適用はありません。
＊小児（1歳以上8歳未満）には、小児用パッドを用います。附属していないAEDではできません。

救急医薬品・衛生材料

　子どもは、ちょっとした擦り傷、切り傷などのけがをよくするし、また突然、発熱することも少なくありません。これに備え、応急処置などの準備をしておくことは大事なことです。保育園、幼稚園だけでなく、家庭においても救急箱などに必要な救急医薬品・衛生材料などを準備しておきます（図16）。

　応急処置の用品は、取り出しやすい一定の場所に置き、誰にでもわかるように、「救急用品」などと明示しておきます。

　子どもが取り出せないような場所を考え、高温、多湿をさけた場所、直射日光のあたらない場所におきます。

　救急用品は、持ち運びできるように、救急箱などにまとめて置くと便利です。持ち運びのときに中のものが飛びださないように、ふたのしっかりしたものを用意します。

　衛生材料・医薬品などは、一覧表を作成し、救急箱の中、救急戸棚に明示しておき、使用したものを補充しつつ、1か月に一度は内容物の点検をします。

図16

8．乳幼児の事故と予防対策・応急手当て

救急箱の中に用意しておきたいもの
- 体温計
- カット絆
- 滅菌ガーゼ
- 清浄綿
- カット綿
- 綿棒
- 包帯
- 絆創膏
- 三角巾
- ピンセット
- とげ抜き
- つめ切り
- はさみ
- ペンライト
- 虫めがね
- 消毒薬（マキロン、オキシドールなど）
- 消毒用アルコール
- 虫さされ薬（抗ヒスタミン軟膏など）
- 湿布薬
- リバノール
- 消毒用アルコール（手指の消毒用）

その他：アイスノンなど保冷用具や水枕、湯たんぽ、タオル、ビニール袋、副木、懐中電灯、手指の消毒用の逆性石けん、洗面器、毛布、担架など

索　引

あ

赤ちゃん体操……………………………192
赤ちゃんマッサージ…………… 167,190
　　—の方法………………………………190
預かり保育……………………………… 19
アスペルガー症候群………………… 228
遊び……………………………………… 73
　　—のコーナー…………………………73
　　—の発達……………………………249
　　—の発達の見かた…………………256
アタッチメント………………33,56,251
　　—安定・不安定の見かた………252
　　—の形成…………………………… 56
　　—の形成過程………………………252
　　—障害………………………………230
　　—のタイプ…………………………253
　　—の役割…………………………… 56
　　—パターン…………………………231
　　安心できるアタッチメント…… 56
　　反応性アタッチメント障害……230
圧迫止血………………………………346
アトピー性皮膚炎……………………319
アナフィラキシーショック…………279
アレルギーマーチ……………………320
アレルゲン（抗原）…………………279
安　全……………………………………58
安全管理（セーフティマネジメント）…329
安全教育………………………………332
　　—への配慮…58,76,94,112,130,148,166

い

イクメンプロジェクト……………… 26
異年齢交流……………………………165
衣服の条件……………………………188
異物の誤飲……………………………344
衣類の着脱…………………… 167,187
　　—時の配慮…………………………188
　　—の方法……………………………188
咽頭炎…………………………………310
咽頭結膜熱（プール熱）……………301
インフルエンザ………………………299

う

うつ熱…………………………………310
うつぶせ寝……………………………175
運動発達………………………………250

え

衛生材料………………………………356
絵　本………………… 55,91,109,127,163
延長保育………45,63,81,99,117,135,153

お

応急手当て……………………… 326,337
嘔吐…………………………… 282,283
おぶい方………………………………171
おむつ交換…………… 44,62,167,181
親子関係の見かた……………………251
親子同時通園…………………………… 75
おやつ……… 44,62,80,99,117,135,153
おんぶ…………………………… 167,171

か

外気浴………………………… 167,193
　　—の方法……………………………193
外耳炎…………………………………310
化学物質などの誤飲…………………343
夏季熱…………………………………310
学童指導員……………………………… 4
仮性クループ（喉頭気管支炎）……318
学校感染症……………………………297
学校教育法……………………………… 13
家庭における養育支援……………… 12
家庭保育室……………………………… 10
感覚・運動的遊び……………………258
玩具…………………… 55,91,109,127,163
関係法律の関係整備法……………… 9
感情の揺れ……………………………… 78
感情発達……………………………… 92
感染症…………………………………296
感冒……………………………………310
感冒性消化不良症（多症候性下痢症）…311
陥没呼吸………………………………318

き

着替え	44, 62, 81, 116
気管支炎	318
気管内誤燕	318
基準値	245
機能的遊び	258
規範の内在化	128
基本的な信頼関係	57
虐待	195, 245
―子ども虐待の現状	221
―された子どもの保育	221
キャッチアップ	199
救急医薬品	356
救急蘇生「ＡＢＣ」	353
胸囲	244
協調	146

く

靴の選択規準	189

け

傾眠状態	315
けいれん	316
けが	337
結核	301
下痢	282
健康観察の記録	292
健康状態の観察法	285

こ

合計特殊出生率	23
広汎性発達障害	229
交流保育	203
呼吸	286
―困難	287, 318
心のサイン	155
個人差	42
子育て支援	1, 17
―支援事業	19
―支援福祉サービス	18
―ひろば	4
こだわり	61
ごっこ遊び	91
骨折	339
言葉の発達	248
子ども・子育て支援法	9
子ども・子育て新システム関連3法	9
ごね・こだわり	93
孤立した子育て	25

さ

在胎週数（妊娠期間）	197
坂崎菌（Enterobacter sakazaki）	177
産休明け保育	57
３歳児神話	57
散歩	49

し

自意識	114
シェイキング・ベビー	172
紫外線	194
自我の発達	251, 255
―見かた	255
自我の芽生え	74
事故	58, 233, 326
―死因	324
―特徴	58, 76, 333
―予防	328
自己肯定感	32
自己主張	74
自己抑制	111
次世代育成支援改革	19
児童家庭支援センター	15
児童虐待防止	27
―の防止等に関する法律	221
児童厚生施設	15
児童自立支援施設	15
児童の権利に関する条約	24
児童発達支援センター	15
児童養護施設	15
自閉性障害（自閉症）	229
嗜眠状態	315
新エンゼルプラン	216
社会性の発達	251, 255

―の見かた……………………255
社会的遊び………………………259
社会的自我………………………128
就　学……………………………143
修正月齢…………………………198
出　血……………………………345
授　乳………………………167,176
　　―の方法……………………176
障害児入所施設…………………15
障害児保育…………………195,202
小規模保育所……………………10
少子化……………………………22
　　―対策………………………22
象徴的遊び………………………259
情緒障害児短期治療施設………15
情緒的な関係の発達……………251
消毒法……………………………304
食育………………………………140
食事場面での発達の見かた……257
食物アレルギー…………………279
　　―基礎知識…………………279
　　―治療………………………281
　　乳幼児―……………………281
食欲不振…………………………278
助産施設…………………………15
自　立……………………………146
腎盂炎……………………………310
人工栄養…………………………265
人工呼吸…………………………352
診察の介助………………………308
親性………………………………4
心臓マッサージ…………………352
身体計測法………………………242
身体発育…………………………233
身長計……………………………243
　　乳幼児―……………………243
身長体重曲線……………………245
心配な子ども……………………195
新保育制度………………………9

す

水痘（水ぼうそう）……………300
水分補給…………………………45
睡　眠…53,70,89,107,125,142,160,290

　　―時間………………………290
スキンケア………………………320
スキンシップ……………………51

せ

生活習慣の発達…………………251
清　潔………51,71,87,106,123,141,160
精神運動発達……………………199
咳……………………………288,318
責任感……………………………147
喘　息……………………………318
　　―様気管支炎………………318
全体的自己………………………110
　　―感…………………………110

そ

早産児……………………………197
創傷（きず）……………………338
咀嚼の力…………………………68
粗大運動…………………………248

た

体　温……………………………285
体温計……………………………285
待機児童…………………………19
体　重……………………………243
体重計……………………………243
　　―デジタル式体重…………243
　　―乳児血付…………………243
抱き方……………………………171
脱　臼……………………………339
抱っこ………………………167,171
　　―を嫌がる赤ちゃん………172
脱水症状…………………………315
タッチケア………………………192
縦割り保育………………………149
打　撲……………………………338
多様化する子育て支援…………17
単一症候性下痢症………………311
探索活動…………………………62
探索行動………………………43,62
探索心……………………………42

担当制‥‥‥‥‥‥‥‥‥‥‥‥‥‥‥ 36

ち

チアノーゼ‥‥‥‥‥‥‥‥‥‥‥‥ 318
地域子育て支援拠点事業‥‥‥‥‥‥ 22
着　脱‥‥‥‥‥ 52,71,88,106,124,140,161
注意欠陥多動性障害（ADHD）‥‥‥‥ 227
肘内障‥‥‥‥‥‥‥‥‥‥‥‥‥‥ 339
腸管出血性大腸菌感染症（O157等） 302,310
長時間保育‥‥‥‥‥‥‥‥‥‥ 195,209
　　―の課題‥‥‥‥‥‥‥‥‥‥ 213
調　乳‥‥‥‥‥‥‥‥‥‥‥‥‥‥ 177
　　―の手順‥‥‥‥‥‥‥‥‥‥ 177

つ

つどいのひろば事業‥‥‥‥‥‥‥‥ 20

て

低出生体重児‥‥‥‥‥‥‥‥‥‥ 195
　　―で生まれた子どもの保育‥‥ 197
　　　極―‥‥‥‥‥‥‥‥‥‥‥ 197
　　　超―‥‥‥‥‥‥‥‥‥‥‥ 197
低身長‥‥‥‥‥‥‥‥‥‥‥‥‥ 247
溺　水‥‥‥‥‥‥‥‥‥‥‥‥‥ 349
てんかん‥‥‥‥‥‥‥‥‥‥‥‥ 316

と

頭　囲‥‥‥‥‥‥‥‥‥‥‥‥‥ 244
統合保育‥‥‥‥‥‥‥‥‥‥‥‥ 203
努力性呼吸‥‥‥‥‥‥‥‥‥‥‥ 318

な

泣きいりひきつけ‥‥‥‥‥‥‥‥ 316

に

日光浴‥‥‥‥‥‥‥‥‥‥‥‥‥ 194
日射病‥‥‥‥‥‥‥‥‥‥‥ 310,348
乳児院‥‥‥‥‥‥‥‥‥‥‥‥‥ 15
乳児用身長計‥‥‥‥‥‥‥‥‥‥ 243

乳幼児健康支援デイサービス事業‥‥‥ 215
乳幼児と中高生のふれあい事業‥‥‥‥ 4
乳幼児突然死症候群（SIDS）‥‥‥ 58,334
尿‥‥‥‥‥‥‥‥‥‥‥‥‥‥‥‥ 289
尿路感染症‥‥‥‥‥‥‥‥‥‥‥‥ 311
認定こども園‥‥‥‥‥‥‥‥‥‥ 4,10
　　―法の改定‥‥‥‥‥‥‥‥‥‥ 9
　　改正―‥‥‥‥‥‥‥‥‥‥‥ 10
　　地方裁量型―‥‥‥‥‥‥‥‥ 10
　　保育所型―‥‥‥‥‥‥‥‥‥ 10
　　幼保連携型―‥‥‥‥‥‥‥‥ 10
　　幼稚園型―‥‥‥‥‥‥‥‥‥ 10

ね

熱性けいれん‥‥‥‥‥‥‥‥‥‥ 316
眠　り‥‥‥‥‥‥‥‥‥‥‥ 167,173
　　―のケア‥‥‥‥‥‥‥‥‥‥ 174

の

ノロウイルス胃腸炎‥‥‥‥‥‥‥‥ 303

は

パーセンタイル曲線‥‥‥‥‥‥‥ 244
　　―での評価‥‥‥‥‥‥‥‥‥ 245
肺炎‥‥‥‥‥‥‥‥‥‥‥‥‥‥ 318
排気の仕方‥‥‥‥‥‥‥‥‥‥‥ 178
排　泄‥‥‥‥‥‥ 50,69,87,105,123,141,158
排　尿‥‥‥‥‥‥‥‥‥‥‥‥‥‥ 50
　　―の間隔‥‥‥‥‥‥‥‥‥‥‥ 50
背部叩打法‥‥‥‥‥‥‥‥‥‥‥ 344
ハイムリック法‥‥‥‥‥‥‥‥‥ 344
ハインリッヒの法則‥‥‥‥‥‥‥ 328
白色便性下痢症‥‥‥‥‥‥‥‥‥ 311
蜂に刺される‥‥‥‥‥‥‥‥‥‥ 348
発　育‥‥‥‥‥‥‥‥‥‥‥‥‥ 240
　　―期‥‥‥‥‥‥‥‥‥‥‥‥ 240
　　―の特徴‥‥‥‥‥‥‥‥‥‥ 240
　　―の見かた‥‥‥‥‥‥‥‥‥ 240
発育パターン‥‥‥‥‥‥‥‥‥‥ 241
　　――般型‥‥‥‥‥‥‥‥‥‥ 241
　　―神経系型‥‥‥‥‥‥‥‥‥ 241
　　―生殖器型‥‥‥‥‥‥‥‥‥ 241

—リンパ型･････････････････････241
発　達･･････････････････････････････248
　　—段階･･････････････････････････43
　　—における相互活用･････････････248
　　—の最近接領域････････････････164
　　—の順序性････････････････････248
　　—の方向性････････････････････248
　　—の見かた････････････････････260
鼻　水･･････････････････････････････288

ひ

皮　膚･･････････････････････････････291
百日咳･･････････････････････････････302
病原性大腸炎（サルモネラ等細菌感染）311
病後児デイサービスモデル事業････････215
病後児保育･･････････････････････････238
病児・病後児保育･･･････････････195,215
病児デイケアに関するパイロット事業･･215
鼻翼呼吸････････････････････････････318
枚方病院保育室･････････････････････215

ふ

ファズィネス････････････････････････168
風しん（三日はしか）･･････････････････300
フォローアップミルク･･････････････････267
憤怒けいれん･････････････････････････316
分離不安････････････････････････････33
分離保育････････････････････････････203

へ

ベビーシッター････････････････････････4
ヘビに噛まれる･････････････････････349
ヘルパンギーナ･････････････････････310
便･････････････････････････････････289
偏　食･･････････････････････････････278
扁桃腺炎････････････････････････････310

ほ

保育看護･･････････････････････233,235
　　—体制･････････････････････････236
　　—の専門性･････････････････233,235

保育教諭･･････････････････････････････4
保育サポーター養成･･････････････････････4
保育所保育指針･････････････････････13
保育に欠けない幼児･･････････････････11
保育に欠ける乳幼児･･････････････････11
保育の工夫････････････････････････36
放課後児童健全育成事業･･････････････214
膀胱炎･････････････････････････････311
包帯法･････････････････････････････349
母子生活支援施設･････････････････････15
保湿剤･････････････････････････････320
捕　食･････････････････････････････99
母乳栄養･･････････････････････････265
　　—の利点･･････････････････････265

ま

麻しん（はしか）･･････････････････････298
マッサージ･･････････････････････････44

み

みたて････････････････････････････91

め

目や耳の異物･････････････････････347

も

沐　浴･･････････････････････････44,167,184
　　—での留意点･････････････････185
　　—の手順････････････････････184
　　—の方法････････････････････184

や

やけど･･････････････････････････341
や　せ････････････････････････････245

ゆ

遊　具･････････････････55,91,109,127,163

よ

養護性……………………………………… 4
幼児教育の振興………………………… 19
幼児食…………………………………… 272
幼児の食事……………………………… 272
幼稚園…………………………………… 14
　―教育要領………………………… 15
　―と保育所の相違………………… 15
　―の教師の役割…………………… 14
夜泣き…………………………………… 175
予防接種………………………………… 306
与　薬…………………………………… 321
　―する際の留意点………………… 322
　―の法的解釈……………………… 321

り

離　乳…………………………………… 268
　―の完了…………………………… 50
　―の開始…………………………… 50
離乳食…………………… 50,167,179,268
　―作りの留意点…………………… 273
　―の進め方…………………… 270,271
　―の開始…………………………… 269
　―の定義…………………………… 268
　―の必要性………………………… 268
流行性角結膜炎（はやり目）………… 301
流行性耳下腺炎
　（おたふくかぜ,ムンプス）……… 300

れ

冷凍母乳………………………………… 178

ろ

ロタウイルス…………………………… 307

わ

ワークライフバランス………………… 22
「わたし」であること ………………… 110

アルファベット

AED（自動式体外除細動器）………… 355
AFD児（appropriate for date infant） 198
LFD児（light for date infant）……… 198
NICU（新生児集中治療室）…………… 197
Scammonの発育型……………………… 242
SFD児（small for date infant）……… 198
SGA児（small for gestational age infant）
　……………………………………… 198
RAD（reactive attachment disorder） 230
RSウイルス感染症 …………………… 303

著者紹介

〔監修者・編集者〕

　　監修　帆足　英一（聖徳大学客員教授／世田谷子どもクリニック院長／小児医学）
　　編集　諏訪　きぬ（元明星大学教授／NPO法人さやま保育サポートの会代表理事／保育学）
　　　　　吉田　弘道（専修大学教授／心理）
　　　　　帆足　暁子（世田谷子どもクリニック副院長／保育臨床）
　　　　　大橋　愛子（さかえ保育園園長／保育現場）
　　　　　西　　智子（聖徳大学心理・福祉学部社会福祉学科教授／保育学）

〔執筆者一覧〕

①最終学歴、②所属（現職）、③専門（職種）、④主な役職、⑤執筆担当項目

　浅井　春夫　①日本福祉大学大学院
　　　　　　　②立教大学コミュニティ福祉学部教授
　　　　　　　③社会福祉学修士
　　　　　　　④"人間と性"教育研究協議会代表幹事、子ども虐待を考える会理事
　　　　　　　⑤Ⅳ配慮を要する子どもの保育（虐待された子どもの保育）

　足立　孝子　①淑徳保育専門学校
　　　　　　　②豊島区立池袋第二保育園副園長
　　　　　　　③保育士
　　　　　　　⑤Ⅱ保育の実際（3歳児クラス）

　海野美代子　①四天王寺女子短期大学　保育科
　　　　　　　②福祉法人牧羊会　一番町保育園園長
　　　　　　　⑤Ⅱ保育の実際（4歳児クラス）

　大橋　愛子　①和泉短期大学
　　　　　　　②さかえ保育園園長
　　　　　　　③保育士

⑤Ⅱ保育の実際（0歳児クラス、2歳児クラス）

片山久美子　①山口大学医学部大学院
　　　　　　②世田谷子どもクリニック医師
　　　　　　③アレルギー学会専門医、小児科学会専門医（医師）
　　　　　　⑤乳幼児の健康と病気・事故防止（乳幼児の病気と対応—アトピー性皮膚炎とスキンケア）

佐々木美緒子①東京都高等保母学院
　　　　　　②青戸福祉保育園園長
　　　　　　③保育士
　　　　　　④東京私立保育園連盟　研究部副部長
　　　　　　⑤Ⅱ保育の実際（1歳児クラス）

柴崎　正行　①筑波大学大学院博士課程　心身障害学専攻　中退
　　　　　　②大妻女子大学家政学部児童学科教授
　　　　　　③幼児教育学、保育社会学
　　　　　　④日本保育学会、日本乳幼児学会
　　　　　　⑤Ⅳ配慮を要する子どもの保育（障害児の保育）

諏訪　きぬ　①名古屋大学大学院　教育学研究科　修士課程
　　　　　　②元明星大学大学院人文学研究科教授／NPO法人さやま保育サポートの会　保育サポート研究所所長
　　　　　　③教育学修士（教育学・保育学）
　　　　　　④日本保育学会理事
　　　　　　⑤Ⅰ保育の実践現場に立つとき、Ⅱ保育の実際（より深く理解するために：保育）

副田　敦裕　①杏林大学　医学部
　　　　　　②多摩南部地域病院　小児科部長
　　　　　　③医学博士（小児科学・新生児学・発達神経学）
　　　　　　④日本夜尿症学会理事
　　　　　　⑤Ⅳ配慮を要する子どもの保育（低出生体重児で生まれた子どもの保育）

堤　ちはる　①東京大学大学院医学系研究科博士課程修了
　　　　　　②日本子ども家庭総合研究所母子保健研究部栄養担当部長
　　　　　　③保育学博士、家政学修士、管理栄養士
　　　　　　④日本栄養改善学会評議員、日本健康・栄養システム学会理事
　　　　　　⑤Ⅴ乳幼児の健康と病気・事故予防（乳幼児の栄養・食事）

豊永せつ子　①熊本県立保育大学校
　　　　　　②のぞみ愛児園園長、東九州短期大学客員教授
　　　　　　③保育士
　　　　　　④社会福祉法人五豊会理事長、21世紀子ども研究所主宰
　　　　　　⑤Ⅱ保育の実際（異年齢児クラス）

西　　智子　①日本社会事業大学
　　　　　　②聖徳大学心理・福祉学部社会福祉学科教授
　　　　　　③保育学
　　　　　　⑤Ⅱ保育の実際（2歳児クラス、5歳児クラス）

野原八千代　①東京女子医科大学
　　　　　　②聖徳大学短期大学部保育科教授
　　　　　　③博士（医学）、専門（小児神経）
　　　　　　⑤Ⅴ乳幼児の健康と病気・事故予防（乳幼児の事故と予防対策・応急手当て〈帆足と共著〉）

濱武真奈美　①東京都立新宿高等看護専門学校
　　　　　　②世田谷区子ども部保育課区立保育園主査
　　　　　　③看護師
　　　　　　⑤Ⅴ乳幼児の健康と病気・事故予防（乳幼児の身体発育の見かた、乳幼児の健康状態の見かた）

帆足　暁子　①大妻女子大学
　　　　　　②世田谷子どもクリニック副院長／東京家政大学非常勤講師
　　　　　　③乳児保育・保育臨床・保育相談
　　　　　　④全国病児保育協議会常任委嘱協議員、日本医療保育学会常任理事

⑤Ⅱ保育の実際（事故と安全）、Ⅲ赤ちゃんの基本的ケア

帆足　英一　①東京慈恵会医科大学
　　　　　　②聖徳大学客員教授／世田谷子どもクリニック院長
　　　　　　③医学博士（小児科学・小児保健学・小児精神神経学）
　　　　　　④日本保育園保健協議会常任理事、日本夜尿症学会常任理事他
　　　　　　⑤Ⅳ配慮を要する子どもの保育（病児・病後児保育）、Ⅴ乳
　　　　　　　幼児の健康と病気・事故予防（保育看護の専門性を育む、
　　　　　　　乳幼児の身体発育の見かた、乳幼児の病気と対応、乳幼児
　　　　　　　の事故と予防対策・応急手当て〈野原と共著〉）

水野　清子　①日本女子大学大学院
　　　　　　②日本子ども家庭総合研究所客員研究員
　　　　　　③医学博士、管理栄養士（母子栄養）
　　　　　　④日本小児保健学会評議員
　　　　　　⑤Ⅴ乳幼児の健康と病気・事故予防（乳幼児の栄養・食事）

山縣　文治　①大阪市立大学大学院　生活科学研究科後期博士課程　中退
　　　　　　②関西大学人間健康学部教授
　　　　　　③博士（学術）
　　　　　　④日本子ども家庭福祉学会理事、全国夜間保育園連盟顧問
　　　　　　⑤Ⅳ配慮を要する子どもの保育（長時間保育）

山崎　知克　①東京慈恵会医科大学
　　　　　　②浜松市子どものこころ診療所所長、東京慈恵会医科大学小
　　　　　　　児科学講座講師（非常勤・西新宿校）
　　　　　　③医学博士、医師、精神保健指定医
　　　　　　④日本小児精神神経学会常務理事、日本小児心身医学理事、
　　　　　　　日本夜尿症学会理事、日本乳幼児医学・心理学会評議員
　　　　　　⑤Ⅳ配慮を要する子どもの保育（虐待された子どもの保育、
　　　　　　　心配な子どもの行動への理解）

山本　芳子　①東京成徳短期大学
　　　　　　②豊島区立東部子ども家庭支援センター

　　　　　　　③保育士
　　　　　　　⑤Ⅱ保育の実際（３歳児クラス）

吉田　弘道　①早稲田大学大学院　博士課程　心理学専攻満期退学
　　　　　　　②専修大学人間科学部教授
　　　　　　　③心理学（発達臨床心理学）、臨床心理士
　　　　　　　④日本小児精神神経学会代議員
　　　　　　　⑤Ⅱ保育の実際（より深く理解するために：心理発達）、Ⅴ
　　　　　　　　乳幼児の健康と病気・事故予防（乳幼児の発達の見かた）

和田　紀之　①東京慈恵会医科大学
　　　　　　　②和田小児科医院
　　　　　　　③小児科学、小児感染免疫学、予防接種
　　　　　　　④東京慈恵会医科大学小児科学教室非常勤講師、日本小児科
　　　　　　　　学会専門医・代議員、日本感染症学会認定医・指導医・評
　　　　　　　　議員、日本リウマチ学会認定医・指導医・評議員、日本保
　　　　　　　　育園保健保健協議会理事、日本小児科医会代議員、東京小
　　　　　　　　児科医会理事、東京都医師会予防接種委員会委員長
　　　　　　　⑤Ⅴ乳幼児の健康と病気・事故予防（感染症を予防するために）

　　　　　　　　　　　　　　　　　　　　　　　　　　（五十音順）

＊写真提供協力を頂いた保育園

青戸福祉保育園	（東京都）
一番町保育園	（静岡県）
ヴィラのぞみ愛児園	（福岡県）
ききょう保育園	（東京都）
熊本藤冨保育園	（熊本県）
さかえ保育園	（千葉県）
清華保育園	（長崎県）
世田谷区立南桜丘保育園	（東京都）
豊島区立池袋第二保育園	（東京都）
豊島区立池袋本町保育園	（東京都）
のぞみ愛児園	（福岡県）

–50音順–

実践保育学

定価（本体 2,800 円＋税）

2014 年 3 月 28 日　初版発行

監　　修：帆足　英一

編　　集：諏訪　きぬ　　吉田　弘道　　帆足　暁子
　　　　　大橋　愛子　　西　　智子

発　　行：株式会社　日本小児医事出版社
　　　　　〒160-8306　東京都新宿区西新宿 5-25-11
　　　　　和光堂西新宿ビル 2F
　　　　　TEL 03 (5388) 5195
　　　　　FAX 03 (5388) 5193
　　　　　http://shoni-iji.com

印　　刷：株式会社　平河工業社

Printed in Japan 2014

ISBN978-4-88924-234-8　C3047　¥2800E

本誌掲載記事の無断転載をおことわりします。